टी.एम. कृष्णा

थोडुर मादाबुसी कृष्णा कर्नाटिक शास्त्रीय संगीत के विख्यात गायक और गुरु होने के अलावा, लेखक, विचारक, शोधकर्ता, सामाजिक कार्यकर्ता भी हैं। वे पर्यावरण, साम्प्रदायिकता, सामाजिक-धार्मिक सुधार और संगीत बिरादरी के बारे में लगातार लिखते रहे हैं। संगीत में नये प्रयोग और नवाचार के लिए जाने जाते हैं।

कला पर केन्द्रित 'रीशेपिंग आर्ट' (2013), कर्नाटिक संगीत के दर्शन, सौन्दर्यबोध, समाजशास्त्र और इतिहास पर केन्द्रित किताब 'सदर्न म्यूज़िक : द कर्नाटिक स्टोरी' (2013), 'सेबस्टियन एंड संस' (2020) उनकी प्रकाशित पुस्तकें है। एम. एस. सुब्बुलक्ष्मी पर केन्द्रित उनके निबन्ध को 2017 में पेंगुइन बुक्स द्वारा प्रकाशित 'कैरेवन बुक ऑफ़ प्रोफ़ाइल्स' में शामिल किया गया। मशहूर गायिका बॉम्बे जयश्री और मैथिली चन्द्रशेखर के साथ मिलकर उन्होंने कर्नाटिक संगीत की पहली कॉफ़ी टेबल बुक 'वॉयसेस विदिन' भी प्रकाशित की जिसमें कर्नाटिक संगीत के सात मूर्धन्य कलाकारों के व्यक्तिचित्र हैं। देश-भर में अपने संगीत प्रस्तुतियों के अलावा वे विभिन्न पत्र-पत्रिकाओं में स्तम्भ एवं टिप्पणियाँ भी लिखते हैं।

बतौर कलासाधक उन्होंने इस बात की पुरज़ोर वकालत की है कि कला अपनी ताक़त से भारतीय समाज के गहरे विभाजनों को पाट सकती है। उनके इस योगदान के लिए उन्हें 2016 के 'रमन मैग्सेसे पुरस्कार' से पुरस्कृत किया गया। 2014 में उनकी किताब 'सदर्न म्यूज़िक : द कर्नाटिक स्टोरी' को नॉन फ़िक्शन वर्ग में सर्वश्रेष्ठ पहली किताब का 'टाटा लिटरेचर अवार्ड' मिला। भारत में एकता बचाने और बढ़ाने के लिए उन्हें 2017 में 'इंदिरा गांधी राष्ट्रीय एकता सम्मान', तमिल ईसाई संगम की तरफ़ से 'ईसाई पेरारिंगनार सम्मान', केरल राज्य सरकार की तरफ़ से संगीतज्ञों को दिया जाने वाला महत्त्वपूर्ण सम्मान 'स्वाति संगीत पुरस्कार' दिया गया है।

निधीश त्यागी

निधीश त्यागी का जन्म सन् 1969 में जगदलपुर (अब छत्तीसगढ़) में हुआ। पिछले तीन दशक से पत्रकारिता के डिजिटल, टीवी, प्रिंट, रेडियो—पत्रकारिता के विभिन्न माध्यमों के क्षेत्र में सक्रिय निधीश 22 साल से सम्पादक के तौर पर काम कर रहे हैं। हिन्दी में फ्लैश फ़िक्शन फ़ॉर्मेट में पहला कहानी-संग्रह 'तमन्ना तुम अब कहाँ हो' प्रकाशित, कविता-संग्रह 'कुछ नहीं, सब कुछ' और रूसी हमले के दौरान लिखी गई युक्रेनी कविताओं का अनुवाद 'इस ज़मीन पर बिखरे हमारे चेहरे' प्रकाशित हैं।

सम्प्रति : स्वतंत्र लेखन।

ई-मेल : nidheeshtyagi@gmail.com

टी.एम. कृष्णा

सेबस्टियन एंड संस

मृदंगम कारीगरों का संक्षिप्त इतिहास

अनुवाद

निधीश त्यागी

राजकमल पेपरबैक्स

मूल कृति *Sebastian & Sons : A Brief History of Mrdangam Makers* का अनुवाद

राजकमल पेपरबैक्स में
पहला संस्करण : 2025

राजकमल पेपरबैक्स : उत्कृष्ट साहित्य के जनसुलभ संस्करण

राजकमल प्रकाशन प्रा.लि.
1-बी, नेताजी सुभाष मार्ग, दरियागंज
नई दिल्ली-110 002
द्वारा प्रकाशित

शाखाएँ : अशोक राजपथ, साइंस कॉलेज के सामने, पटना-800 006
पहली मंजिल, दरबारी बिल्डिंग, महात्मा गांधी मार्ग, प्रयागराज-211 001
1, अनमोल सोराबजी सन्तुक लेन, धोबी तलाव, मरीन लाइंस, मुम्बई-400 002

वेबसाइट : www.rajkamalprakashan.com
ई-मेल : info@rajkamalprakashan.com

यश प्रिंटोग्राफिक्स
नोएडा-201 301
द्वारा मुद्रित

मूल्य : ₹450

SEBASTIAN & SONS : A Brief History of Mrdangam Makers
by T.M. Krishna
Translated by Nidheesh Tyagi

ISBN : 978-93-6086-808-6

संदानम,

माधवन,

ज्ञानेश्वरन

के लिए

और

उन सभी के लिए जिन्हें हमने याद नहीं रखा

ढोल तब भी बजे जा रहे थे, लगातार और बिना अदल-बदल। उनकी आवाज़ अब किसी भी तरह उस जीते-जागते गाँव से अलग नहीं थी। वह उसके दिल की धड़कन की तरह बज रहे थे। वह धड़क रहा था हवा में, सूरज की रौशनी में, यहाँ तक कि पेड़ों में भी, और पूरे गाँव को जैसे भर रहा था जुनून से।

—**चिनुआ अचीबे**, *थिंग्स फ़ॉल अपार्ट*

क्रम

	अनुवादकीय : जो छूटा हुआ था रौशनी के किनारे पर	*11*
	प्रस्तावना	*13*
1.	तंजावुर में शुरुआत	19
2.	मद्रास की ओर रुख़	52
3.	मद्रासी कारीगर	85
4.	काष्ठ-शिल्पकार	124
5.	खाल की गहराई	149
6.	थाप का चाम	178
7.	लावा से लैब तक	205
8.	बड़ी बहस	234
9.	कहानी आन्ध्र की	258
10.	एक अलग स्वर	264
11.	देहरी लाँघती स्त्रियाँ	281
12.	उस्ताद कारीगर	297
	सन्दर्भ ग्रंथ	*321*
	आभार	*323*
	अनुक्रमणिका	*329*

जो छूटा हुआ था रौशनी के किनारे पर

ये किताब हिन्दी समाज के लिए कई मायनों में महत्त्वपूर्ण है। यह हिन्दी पट्टी के लोगों की दक्षिण को लेकर सीमित खिड़की और समझ को थोड़ा खोलती है। जैसे गाय के चमड़े का मृदंगम के लिए एक ज़रूरी हिस्सा होना और सवर्णों का उस पर थाप देकर वाहवाही लूटना। उस मृदंगम की थाप के जादू के लिए इन वादकों का इन शिल्पकारों तक जाना, उन पर निर्भर होना। उनके बीच के पेचीदा रिश्तों को पढ़ पाना और उन नाइंसाफ़ियों को रेखांकित करना, जो मृदंगम बनाने वालों के साथ मृदंगम बजाने वालों ने की। टी.एम. कृष्णा मृदंगम के ज़रिये अपने समाज की बारीक और महीन गाँठों को खोलते हैं, बिना उत्तेजित हुए, तटस्थ भाव से, पर बिना निरपेक्ष हुए, जिससे इस किताब का महत्त्व और ज़्यादा बढ़ता है।

टी.एम. कृष्णा सिर्फ़ संगीत-साधक नहीं हैं। हालाँकि वही उनका बुनियादी परिचय है। पर वे उन गुणीजनों में नहीं जिन्हें सिर्फ़ मंच पर गाते या अपनी बैठकों के भीतर पाया जाता है। वे बाहर दिखलाई पड़ते हैं। हम उन्हें भारतीय समाज को लेकर उनके गहरे सरोकारों के लिए भी जानते हैं, जो जाति, भेदभाव, नफ़रत और लैंगिकता को लेकर वह समय-समय पर पूरे भारतीय समाज से साझा करते रहते हैं। वे हमारे पूर्वग्रहों, रूढ़ियों, अन्दाज़ों पर सवाल करते हैं और

अपनी कुशाग्र दृष्टि के साथ हमारी ज़्यादतियों और विसंगतियों को उधेड़कर दिखलाने का साहस भी करते हैं।

मसलन 'सेबस्टियन एंड संस' सिर्फ़ मृदंगम के शिल्प और उसे बजाने की कला के बीच की संगीतशास्त्रीय पड़ताल ही नहीं है, बल्कि उसके ज़रिये जाति-व्यवस्था, सामाजिक समीकरणों की स्थापना और उनमें होते बदलावों को रेखांकित करने की एक गम्भीर और व्यापक कार्रवाई है। इस किताब का हासिल अब तक अलक्षित और उपेक्षित रहे उन पक्षों तक ख़ुद जाना और पाठकों को ले जाना है, जो कर्नाटिक संगीत का ज़रूरी पक्ष तो है, पर उसे न तो मान्यता मिली, न सम्मान, न हक़।

गाय का चमड़ा कैसे एक सवर्ण और ज़्यादातर तमिल ब्राह्मण वादक और दलित मृदंगम-शिल्पी को जोड़ता है, उन सारी लकीरों के आर-पार, जो समय, समाज, मूल्यों, परम्पराओं, छुआछूत, धर्म, जाति और पीढ़ियों से गुज़रते हुए उन बारीकियों को भी गहराइयों के साथ दर्ज करता चलता है, जहाँ बाज़ार, संगीत, वादक, दुनिया, रिश्ते और पारस्परिक निर्भरताएँ तेज़ी से बदल रहे हैं। सेवित्तन कैसे, क्यों सेबस्टियन हो जाता है, ये किताब इस बात की तह में भी जाती है। ईश्वर बदलने के बाद भी मृदंगम अभी भी उनके जीवन का हिस्सा बनी रहती है।

कृष्णा इस किताब के ज़रिये पाठक को सब तरफ़ लेकर जाते हैं। मृदंगम बनाने वालों के ग़रीब मुहल्लों से लेकर शहरी हो गए समृद्ध लोगों तक, कसाईखानों से लेकर व्यापारी बन चुके मृदंगम बनाने वालों तक, तमिलनाडु से लेकर आन्ध्र, कर्नाटक और केरल तक।

ये किताब मृदंगम के ज़रिये उस दुनिया को उजागर करती है, जो कर्नाटिक संगीत की भव्यता और दिव्यता की रौशनी के हाशिये पर ठिठका-सहमा हुआ खड़ा है। कृष्णा की यह किताब उन लोगों को न सिर्फ़ रोशनी में लाती है, बल्कि ईमानदारी के साथ उनके हुनर, योगदान और भूमिका को अंगीकार भी करती है।

—निधीश त्यागी

प्रस्तावना

कर्नाटिक संगीत में ताल वाद्यों के बीच मृदंगम की अहमियत बादशाहों जैसी है। कई तह वाली परत पर अलग-अलग बल से थाप मारते हुए, वादक अपने हिसाब से समय, रफ़्तार और चाल तय करते हुए ध्वनियों का एक विस्तार-क्रम बनाते हैं। उँगलियों की पेचीदा तकनीकें सुर को चमकाते हुए चमत्कृत करनेवाले गणितीय अनुक्रम बनाती हैं। हाँ, ताल के साज़ और भी हैं, जैसे घटम, कंजिरा और मोरसिंग। पर ज़्यादातर मौक़ों पर उनकी भूमिका कमतर होती है मृदंगम के मुक़ाबले, जो ताल को मुख्य तौर पर परिभाषित करता है। कर्नाटिक संगीत का कलात्मक पक्ष ज़्यादातर गायकी से चलता है, पर संगीत-कार्यक्रम बाँसुरी, वीणा या वायलिन को केन्द्र में रखकर किए जाते हैं। लेकिन कोई भी प्रस्तुति बिना मृदंगम के पूरी नहीं कही जा सकती। पिछली सदी में न सिर्फ़ वह हर संगीत-कार्यक्रम का प्रमुख साझीदार बना, बल्कि सुरों के नैरेटिव को एक दशा-दिशा देनेवाला साज़ भी बना।

मंच पर प्राथमिकता कैसी है, यह अख़बारों में कार्यक्रमों के इश्तेहारों से पता चलता है। मुख्य गायक या वादक के ठीक बाद विज्ञापनदाता वायलिनवादक का नाम लिखता है (जो सुरों में इकलौता साझीदार है)। इसके बाद मृदंगमवादक का नाम आता

है। और उसके बाद बाक़ी तालवादकों का। पर किसी भी गायक या वादक से पूछिए कि उनके साज़िन्दे कौन हैं, तो सबसे पहले वे मृदंगमवादक का नाम लेंगे। इसके पीछे लम्बे समय से स्थापित यह यक़ीन है कि मृदंगमवादक किसी भी संगीत-कार्यक्रम को बना या बिगाड़ सकता है। यह कहना ज़्यादती नहीं होगी कि कर्नाटिक संगीत में सबसे अनूठी ध्वनि मृदंगम से ही आती है—शायद सबसे शक्तिशाली। चाहे कितना भी अनगढ़ श्रोता हो, मृदंगम उस पर भी अपनी पक्की छाप छोड़ती है।

ये दबदबा ही वह वजह है, सचेत रूप में हो या अवचेतन रूप में, कि हर किसी को लगता है कि मृदंगम की आवाज़ एकदम सही निकलनी चाहिए। मृदंगम कलाकार का फ़र्ज़ है कि वह इस अपरिभाषित आदर्श को हासिल करने की कोशिश करता रहे। इस निरन्तर चाह पर उसका उतना नियंत्रण नहीं है जितना मृदंगम बनानेवाले कारीगर का।

तानपूरे या तम्बूरे के मामले में ख़रीद लिये जाने के बाद मेरे पास उसके निर्माता के पास जाने की बहुत वजह नहीं होती। छोटी-मोटी देखभाल और दुरुस्ती मैं ख़ुद ही कर लेता हूँ और तार भी ख़ुद बदल सकता हूँ। जब तक कुछ ज़्यादा ही न हो जाए जैसे लकड़ी या तुम्बे में टूट-फूट, तब तक मैं और तम्बूरा आपस में ही मामला सुलटा लेते हैं। मेरा निर्माता से कोई रिश्ता नहीं रह जाता, जब तक कि मैं उसके पास नया तम्बूरा लेने न जाऊँ। यहाँ तक कि वीणा और वायलिन में भी—जहाँ देखभाल के लिए निर्माता से ख़ासे सुझाव लिये जाते हैं, रोज़मर्रा की निर्भरता नहीं होती। घटम और कंजिरा जैसे ताल-वाद्यों पर भी यह बात लागू होती है। हाँ सही आवाज़ और अनुगूँज वाला घटम तलाशने में मुश्किल तो होती है, पर एक बार मिल जाए तो फिर परेशानी की ज़्यादा बात नहीं।

पर मृदंगम का मामला इन सबसे भिन्न है। 'मृदंगम की देखभाल एक शरारती बच्चे का ख़याल रखने जैसी है', ऐसा मुझे एक मृदंगम कलाकार ने बताया। उस पर लगातार नज़र रखनी पड़ती है, ख़याल रखना पड़ता है, और सुधार करते रहना पड़ता

है जिसके लिए वादक को कारीगर की ज़रूरत बार-बार पड़ती है। उनके बीच का जुड़ाव टाला नहीं जा सकता और ज़्यादातर मामलों में उनके बीच लम्बे दौर की निर्भरता बन जाती है। ये रिश्ता कलात्मक, भावनात्मक और बौद्धिक तौर पर अन्तरंग होता है।

इस किताब के ज़रिये मेरी उम्मीद है कि पाठक को मृदंगम बनानेवाले कारीगरों के हुनर, दिमाग़, ज़िन्दगियों और उनके इतिहास का पता चले, और मृदंगम बनानेवाले और बजानेवाले के बीच के पेचीदा रिश्ते की एक समझ बन सके।

सेबस्टियन एंड संस

मृदंगम कारीगरों का संक्षिप्त इतिहास

1

तंजावुर में शुरुआत

एफ. सेल्वाराज का घर ढूँढ़ना कोई आसान काम नहीं था।

पहले तो नंगनल्लूर के उपनगर से पार पाना ही कठिन था। राष्ट्रीय राजमार्ग 48 के दक्षिण-पूर्व में और चेन्नै हवाई अड्डे के रनवे से आ रही सड़क के पार बसा नंगनल्लूर घनी आबादी वाला एक शहरी क़स्बा है। ठीक-ठीक कहें तो क़स्बे के भीतर ब्राह्मणों का एक मुहल्ला। गड्ड-मड्ड पतली गलियाँ एक-दूसरे को काटती हुईं, हर तरफ़ से आता हुआ ट्रैफ़िक। किराने की छोटी-छोटी दुकानें, ज़मीन के छोटे टुकड़ों पर बने मकान, सड़कों की तरफ़ लगभग गिरने को होते हुए से बहुमंज़िला फ़्लैट...मुहल्ले के भीतर मुहल्ले और उनके भीतर और मुहल्ले। इतनी सारी अनिश्चितताओं के बीच अनेक मन्दिर।

मेरे ज़ेहन में नंगनल्लूर की छवि ग़रीबों के मायलापुर के रूप में थी, जो कुलीन ब्राह्मणत्व का प्रतिष्ठित प्रतीक है। सत्तर, अस्सी और नब्बे के दशक में नंगनल्लूर कम आमदनी वाले ब्राह्मणों की बसावट बनता गया, जिनमें से ज़्यादातर सरकारी कर्मचारी रहे, जो मायलापुर या उससे भी ज़्यादा कुलीन समझे जानेवाले अलवरपेट में जगह हासिल नहीं कर पाए थे। अलवरपेट कुछ ऐसा मुहल्ला है, जो अपने दरवाज़े बन्द किये बिना भी अपने इर्द-गिर्द दीवार ताने रखता है। चेन्नै में ऊँची जातियों के लोगों की रिहाइश का यह तरीक़ा शताब्दी पुराने ढर्रे पर चलता रहा है। सामाजिक तौर पर ठसक वालों की बसावट अक्सर हमेशा ही दक्षिण या दक्षिण-पूर्व की तरफ़ सरकती चली गई। नंगनल्लूर इन बसावटों की दक्षिणमुखी गतिविधि का एक और सिलसिला था।

ब्रिटिश राज के वक़्त मद्रास की सारी कारोबारी गतिविधियों का केन्द्र 'टाउन' था, यह शहर का दिल था। पिन कोड 600001 अभी भी उसी के नाम है। शहर का प्रशासन (तब और अब) यहाँ से दूर नहीं है और भारतीय-अरबी स्थापत्य शैली में बनी उच्च न्यायालय की वैभवशाली इमारतें भी बग़ल में ही हैं। टाउन के उत्तरी इलाक़े हाशिये पर रहे। यहाँ छोटी जातियों के कुलियों, बेलदारों और मज़दूरों की रिहाइश थी। बड़े कारोबारी और क़ानून का काम करनेवाले ऊँची जाति के लोग टाउन में रहते और मध्यवर्गीय आमदनी वाले ब्राह्मणों के मुहल्ले दक्षिण ट्रिप्लीकेन और मायलापुर के मशहूर मन्दिरों के आसपास उगते चले गए। पश्चिम की तरफ़ वेपरी, किलपॉक, चेटपेट और एगमोर में बसने के बाद अभिजात अंग्रेज़ थोड़ा दक्षिण यानी आड्यार नदी की तरफ़ खिसके। आबादियों की बसावट आज़ादी के बाद भी इसी तरह चलती रही। अंग्रेज़ों की छोड़ी जगहों पर अमीर सवर्ण समुदायों ने क़ब्ज़ा जमाया। इनमें टाउन में पहले से रह रहे लोग भी शामिल थे। टाउन के उत्तर में रह रही मज़दूर बस्तियाँ पहले से ज़्यादा हाशिये पर धकेल दी गईं, पर जिनको काम के लिए ऊँची जातियों के घरों में जाना पड़ता था, या वहीं अपनी सेवाएँ देते थे, उन्होंने शहर में जहाँ भी छिपी-दबी जगहें मिलीं, अपनी छतें तान लीं। इसी तरह अभिजात सवर्णों ने दक्षिण और दक्षिण-पश्चिम इलाक़ों में नई बस्तियाँ जमा लीं।

मैंने कई बार नंगनल्लूर के प्रतिष्ठित अंजनेयार मन्दिर और उससे थोड़ा कम मशहूर लक्ष्मी हयवदन पेरुमल मन्दिर में कृष्णा फ़ाइन आर्ट्स और उससे भी पुरानी एनएसटीएसएस (एक बेढंगा-सा संक्षेपण जिसके द्वारा नंगनल्लूर श्री त्यागराज संगीत समाजम को जाना जाता है) जैसी सभाओं[1] के आयोजनों में कार्यक्रम किये हैं। कई बार जाने के बाद भी, इन सभा-स्थलों में पहुँच पाना मेरे लिए हमेशा मुश्किल रहा, कई बार ठीक समय पर पहुँचा, और कई बार कुछ देर से। मेरा काम गूगल मैप्स—मेरे शहरी मार्गदर्शक ने आसान तो किया पर उसके लिए भी नंगनल्लूर के अग्रहारम[2] इलाक़े की भूल-भुलैया को साध पाना मुश्किल है। ऊपर से वह कुख्यात रेलवे क्रॉसिंग भी रास्ते में थी, जो सड़क यातायात को जब-तब अटका देती। अब हालाँकि फ़्लाईओवर और अंडरपास बनने—जो चेन्नै का न ख़त्म होनेवाला और पसन्दीदा शगल है—के कारण उस इलाक़े में जाना आसान हुआ है।

1. वे संस्थाएँ जो प्रदर्शनकारी कलाओं, ख़ास तौर से कर्नाटिक संगीत, भरतनाट्यम और शहरी तमिल थिएटर को प्रोत्साहन देती हैं।
2. सामान्यत: मन्दिर के इर्द-गिर्द होनेवाली ब्राह्मणों की रिहाइश।

मुश्किल रास्तों और दूरी की इतनी सारी बातों के बावजूद अलवरपेट में मेरे घर से नंगनल्लूर महज़ 13 किलोमीटर दूर है, चेन्नै के ट्रैफ़िक को देखते हुए भी सिर्फ़ 40 मिनट का सफ़र।

सेल्वाराज नंगनल्लूर में आ बसे थे और मैं कुछ समय से उनसे मिलने की योजना बना रहा था। मेरे साथ एक सहकर्मी भी थे, जिन्होंने मुझे मृदंगम और उसके निर्माण की बारीकियों के बारे में जानकारियाँ दी थीं। छह से ज़्यादा महीनों तक वे मुझे इस वाद्य-यंत्र और इसके इतिहास के बारे में साहित्य भेजते रहे और जानकारियाँ देते रहे थे।

मुझे इस किताब की शुरुआत शायद मृदंगम से करनी चाहिए।

मृदंगम बनानेवालों और बजानेवाले कलाकारों के बारे में बहुत सारी बातें हैं पर वह थोड़ा रुककर। मृदंगम एक बेलनाकार दोमुँहा ढोल है, जिसका इस्तेमाल कर्नाटिक संगीत प्रस्तुतियों और भरतनाट्यम वादन में प्रमुख ताल वाद्य-यंत्र की तरह किया जाता है। इसका मुख्य हिस्सा कटहल के पेड़ के तने से बना होता है, जो दरअसल गूँज पैदा करनेवाला खोल है। ये फ्रेम मुड़ा हुआ होता है यानी बीच में चौड़ा और कोनों पर सँकरा। इस यंत्र का मुखर सिरा (जो श्रोताओं को दीख रहा होता है) चमड़े की तीन सतहों से ढका होता है जो आपस में बारीकी से गुँथी होती हैं।

सबसे ऊपर गाय के चमड़े से काटा हुआ गोल टुकड़ा होता है, जो ठीक अपने नीचे बकरी के चमड़े वाली सतह को छोड़ता चलता है, जो इस ड्रम के मुँह के बीच में है। वाद्य में इस्तेमाल होनेवाली इन दोनों परतों के नीचे गाय के ही चमड़े का एक पतला और सहारा देता घेरा और होता है। दूसरी परत वाले बकरी के चमड़े के दीखते हुए हिस्से पर एक काले या गहरे लाल रंग का लेप होता है, जो उबले चावल और एक ख़ास क़िस्म के पत्थर के चूर्ण से बनता है। ऊपर की दो परतों के बीच एक क़िस्म की घास के तिनकों (आमतौर पर जिनसे झाड़ू बनती है) और उपरोक्त पत्थर के बारीक दानों को रखा जाता है सही गूँज और सुर-संगति के लिए।

फ्रेम के दूसरे सिरे पर भी चमड़े की तीन परतें होती हैं—दो भैंस की और एक बकरी की। भैंस के चमड़े की दो परतें एक साथ काटी जाती हैं एक मोटी गोल पट्टी बनाने के लिए, पर केन्द्र में बकरी के चमड़े वाला हिस्सा बजाने के हिसाब से ज़्यादा छोड़ा जाता है। भैंस के चमड़े की दोनों परतें एक दूसरे से कसकर गूँथी जाती हैं, जबकि बकरी के चमड़े वाला हिस्सा उनसे अन्दर की तरफ़ बारीक गाँठों

में बाँध दिया जाता है। पारम्परिक तौर पर दोनों तरफ़ की इन परतों को भैंस के चमड़े से बनी रस्सी से बाँधकर कस दिया जाता है। ये एक शुरुआत-भर है मृदंगम को बनाने की प्रक्रिया और इस वाद्य-यंत्र की जटिलता को समझने की, जिसकी और तहक़ीक़ात हम आगे करेंगे।

मृदंगम के बारे में मेरी उत्सुकता तब जगी जब मुझे अहसास हुआ कि हम उन्हें बनानेवाले उस्तादों के बारे में मुश्किल से ही या लगभग नहीं ही बात करते हैं। अपनी किताब *ए सदर्न म्यूज़िक : अ कर्नाटिक स्टोरी* लिखते वक़्त मैंने जातिगत भेदभाव के बारे में कुछ गहराई के साथ लिखा तो था, पर मैंने वाद्य-यंत्र कारीगरों को अपने विमर्श से पूरी तरह बाहर ही रखा। जिन कारीगरों का चमड़े से काम पड़ता है वे हमेशा हाशिये पर रहे—ये बात मुझे ठीक से पता थी, पर मैंने जब जाति और कर्नाटिक संगीत समाज में उसके प्रभाव के बारे में लिखा, मैं उनके साथ इंसाफ़ नहीं कर सका।

बतौर शास्त्रीय गायक मेरी मुलाक़ातें उनसे गाहे-बगाहे होती रहीं और उनके हुनर की गाथाएँ भी मुझ तक पहुँचती रही हैं। पर वे कर्नाटिक संगीत के इतिहास और मिथकों का अभिन्न हिस्सा कभी नहीं रहे। हम काफ़ी कम जानते हैं उन लोगों के बारे में, उनकी ज़िन्दगियों, उनके संघर्ष के बारे में, उनकी रचनात्मकता और शिल्प-कौशल के बारे में भी। मुझे बिलकुल अन्दाज़ा नहीं था कि जिस खोजबीन का ज़िम्मा मैंने लिया है वह काफ़ी बेतरतीब और उलझन-भरी है।

सेल्वाराज की किसी भी क़ीमत पर तलाश इसी खोजबीन का हिस्सा थी। सेल्वम—जैसा कि उन्हें पुकारा जाता है, तीसरी पीढ़ी के मृदंगम बनानेवाले हैं, तंजावुर के मशहूर परिवार के सबसे उम्रदराज़ सदस्य। वे दिग्गज, जिन्होंने पालघाट मणि अय्यर जैसे उस्तादों को वह माध्यम उपलब्ध करवाया, जिसके ज़रिये वे ताल पर अपनी महारत दुनिया के सामने ला पाए।

एक बाज़ार के बग़ल से निकलकर एक मोड़ पर—जिसे मैं अक्सर नज़रअन्दाज़ कर जाता हूँ—मैंने एक शख़्स को मेरी तरफ़ हाथ हिलाते देखा। वेस्टी और भगवा क़मीज़ के ऊपर गले में लिपटे एक शाल ने उनका एक कंधा ढका हुआ था। सेल्वाराज वहाँ इसलिए खड़े थे कि हम रास्ता न भटक जाएँ। उन्होंने मुझसे कार वहीं पार्क कर साथ चलने को कहा। पहली नज़र में मुझे वह एक कमज़ोर और बूढ़े इनसान लगे, पर उनकी चाल और दबंग आवाज़ ने जल्द ही मुझे अपनी राय बदलने को मजबूर कर दिया। उनके पीछे चलते हुए मुझे याद आया कि सेल्वाराज की एक बाँह नहीं है, जो एक हादसे में उन्होंने खो दी थी। बाद में उनके भाई एफ. मेल्गीस ने उस हादसे के बारे में बताया। 'वे मायावरम में मृदंगम का ही कोई काम करके लौट रहे थे। देखिए, हाइवे पर तब कोई डिवाइडर नहीं थे। दो बसें अगर साथ-साथ चलें तो एकदम से अगल-बग़ल होंगी। बेहद नज़दीक। वे अपना हाथ खिड़की से बाहर निकालकर बैठे थे और दूसरी बस इस वाले हाथ से टकरा गई। बस सरकारी थी। सरकार की तरफ़ से इन्हें कुछ पैसा मुआवज़े में मिला।' सेल्वाराज ने अपना दाहिना हाथ खो दिया, वो हाथ जिससे वे काम करते थे, जिसने उन्हें वह बनाया था जो वे थे। वह सफ़ेद शाल शायद उनकी इस शारीरिक और भावनात्मक चोट को ढकने की कोशिश कर रहा था।

कुछ गलियों से गुज़रने के बाद हम उनके घर पहुँचे। छोटे कमरों वाला एक मज़बूत मकान। दीवारों पर गुलाबी पेंट, जो कई जगह से उखड़ रहा था। बीच में बहुत ज़्यादा इस्तेमाल की गई वर्गाकार जगह, पुरानी कोठियों की याद दिलाती हुई। उन्होंने हमारे बैठने के लिए दो चटाइयाँ बिछाई हुई थीं। उनके पीछे वाली दीवार पर मदर टेरेसा का पोस्टर लगा था और एक कोने पर मृदंगम का लकड़ी का खोल रखा हुआ था।

सेल्वाराज के बारे में लिखते वक़्त मैं उनकी तेज़ निगाहों, शरारती मुस्कान और सहज लेकिन जानने-बूझनेवाले विश्वास की कल्पना कर रहा हूँ, जो कावेरी के पानी से अपनी ताक़त पाता है। कावेरी की उपमा ज़ेहन में यकायक ही आई। तंजावुर के ब्राह्मण अक्सर इसका इस्तेमाल करते हैं। उनका यक़ीन है कि कर्नाटिक संगीत उनका अभिन्न हिस्सा इसलिए है कि वे इस पवित्र नदी के जल को पीते हुए बड़े हुए—जिस जल ने इस संगीत-भूमि को सींचा।

समृद्ध तंजावुर पर अलग-अलग कालखंडों में चोल, नायक और मराठा शासन रहा और वह हमेशा तमिलनाडु का सांस्कृतिक केन्द्र माना जाता रहा है। पर ऐसा क्यों? मदुरै, तिरुनलवेली और रामनाथपुरम भी कम 'सांस्कृतिक' नहीं। मेरे लिए बचपन से ही ये रिश्ता उन क़िस्सों के ज़रिये ज़ेहन में बना जिनके केन्द्र में तंजावुर या उसके आसपास के कर्नाटिक संगीतज्ञ रहे। इस धारणा पर मैंने अपनी ज़िन्दगी के ज़्यादातर समय सवाल नहीं किया कि यह इलाक़ा कुछ ज़्यादा ही ख़ास है। तमिलनाडु के कुछ हिस्से उसके सांस्कृतिक इतिहास में ख़ास ज़िक्र नहीं पाते—जैसे उत्तर-पश्चिम ज़िलों से बना कोंगुनाडु इलाक़ा। मुझे कोई शक नहीं कि इसकी वजह तंजावुर की वर्ण और वर्ग-कुलीनता है जो समाज की 'संस्कृति' या 'उच्च संस्कृति' की परिभाषा के साथ अपना सम्बन्ध सहज ही बना लेती है। यहाँ तक कि अंग्रेज़ों के वक़्त भी, इस ज़िले पर नियंत्रण शक्तिशाली ब्राह्मणों और अन्य उच्च वर्ग के भू-स्वामी समुदायों का था, जिसके कारण उससे जुड़े कला स्वरूपों को एक विशिष्ट सम्मान मिलता रहा।

1906 में प्रकाशित एफ. आर. हेमिंग्वे के लिखे गए *मद्रास डिस्ट्रिक्ट गज़ेटियर्स : तंजोर* के मुताबिक़, 'गंजम और दक्षिण कन्नडा को छोड़ दें, तो अनुपात के हिसाब से ब्राह्मणों की आबादी तंजोर में सबसे ज़्यादा है। यहाँ इस जाति के लोग सामान्य से कम रूढ़िवादी हैं। उनकी आबादी हर पन्द्रह लोगों में एक है जो सामाजिक और धार्मिक मामलों में ब्राह्मणों के प्रभाव को ख़ासा मुखर बनाती है।' वे आगे लिखते हैं, 'नदियों की धाराओं में वैदिक बलियाँ चढ़ाई जाती हैं, निस्सन्देह साथ में वैदिक मंत्रोच्चार भी होते हैं, दार्शनिक किताबें संस्कृत काव्यशैली में प्रकाशित की जाती हैं, उपनयन संस्कार के लिए उनकी छत्रच्छाया में लोग जाते हैं और उनके बताए नियम श्रद्धा के साथ माने जाते हैं, भले ही वे दुनिया को त्यागने तक के क्यों न हों।'

फिर क्या यह हैरत वाली बात है कि यह इलाक़ा कभी कर्नाटिक संगीत का धड़कता हुआ हृदय था? पवित्र त्रिमूर्ति—त्यागराजा, मुत्तुस्वामी दीक्षितार और श्याम शास्त्री—का निवास तंजावुर हमेशा से कर्नाटिक संगीत, हरिकथा, नामसंकीर्तन और भरतनाट्यम (और सदिर, जैसा कि वह देवदासियों के ज़माने में हुआ करता था) की अटूट परम्परा के लिए जाना जाता है।

पर इस तथाकथित ऊँची संस्कृति की कुछ ज़रूरतें भी होती हैं, जिन्हें पूरा किया जाना ज़रूरी होता है, ऐसी ज़रूरतें जिन्हें वह छिपाए भी रखती है।

ताल या सुर पैदा करने के लिए एक या ज़्यादा चमड़ों की परतों को लकड़ी के खोल के दोनों तरफ़ खींचकर कस देने की जुगत दुनिया-भर की सभ्यताओं में मौजूद है। जैसे दक्षिण भारत में प्राचीन ग्रंथ मृदंगम की ही तरह के यंत्र तन्नुमई का ज़िक्र करते हैं, जो आधुनिक यंत्र के पुरातन स्वरूप जैसा है, जो उसकी प्राचीनता का सुबूत भी है। पर दृश्य-रूप में वह बाद के नायक शासन के उत्तरार्द्ध और मराठा शासन के पूर्वार्द्ध के दौरान बनाए गए उन भित्तिचित्रों में दिखलाई देता है जिनमें देवदासियाँ सदिर का प्रदर्शन कर रही हैं।

1565 में तालीकोटा की लड़ाई में अलिया रामाराया की हार के बाद विजयनगर साम्राज्य ख़त्म हो गया। इसके कारण तेलुगू नायक ख़ानदानों का मदुरै और तंजावुर में स्वतंत्र शासन क़ायम हुआ। बाद में दोनों के बीच बढ़ती झड़पों के कारण शिवाजी के सौतेले भाई एकोजी को तंजावुर में घुसने का मौक़ा मिला। 1676 में एकोजी तंजावुर के पहले मराठा शासक बने।

राजकाज के साथ-साथ महाराष्ट्र के सांस्कृतिक प्रभाव का भी प्रवेश हुआ। हरिकथा की नारदीय परम्परा तंजावुर और आसपास की ब्राह्मण बस्तियों का ख़ास रिवाज बन गई। इन प्रस्तुतियों के दौरान कीर्तनकार के साथ मराठा मूल के मृदंगमवादक बैठा करते। जिस सबसे पहले मृदंगमवादक तक हम पहुँच पाते हैं और जिनसे मृदंगम के वर्तमान स्वरूप को जोड़कर देख पाते हैं, वे नारायणस्वामी अप्पा हैं। वे उन परिवारों से थे, जो मराठा शासन के दौरान तंजावुर में आ बसे थे। उन्हें मृदंगमवादन का पितृपुरुष माना जाता है। हालाँकि उससे पहले भी तविल प्रभाव वाली मृदंगमवादन की परम्परा रही है, जो तब से अब तक नादस्वरम प्रदर्शनों में इकलौते ताल वाद्य की तरह मौजूद रहती है। पुराने स्वरूप को लेकर इस जाने-बूझे 'स्मृतिलोप' का कारण यह है कि बीसवीं सदी का मध्य आते-आते मराठा-प्रभावित तंजावुर परम्परा ब्राह्मणों की शैली बन चुकी थी, जबकि तविल और सदिर से प्रेरित पुडुकोट्टई परम्परा को इसइ वेल्लालर सौन्दर्यशास्त्र से जोड़कर देखा जाने लगा था। उन पुराने ज़मानों में ब्राह्मणों के लिए चमड़े के वाद्य-यंत्र बजाना बिलकुल कल्पना से परे था। मृदंगम बजाने के काम इसइ वेल्लालर समुदाय के लोग किया करते थे जो नादस्वरम और तविल कलाकारों, सदिर प्रदर्शनों के पुरुष संचालकों और देवदासियों या फिर ग़ैरब्राह्मण मराठों में से होते थे।

शुरुआती बीसवीं सदी के बहुत सम्मानित हरिकथा कलाकार शूलमंगलम वैद्यनाथ भगवतार बहुत-सी बातें नारायणस्वामी अप्पा की कला और ख़ास तौर

पर वाद्य-यंत्रों की देखरेख में उनकी बारीकियों के बारे में करते हैं। पर मृदंगम को किसने बनाया, किसने उसकी देखरेख की, किसने मरम्मत की? उसका ख़याल रखनेवाले कौन थे? वे कहाँ से आए थे? और वे किन तकनीकों का इस्तेमाल करते थे? कई मृदंगमवादक ऐसा अनुमान लगाते हैं कि यंत्र कारीगर भी घुमन्तू संगीतकारों के साथ चलते थे और स्थानीय लोगों से अपना ज्ञान साझा कर लेते थे।

मौखिक इतिहास में जिस मृदंगम कारीगर का नाम पहली बार आता है वह आरोग्यम है। इस नाम को लेकर मैं बहुत निश्चित नहीं हूँ क्योंकि कुछ लोग उसे अदईकलम भी कहते हैं। पर उनके एक प्रपौत्र का नाम आरोग्यम है। जैसा कि बहुत-से भारतीय परिवारों में नाम दुहराये जाते रहते हैं, इसलिए मान सकते हैं कि आरोग्यम ही उस कारीगर का भी नाम रहा होगा। आरोग्यम से पहले यह परिवार क्या करता था, उनके वंशजों को भी नहीं पता। नब्बे साल से अधिक के हो चले मृदंगमवादक टी. के. मूर्ति बताते हैं कि आरोग्यम, अपने बेटे सेवित्तन (सेबस्टियन) के सहयोग से नारायणस्वामी अप्पा और उन्हीं के समकालीन मशहूर तुक्काराम अप्पा के लिए कुछ काम किया करते थे। यह बिलकुल सम्भव है कि आरोग्यम का इन संगीतकारों के साथ रिश्ता हो, पर तब अपने पिता का काम देखते और उनकी मदद करते हुए सेवित्तन काफ़ी छोटे रहे होंगे।

जो भी रहा हो, सेल्वाराज परिवार के इस इतिहास को सिरे से ख़ारिज कर देते हैं। उनके मुताबिक़ सेवित्तन को मृदंगम बनाने की प्रेरणा मदुरै के रत्नम ने दी थी। तब तक आरोग्यम सिर्फ़ तविल पर काम करते थे और अपनी सेवाएँ तविल के महान गुरु पलनी मुथिया पिल्लै और नीडमंगलम मीनाक्षीसुन्दरम पिल्लै जैसे मशहूर कलाकारों को दिया करते थे। इससे तय होता है कि आरोग्यम शुरुआती बीसवीं सदी में सक्रिय थे, उसके पहले नहीं।

मदुरै रत्नम के पिता सिल्वामुतु और आरोग्यम भाई ही रहे होंगे, जिससे सेवित्तन और रत्नम चचेरे भाई हुए। रत्नम उम्र के शुरुआती दौर में ही मदुरै आ गए, और क्योंकि वहाँ बहुत-सी नाटक मंडलियाँ थीं, उन्होंने ज़्यादातर काम तबले का किया और सेल्वाराज के शब्दों में 'कुछ छोटा-मोटा काम मृदंगम का भी किया'। जब रत्नम एक बार तंजावुर आए तो उन्होंने आरोग्यम और सेवित्तन को अपना रास्ता बदल पूरी तरह मृदंगम पर काम करने का सुझाव दिया, क्योंकि उस इलाक़े में मृदंगम बजानेवाले कलाकारों की संख्या काफ़ी थी। इस तरह यह परिवार इस यंत्र को बनाने के शिल्प से जुड़ा। इस तरह और इसलिए मदुरै रत्नम

के मशविरे पर चलकर सेवित्तन ने इस इलाक़े की मृदंगम बनाने की परम्परा का विकास किया, जिसे तंजावुर बानी कहा गया।

जब भी मैंने मृदंगमवादकों से उनके कारीगरों की वंशावली के बारे में पूछा, एक शब्द बार-बार इस्तेमाल में लाया गया—कनवर्टेड (परिवर्तित धर्म वाले)। उन्हें जैसे लगता था कि तंजावुर के मृदंगम कारीगरों के मूल को हिन्दुओं की तरह ही देखा जाना ज़रूरी है या उनके धर्म-परिवर्तन के कारणों को रेखांकित किया जाए।

वरिष्ठ मृदंगम कलाकार त्रिची शंकरन का कहना है, 'पूरा परिवार ही अनुसूचित जाति से आता है। मैं उसमें बहुत पड़ना नहीं चाहता, पर वे 'कनवर्टेड' ईसाई थे।' 'कनवर्टेड' पर उनका ज़ोर निश्चित तौर पर ज़्यादा है—जो चीज़ भारतीय सोच में ख़ास तौर पर अक्सर दिखलाई पड़ती है, जिसके लिए पश्चिमी दुनिया के ईसाई क़ुदरती ईसाई हैं और यहाँ वाले धर्मान्तरित। महान मृदंगमवादक पलानी सुब्रमण्या पिल्लै के शिष्यों में से एक के.एस. कालीदास की बात में भी यही झलकता है, 'ये सब अति पिछड़ी जातियों से आनेवाले लोग हैं। और ज़्यादातर ईसाई धर्म को अपना चुके हैं। मिशनरी सक्रिय हुआ करती थी और पैसे भी दिया करती थी। अभी भी उनमें कुछ हिन्दू हैं। और ऐसे भी बहुत हैं जो चर्च और मन्दिर दोनों जगह जाते हैं।' दूसरे शब्दों में उनकी हिन्दू जड़ें मज़बूत हैं।

दूसरी तरफ़ उम्र का आठवाँ दशक जी रहे मृदंगमवादक और गायक टी.वी. गोपालकृष्णन मानते हैं कि इसका सम्भावित कारण सामाजिक-सांस्कृतिक गतिशीलता है, 'क़रीब सत्तर या अस्सी साल पहले ज़्यादातर लोगों ने अपना धर्म बदला, ईसाई बनना स्वीकार किया क्योंकि उससे उन्हें वह स्तर मिला जो पहले से बेहतर था।'

मृदंगम बनाने में चमड़ा उतारना, काटना और उसे तैयार करने का काम शामिल होता है, इसलिए यह काम कभी भी मृदंगम बजानेवाले नहीं करते। स्थापित जाति-व्यवस्था में चमड़े का काम हमेशा सबसे छोटी जातियों को सौंपा जाता है। सौ-एक बरस पहले भी, जब कनवर्जन शुरू हुआ था, चमड़ा लाना और मृदंगम बनाने का काम उन्हीं जाति-समूहों के हाथों में था, जो चमड़े का काम करते थे और जिन्हें 'अछूत' समझा जाता था।

'आदि द्रविड़' शब्द का इतिहास थोड़ा पेचीदा है। जाति-विरोधी अभियान चलानेवाले राजनेता एम.सी. राजा ने इसे बीसवीं सदी की शुरुआत में इस्तेमाल करना शुरू किया था, ताकि गाली की तरह शब्द परैयान या परिया के प्रयोग पर

रोक लग सके, जो हाशिये पर खड़े और भारी भेदभाव के शिकार जाति-समूह के लिए होता था। 'दलित जातियों' (बीसवीं सदी के आरम्भ में अछूत जातियों के लिए प्रयोग होनेवाला दूसरा शब्द) में परैयार एक ऐसा जाति-समूह था, जिसकी सामाजिक-आर्थिक और राजनीतिक सक्रियता बाक़ियों से अधिक थी। उन्होंने पहले ही यूरोपीय लोगों से कामकाजी रिश्ते क़ायम कर लिये थे। अट्ठारहवीं सदी के आख़ीर तक, भले ही वे ईसाई बने हों या न बने हों, परैयार लोग फ़ौज में भर्ती होने लगे थे और यूरोपीय घरों में बटलर का काम करने लगे थे। अपनी माली हालत बेहतर करने के साथ ही धर्मान्तरण ने भी शिक्षा तक उनकी पहुँच आसान की थी।

जल्द ही दूसरी पिछड़ी जातियों ने भी ख़ुद को 'आदि द्रविड़' कहना शुरू कर दिया। इससे कोई पल्लार या चक्किलियार भी आदि द्रविड़ होने का सर्टिफ़िकेट हासिल कर सकता था। हर जाति के भीतर फिर उपजातियाँ थीं, जिनसे ये चर्चा और पेचीदा हो जाती है। इसलिए कुछ ही पीढ़ियों में आदि द्रविड़ ने विभिन्न जाति पहचानों को अपने में समाहित कर लिया। सेवित्तन परिवार के सदस्य सिर्फ़ इतना कहते थे कि वे आदि द्रविड़ थे। हेमिंग्वे के *मद्रास डिस्ट्रिक्ट गजेटियर्स : तंजोर* के मुताबिक़, 'तंजावुर ज़िले में परैयार लोगों की आबादी बाक़ी किसी भी और जाति से ज़्यादा है, जो कि 310,391 से कम नहीं है।'

1570 में इतालवी यात्री सेजेरो फेडरिकी का तंजावुर के ईसाइयों के बारे में यह कहना था, 'ईसाई वहाँ ठीक से बस गए हैं और उनका अपना गिरजाघर है जिसके साथ ही सेंट फ्रांसिस परम्परा का एक मठ भी है, जिसे लेकर आसपास की बसावटों में ख़ासी श्रद्धा है।' सोलहवीं सदी में सेंट फ्रांसिस ज़ेवियर दक्षिण भारत में भाषण देते और बहुतों को ईसाई बनाते घूम चुके थे। तमिल इलाक़ों में ईसाइयत की जड़ें सोलहवीं सदी के बीच में ज़मी थीं। मसलन हम ये जानते हैं कि नागपट्टिनम में मारियन पवित्रस्थल में पूजा सोलहवीं सदी से हो रही है, भले ही बेसिलिका का निर्माण बाद में हुआ।

पर सत्रहवीं सदी के दूसरे हिस्से में जेसुइट्स—जो तब तक के सबसे मज़बूत ईसाई मिशनरी थे—थोड़े कमज़ोर पड़े। अब तंजावुर क्षेत्र में प्रोटेस्टेंट आन्दोलन का असर बढ़ने लगा था जब क्रिश्चियन फ्रेडरिक श्वार्ज (1726-1798) नाम के एक जर्मन लूथरन मिशनरी ने 1766 में तिरुचिरापल्ली में क्राइस्ट चर्च बनाया और 1787 में तंजावुर और उसके आसपास बहुत-से गाँवों में बहुत-सी शालाएँ खोलीं जिन्हें प्रोविंशियल स्कूल कहा गया। श्वार्ज का दबदबा बहुत था और उनका अंग्रेज़

और तंजावुर के राजा तुलजा द्वितीय दोनों ही एक-सा सम्मान करते थे। तुलजा ने तो उन्हें अपने राजकुमार सेरफोजी द्वितीय (1798-1832) का पालक भी नियुक्त किया था। श्वार्ज को हैदर अली (1720-1782) से बात करने के लिए बतौर राजनीतिक दूत भी अंग्रेज़ों ने भेजा था। उन्नीसवीं सदी के मध्य तक लगातार चलते संघर्षों और अनिश्चितताओं के कारण ईसाई धर्म के प्रभाव में एक उतार दिखलाई देने लगा। मैं इस बारे में ह्यूगाल्ड ग्राफ़े की किताब द *हिस्ट्री ऑफ़ क्रिश्चियनिटी इन तमिलनाडु फ्रॉम 1800 टू 1975* का यह उद्धरण रखना चाहूँगा : 'ऐसा कोई गिरजाघर और उससे जुड़ी संस्थाएँ और परम्पराएँ नहीं थीं, जिन पर देश में लगातार चलते सैन्य संघर्ष और उसके कारण पैदा हुई दुर्व्यवस्था का असर नहीं हुआ। इसके अलावा तमिलनाडु के गिरजाघरों के यूरोप से समर्थन देनेवाले चर्चों से भी रिश्ते या तो टूट गए थे या फिर गम्भीर तौर पर कमज़ोर पड़ गए थे। यह पुर्तगाली सत्ता के लगातार कमज़ोर पड़ने, फ्रांसीसी क्रान्ति और उसके बाद हुई यूरोपीय जंगों का राजनीतिक परिणाम था।'

उन्नीसवीं सदी के शुरू में, लूथरन और एंग्लिकन परम्परा वाले प्रोटेस्टेंट का प्रभाव बढ़ा जिसका मतलब था कि कैथोलिक्स को इसके जवाब में कुछ करने की ज़रूरत थी, क्योंकि उनकी सदस्यता तेज़ी से उनके हाथों से निकलकर प्रोटेस्टेंट चर्च की तरफ़ जाने लगी थी। कैथोलिक नेतृत्व में शुरू किये गए बुनियादी बदलावों के कारण उनकी हालत सुधरी।

उन्नीसवीं सदी के आख़िर में तंजावुर ज़िले में ईसाई धर्म को स्वीकार करनेवालों की संख्या में तेज़ी से बढ़ोतरी होती है। *हिन्दू एंड क्रिश्चियन इन साउथ ईस्ट इंडिया* के लेखक ज्योफ्री ए. ऑडी के अनुसार तंजावुर की आबादी 1871 से 1901 तक 13.8 प्रतिशत तक बढ़ी, पर ईसाइयों का अनुपात 31 फ़ीसदी तक बढ़ा। ज़्यादातर धर्मान्तरित लोग दलित वर्ग के थे। ऑडी के मुताबिक़ 1871 में, इलाक़े के कुल ईसाइयों में से 49.1 फ़ीसदी दलित जातियों से आते थे। अगले कुछ दशकों में उनकी संख्या और भी बढ़नी थी। और, परैयार दूसरी जातियों की तुलना में कहीं ज़्यादा संख्या में ईसाई बने। ऐसे में यह माना जा सकता है कि तंजावुर के मृदंगम कारीगर परैयार जाति से आते थे।

मिशनरी के आख्यानों से ऐसा लगता है कि धर्मान्तरण के पीछे शरण, सुरक्षा और शिक्षा तो थे ही, साथ ही एक नई संस्कृति और नये विचारों से साक्षात्कार होने के कारण आत्म-सम्मान और अधिकारों का सम्भावित बोध भी था। इन सामूहिक

धर्मान्तरणों से उच्च जाति वाले हिन्दुओं को ख़राब लगा होगा। इस अहसास का अन्दाज़ा हमें अस्सी साल से ऊपर के मृदंगमवादक उमयलपुरम के. शिवरामन के इस बयान से मिलता है, 'उसके (धर्मान्तरण के) पहले वे सिर्फ़ दलित और हिन्दू थे।' यहाँ इशारा है कि दलित ही बाद में ईसाई बन गए। दलितों और ईसाइयों के घालमेल को लेकर यह धारणा एक लड़के के अवचेतन में आई होगी जो ब्राह्मण इलाक़ों में जवान हो रहा था। आख़िरकार उनके इलाक़े के ज़्यादातर धर्मान्तरित लोग दलित ही थे।

जितना कुछ हम समझ पाए हैं, सेवित्तन दूसरी या तीसरी पीढ़ी के ईसाई थे। पुर्तगाली जेसुइट मिशनरी सेंट जॉन डी ब्रिटो (तमिल में अरुलानांदार) की शहादत 1693 में हुई, 1853 में उन्हें संत का दर्जा मिला और 1854 में मदुरै रोमन कैथोलिक मिशन के संरक्षक संत का। जहाँ सेवित्तन का घर हुआ करता था, उसके आगे ही एक अरुलानांदार गिरजाघर है। यह उनका पारिवारिक चर्च है जिसे वे पंगु कोविल कहते हैं, कम-से-कम पिछली पाँच पीढ़ियों से। कुछ ही दूर सुन्नमबुकरा स्ट्रीट में सेंट एंटनी चर्च स्थित है, जो पुराना है और मेल्गीस के मुताबिक़ परिवार में बहुत-से पुरुषों का नाम संत के नाम पर एंटनी रखा गया। पक्का तो नहीं कह सकते पर यह मुमकिन है कि या तो आरोग्यम या उसके पिता ने उन्नीसवीं सदी के आख़िर या बीसवीं सदी के शुरू में ईसाई धर्म ग्रहण किया होगा।

जैसे ही कुम्बकोणम से तंजावुर में प्रवेश करते हैं, सीआरसी बस डिपो आपके बाईं तरफ़ पड़ता है। अगले ही चौक पर दाएँ हाथ पर मुड़ने से आप सुन्नमबुकरा स्ट्रीट पर आ जाते हैं और उससे थोड़ा आगे कीतूकारा स्ट्रीट। इस इलाक़े को वडाकुवासल कहते हैं यानी 'उत्तरी दरवाज़ा'। कीतूकारा स्ट्रीट (जिसका मतलब है 'फूस की छत वाले घर में रहनेवालों की गली') इस दरवाज़े से बाहर है, जिससे होकर आप तंजावुर के पुराने क़िले और शहर के भीतर जाते हैं। देखने में वह तमिलनाडु के बहुत-से छोटे क़स्बों की गलियों की तरह दिखलाई देती है। यही वह जगह है जहाँ सेवित्तन के तीन बेटे, जिन्होंने मृदंगम-निर्माण उद्योग पर राज किया, बड़े हुए थे। सबसे बड़े एस. शेंगोल, दूसरे नम्बर के एस. परलांदू (फ़र्नांडिस) और सबसे छोटे एस. एंटनी (जिन्हें सब शेट्टी के नाम से जानते थे)। मुझे पता चला कि शेंगोल वह लाठी है जिसे ईसा मसीह गड़रिये के रूप में अपने साथ रखते हैं

और एंटनी का उपनाम शेट्टी इसलिए पड़ा कि उसका पेट काफ़ी निकला हुआ था—चेट्टियार साहूकारों की मोटी तोंद की याद दिलाता हुआ।

सेल्वाराज ने मुझे बताया कि सेवित्तन का परिवार मूलतः कुछ गलियाँ छोड़कर रहता था, पर वह 'कोई अच्छा इलाक़ा नहीं था', इसलिए उसके बाबा के साले ने—जो पहले ही कीतूकारा गली आ चुके थे—सुझाव दिया कि उन्हें भी ऐसा ही करना चाहिए। उन्होंने सेवित्तन को वहाँ ज़मीन ख़रीदने में मदद की। उनकी मृत्यु तक, सेवित्तन के तीनों बेटे उनके वहाँ बनाए मकान में उन्हीं की चौकस निगाहों के नीचे रहे।

परिवार की इस कथा में एक और चरित्र है, जो 1925-26 में तेरह या चौदह साल का लड़का था जिसका घर पलक्कड़ में था और जो तंजावुर आया हुआ था। वह अपने पिता के साथ एक नामसंकीर्तन मंडली का हिस्सा बनकर आया था। कार्यक्रम के बाद वे मृदंगम कलाकार मइलातुर सामी अय्यर का मकान ढूँढ़ने निकले। ये लड़का तंजावुर वैद्यनाथ अय्यर से मिलना और उन्हें सुनना चाहता था, पर वे उन्हें जानते नहीं थे। वे सामी अय्यर को ढूँढ़ रहे थे, जिन्हें वे जानते थे। पिता-पुत्र ने अपनी बैलगाड़ी वेंकटेश पेरुमल मन्दिर के पास रोकी, जहाँ एक संगीत-कार्यक्रम चल रहा था और सामी अय्यर के मकान का रास्ता पूछा। जिनसे वे बात कर रहे थे, उन्होंने शायद इनकी बैलगाड़ी में रखी मृदंगम देख ली और फिर उनका परिचय और आने की वजह पूछी। पलक्कड़ में एक चमत्कारी प्रतिभा वाले बच्चे के बारे में उन्होंने सुन रखा था और इस व्यक्ति ने उनसे कहा कि क्योंकि अब देर हो चली है तो वे दोनों रात को उनके घर रुक सकते हैं और सामी अय्यर के घर अगले दिन जा सकते हैं। अगली सुबह वह लड़का अपने मेज़बान से मृदंगम की कक्षा ले रहा था—जो तंजावुर वैद्यनाथ अय्यर थे। वह बच्चा बड़ा होकर पालघाट मणि अय्यर होनेवाला था, जिसने मृदंगम की परिभाषा ही बदलकर रख दी।

क़रीब सात साल बाद, एक आठ साल के बच्चे ने वैद्यनाथ अय्यर के मकान में प्रवेश किया—त्रिवेन्द्रम से टी.के. मूर्ति—उसका एक ही सपना था कि किसी तरह गुरु के हाथों दीक्षा मिल जाए। बाद के दशकों में मूर्ति एम.एस. सुब्बुलक्ष्मी के सबसे विश्वस्त वादक की तरह रहे। वह अय्यर के साथ रहकर मृदंगम सीखते रहे, जबकि मणि पलक्कड़ और तंजावुर के बीच आते-जाते रहे, और जब भी मौक़ा मिलता गुरु के साथ कार्यक्रमों में साथ समय बिताते। तंजावुर उन दिनों कर्नाटिक संगीत का केन्द्र था, इसलिए ऐसा अक्सर ही होता था।

वैद्यनाथ अय्यर बहुत बड़े मंचीय संगीतज्ञ तो नहीं थे, पर अपने समय के मशहूर संगीतकारों को संगत उन्होंने ज़रूर दी थी जैसे कोनेरीराजपुरम वैद्यनाथ भागवतार और नामसंकीर्तन आयोजनों में भी अक्सर जाते थे। लेकिन उनका नाम मृदंगम सीखने और बजाने को सही स्वरूप देने और व्यवस्थित करने के लिए लिया जाता है। उन्होंने अपनी कला सीखी थी तंजावुर के ही मराठीभाषी दास राव से और कन्नुसामी पिल्लै से जो इसइ वेल्लालर समुदाय से थे।

एंटनी के बेटे एस. अरुलराज के मुताबिक़ वैद्यनाथ अय्यर के समय से पहले मृदंगम को लेकर गम्भीर कारीगरी नहीं रही होगी। 'वे दोनों तरफ़ चमड़ा लगा देते होंगे। उन्हें ताल वग़ैरह के बारे में ज़्यादा कुछ पता नहीं रहा होगा।' मद्रास में रहनेवाले मृदंगमवादक मद्रास ए. कण्णन की बात दिलचस्प है, 'नारायणस्वामी अप्पा के समय में गायक मृदंगम की ताल के अनुरूप गाते थे।' दरअसल गायक या वादक में से किसी को अपनी आवाज़ या अपने वाद्य का तालमेल मृदंगम से बिठाना होता था।

सेल्वाराज को भी पक्का लगता है कि मृदंगम बनाने की विशेषज्ञता उससे पहले नहीं थी : 'मेरे बाबा के समय में मृदंगमवादक या गायक की ज़रूरतों के मुताबिक़ कोई विशेषज्ञता या विशिष्टता नहीं थी। गाँवों में ही सारा काम हो जाता था, जैसे स्थानीय नाच और नाटक के लिए किया जाता रहा था।' इस टिप्पणी के साथ वह साफ़ तौर पर कलाकारों के बीच बड़े-छोटे के भेद को रेखांकित कर रहे थे।

ये बयान शूलमंगलम वैद्यनाथ भागवतार के उस ब्योरे के विरुद्ध हैं, जिसमें वे नारायणस्वामी अप्पा की मृदंगम को ट्यून करने की बात कहते हैं।

जितनी भी जानकारी मैं इकट्ठा कर पाया, उसके आधार पर मुझे लगता है कि उस वक़्त मृदंगम को बनाने, ट्यून करने और उनकी देखभाल करने का शिल्प अपने शुरुआती दौर में था और यह भी मुमकिन है कि मृदंगमवादक ने अपने उपकरण को किन्हीं ख़ास तालों के लिए ही पहले से ट्यून करवाया होता था, जिसके मुताबिक़ गायक को गाना पड़ता था। यह सब माइक्रोफ़ोन के आने से पहले की बात है जब मर्द उन स्वरमानों (पिच) पर गाते थे, जिन्हें औरतों के लिए गाना ज़्यादा आसान था।

टी.के. मूर्ति ज़ोर देते हैं कि वैद्यनाथ अय्यर ही थे, जिन्होंने सेवित्तन और उनके बेटों को मृदंगम के बारे में सब कुछ सिखाया। भले ही वे पहली पीढ़ी के मृदंगम कारीगर थे और अय्यर उन्हें उस उपकरण से निकलनेवाले संगीत की बारीकियों के बारे में बताते थे, पर चमड़े के बारे में, उसकी बनावट, प्रकृति और लचीलेपन के बारे में उनकी ख़ुद की जानकारी वृहद रही होगी, जबकि अय्यर को इसके बारे

में क्या ही पता होगा। आरोग्यम पहले से ही तविल बनाता था और मदुरै रत्नम ने मृदंगम बनाने की कई तकनीकों पर काम किया हुआ था। यह बात मंज़ूर किये जाने लायक़ नहीं है कि उनकी भूमिका बस कार्यकारी की रही हो, और विद्वत्ता का सारा श्रेय वैद्यनाथ अय्यर को दे दिया जाए।

मृदंगमवादक आज तक भी हुनरमन्द मृदंगम बनाने का सारा ज्ञान ख़ुद के पास होने का दावा करते हैं, और कारीगरों को सिर्फ़ 'गंदा काम' करने का श्रेय दिया जाता है। कुछ तो दो-टूक कहते हैं, 'हम वह नहीं कर सकते!' यानी वह अवांछित काम किसी और को करना पड़ेगा, और यह कि वह एक निचले दर्जे का काम है, कोई भी कर सकता है। मृदंगमवादक जानवर को मारने, उसका चमड़ा निकालने और उसे काटने के काम के किसी भी हिस्से से अपना सम्बन्ध नहीं रखना चाहते हैं। और शायद ही ऐसा कभी हुआ होगा कि उन्होंने अपने संगीत को सुधारने में योगदान देने या फिर उस उपकरण की क्षमता विकसित करने के लिए मृदंगम बनानेवाले की सार्वजनिक और साफ़-साफ़ सराहना की हो। कला के इस संयोजन में बराबरी के रचनात्मक साझीदार की मान्यता इन लोगों को कभी मिली ही नहीं। त्रिची शंकरन का कहना था, 'जब शिल्पकारी बेहतर हुई और बारीकियाँ विकसित हुईं, संगीत में भी फ़र्क़ दिखलाई दिया।' जब मैंने थोड़ा-सा और जानना चाहा कि क्या ये कहना ठीक होगा कि शिल्पकर्म के कारण मृदंगमवादन बेहतर हुआ, उन्होंने पहले तो कहा, 'ज़रूरी नहीं। मैं कह रहा हूँ कि दोनों साथ-साथ चलते हैं।' और फिर आगे कहा, 'मुझे इस बात को दूसरी तरह से कहना चाहिए : उसने शायद वादन को प्रभावित किया होगा। यह कहना सही है।'

वैद्यनाथ अय्यर के वक़्त चमड़े से जुड़ा सारा काम कीतूकारा स्ट्रीट में होता था, जबकि अन्तिम स्वरूप (फ़ाइन ट्यूनिंग) पुराने क़िले वाले उनके घर यानी 941 पन्दमणिकप्पा स्ट्रीट में दिया जाता था। वेंकटेश पेरुमल मन्दिर पास ही था और बंगारू कामाक्षी अम्मन मन्दिर थोड़ी ही दूर—जहाँ सम्मानित श्याम शास्त्री एक सदी पहले पुरोहित हुआ करते थे।

'सेवित्तन घर के भीतर भी नहीं घुसता था, वह गली के कोने में खड़ा रहता था।' पालघाट मणि अय्यर के बेटे टी.आर. राजामणि बताते हैं। परलांदू के बेटे सेल्वाराज भी कुछ ऐसा ही विवरण अपने पिता के बारे में देते हैं, 'जब मेरे पिता तंजावुर वैद्यनाथ अय्यर के लिए काम करते थे, तो वह दरवाज़े पर ही खड़े रहते। जिन भी मृदंगमों की मरम्मत करवानी होती थी, उन्हें टी.के. मूर्ति बाहर रख देते

थे। वह या तो बाहर ही उन पर काम करते या फिर मृदंगमों को कपड़े में बाँधकर घर ले जाते।' सेल्वाराज इस सन्दर्भ में जो कहते हैं, उससे बात साफ़ हो जाती है, 'बॉस हमेशा बॉस रहता है, और मज़दूर हमेशा मज़दूर।' यानी दोनों अपने-अपने सामाजिक-आर्थिक स्थानों पर रहते हैं और उन्हें रहना भी चाहिए।

मूर्ति ने मुझे यह आभास दिया कि उनके गुरु मृदंगम कारीगरों को न सिर्फ़ घर के भीतर बुलाते थे, बल्कि उन्हें खाना भी वहीं खिलवाते थे। इस बात की सम्भावना क्षीण लगती है क्योंकि कारीगरों के परिवारों का कोई व्यक्ति इस सम्भावना की ओर इशारा नहीं करता। वे बस अलगाव की बात दोहराते हैं। तंजावुर के भीतरी हिस्से में बसे उच्च वर्ण मुहल्ले को सेवित्तन और उनके बेटों की मौजूदगी ही बहुत नागवार गुज़रती होगी। वैद्यनाथ अय्यर के शिष्य उमयलपुरम शिवरामन ने सेल्वाराज के ब्योरे की तसदीक़ की, 'गली में गाड़ियाँ भीतर नहीं आ सकती थीं। सड़क के बीच में ही एक पत्थर था, इसलिए सबको चलकर जाना पड़ता था। आप कामाक्षी अम्मन कोविल से भी आ सकते थे। वे दो मृदंगम लेकर आते, एक कंधे पर एक, और उन्हें बाहर के बरामदे में रखा जाता।'

वैद्यनाथ अय्यर हालाँकि एक विलक्षण व्यक्ति थे। उन्होंने एक मुसलिम लड़के को भी सिखाया और तिरुकोकर्णम कनकाभुजम नाम की शिष्या को भी, जो मूर्ति के मुताबिक़ एक प्रतिभाशाली वादक थी। मानव-व्यवहार के इन विरोधाभासों को मानना ज़रूरी है। हम बहुत समय पहले चल बसे लोगों की तरफ़ से तो कुछ नहीं कह सकते, पर ये अनुमान लगाना ग़लत नहीं है कि इन असामान्य सम्बन्धों में अय्यर ने स्वयं ही अपने शिष्यों और ख़ुद पर तमाम नियम और पाबन्दियाँ लगाई होंगी जिससे उनकी 'पवित्रता' का भान लगातार बना रहे।

सेवित्तन की ख्याति जल्दी ही फैल गई और दूसरे कलाकार जैसे तंजावुर रामदास राव, महालिंग अय्यर, पक्करिया पिल्लै और मइलातुर सामी अय्यर उनकी सेवाएँ लेने लगे। यहाँ तक कि मशहूर पुडूकोट्टई दक्षिणामूर्ति पिल्लै ने भी—जो मृदंगम और कंजिरा के विलक्षण वादक थे, उन्हें किसी काम के लिए बुलाया। शेंगोल और परलांदू तब सीख रहे थे, जब सेवित्तन वैद्यनाथ अय्यर के लिए काम करते थे। सेल्वाराज के मुताबिक़ दोनों भाइयों के बीच छह या सात साल का फ़र्क़ था जबकि एंटनी परलांदू से पाँच साल छोटा था। जल्दी ही बड़े भाइयों ने अपना बाज़ार जमा लिया। शेंगोल ने तिरुवरूर, मन्नारगुडी, नीडमंगलम और नागपट्टनम इलाक़ों में काम शुरू किया, जबकि परलांदू तंजावुर में ही रहा

और अपने पिता के कारोबार को सँभालने लगा। सबसे छोटे भाई एंटनी को पाँव ज़माने में समय लगा था।

परिवार के बाक़ी सदस्यों ने भी तंजावुर और आसपास अपना धंधा जमाया। कुम्भकोणम में सेवित्तन के चचेरे भाई अय्याकन्नू का लोहा माना जाता था। बड़े मृदंगमवादक जैसे अज़गनम्बी पिल्लै और सेनगोट्टई रंगु अयंगार उन पर निर्भर रहते थे। उनका बेटा पिच्चईमुतु उनका हाथ बँटाता था। पिच्चईमुतु के बेटे पी. टी. मार्टिन भी इसी कारोबार में रहे, सम्भवत: अपने ख़ानदान में आख़िरी।

मैं पहली बार कीतूकारा स्ट्रीट गया 2017 में के. सुसइनाथन के साथ, जो परलांदू का नाती है। जैसे ही उन्होंने और मैंने चलना शुरू किया, मेरे दाहिनी तरफ़ कंक्रीट की दो-मंज़िला इमारतें और बाईं तरफ़ एक हरे रंग का मकान पड़ा जिसकी छत टाइलों की थी। अनेक मकान हरे, गुलाबी या नीले रंग से पुते थे, शायद आर्थिक विकास, पहचान और प्रगति का संकेत देते हुए। या फिर यहाँ का शायद चलन ही ऐसा था। कुत्ते खुले घूम रहे थे और बच्चे खेलते और बात करते हुए मुझे घूर रहे थे। परलांदू का घर उस कोने पर था, जहाँ से कीतूकारा गली बाएँ की तरफ़ मुड़ती है। एक बड़े नीम के पेड़ की छाया में बना वह एकमंज़िला पक्का मकान था, जिसका आगे का दरवाज़ा नीला था, एक छोटी-सी लकड़ी की खिड़की और फूस की छत वाला बरामदा था। यही इकलौती इमारत थी जिसमें पुराने दिनों वाली ख़ूबसूरती बची हुई थी। बहुत मुमकिन है कि मृदंगम का काम इस बरामदे से ही किया जाता हो। परलांदू के जन्म के आसपास ही शायद यह नीम का पेड़ भी अंकुरित हुआ होगा। आज वह एक महानतम मृदंगम कारीगर के घर को ऊपर से देख रहा होता है।

मकान के सामने निर्माण कार्य के लिए पड़े बजरी के ढेर, एक टूटी छत और बेतरतीब इंटीरियर के बाद भी मेरी कल्पना की उड़ान रुकी नहीं। अगर हम ध्यान से सुन पाते तो, निश्चय ही हम तीन महान भाइयों के बीच चमड़े की गुणवत्ता को लेकर चल रही बहस को सुन पाते और आश्चर्य से देख पाते कि कैसे परलांदू एक नई मृदंगम को अन्तिम रूप दे रहे हैं। परलांदू के घर जाना त्यागराजा के अन्तिम स्थल तिरुवईयरु की तीर्थयात्रा पर जाने जैसा ही है।

उस मकान के पीछे शेंगोल का घर है—अब एक निर्माणाधीन आधुनिक इमारत की शक्ल में। अब यह मकान एंटनी के सबसे छोटे बेटे ए.एस. जॉन्सन कैनेडी का है। हम जैसे आए थे, उन्हीं क़दमों से वापस लौटे और परलांदू के मकान से दाएँ मुड़े। उससे लगा हुआ मकान एंटनी का गाँव वाला मकान है—जिसका स्वामित्व उनके

विक्रम राघवन

कीतूकारा स्ट्रीट में परलांदू का घर

दूसरे बेटे ए. जेसुदास के पास है। दरवाज़े पर लगी ग्रिल पर मृदंगम जैसा मोटिफ बना हुआ है, उसके ऊपर धातु से शब्द लिखे हुए हैं : 'शेट्टी रंजीतम तुनाई' यानी शेट्टी (एंटनी) और उनकी पत्नी रंजीतम के आशीर्वाद की आकांक्षा। उसके दाएँ जो शब्द लिखे थे, वे थे 'जे एडविन इल्लम' यानी एडविन का घर—जेसुदास का बेटा।

हम जैसे-जैसे कॉलोनी में और भीतर घुसे, गली और सँकरी होती गई। एक घर के बाहर एल्यूमीनियम की कई सारी बालटियाँ और तसले जमा थे, दूसरे घर में जूट के बोरों को सिलकर पर्दे का काम लिया गया था। हर मोड़ पर सुसइनाथन परिवार के बहुत-से लोगों का नाम लेते रहे, जिनमें से ज़्यादातर मृदंगम बनानेवाले थे। एक गली के आख़िर में छोटा-सा सौरियर कोविल—सेंट ज़ेवियर का गिरजाघर था। हर गली का एक अपना पूजास्थल है, जिसके इष्ट को सालाना तौर पर जुलूस की शक्ल में घुमाया जाता है। ज़ेवियर कोविल के पीछे परिवार का अपना अरुलानांदर चर्च था। और वहीं मोड़ से लगी हुई काले रंग की सिंटेक्स की पानी की टंकी ने पूरी जगह को प्रमुखता से छेंक लिया था।

इस ज़मीनी दौरे पर मेरे साथ गए संगीतज्ञ बनने की इच्छा रखनेवाले एक युवा ने बाद में मुझे लिखकर कहा, 'हालाँकि ये लोग पीढ़ियों से संगीत की दुनिया का अटूट हिस्सा हैं, पर वे उससे काफ़ी दूर और बाहर प्रतीत होते हैं। जैसी दुनिया संगीतज्ञों की होती है, उनकी दुनिया उससे बिलकुल अलग है। उनके बीच बहुत थोड़ा ही साझा है, पर वह भी मेरे ख़याल से सिर्फ़ लेन-देन वाला ही रिश्ता है। यह दुखद है। वे संगीतकारों के बारे में बात करते हैं और पुश्तों से उनके साथ काम करते हुए क़रीबी रिश्ते रखते हैं। तंजावुर के उस गाँव में घूमते हुए, मैंने सुसइनाथन और उनके माँ-बाप को मृदंगम बजानेवाले मशहूर लोगों के नाम लेते सुना, पर लगता नहीं कि इस जगह और उन कलाकारों के बीच कोई सम्पर्क है। क्यों? मुझे पता नहीं।'

कीतूकारा स्ट्रीट के बारे में बोलते हुए राजामणि ने कहा, 'जिस जगह पर उन लोगों की रिहाइश थी, वहाँ आपको रात में नहीं जाना चाहिए।' उनका इशारा शराबियों द्वारा हमला किये जाने की आशंका की तरफ़ था। पालघाट मणि अय्यर के छोटे बेटे टी.आर. राजाराम एक दफ़ा अपने पिता के साथ वहाँ गए थे, 'अपने पिता के साथ एक बार मैं परलांदू को ढूँढ़ने चेरी (झोंपड़पट्टी) गया था। पिता को, अगर कोई काम परलांदू से करवाना होता था, तो करवाना ही होता था। इसके लिए वे किसी भी हद तक जा सकते थे।' झोंपड़पट्टी जाने का मतलब उनके लिए अपनी सीमाओं को आगे धकेलना था। ज़्यादातर समय मणि अय्यर के ख़ासमख़ास और सरकारी स्कूल

के शिक्षक किट्टा अय्यर दूत के रूप में काम करते थे। एक बार मणि अय्यर के घर में किसी ज़रूरी काम के लिए वह परलांदू को बुलाने गए, तो उन्हें यह कहकर भगा दिया गया, 'भागो यहाँ से अय्यरे, तुम्हारे पास और कोई काम नहीं है क्या!'

फिर भी मृदंगम के प्यार ने मणि अय्यर और परलांदू के बीच जो भी रिश्ता बनाया, और वादक कलाकारों की जितनी भी निर्भरता मृदंगम कारीगरों पर रही हो, जातिगत दुराग्रहों को कोई चुनौती नहीं मिली।

इसके कारण मामला कुछ ऐसा बना कि वैद्यनाथ अय्यर ने सेवित्तन और परलांदू को उनकी मेहनत का सही भुगतान नहीं किया। वे उन्हें अपने बुनियादी ख़र्च के लिए तो पैसे देते, पर बाक़ी अपने पास सुरक्षित रख लेते। जातिवादी व्यवस्था में एक दयाशील सामन्त की तरह वे अपने मज़दूरों को ख़र्चा तो देते पर उनकी सामाजिक-आर्थिक ताक़त को अपने नियंत्रण में रखते।

सेवित्तन की मृत्यु 1940 के दशक के शुरू में कभी हुई, जिसके बाद जायदाद तीनों भाइयों में बाँटी गई। वैद्यनाथ अय्यर ने इस बँटवारे में सलाह देने का काम किया। उन्होंने शेंगोल से कहा कि मणि अय्यर और वे मिलकर परलांदू के हिस्से वाली ज़मीन में पक्का मकान बनाकर देना चाहते हैं, जिसे वह और दूसरा भाई ग़लत न समझें। शेंगोल को पता था, कि परलांदू उनका चहेता था। उसने अय्यर के फ़ैसले के प्रति अपनी सहमति जताई। थोड़ी खींचतान के बाद तीनों भाइयों ने अपने अलग मकान बना लिये। कुछ कारीगरों ने कहा कि वैद्यनाथ अय्यर या मणि अय्यर में से किसी एक ने परलांदू के लिए खेत भी ख़रीदकर दिया।

शिवरामन के मुताबिक़ जब अय्यर की मृत्यु हुई, परलांदू श्मशान स्थल से हिला नहीं और रात-भर पहरा देता रहा। यह क्या चीज़ थी—वफ़ादारी, कृतज्ञता, निर्भरता, प्रेम या दोनों के समाजीकरण के दौरान आत्मसात किए गए भावों का पेचीदा जाल?

जायदाद का बँटवारा साफ़-सुथरा न होने के बाद भी, भाइयों ने साथ-साथ काम जारी रखा। उनकी रसोई एक रही, पर आमदनियाँ अलग-अलग रहीं। जूट की रस्सी वाली चारपाइयाँ घर के बाहर पड़ी होती थीं, जिन पर बैठकर मृदंगमवादकों के कनिष्ठ विद्यार्थी काम ख़त्म होने की प्रतीक्षा करते थे। काम का कौन-सा हिस्सा करने की इजाज़त मृदंगमवादक के घर के भीतर थी, और कौन-सा हिस्सा उनकी नज़रों से दूर होगा, इसे सभी लोग भली-भाँति समझते थे।

1954 में एक बड़ा बदलाव आया। मृदंगम के सुपरस्टार पालघाट मणि अय्यर ने तंजावुर आकर बसने का फ़ैसला किया। अपने गृहनगर से इस प्राचीन शहर में आने

की एकमात्र वजह थे सेवित्तन के बेटे, ख़ास तौर पर परलांदू, जो तंजावुर में ही रहते थे। मणि अय्यर के बेटों के मुताबिक़ पलक्कड़ के मृदंगम कारीगर तंजावुर परिवार के सामने कहीं नहीं टिकते थे। मणि अय्यर अपने पलक्कड़ के दिनों को याद करते हुए कहा करते थे कि मृदंगम दीखती तो बहुत चमकीली और अच्छी थी, पर उन्हें कोई अन्दाज़ा नहीं था कि वे मृदंगम की आवाज़ को लेकर असल में क्या करते थे।

तंजावुर आने से पहले तक, मणि अय्यर ने एक दिलचस्प इन्तज़ाम कर रखा था। उनके क़रीबी दोस्त और संगीत रसिक किट्टप्पा अय्यर आनन्दा लॉज के मालिक थे, जहाँ अय्यर समेत तंजावुर आनेवाले ज़्यादातर संगीतकार रुका करते थे। उसके बग़ल में ही एक सत्तीरम—विवाहस्थल था—उन दिनों सत्तीरम दरअसल फूस की छत वाले शेड हुआ करते थे। मणि अय्यर वहाँ अपने वे साज़ लेकर आते जिन्हें मरम्मत की ज़रूरत होती। पूरे सेवित्तन परिवार को पहले से ही ख़बर कर दी जाती कि राजा साहब आनेवाले हैं। शेंगोल, परलांदू, एंटनी, चचेरे भाई जैसे अलकट्टन और उनका बेटा ज्ञानप्रकाशम और मदुरै से मणिक्कम और मुनरो और त्रिची से टॉमस सब कोट्टई या शेड आ जाते थे। (1820-27 के दौरान मद्रास प्रेसीडेंसी के गवर्नर रहे थॉमस मनरो के बाद 'मनरो' नाम भी प्रचलन में आ गया था।) सेल्वाराज और शेंगोल के बेटे राजमणिक्कम स्कूल से सीधे वहाँ आते और छोटे-मोटे कामों में हाथ बँटाते। मणि अय्यर ख़ुद बीच-बीच में आकर काम का जायज़ा लेते। अगर किसी मृदंगम में पूरा ही काम करना होता (जैसे कि नया चमड़ा चुनना, उसे इस्तेमाल के लायक़ बनाना, खोल में लगाना और बाँधना) तो उसे तंजावुर में ही छोड़ दिया जाता जिसे कारीगर अपने घर ले जाते। जब अय्यर फिर आते तो आख़िरी नोक-पलक सँवारने के लिए उन्हें वापस लाया जाता।

मणि अय्यर को एक मायावी नाद की तलाश थी—और असम्भव को हासिल करने की ज़िद उन्हें किसी भी हद तक ले जाती थी। उनके अलावा किसी को नहीं पता था कि वे क्या ढूँढ़ रहे हैं, वह उनके मस्तिष्क में था। राजाराम कहते हैं, 'उन्होंने इसमें अपनी जान लगा दी। उन्हें ज़्यादा चाहिए था, एक बेहतर नाद। वे देखना चाहते थे कि कैसे वे हर बार आवाज़ में और सुधार कर सकते हैं?।' और ऐसा करने के लिए, वह अपनी क्षमता के हिसाब से सब कुछ करना चाहते थे और इसमें हर किसी को इस्तेमाल किया जाता था।'

शायद परलांदू को पता था कि अय्यर के दिमाग़ में क्या है, और शायद इसीलिए गुरु अपने बोरिया-बिस्तर के साथ तंजावुर आ बसे थे।

उस आदर्श ध्वनि की उम्मीद में सालों प्रयोग करने और बहुत-से लोगों पर दबाव बनाने, उन्हें मुश्किलों में डालने और घंटों शारीरिक श्रम करवाने के बाद अय्यर इस निष्कर्ष पर पहुँचे कि दरअसल इस बारे में कुछ नहीं किया जा सकता है। उन्होंने नतीजा निकाला कि मृदंगम का आविष्कार करनेवाला इतना होशियार था, कि इस संगीत उपकरण में और कोई सुधार सम्भव नहीं है। यह अपने-आप में पूर्ण है, उन्होंने अपनी डायरी में लिखा।

यह एक बहुत ही विचलित करनेवाला वक्तव्य है। मेरी राय में, यह अपना सामाजिक रुआब साबित करनेवाली बात थी, ख़ास तौर पर इसलिए कि यह बयान सही नहीं था। हम इस बात को जानते हैं, कि मणि अय्यर उन बदलावों का हिस्सा थे, जो उपकरण में किये गए थे। उनका नज़रिया भले ही ख़ुद को विनम्रता के साथ पेश करता है, पर दुर्भाग्यवश इससे दो बातें होती हैं। इसके ज़रिये अय्यर उन तमाम लोगों के सारे काम को ख़ारिज करते हैं, जो इस पर लगे रहे, वे कारीगर जिनके साथ उन्होंने विचार और सहयोग किया, वे अत्यन्त रचनाधर्मी लोग जो इन विचारों को व्यवहार में लेकर आए। नवाचारों और संशोधनों को मान्यता न देकर अय्यर ने इस पूरे विमर्श से कारीगरों को पूरी तरह बाहर ही कर दिया। और इसका मतलब यह है कि वे इस यंत्र में होनेवाले सारे विकास का श्रेय अनजाने में ख़ुद को दे रहे थे, और साथ ही विनम्रता की उजास में चमकते भी रहे।

मणि अय्यर शुरू में 173, नॉर्थ मेन स्ट्रीट में आए और मृदंगम के काम के लिए सामनेवाला मकान किराये पर लिया। पर कुछ ही सालों में वे 807, ईस्ट मेन स्ट्रीट चले गए। ये दोनों मकान कीतूकारा स्ट्रीट से क्रमश: 0.8 और 1.5 किलोमीटर दूर थे। लेकिन यह दूरी नहीं थी जो उन्हें अलग करती थी, यह पहुँच थी जो दोनों को परिभाषित करती थी। ईस्ट मेन स्ट्रीट वाले मकान 'पारिजातम' में एक बड़ा-सा कम्पाउंड था, जिसके चारों तरफ़ दीवार थी, और सामने बहुत सारी ज़मीन ख़ाली पड़ी थी। कम्पाउंड तक आने के लिए सीढ़ियाँ थीं, जिनकी बाईं तरफ़ बगीचा था और दाईं तरफ़ फूस की छत वाला शेड था जहाँ मृदंगम का सारा काम होता था।

'वह कोई साधारण शेड नहीं था,' राजाराम बताते हैं, 'वह बहुत बढ़िया बना था, पूरा परिवार उसमें आ सकता था। छत काफ़ी नीची थी (ढलान वाली) ताकि बारिश अन्दर न आए। मृदंगमों को बारिश में नहीं रखा जा सकता था। शेड के तीन तरफ़ दीवार भी थी, जो आड़ी-तिरछी थी, सीधी नहीं। उसका प्रवेश द्वार भी सुन्दर

था। शेड को सीमेंट पिलर पर बनाया गया था बजाय बाँस के, भीतर तमिल अक्षर 'प' की शक्ल में तीन बेंचें थीं।

जब भी अय्यर दौरे पर होते, वे परलांदू, राजमणिक्कम और शेंगोल के लिए निर्देश छोड़ जाते। मुख्य इमारत की पहली मंज़िल पर उनके पास एक कमरा भी था, जिसमें उनकी सारी मृदंगम रखी जातीं, और मृदंगम कारीगर वहाँ पर भी काम करते।

1950 के मध्य तक, परलांदू ख़राब सेहत के कारण काम करने लायक़ नहीं रह गए। उनके बेटे सेल्वाराज तब स्कूल में ही थे। सेल्वाराज ने बताया, 'मैंने तंजावुर महाराजा स्कूल में आठवीं पास की थी। हमारे परिवार की (माली) हालत अच्छी नहीं थी। अप्पा मधुमेह के कारण काम नहीं कर रहे थे। मैंने पिता से कहा था कि हालाँकि मैं आगे पढ़ना चाहता हूँ, लेकिन मुझे नौकरी ढूँढ़ लेनी चाहिए जिस पर वे रुखाई से पेश आए। ग़ुस्से में मैंने अपनी सारी किताबें बेच दीं और तिरुवयारू चला गया। वहाँ एक मृदंगमवादक और अन्नास्वामी भगवतार के भाई तिरुवयारू कृष्णा अय्यर ने मेरी बात सुनी और मुझे मेरे घर के सामनेवाले चर्च लेकर आए। उन्होंने मेरे पिता को सलाह दी कि इसे नौकरी पर रखवा दो। जल्द ही मैं कलक्टर के दफ़्तर में पंखा-बॉय की नौकरी पर लग गया और बाद में मुझे आर-सेक्शन भेज दिया गया, जहाँ पेंशन के मामले निपटाये जाते थे। वहाँ मैंने दो या तीन माह काम किया। उसी समय मणि अय्यर ने मेरे पिता से कहा कि बेटे को लेकर आओ। वह मृदंगम वाली शेड की बेंच पर बैठे हुए थे और बजा रहे थे। मैं उनके सामने फ़र्श पर बैठ गया। उन्होंने मेरी शिक्षा के बारे में पूछा और जानना चाहा कि क्या मैं ये काम ज़ानता हूँ। मैंने कहा कि मैंने ठीक से काम तो नहीं किया, पर पिता और चाचा को देखकर मुझे ये काम करना आता है। मुझे 60 रुपये की तनख़्वाह मिल रही थी और साथ में थोड़े और रुपये बख़्शीश की शक्ल में। मणि अय्यर ने मुझे 150 रुपये महीने के वेतन पर रखने की पेशकश की और मैं मान गया। जब मैंने काम शुरू किया तो उन्होंने साफ़ कहा कि वे और उनकी पत्नी मेरे अभिभावक हैं। उनके बेटे राजामणि ने मेरी ज़रूरतों का ख़याल रखा और मेरी तनख़्वाह मेरे पिता को महीने में दो बार दी जाती थी, पहली और पन्द्रहवीं तारीख़ को। यह 1958 या 1959 का साल था, जब मैं क़रीब बीस साल का था।'

उसी हफ़्ते वह अय्यर के घर पहुँचे और किट्टा अय्यर ने उन्हें पहली मंज़िल जाने को कहा, जहाँ मृदंगम-कक्ष के बाहर वे गुरु का इन्तज़ार करने लगे। सेल्वाराज का अय्यर से रिश्ता यहाँ से शुरू हुआ। मैंने सुना है कि मणि अय्यर के पास बीस

साभार : टी. आर. राजामणि

मृदंगम पर काम करते हुए सेल्वाराज

से चालीस मृदंगम थे, पर सेल्वाराज क़सम खाकर बताते हैं कि जिस दिन उन्होंने काम शुरू किया, उस दिन की सही संख्या उनसठ थी!

देखा जाए तो सेवित्तन के परिवार के हालात बदल रहे थे। मृदंगमवादक के घर में पहुँच के हिसाब से वे अब गली के कोने में खड़े होने से लेकर, बाहर के बरामदे में इन्तज़ार करते हुए उन जगहों तक आ पहुँचे थे, जिसे घर का भीतरी हिस्सा कहा जा सकता है। ऊपरी तौर पर अब कोई विभाजन रेखा नहीं थी, पर सभी पक्षों को पता था, कि वे थीं। शंकरन इसे बहुत बारीकी से बताते हैं, 'मेरी राय में, हर किसी को अपनी सीमा पता थी और यह भी कि लकीर कहाँ खींचनी है।'

मुझे सेल्वाराज को ही बोलने देना चाहिए। इन लकीरों के बारे में उनसे ज़्यादा किसे पता है!

'मैं यह इसलिए कह रहा हूँ कि अय्या (अय्यर) एक ईमानदार इनसान थे। ख़ुद उनके बच्चों को भी उनकी ज़रूरतों और भीतरी ईमानदारी के बारे में पता नहीं था। उनका भोजन, उनके कपड़ों की आदतें, सब मैं जानता था। मैं सिर्फ़ अम्मा (अय्यर की पत्नी) से डरता था। मेरा बर्ताव ऐसा ही था जैसा एक ब्राह्मण के घर में किसी का होना चाहिए।'

इसका क्या मतलब है? 'सम्मान। अगर मालिक अकेले बैठे हैं, तो मैं जाकर अपना काम करता। अगर राजामणि आते, तो मैं भीतर चला जाता क्योंकि मुझे दख़लंदाज़ी नहीं करनी चाहिए। मैंने किसी भी बारे में अय्या से बहस या लड़ाई नहीं की। जब तक मुझे बुलाया नहीं जाता, मैं कमरे (मृदंगम-कक्ष) में रहता। अगर वह किसी काम के लिए (मृदंगम के अलावा दूसरे काम) आते, तो मैं बाहर आ जाता।'

सेल्वाराज ने दुहराया कि मणि अय्यर उनको अपना बेटा मानते थे। मैं हैरत में था कि क्या उन जगहों के भीतर आने देना, जहाँ जाना उनके समुदाय के लिए आमतौर पर वर्जित था, इतनी बड़ी बात है कि इसकी तुलना पिता-पुत्र सम्बन्ध से की जाए। अरुलराज दो-टूक बोले, 'इस लाइन में काम करनेवालों को ही मृदंगमवादकों के घर में आने की इजाज़त थी, और किसी को नहीं।'

शंकरन के नज़रिये से यही वे लकीरें थीं : 'एक कट्टर ब्राह्मण के तौर पर मैं उससे दूर रहूँगा जब घर में कोई धार्मिक अनुष्ठान चल रहा होगा। ऐसा नहीं कि मैं उससे बाहर रहने या ऐसा कुछ करने के लिए कह रहा हूँ। हम दोनों इस पवित्रता को बनाए रखने के लिए तालमेल कर लेंगे।'

सेल्वाराज की बात अभी पूरी नहीं हुई थी, 'मैंने उनके साथ खाना नहीं खाया। मद्रास में जहाँ मणि अय्यर वुडलैंड्स होटल में रुकते थे, मैं उनका बचा हुआ खाना खाता था। उन्हें यह पता था और वे मेरे लिए कुछ छोड़ देते थे। तंजावुर में अम्मा या उनकी बेटी दोपहर के खाने के लिए बुलाते। मैं पीछे के हिस्से में जाता और अगर अम्मा अन्दर बुलाती भी, मैं बाहर ही रहता। मैं बाहर ही खाता। उन्होंने मुझे प्लेट दी थी। वह मेरी प्लेट थी। उसे मैं धोता और अलग से रखता। पर कॉफ़ी के लिए गिलासों में फ़र्क़ नहीं किया जाता था।'

जब मणि अय्यर संगीत-कार्यक्रमों के लिए मद्रास जाते, सेल्वाराज भी आते। 'हम वुडलैंड्स के कमरों में टिकते, जबकि सेल्वाराज बाहर के शेड में। उस शेड का नाम ही सेल्वम का शेड पड़ गया था। वह वहाँ मृदंगमों पर काम करते और वहीं रहता।' राजाराम ने बताया।

घर के भीतर और यात्राओं के समय के बर्ताव के बीच भी फ़र्क़ था। 'घर में मैं मणि अय्यर के साथ 'वैसा' नहीं कर सकता था। पर जब हम सफ़र पर होते तो सामाजिक तौर पर मिलना-जुलना होता।' सेल्वाराज की नज़र में अय्यर और उनकी पत्नी का उनके साथ बर्ताव अलग था : 'घर में अन्तर रहता। अम्मा उस तरह से सोचती थीं, पर मालिक बिलकुल वैसे नहीं थे।' मालिक को सेल्वाराज और उनकी सेवाओं की ज़रूरत थी, पत्नी को नहीं। अय्यर को सेल्वाराज के साथ जगह, समय और मृदंगम साझा करने पड़ते—उनके पास कोई विकल्प नहीं था। उनकी भावनात्मक और कलात्मक ज़रूरतें ऐसी थीं जिन्होंने कई लकीरों को धुँधला कर दिया था, और शायद इसलिए सेल्वाराज को लगता था कि उनके मालिक का उनके साथ बर्ताव अलग है।

कुछ बातें फिर भी नहीं बदलीं। 'चमड़े से जुड़े काम का बड़ा हिस्सा कारीगर के घर ही किया जाता। तो जब वे घर जा रहे होते, तो अपनी बैलगाड़ियों में दो या तीन मृदंगम लाद ले जाते।' राजामणि बताते हैं।

और, बातचीत तथा व्यवहार में सामाजिक लिहाज़ निभाया जाता। 'मैंने सुना है कि परलांदू और अन्य लोग पहले अपने शरीर के ऊपरी हिस्से का कपड़ा अपने कूल्हों के चारों तरफ़ बाँध लेते और तभी कुछ बोलते।' मेल्गीस ने बताया। सुसइनाथन जोड़ते हैं, 'काफ़ी समय बाद तक मैंने शेट्टी को मृदंगमवादकों के लिए सामी शब्द सम्बोधित करते देखा, जो दरअसल भगवान के लिए इस्तेमाल होता है।' दोनों के मुताबिक़ यह व्यवहार ब्राह्मणों के सम्मान के कारण था, जो कि अब ख़त्म होता जा रहा है। टी.के. मूर्ति भी इसे सम्मानसूचक बताते हैं। मेल्गीस के मुताबिक़, 'यह भी कहा जाना चाहिए कि उन्होंने (ब्राह्मण मृदंगमवादक) भी काफ़ी कुछ किया और मज़दूरों (कारीगरों) की मदद की।'

इन सारे वाक्यों की समानता उन बातों से है जिन्हें हम एक घरेलू सहायक से दयाशील लेकिन जातिवादी गृहस्थों के बारे में सुनते हैं। मेरा ख़ुद का घर भी इससे अलग नहीं था। नौकर बताएँगे कि कैसे वे अपने मालिकों के बच्चों को खिलाते, नहलाते, बड़ा होता देखते, उनका ख़याल रखते और परिवार के सदस्यों की तरह समझे जाते। वे इस बात के लिए कृतज्ञ होते कि उनके बच्चों की पढ़ाई का ख़याल भी उनके मालिकों ने रखा। पर हम सब जानते हैं, जाति की जड़ें गहरी हैं और वे कभी भी सचमुच में परिवार के सदस्य नहीं हो सकते। जाति सिर्फ़ भौतिक बाधा नहीं है, इससे सम्बन्ध भी सीमित होते हैं, मानव-सम्मान और समानता का भाव

कम होता है, और सबसे महत्त्वपूर्ण बात ये कि उसका अन्त 'भूल जाने' में होता है। यह एक हिंसक अमानवीयकरण है, जिससे पार पाना आसान नहीं।

यही वह वातावरण है जिसकी हद में रहकर हर मृदंगम कारीगर ने काम किया। उन्हें इसी माहौल में काम करना था, जो एक साथ सीमित करनेवाला भी था और आगे बढ़ानेवाला भी और उन्हें इसी के साथ समझौता करते हुए रहना था। कारीगर और वादक के रिश्तों में सबसे पेचीदा बात यह है कि कारीगर जितना भी प्रतिभाशाली रहा हो, उसके हुनर और क़ाबिलियत को लेकर हुई सराहना कभी भी असली सम्मान में नहीं बदल सकी।

पालघाट मणि अय्यर हमारी राष्ट्रीय सांस्कृतिक चेतना में उकेरी हुई स्मृति की तरह हैं, पर परलांद्, एंटनी और सेल्वाराज हमेशा हाशिये पर रहे, अगर वे वहाँ तक पहुँच भी सके तो।

अरुलराज अतीत के बारे में बात करते हुए ज़्यादा तार्किक होते हैं और सुझाते हैं कि उनके पिता कुछ बदलाव तो लाने में कामयाब हुए थे। 'बड़े से हॉल में हम एक कोने में बैठते और काम करते।' उन्होंने कहा, 'यह अपमानजनक और गंदा था हमारे लिए, जैसे कोने की तरफ़ धकेला जा रहा हो। जो लोग हमारी कोशिशों के कारण नाम और शोहरत कमा रहे थे वे हमारे साथ भेदभाव-भरा रवैया अपनाते थे। तो हमने उन्हें अपने काम के लिए अपने घर बुलवाना शुरू किया। मेरे पिता पहले कारीगर थे, जिन्होंने ऐसा किया। तब तक हम ही जाते और आते थे, लेकिन उसके बाद काम हमारे घरों में होने लगा।'

मैंने ये बात किसी और से नहीं सुनी, पर ये बहुत मुमकिन है कि अरुलराज शायद उन मृदंगमवादकों के बारे में बात कर रहे हों, जो बहुत बड़े न रहे हों। वादकों की भी अलग श्रेणियाँ रही होंगी, और जो कम महत्त्व के होंगे, उनसे कारीगरों ने कुछ बदलाव करवा लिये होंगे।

ब्राह्मण घरों के भीतर और उनके साथ काम करने को लेकर कारीगरों के दलित ईसाई समुदाय में एक गर्व का अहसास अभी भी है और पहले भी था। जैसा कि मेल्गीस की पत्नी आरोग्यमेरी मुझसे कहती हैं, 'एक मिनट मेरी बात सुनिए। हमारे लोगों के बीच उन्हें ख़ास सम्मान मिलता है जो अय्यर के घर में काम करते हैं। वे कहते हैं, 'ओह! अय्यर वीटला वेलई सेयारंगला!' (ओह! वह अय्यर के घर में काम करता है!)। इसके कारण उनकी इज़्ज़त और क़द दोनों बढ़ जाते हैं। मेरे पिता के घर में भी उनकी काफ़ी इज़्ज़त होती है। शुरू में उनके झगड़े होते थे,

कहते थे कि यह घटिया काम है, चमड़े का काम और वह भी मृदंगम के लिए। पर अब यह बदल गया है...वे सब सम्मान के साथ कहते हैं कि उनके मामा मद्रास में मृदंगम का काम करते हैं। उन्हें पता नहीं है...।' ये अधूरा-सा 'उन्हें पता नहीं है' काफ़ी अर्थपूर्ण है।

सिर्फ़ एक मृदंगम कलाकार हैं जिन्होंने पालघाट मणि अय्यर के प्रभुत्व को चुनौती दी—पलानी सुब्रमण्या पिल्लै। दोनों के बीच बेशक स्पर्धा का भाव था, शायद उससे थोड़ा ज़्यादा ही कुछ। दोनों के बीच एक सम्मानजनक भाईचारा था, पर सतह के नीचे एक 'छोटे स्तर का युद्ध' भी दोनों के बीच चलता था। स्पर्धा हुनर, कला, संगीत की अन्तर्दृष्टि, प्रदर्शन, लोकप्रियता की तो थी ही, पर यह भी थी कि कारीगरों पर किसका नियंत्रण ज़्यादा है।

पलानी मद्रास में रहते थे, बीच में कुछ समय त्रिची में रहे। उन्होंने मद्रास स्थित कारीगरों से काम लिया, पर वे भी चाहते थे कि सेवित्तन के परिवार के लोग उनके लिए काम करें। लेकिन अय्यर तंजावुर के केन्द्र में रहते थे और इस स्थिति में थे कि वहाँ के कारीगरों की उपलब्धता को नियंत्रित और नियोजित कर सकें। परलांदू अय्यर की पहली पसन्द थे, पर वह कुछ काम अय्यर के प्रतिद्वंद्वी के लिए भी करते रहे थे। आख़िरकार पलानी के लिए एंटनी ही ख़ास कारीगर बने। एक और कारीगर जिस पर दोनों संगीतज्ञों की निगाह थी, वह थे शेंगोल के बेटे राजमणिक्कम। एक बार पलानी ने शिकायत भी कि अय्यर ने राजमणिक्कम को मासिक क़रार पर रख लिया है, ताकि पलानी का काम करने के लिए उसके पास वक़्त ही न रहे। दूसरे शब्दों में, अय्यर यह सुनिश्चित कर रहे थे कि सबसे बढ़िया मृदंगम वही बनवा सकें। जब उन्हें अय्यर के साथ सम्बन्धों के कारण परलांदू और राजमणिक्कम जैसे तंजावुर के कारीगरों के साथ काम लेने में मुश्किल हुई, तब पलानी ने अपने काम के लिए एंटनी, त्रिची के टॉमस और तिरुनलवेली के मोजेज को रखा।

पलानी के शिष्यों को इस स्थापित तथ्य से चिढ़ थी कि मृदंगम की बेहतर होती गुणवत्ता के लिए मणि अय्यर अकेले ज़िम्मेदार हैं। कारीगरों का भी यही मानना है। कालिदास इसका विरोध करते हैं, 'लोग कहते हैं कि पालघाट मणि अय्यर के पास लकड़ी की वर्कशॉप थी जहाँ मृदंगमों का काम होता था। पर पलानी ने भी यही सब काम किया, बिना उस शब्दावली को ख़ुद से जोड़े।'

पलानी ब्राह्मण नहीं थे; वे इसइ वेल्लालर समुदाय से थे। ऐसा कहा जाता है कि पलानी के साथ जाति के कारण भेदभाव किया गया। अपने शिष्यों से उन्होंने यह बात कही और कर्नाटिक संगीत की दुनिया में यह तो खुलेआम सब जानते हैं पर कहते नहीं और मानते नहीं।

त्रिची शंकरन पलानी के सबसे प्रमुख शिष्य हैं। '1920 और '30 के दशक में मृदंगमवादक प्रमुख तौर पर पिल्लइमर (इसइ वेल्लालर) हुआ करते थे। शायद इसलिए कि यह वाद्य-यंत्र चमड़े का बना था, और ब्राह्मणों के लिए चमड़े को हाथ लगाना वर्जित था, वे इसके लिए उत्साहित नहीं थे। पर मैं एक और बात कह सकता हूँ, पता नहीं मैं कहना चाहता हूँ या नहीं, पर मैं कहना चाहता हूँ कि मेरे गुरु को लगता था कि जब ब्राह्मणों का दबदबा क़ायम हुआ, उन्हें किनारे कर दिया गया, और यह बात उन्हें गहरे तक सालती थी।' किनारे किये जाने और भेदभाव का अहसास सचमुच का था और अलग-अलग तरह से ज़ाहिर होता था, कई बार तो मंच के बाहर भी।

कालिदास के पास एक क़िस्सा बताने को है राजमणिक्कम पिल्लै के बारे में, जो इसई वेल्लालर समुदाय के थे और बहुत सम्मानित वायलिनवादक थे। 'पुदुकोटई में कार्यक्रम रामास्वामी अय्यर—वहीं के एक रसूखदार—ने आयोजित करवाया था। जब भोजन दिया जाने लगा, तो पहली पंगत में सेम्मनगुडि श्रीनिवासीर (महान गायक) और अन्य को खिलाया गया। यहाँ तक कि राजमणिक्कम पिल्लै के उन शिष्यों को भी, जो जाति से ब्राह्मण थे। राजमणिक्कम पिल्लै दूसरी पंगत में खाना खाते और इसके मुआवज़े के स्वरूप रामास्वामी अय्यर की पत्नी ख़ुद उन्हें खाना परोसती।'

पलानी की क़िस्मत वापस से चमकी जब कर्नाटिक संगीत के पितामह तुल्य चेम्बाई वैद्यनाथ भगवतार ने उन्हें पालघाट मणि अय्यर के सामने चुनौती की तरह आगे किया। चेम्बाई कर्नाटिक में पराए समझे जाते थे और अपनी उदारवादिता के कारण आज तक याद किए जाते हैं। ऐसा व्यक्ति जो सबसे हटकर चले भले ही इसके लिए कट्टर हो गई सामाजिक रूढ़ियों पर सवाल ही क्यों न करना हो। उन्हें अक्सर शुद्धात्मा कहा जाता है यानी पवित्र आत्मा।

मैं उत्सुक था यह जानने को कि पलानी और मृदंगम के कारीगरों के बीच सम्बन्ध क्या थोड़े अलग थे? दो वजहों से, एक इस सन्दर्भ में कि जातीय अन्तर्सम्बन्ध थोड़े फ़र्क़ थे और इसलिए भी कि पलानी ख़ुद जातीय भेदभाव का शिकार हुए थे। पर जाति इस तरह से काम नहीं करती, है ना? सीढ़ी की हर

पायदान पर आदमी, अपने से नीचे वालों से 'अन्य' की तरह बर्ताव करता है। उससे यही उम्मीद भी की जाती है।

शंकरन ने बताया, 'क्योंकि पलानी और जो अन्य पिल्लै जाति से आते थे, उन्होंने कारीगरों के साथ कोई अलग बर्ताव नहीं रखा। मेरे गुरु के वक़्त में, कारीगर को मृदंगम छोड़कर बाहर ही खड़े रहना होता था। वह मृदंगम का परीक्षण करते और अपनी सलाह देते; हम शिष्य लोग फिर बाहर जाकर उन्हें मृदंगम सौंप देते। कारीगरों के लिए मुख्य कक्ष में आना भी मना था। ऐसा ही था। कार्यक्रमों में कारीगर कलाकार की बग़ल में नहीं बैठते थे, वे किसी कोने में इस तरह रहते कि जब भी ज़रूरत पड़े उन्हें बुलाया जा सके।'

कालिदास थोड़ी अलग तसवीर पेश करने की कोशिश करते हैं, 'वह एक पेशेवर रिश्ता था।' उन्होंने कहा।

मैंने पूछा, 'क्या जातिगत भेदभाव नहीं था?'

'नहीं, ऐसा कुछ नहीं। पलानी की बोआग रोड पर एक कुटिया थी। वे लोग वहीं काम करते थे। उनके लिए खाना उनके घर से ही जाता था।'

मैंने उन्हें टोककर पूछा, 'पर खाना उन्हें कुटिया में ही खाना होता था?'

'हाँ, पर जातिगत भेदभाव के कारण नहीं, इसलिए कि पूरा समूह ही यहीं था। आमतौर पर दो या तीन शिष्य भी उन लोगों के साथ रहते। उनके बीच छुआछूत या इस तरह के कोई नियम नहीं थे।' शायद बार-बार 'वे लोग' कहने से कालिदास ख़ुद अपनी जातिगत अवचेतना की तरफ़ इशारा कर रहे थे।

इसी पृष्ठभूमि में एक बिलकुल भिन्न बात मदुरै से निकलकर आती है, जो चकित करनेवाली है। मदुरै रत्नम 1920 से 1925 के बीच मदुरै पहुँचे, जब वे बीसेक साल के थे। वहाँ उन्होंने काम जमाया, नाटकों के लिए तबले और कुछ मृदंगम के काम के साथ। जैसा कि मैं पहले बता चुका हूँ, सेवित्तन को मृदंगम बनाने के काम में जाने के लिए उन्होंने प्रेरित किया।

आमतौर पर रत्नम का काम किसी बड़ी आर्थिक कामयाबी में नहीं बदला। लेकिन उनके पोते मदुरै जे.एम.एस. ब्रिटो का कहना बिलकुल अलग है। अपने तंजावुर स्थित बन्धुओं और भतीजों के उलट, रत्नम ने कभी ग़रीबी का सामना नहीं किया बल्कि वे अपेक्षतया धनी थे। ये बात इसलिए उलझानेवाली है क्योंकि जिन मृदंगमवादकों से मैंने बातें कीं, वे रत्नम और उनके काम के बारे में ज़्यादा बात नहीं करते। वे उन्हें जानते थे, उनके साथ कुछ काम भी किया लेकिन बात यहीं ख़त्म हो गई।

रत्नम की कामयाबी पेशेवर संगीतकारों पर निर्भर नहीं थी, ऐसा लगता है, पर बहुत सारे संस्थानों, शिवगंगा और रामनाथपुरम जैसे राजघरानों के लिए वे काम करते थे। उनका बाज़ार श्रीलंका तक फैला हुआ था। ब्रिटो बताते हैं, 'तब भी वह एक अलग तरह के इनसान थे। बाहर जाते तो कोट, पगड़ी, जूते, अँगूठियाँ और सोने की चेन पहनकर जाते। पैदल न जाकर घोड़ागाड़ियों में बैठकर संगीत-कार्यक्रमों में जाते। मेरे बाबा अमीर थे। उन्होंने एक बँगला बनवाया।' वह एक तसवीर की तरफ़ इशारा करते हैं, जिसमें उनके बाबा एक सूट पहने हुए हैं, जिस पर तमग़े लगे हुए हैं। 'उन्हें ये तमग़े उनके कामों के लिए संस्थानों ने दिये। वहाँ भरतनाट्यम प्रदर्शन होते, जिसके कलाकारों के लिए वे काम करते। वे श्रीलंका के कैंडी भी मृदंगम भेजते। ये सब आज़ादी के पहले की बात है।'

साभार : मदुरै जे.एम.एस. ब्रिटो

मदुरै रत्नम

ब्रिटो बताते हैं कि रत्नम अपने शहर में भी ख़ासे मशहूर थे। मृदंगम कलाकार सी.एस. मुरुगाभूपति और शक्तिवेल (एम.एस. सुब्बुलक्ष्मी के भाई और मृदंगमवादक) से उनकी दोस्ती थी। 'जब मेरे माता-पिता की शादी हुई, तो उनका अभिनन्दन समारोह शनमुखावाडिवु (सुब्बुलक्ष्मी की माँ) के घर में हुआ था। एम.एस. और शक्तिवेल ने उनको तोहफ़े में चाँदी की हँड़िया (कुडम) दिया था। ये 1954 की बात है।' 1954 तक एम.एस. सुब्बुलक्ष्मी मदुरै को काफ़ी पीछे छोड़ चुकी थीं और अपने परिवार से उनके रिश्ते लगभग टूट चुके थे। बहुत मुमकिन है कि तोहफ़ा शक्तिवेल ने ही दिया हो।

चैन्ने स्थित मृदंगम कारीगर हमें बताते हैं कि अच्छी आमदनी तभी होती है, जब आप वाद्य-यंत्र की दुकानों, आप्रवासी भारतीयों, नृत्य के लिए मृदंगम बजानेवालों और मृदंगम सिखानेवाले संगीत विद्यालयों के लिए मृदंगम बनाते हों। जब आप बड़े कार्यक्रमों के कलाकारों के लिए काम करते हैं, तब दाँव पर ज़्यादा प्रतिष्ठा लगी होती है, मेहनत भी ज़्यादा करनी होती है, काम भी ख़ासा पेचीदा होता है और आमदनी उस अनुपात में नहीं होती। मुमकिन है कि व्यवसाय की इस हक़ीक़त को रत्नम ने बाक़ी लोगों से पहले समझ लिया हो। उन्होंने अपना ध्यान उस थोक के धंधे पर केन्द्रित किया जो संस्थानों, संगीत-शिक्षकों और उस वक़्त के अन्तरराष्ट्रीय बाज़ारों से आता था। अगर ये बात सच है तो वह एक व्यवहारकुशल और चतुर उद्यमी थे, यह एक बात तो पक्के तौर पर कह सकता हूँ। उन फोटुओं में रत्नम एक रुआबदार, आत्म-आश्वस्त, बढ़िया परिधानों में और गौरव से भरे दिखलाई पड़ते हैं। कुछ चित्रों में उनकी बड़ी-सी मूँछें हैं, एक तसवीर में मृदंगम के साथ वह सचमुच शानदार नज़र आते हैं जिसमें उनके गले से लटका हुआ एक क्रॉस सीने के बड़े हिस्से को ढके हुए है। वह बाएँ हाथ से काम करते थे। ये बिलकुल लगता है कि रत्नम अपने 300 किलोमीटर पूर्व में बसे परिवार के प्रख्यात सदस्यों की तुलना में कहीं ज़्यादा समृद्ध थे। पर रत्नम के जाने के बाद, परिवार की समृद्धि जाती रही।

तंजावुर के कलाकारों और कारीगरों के बीच के रिश्ते थोड़े बदल तो रहे थे, पर ये उस सबकी तुलना में बहुत ही छोटा घटनाक्रम था, जो अब होने जा रहा था। सदी के बदलने के बाद धीरे-धीरे लेकिन पक्के तौर पर कर्नाटिक संगीत अपने नये घर में बसने की प्रक्रिया में था—मद्रास शहर में। कभी वह संगीत-केन्द्रों का शहर था, अमीर और प्रसिद्ध लोगों के यहाँ निजी कार्यक्रम, या फिर प्राचीन मन्दिरों में आयोजन होते थे। बीसवीं सदी के पहले दो दशकों में यह सब बदल गया।

1928 में स्थापित संगीत अकादमी जल्द ही कर्नाटिक संगीत का गर्भगृह बन गई। पार्थसारथी स्वामी सभा, पेराम्बुर संगीत सभा और जगन्नाथ भक्त सभा जैसे संगठन कर्नाटिक संगीत के उपभोग का तरीक़ा बदल रहे थे। टिकट ख़रीदकर संगीत सुनना और सदस्यता से चलनेवाले मॉडल चलन में आने लगे थे। यह मुमकिन हुआ था तंजावुर, तिरुनलवेली, और आसपास के इलाक़ों से आए ब्राह्मणों, करइकुडि ज़िले से आए चेट्टियारों और मुदलियार जैसे उच्च संस्कृति की चाह रखनेवाले व्यापारी समुदायों की वजह से।

तंजावुर, कुम्भकोणम और आसपास की धान पट्टी से सटे अन्य छोटे गाँवों से सत्ता के तय तौर पर दूर जाने के चलते संगीतकारों के लिए अब नये सांस्कृतिक महानगर का बाशिंदा होना ज़रूरी हो गया था। पचास और साठ के दशक में अति प्रसिद्ध लोग, सितारे और सितारा बनने की महत्त्वाकांक्षा रखनेवाले लोग उत्तर की तरफ़ जा रही रेलगाड़ी में बैठकर तटीय शहर आने लगे। स्वाभाविक था कि मृदंगम कारीगर भी अपने कारोबार और ग्राहकों के पीछे-पीछे मद्रास आ पहुँचे। सबसे पहले राजमणिक्कम का आना हुआ, फिर सेल्वाराज और एंटनी के बेटों का। एंटनी ख़ुद अन्त तक कीतूकारा स्ट्रीट और मद्रास के बीच आते-जाते रहे।

मद्रास अलग था और एक स्तर पर महानगरीय संस्कृति ने सबको बदलने पर मजबूर किया। यह बदलाव कुछ लोगों के लिए ख़ुशी की वजह बना, और कुछ के लिए तकलीफ़ की। इसने कारीगर और उसके ग्राहक के बीच के रिश्तों में एक नया अध्याय भी खोल दिया।

2

मद्रास की ओर रुख़

'मुझे याद नहीं कि मैं छठवीं में पास हुआ था या फेल,' अरुलराज ने कहा। हालाँकि शेंगोल, परलांदू और एंटनी के बच्चे स्कूल जाते थे, लेकिन वे भी दसवीं से आगे शायद ही गए हों। मगर, परलांदू क़तई नहीं चाहता था कि उसका दूसरा बेटा इस काम को करे। उसे उम्मीद थी कि बड़ा बेटा सेल्वाराज मृदंगम बनाने का काम करेगा और छोटा मेल्गीस पढ़-लिखकर एक पक्की और सम्मानजनक नौकरी करेगा। मेल्गीस ने तो रोज़गार दफ़्तर में अपना नामांकन भी करा लिया था, लेकिन इसका कोई फ़ायदा नहीं हुआ और एक दिन उसने ख़ुद को मद्रास में कलाकारों के घरों में मृदंगम बनाते हुए पाया।

सेल्वाराज और मेल्गीस के बड़े भाई एफ. डोमिनिक की भी मृदंगम में कोई दिलचस्पी नहीं थी। वह दरअसल इलाक़े का एक ताक़तवर, दृढ़ इच्छाशक्ति वाला मज़बूत क़द-काठी का आदमी था। उसके चाचा शेंगोल भी उससे ख़ौफ़ खाते थे। 'उससे सतर्क रहना पड़ता था,' सेल्वाराज ने पुष्टि की। लेकिन उसकी मौत जल्द हो गई। परिवार का मानना है कि वह चचेरे भाई नुरुसामी पर किए गए काले जादू का शिकार हो गया। नुरुसामी ऊँची जाति नायकर की एक लड़की से प्यार करता था और उसे छोड़ने के लिए तैयार नहीं था। लिहाज़ा लड़की के परिवार ने उससे छुटकारा पाने के लिए रास्ते में अंडों का एक अनिष्टकारी मिश्रण डाल दिया, ताकि नुरुसामी उससे गुज़रे और उसका खेल ख़त्म हो जाए। लेकिन अज्ञानतावश डोमिनिक उस मिश्रण से गुज़र गया और छह साल के भीतर ही उसके प्राण चले गए।

शेंगोल का बेटा राजमणिक्कम अपने चचेरे भाई डोमिनिक के पदचिन्हों पर चलनेवाला परिवार का अगला 'दबंग' था। शेंगोल और उसके काम के बारे में ज़्यादा जानकारी नहीं है। 1950 के दशक के अन्तिम वर्षों में उसका निधन हो गया और ज़िन्दगी के आख़िरी दिनों में वह भारी काम नहीं कर पाता था। टी.के. मूर्ति ने बताया कि वृद्धावस्था में शेंगोल किसी अज्ञात बीमारी के कारण पूरे वक़्त काम नहीं कर पाता था। ज़रूर वह अपने भाइयों जितना सक्रिय दिखाई नहीं देता था, पर आसपास रहकर उनकी मदद करता था और अपने गिने-चुने ग्राहकों की चिन्ता भी करता था। अक्सर, अपने भतीजों और अन्य सहायकों के लिए सुपरवाइजर की भूमिका में होता था, क्योंकि वे शारीरिक मेहनत वाला काम करते थे। शेंगोल ने कभी नहीं सोचा था कि उसका बेटा इतना प्रतिभासम्पन्न मृदंगम बनानेवाला बनेगा, कि लोग उसे परलांदू के बाद दूसरा स्थान देंगे। सच तो यह है कि कुछ मामलों में राजमणिक्कम अपने प्रसिद्ध चाचा से थोड़ा बीस ही था।

उदाहरण के लिए हमें मालूम है कि वह पालघाट मणि अय्यर और पलानी सुब्रमण्या पिल्लै के बीच टकराव का बिन्दु था। राजमणिक्कम ने बाद में कहा भी कि अपरिपक्व उम्र के कारण वह समझ ही नहीं सका कि चल क्या रहा है। लेकिन पलानी के साथ उसके रिश्तों में कड़वाहट हमेशा बनी रही और कभी दूर नहीं हो सकी।

तंजावुर के कारीगरों में राजमणिक्कम पहला था, जिसने साठ के दशक की शुरुआत में अपना काम-धंधा मद्रास शिफ़्ट कर दिया जहाँ वह मृदंगम बनानेवालों के सम्पर्क में आया। 'मद्रास मुट्टु' (कई परतों वाली चमड़े की खाल, जो मृदंगम पर दोनों तरफ़ लगी होती है) के लिए विख्यात ये मृदंगम के कारीगर 'मृदंगमवादकों' की बिरादरी में गहरे तक स्थापित थे। बाद में हम, मद्रासी समुदाय पर वापस आएँगे और इस तथ्य पर कि तंजावुर कारीगरों को उन्होंने प्रभावित किया—हालाँकि परिवार का कोई भी सदस्य इस विचार से सहमत नहीं है।

राजमणिक्कम को अपने काम पर गर्व था और वह शायद मानते थे कि वे कलाकार सौभाग्यशाली हैं जिन्हें उनके साथ काम करने का अवसर मिला। यह उनके काम करने के अन्दाज़ से दिखाई भी पड़ता था। उन्हें उन सामाजिक समीकरणों का भी कोई डर नहीं था, जो कारीगर बिरादरी के जीवन पर हावी थे। उनमें विनीत भाव दरअसल था ही नहीं। एक ऐसा अनुशासित व्यक्ति, जिसके काम करने के अपने नियम स्पष्ट थे। यानी काम तो सुबह शुरू होगा, लेकिन नाश्ता

और लंच तय वक़्त पर ही दिया जाए। दोपहर की झपकी लेना और शाम 4 बजे काम पर लौटने के बाद सन्तुष्ट होने पर ही काम बन्द करना उनकी आदत थी। परिवार वाले बताते हैं कि कैसे वह अपने बॉस की पत्नी से लंच में ख़ास व्यंजनों की माँग करते थे। आमतौर पर कारीगर को कलाकार के मुताबिक़ चलना होता था, लेकिन राजमणिक्कम के मामले में कहानी उलट थी, परिजनों ने प्रफुल्लित भाव से बताया। मजाल है कि काम के वक़्त कोई उनसे बात कर ले या उन्हें छेड़ दे। अपने सगे चचेरे भाइयों के विपरीत उन्होंने कॉलेज तक पढ़ाई की, जिला स्तर पर फ़ुटबॉल खेली और कई ट्रॉफियाँ हासिल कीं। कीतूकारा स्ट्रीट के किसी अन्य रहवासी की तुलना में वह कहीं अधिक दुनिया देख चुके थे, लिहाज़ा उनके भीतर ऐसा आत्मविश्वास आ गया, जो मृदंगम कलाकारों ने किसी और कारीगर में नहीं देखा था। नई पीढ़ी में राजमणिक्कम आज भी किंवदंती के रूप में मौजूद हैं। एक ने मुझसे कहा भी, 'उनका कलाकारों के घरों में डाइनिंग टेबल पर बैठकर भोजन करना ऐसा है, मानो, उसने कोई कांड कर डाला हो।'

मृदंगम कलाकारों के साथ होनेवाले बर्ताव को बदलने का श्रेय पालघाट मणि अय्यर को जाता है, जो असल में अपनी जाति की बदौलत बदलाव के रास्ते पर आगे बढ़ सके। राजमणिक्कम पिछड़ी और हाशिये पर रहनेवाली जाति से थे, इसके बावजूद उन्होंने ब्राह्मण संगीतकारों की सोच और व्यवहार को ख़ासा प्रभावित किया, जो एक असाधारण उपलब्धि थी।

इसकी तुलना सेल्वाराज की मणि अय्यर के प्रति वफ़ादारी के इस विवरण से करें, 'मायलापुर हाउस में कभी-कभी तो मैं सुबह 6 बजे रॉयस कैफ़े की दो इडली, एक वड़ा और 'कल्कि' पत्रिका या 'स्वदेशमित्रन' अख़बार के साथ हाज़िर रहता। इन चीज़ों को वहाँ रखता। मैं यह भी चाहता था कि साल की पहली तारीख़ 1 जनवरी को वह सबसे पहले मुझसे ही मिलें, लिहाज़ा तड़के 5.15 बजे ही जाकर दरवाज़ा खटखटाने लगता।'

सेल्वाराज के पास अपने चचेरे भाई के बारे में कहने के लिए बहुत कुछ था—प्रशंसा व प्रतिद्वन्द्विता का मिश्रण। 'जब मणि अय्यर अपने किसी शिष्य को मृदंगम सौंपने के लिए मुझे देते तो मैं भाड़े के ढाई आने अपने पास रख लेता और कंधे पर मृदंगम ले जाता। यह हमारी आदत में था। जबकि राजमणिक्कम ऐसा न करता वह रिक्शे से ही मृदंगम ले जाता।' सेल्वाराज और राजमणिक्कम के बीच मणि अय्यर से तवज्जो, काम और कृपा हासिल करने की इस क़दर प्रतिस्पर्धा थी कि कई बार

बात तक़रार तक पहुँच जाती। सेल्वाराज दावा करते हैं कि एक बार राजमणिक्कम ने अय्यर से झूठ बोल दिया कि मैंने मृदंगम चुराया है। जबकि उस वक़्त वह किसी काम से दिल्ली में थे। लौटकर उसे स्थिति साफ़ करनी पड़ी। एक बात और, सभी कारीगरों की तरह राजमणिक्कम भी अपनी कारीगरी को गुप्त रखते और सेल्वाराज को अपने तरीक़े जानने की इजाज़त न देते। 'वे अपना खाना तो मेरे साथ बाँटते थे, लेकिन काम के मामले में मुझे उनसे कुछ नहीं मिला,' सेल्वाराज ने कहा।

यॉर्क यूनिवर्सिटी, टोरंटो में संगीत के प्रोफ़ेसर त्रिची शंकरन अपने और संगीत विभाग की मृदंगमों का काम करवाने के लिए राजमणिक्कम को अक्सर आमंत्रित करते थे। 1991 की यात्रा के दौरान शंकरन ने मृदंगम बनाने की प्रक्रिया का पूरा वीडियो बनाया, जिसमें राजमणिक्कम निर्माण की बारीकियाँ बता रहे थे। मृदंगम बनानेवाला सफ़ेद बनियान और हरे रंग के चेक वाली लुंगी पहने शंकरन के गैरेज में मृदंगमों से घिरा बैठा है। वह बहुत कम बोलता है और उतनी देर के लिए ही थमता है, कि शंकरन ठीक-ठाक शॉट ले सकें या फिर उनके किसी विचार पर अपनी संक्षिप्त टिप्पणी और स्पष्टीकरण दे सके। इकहरे बदन वाले राजमणिक्कम इतने आत्मविश्वास के साथ बोलते हैं, जैसे अपनी कला पर उनकी पूरी पकड़ हो।

मृदंगमवादक और उनके क़रीबी राजमणिक्कम को विद्रोही क़िस्म का व्यक्ति बताते हैं। उन्होंने उसमें 'ऐंठ' देखी। उन्होंने उसे मुश्किल व्यक्ति, घमंडी और श्रेष्ठता का भाव ओढ़े रहनेवाला ऐसा शख़्स बताया, जिसने कई तरह की छूट ली। कुछ लोगों ने यह कहते हुए उनकी धृष्टता याद की कि वह बोलता ज़्यादा था। किट्टा अय्यर, जो स्कूल में शिक्षक होने के साथ-साथ मणि अय्यर के प्रबन्धक भी थे, से वह अपने बच्चों को ट्यूशन पढ़ाने के लिए खुलेआम उद्दंडता करता। जबकि किट्टा अय्यर ने इसके पहले अपने मालिक के बच्चों के अलावा किसी को ट्यूशन नहीं पढ़ाई थी। और हाँ, राजमणिक्कम सस्ते में काम नहीं करते थे। उनका उपनाम ही 'स्पेंसर' था, जो माउंट रोड स्थित आलीशान मॉल के नाम पर रखा गया था। कई बार वह दूसरों से दोगुना वसूलते थे।

एक व्यक्ति ने उनकी बर्बादी और उनके साथ बॉस जैसा व्यवहार करने के लिए उमयलपुरम शिवरामन को दोषी ठहराया, जिसके संग उनका लम्बा साथ रहा। हालाँकि शिवरामन ने स्पष्ट किया कि उन्होंने राजमणिक्कम की बहुत अच्छे से देखभाल की और उसे 1000 रुपये मासिक वेतन दिया, जो उस ज़माने में क़तई

कम नहीं था। इसके अलावा उसे अतिरिक्त कमाई के लिए अन्य लोगों का काम करने की भी इजाज़त थी। लेकिन, राजमणिक्कम और शिवरामन का रिश्ता टूटने की कहानी अपने आप में कम दिलचस्प नहीं है, और इस कहानी में भी कई कहानियाँ हैं। जो कुछ हुआ, उस बारे में मोटे तौर पर राजमणिक्कम के चचेरे भाई बात करने के इच्छुक नहीं थे या फिर उन्होंने कह दिया कि वे ब्योरों से अनभिज्ञ हैं। ज़ाहिर है, कुछ न कुछ तो ग़लत हुआ था। यद्यपि शिवरामन और सेल्वाराज ने मुझे घटनाक्रम के अपने लेखे-जोखे से अवगत करवाया।

सेल्वाराज ने बताया, 'याद नहीं कि 'द हिन्दू' था या 'दिनामलार', लेकिन अख़बार में एक लेख छपा था, जिसमें लिखा था कि जो लोग तंजावुर का काम पसन्द करते हैं उन्हें वहाँ चले जाना चाहिए और काम करा लेना चाहिए।' सेल्वाराज को यह याद नहीं कि यह लेख क्यों आया था, पर उसमें एंटनी, राजमणिक्कम और स्वयं उसका नाम इस माँग का समर्थन करनेवालों में था।

शिवरामन अख़बार के लेख के बजाय एक पत्र का ज़िक्र करते हैं। 'मैं उसका नाम उजागर करना नहीं चाहता, लेकिन हमारे (मतलब ब्राह्मणों) में से एक आदमी के बहकावे में आकर तंजावुर के लोगों ने एक एसोसिएशन बनाकर कहा कि तंजावुर मुट्टु महान और बेमिसाल है, इसके जैसा कोई नहीं है, न ही कोई अन्य नादम (टोन) इससे मेल खाती। सभी कलाकार संगीत-कार्यक्रमों के ज़रिये अच्छा पैसा बना रहे हैं, लेकिन हमें आप अपर्याप्त पैसा दे रहे हैं। लिहाज़ा हमें अधिक पैसा दो, अन्यथा हम काम नहीं करेंगे। उन्होंने मुझे छोड़कर सभी कलाकारों को यह नोटिस भेज दिया। राजमणिक्कम भी इस पत्र का एक पात्र था। चार दिन बाद वह लौटा तो मैंने सभी लोगों को मिले नोटिस के बारे में उससे पूछा। उन्होंने कहा कि सबके कहने पर मैंने हस्ताक्षर कर दिए, बिना यह जाने कि पत्र में लिखा क्या है। "कृपया मुझे ग़लत मत समझो," उन्होंने कहा। मैं बोला, "अब मेरे पास एक प्रस्ताव है। देखते हैं, तुम तैयार होते हो या नहीं। तुम एक मुट्टु बनाओ, मैं तुम्हें 2000 रुपये दूँगा। लेकिन वो 10 साल चलना चाहिए। सादम लगा दो (प्रमुख सिरे पर लगाया जानेवाला काला पेस्ट)। इसके मैं 500 रुपये दूँगा। लेकिन इसका 2 साल तक कुछ नहीं बिगड़ना चाहिए। वारु (चमड़े की रस्सियाँ, जो दोनों सिरों को जोड़ती हैं) बाँध दो, मैं 2000 रुपये दूँगा, पर यह 15 साल चलना चाहिए।" उन्होंने पूछा, "यह कैसे सम्भव है?" मैंने कहा, "तुम ही तो अधिक पैसे की माँग कर रहे हो, नहीं क्या?"

शिवरामन ने राजमणिक्कम से कहा कि मृदंगम कारीगर अपने काम का मूल्यांकन ख़ुद न करे, यह काम कलाकारों व अन्य लोगों द्वारा किया जाना चाहिए। फिर उन्होंने राजमणिक्कम को बताया कि चार दिनों में उनका डॉ. बालामुरलीकृष्ण के साथ कॉन्सर्ट है। उन्होंने तंज़ किया, 'तुम डॉ. बालामुरलीकृष्ण के लिए बजाना, मैं सादम लगा दूँगा। सादम लगाने का पैसा मुझे दे देना और कॉन्सर्ट से मिलनेवाली राशि तुम ले लेना।' दोनों के सम्बन्धों के टूटने का कारण बनी इस घटना को याद करते हुए शिवरामन ने कहा, 'उस दिन मैंने ख़ुद से पूछा कि नादम मेरे हाथ में है या उनके?'

शिवरामन ने पहले तो कारीगरों के इस अधिकार पर सवाल उठाया कि अपने काम के लिए उपयुक्त मेहनताना क्या होगा ये वे ख़ुद तय करेंगे और फिर समय को लेकर ऐसे आश्वासनों की माँग कर दी, जो उन्हें मालूम था कि क़तई व्यावहारिक नहीं हैं। वह भूमिकाओं की अदला-बदली का सुझाव देते रहे, बड़ी सफ़ाई से यह निरूपित करते रहे कि राजमणिक्कम का काम तो कोई भी कर सकता है, मगर शिवरामन का काम वह ख़ुद ही कर सकते हैं। मुझे ऐसा लगता है कि उनका अन्तिम सवाल यह ऐलान है कि सुर तो उन्हीं की अँगुलियों में बसते हैं, कारीगरों के हाथों में नहीं। फिर भी, कोई वादक, कारीगर का स्थान नहीं ले सकता, जब तक कि वह वाक़ई प्रशिक्षित न हो। निर्माण में पूर्णता और सुर के लिए व्यक्तिगत प्रतिभा और कला-कौशल ज़िम्मेदार होते हैं। यह ऐसी सच्चाई है, जिसे संगीत-रचना के मामले में सहज रूप से स्वीकार किया जाता है। कोई भी मृदंगम कलाकार एक सुघड़ मृदंगम के बग़ैर उत्कृष्ट सुर-ताल पैदा नहीं कर सकता। यह धारणा कि कारीगर तुच्छ होते हैं, वादक नहीं, भारत की जाति-व्यवस्था से उत्पन्न ज्ञान-कौशल के मज़बूत पदानुक्रम की देन है।

यह सम्बन्ध टूटने के बाद राजमणिक्कम ने 2004 में निधन होने तक करइकुडि आर. मणि और त्रिची शंकरन सहित अन्य कलाकारों के साथ काम करना जारी रखा।

यह कहा जाता है कि पलानी मज़ाक़ में राजमणिक्कम को 'पापन' (तमिल ब्राह्मण पुरुषों के लिए इस्तेमाल होनेवाला तमिल बोली का शब्द) नाम से सम्बोधित करते थे, क्योंकि कारीगर शाकाहारी था और पलानी नहीं। उदाहरण के लिए शंकरन की पत्नी द्वारा बनाए रसम चावल को राजमणिक्कम ज़्यादा पसन्द करते थे, बजाय होटल के खाने से। जब मेल्गीस मुझे राजमणिक्कम की दोपहर में झपकी लेने की आदत के बारे में बता रहा था, उसकी पत्नी आरोग्यमेरी फट पड़ी, "सभी अय्यर यही तो करते हैं।"[1] कुछ मृदंगम कलाकारों ने यह भी बताया

1. ब्राह्मणों को अक्सर अय्यर कहा जाता है।

कि अगड़ी जाति के परिवेश में प्रशिक्षण पाने के कारण कैसे राजमणिक्कम जैसे लोग अनुशासित हो गए।

मेल्गीस, सुसइनाथन और मैंने उनके जीवन के इस पहलू, भोजन, पर लम्बी बातचीत की। मसलन, कार्यस्थल ने, जो मुख्यत: मृदंगम कलाक़ारों के घर ही होते थे, से उनकी संस्कृति कितनी प्रभावित हुई? पहली चीज़ मैंने जो सुनी, वो यह कि गौमांस उनके मैन्यू से बाहर हो गया। रसम (इमली आधारित सूप) और दही की शुभ वृद्धि हो गई, पर मूलत: दोनों उनके भोजन का हिस्सा कभी नहीं रहे। सुसइनाथन ने बताया कि शादी होने तक उनकी पत्नी को दूध से दही जमाना नहीं आता था। हालाँकि, मेल्गीस तर्क देते हैं कि मांसाहारी भोजन लोगों को आलसी बनाता है जिससे सुसइनाथन को चिढ़ होती है (वह अगली पीढ़ी से हैं)। जवाब में सुसइनाथन कहते हैं, सारी चीज़ों के बावजूद उन लोगों का दिल मांसाहारी भोजन की तरफ़ ही खिंचा चला जाता है।

मैंने उनके पारम्परिक भोजन के बारे में पूछा। सुसइनाथन ने नमूने के तौर पर एक दिन के मैन्यू का विवरण दिया। सुबह लगभग 8.30 बजे कांजी (प्याज़ और हरी मिर्च के तड़के के साथ पानी व छाछ में भिगोए हुए चावल) का नाश्ता होता। इसे कभी-कभी मसालेदार छोटी मछलियों के साथ खाया जाता; अद्‌भुत, बताते हुए सुसइनाथन के मुँह में पानी आ गया। दोपहर क़रीब 1 बजे सापडू का लंच होता, जिसमें मुख्य रूप से चावल के साथ एक मछली या मटन कोलुम्बू (इमली और दालों का शोरबा), रसम और वरुवल (फिश फ्राई) परोसे जाते। कोलुम्बू में सहजन (ड्रम स्टिक) या टमाटर को छोड़कर नाममात्र की सब्ज़ियाँ रहतीं। रात्रि-भोज भी कमोबेश लंच में बचे खाने से ही होता। अब ज़रूर डिनर ने 'टिफ़िन आइटम्स' के भोजन का रूप ले लिया है, जिसे सुसइनाथन चपाती, डोसा और इडली बोलते हैं।

सिर्फ़ स्वाद-कलिकाएँ ही नहीं, बोली भी बदल गई है। वीडियो में राजमणिक्कम को सुनने पर साफ़ समझ में आता है कि उसके हाव-भाव, बोलने का अन्दाज़ और उच्चारण ब्राह्मणों जैसे हो गए हैं। बातचीत में सुसइनाथन ने अपनी पत्नी के सन्दर्भ में ब्राह्मण शब्द 'अत्थुकारी' का इस्तेमाल किया। जब मैंने इसका ज़िक्र किया तो उसने तुरन्त जवाब दिया कि उनकी ब्राह्मण बोली भी बदल जाती है, लेकिन यह इस बात पर निर्भर करता है कि मृदंगमवादक किस इलाक़े से आया है। उदाहरण के लिए यदि कोई वादक पालघाट रघु के घर पर आता तो हम पलक्कड़ ब्राह्मण

बोली में बतियाते। ये प्रभाव ऊपर से नीचे तक एकतरफ़ा थे। माने, वादक से लेकर कारीगर, मालिक से कर्मचारी और ब्राहमण से लेकर दलित तक। अक्सर कोई चीज़ विपरीत धारा में नहीं बहती। इस चर्चा को समेटते हुए सेल्वाराज ने कहा कि लोग ब्राह्मण जाति में पैदा होते हैं, पर वह ब्राह्मण के घर में 'बड़ा' हुआ। 'मेरी सभी आदतें ब्राह्मण वाली हैं। आज भी मैं सुबह 9.30 या 10 बजे लंच कर लेता हूँ,' उसने गर्व से कहा। दरअसल, पीड़ित को उत्पीड़न में सहभागी बनाना जाति-प्रथा की ख़ासियत होती है : यह सेल्वाराज और अन्य सभी को जातिगत असमानता से आँखें मूँद लेने की छूट देता है।

चूँकि कलाकारों और कारीगरों ने उत्तर की तरफ़ मद्रास का रुख़ किया, लिहाज़ा कुछ बदलाव तो होने ही थे।

1960 के दशक की शुरुआत तक तमिलनाडु के सामाजिक ढाँचे का ताना-बाना नये सिरे से बन चुका था। 1920 के दशक में द्रविड़ राजनीतिक जागृति के पितृपुरुष ई.वी. रामासामी या पेरियार ने स्वाभिमान आन्दोलन का नेतृत्व किया। उन्होंने जाति की विकृतियों को लेकर तमिलों को जागृत करने के साथ ही तमिल समाज के ब्राह्मणवादी मिज़ाज पर जमकर प्रहार किए। उनके मुद्दे संस्कृति, शिक्षा, आर्थिक हालात व निजी जीवन से जुड़े थे; और उन्होंने जन-कार्रवाई की शृंखला चलाकर राज्य का सामाजिक-राजनीतिक परिदृश्य बदल डाला। ब्राह्मण ख़ुद को पेरियार के निशाने पर मानते थे, कई बार रहे भी। हालाँकि, इस सामाजिक-राजनीतिक क्रान्ति ने उनको अपने तौर-तरीक़ों में बदलाव करने के लिए मजबूर कर दिया और यह पेरियार नामक 'उत्प्रेरक' के बिना मुमकिन नहीं था। और इस तरह, ख़ास सामाजिक रिवाजों की पुनर्रचना की जाने लगी या फिर उन्हें घरों में लपेटकर रख दिया गया, अगड़ी जातियों ने 'पवित्रता' के अपने गन्दे आग्रह को निजी तौर पर ही बरक़रार रखा। एक वरिष्ठ मृदंगम कलाकार का जाति के बारे में दिलचस्प विचार था, 'सामान्य तौर पर मैं मानता हूँ कि जाति मानव-समाज के कल्याण के लिए थी। उस वक़्त लोग इसके बारे में ज़्यादा नहीं सोचते थे। लेकिन आजकल तो इसकी चर्चा हद से ज़्यादा होने लगी है। यदि हर आदमी जो काम करता है वही करता रहे तो कोई दिक़्क़त नहीं है।' जाति-व्यवस्था का यह मूक नियम कारीगर को भी मालूम था, लिहाज़ा डाइनिंग टेबल पर भोजन की पेशकश ठुकराना उसका कर्तव्य

होता था। बहरहाल, जब तक समय नहीं बदल जाता तब तक जाति को क़ायम रखनेवाले ये मौन संवाद चलते रहेंगे और इनकी पुनरावृत्ति होती रहेगी।

बड़े राजनीतिक कारकों के अलावा एक ख़ास परिवर्तन और आया, जिसने कारीगर और कलाकारों के रिश्ते बुनियादी रूप से बदल दिए। वह था कार्यस्थल का बदलाव। समूचे तमिलनाडु में मृदंगम कारीगरों से कलाकारों के घरों पर जाकर साज़ को फ़ाइन-ट्यून या दुरुस्त करने की उम्मीद की जाती थी। खाल तैयार करने और लकड़ी का खोल बनाने का भारी काम कारीगरों के घरों पर होता था। लेकिन मद्रास में चीज़ें अलग थीं।

नये शहरी माहौल में आते ही तंजावुरियों ने देखा कि स्थानीय कारीगरों ने अपनी दुकानें खोल रखी हैं, जहाँ कलाकार अपना काम कराने के लिए आते हैं। मसलन, एक मृदंगम कलाकार के परिजन ने मुझसे कहा, 'यह उनका मैदान है।' हाँ, ऐसा ही था। लेकिन एकनिष्ठ कार्यस्थल के फ़ायदों को समझने में तंजावुर के कारीगरों को तीन से चार दशकों का समय लग गया। मद्रास में कारीगर की दुकान पर जाकर मृदंगम देने के बाद कलाकार इन्तज़ार करते अथवा अगले दिन पैसा देकर उसे उठाने आते, पर पुराने संगीतकारों को यह पसन्द नहीं था। कइयों के पास तो अब भी तंजावुर कारीगर और उनके वंशज काम करने आते हैं। मेल्गीस के मुताबिक़, 'हमने (सेल्वाराज और वह) मायलापुर में मुंदकन्नी अम्मन कोविल (मन्दिर) के पास एक दुकान खोली थी। दो माह बाद मणि अय्यर ने उनसे दुकान बन्द करने के लिए कहा। वह चाहते थे कि मेरा भाई उनके लिए काम करे। इसलिए, मणि अय्यर का काम निपटाने के बाद ही भाई दूसरा काम लेता था।'

शुरू में तो इसका फ़ायदा हुआ, क्योंकि मद्रास का रुख़ करनेवाले ज़्यादातर मृदंगम कारीगर अविवाहित थे। वे छोटे-से कमरे में रहते, कई बार अपने रिश्तेदार या भाई के साथ कमरा शेयर करते और कलाकारों के घरों पर अपनी सेवाएँ देते। शादी के बाद कइयों ने अपने बीवी-बच्चों को तंजावुर में छोड़ दिया या फिर उपलब्ध जगह में ही उनका इन्तज़ाम किया।

मद्रास में कलाकारों के घर भी गाँवों जैसे नहीं थे। एक युवा कारीगर ने कहा, 'वहाँ यह कहने के लिए चार प्रवेश द्वारों वाला कोई घर नहीं है कि 'उसे इस वाले से आने को कहो और दूसरे को अलग प्रवेश द्वार से'। मैं भी नचियारकोइल में उस तरफ़ से दाख़िल हुआ था। वहाँ दो प्रवेश द्वार वाले घर थे और यह नियम भी था कि कौन, कौन-सा दरवाज़ा इस्तेमाल करेगा।' दूसरी तरफ़ कुछ संगीतकारों

के पास बड़े घर थे, लेकिन अधिकांश ऊँची जातियों और मध्यवर्ग के पड़ोस में रहते थे, जैसे कि मायलापुर और माम्बलम, जहाँ घरों के नाम पर छोटे-छोटे बाड़ों के साथ या बिना बाड़े के कुछ कमरे भर थे। कारीगर और कलाकार के बीच शारीरिक निकटता अपरिहार्य थी। सम्भवतः डाइनिंग एरिया के बग़ल में दाईं तरफ़ एक हॉल में मृदंगम का काम होता था, रसोईघर भी ज़्यादा दूर नहीं था। मुझे यक़ीन है कि कुछ लोग यहाँ भी इस या उस स्थान में दाख़िल होने के बारे में नियम तय करते हैं, लेकिन कुल मिलाकर जात-पाँत के कुछ नियमों पर चुपचाप फिर से काम किया जा रहा था। फिर भी गाँवों में बदले हुए वातावरण में भी तंत्र के कामकाज को छिपाना सम्भव था। आपको बस सीधी निगाह से विकल्प ढूँढ़ने थे, ख़ाली जगहों को चिन्हित कर इसे छिपाकर रखना था। हर कोई इस दिखावे में शामिल होता था। शहरी इलाक़ों के मध्यवर्गीय घर या फ़्लैट में यह सम्भव नहीं था। और, घरेलू नौकर के विपरीत मृदंगम कारीगरों को कलाकारों के साथ काम करना पड़ता था। जब घर के बीचोबीच ऐसा हुआ तो इसने पुरानी धारा का रुख़ मोड़ दिया।

अरुलराज ने स्थानीय स्तर पर आए कुछ बदलावों का उल्लेख किया। उसने बताया कि एक मृदंगम कलाकार को वह बचपन से जानता है और उनके घर जाने पर अब उसे कॉफ़ी और खाना पेश किया जाता है, वो भी उनकी डाइनिंग टेबल पर, उनके बर्तनों में। वह इसकी तुलना अपने परिवार की एक पीढ़ी पहले के अनुभवों से भी कर रहा था। उसने कहा, 'मेरे पिता और उनके भाई ऐसे नहीं थे; जातिगत बाधाओं के दायरे में वे अधीनस्थ नौकर की तरह ही व्यवहार करते थे।' वे इस बात का ज़िक्र तो नहीं करते, मगर यह नया 'विशेषाधिकार' सिर्फ़ मृदंगम कारीगरों तक ही सीमित था। उनके जाति समूह के अन्य लोगों के लिए नहीं। दूसरे शब्दों में, यह आत्मबोध नहीं अपितु स्वार्थ था—नये वातावरण और कलाकारों-कारीगरों के जटिल रिश्ते की स्वीकृति—जिससे स्थान और पहुँच के समीकरण बदले।

मद्रास में जो मृदंगम कलाकार हर समय की व्यक्तिगत मदद चाहते थे, उन्हें काम के नये तरीक़ों की तलाश करनी पड़ी। तंजावुर में मणि अय्यर के यहाँ दिन-भर काम करनेवाले लोग थे, लेकिन शाम को वे भी अपने घर चले जाते थे। मद्रास में कुछ कलाकारों ने शाम के वक़्त भी कारीगर को अपने साथ रोकने का फ़ैसला किया। ज़रा नवजात शहर के इस आवासीय स्थल की कल्पना कीजिए। यह बहुत साफ़ नहीं है कि कारीगर कहाँ सोते, खाते और नहाते थे, लेकिन पहले के मुक़ाबले

हर चीज़ निश्चित तौर पर आसपास थी। यह मानना उचित होगा कि इन्तज़ाम साथ रहनेवाले घरेलू नौकर सरीखे तो थे।

अरुलराज जब टी.वी. गोपालकृष्णन (टीवीजी) के घर गए तो लगभग 10 वर्ष के थे। अरुलराज ने बताया, 'टीवीजी ने मेरे पिता (एंटनी) से कहा कि वह अपने सभी कामों के लिए मुझे घर पर रखेंगे। मैं टीवीजी के साथ क़रीब 35 साल रहा। घर में उनके पुत्र समान था। दूध और किराना ख़रीदता। मैं जब उनके पास गया, तब ही उनकी शादी हुई थी। उनके बच्चे नहीं थे। मैं पूरी तरह आज़ाद था, इतना अपने माँ-बाप के साथ भी नहीं होता।' टीवीजी ने भी कुछ-कुछ ऐसा ही कहा, 'अपने नौवें वर्ष से वह मेरे साथ था। वह मेरे बेटे जैसा था। कोई जाति नहीं है, इत्यादि।' शादी होने के बाद अरुलराज अपने घर में अलग रहने लगा, लेकिन काम सिर्फ़ टीवीजी के लिए ही करता रहा। उसको मासिक वेतन नहीं मिलता था। इसकी बजाय अरुलराज अपने काम का ख़ुद हिसाब रखता और अन्त में टीवीजी राशि का निपटारा करते।

हम एक बार फिर 'मेरा बेटा, उसका बेटा' का उल्लेख देखते हैं। यद्यपि यह स्पष्ट है कि रिश्ता सिर्फ़ ख़ून का ही नहीं होता, बावजूद इसके बार-बार इन्हीं शब्दों का इस्तेमाल क्यों किया जाता है, इसकी पड़ताल ज़रूरी है। कारीगर को इसने भावनात्मक और सामाजिक तौर पर ऊँचा दर्जा प्रदान किया, वहीं मृदंगम कलाकार ख़ुद को ऐसे व्यक्ति के रूप में पेश करने योग्य हो गया जो दमन नहीं करता।

अप्रिय लगनेवाले इस सच को दरकिनार नहीं किया जा सकता कि यह पितृसत्तात्मक सामन्तवाद कारीगरों की 'मान्यता' का एक रूप ही था। दरअसल, समाज में ताक़तवर हैसियत वाले व्यक्ति की ज़रूरत बन जाना, उससे महत्त्व मिलना, शारीरिक बाधाओं और जाति का कलंक मिट जाना, इन सारी चीज़ों ने कारीगरों को 'समानता' का बोध दिया। कीतूकारा की गलियों में ब्राह्मणों से किसी और को इतनी तवज्जो हासिल नहीं होती थी, इसलिए सामाजिक व सांस्कृतिक रूप से कारीगरों का माथा ऊँचा हो जाता था। यह व्यवहार देखकर उन्हें लगा कि वे एक विशिष्ट समुदाय के लिए 'ज़रूरी' बन गए हैं। युवा कारीगर मुझे बता चुके हैं कि अपने इलाक़े में उनकी पहचान मृदंगम का काम करनेवाले की है, और यही बात उन्हें दूसरों से अलग करती है। मृदंगम जब तक उनकी सामाजिक गतिशीलता का साधन बना रहता है, जाति-आधारित भेदभाव जैसी बात पीछे हो जाती है और जब तक जातिवाद में उबाल नहीं आता, तब तक इस पर ध्यान नहीं जाता, न ही कुछ

कहा जाता है। वास्तव में उन्होंने इसे ऐसे समझाया मानो ये सुविधाएँ एक पिता से ली गई हों। इस बीच, कारीगर और संगीतकार का रिश्ता तय मापदंडों के दायरे में काम करता रहता है और दोनों ही अनकही सीमाओं को नहीं लाँघने का ख़याल रखते हुए जाति के प्रतिमानों के भीतर कार्य करते हैं।

मृदंगमवादकों को एक ख़ास काम के लिए किसी शख़्स की सख़्त ज़रूरत थी, जिसे वे ख़ुद करने की सोच भी नहीं सकते थे। जब सामाजिक बदलावों ने कामकाज के मौजूदा तौर-तरीक़ों पर दबाव बनाया तो कुछ तो 'खोना' ही था। सम्भवत: इसने भी कलाकारों के सामने यह आवश्यकता निर्मित कर दी कि वे ख़ुद को प्रगतिशील सोच वाला पेश करें। हो सकता है कि इसमें बाप-बेटे के पारम्परिक आदर्श नमूने ने भी अपनी भूमिका अदा की : रूखा, कठोर अनुशासक बाप और आज्ञाकारी बेटा। जॉनसन पुष्टि करता है, 'हमारा व्यवहार मायने रखता है; हमें समझौता करना पड़ता है। यह वैसा ही है, जैसे जब हम ग़लती करते हैं तो हमारे माँ-बाप हमें कितना मारते हैं।'

तंजावुर के मृदंगम कारीगरों द्वारा सुनाई गई कहानियों से ज़ाहिर है कि तंजावुर उपेन्द्रन, तंजावुर रामदास और बहुभाषी वीणावादक एस. बालाचन्दर सरीखे कुछ कलाकारों ने एंटनी, सेल्वाराज, मेल्गीस और राजमणिक्कम की उदारता के साथ मदद की, क्योंकि उन्होंने मद्रास को अपना घर बना लिया था। उन्होंने कारीगरों के लिए किराए पर छोटे कमरों का इन्तज़ाम किया और अन्य मृदंगम कलाकारों से उनकी सिफ़ारिश भी की। हालाँकि उन्होंने पारिवारिक रिश्ते जैसा बड़ा दावा नहीं किया। सेल्वाराज ने तंजावुर उपेन्द्रन और एस. बालाचन्दर के घर पर काम करने का जो ब्योरा दिया, वह अन्य संगीतकारों के बारे में बताई गई बातों से एकदम भिन्न था। 'वो हमारे घर जैसा था। मैं उपेन्द्रन के घर के अन्दर काम करूँ या बाहर फ़र्श पर, अन्दर-बाहर आना-जाना करूँ, कोई फ़र्क़ नहीं पड़ता था; यही एस. बालाचन्दर के यहाँ था।'

कलाकारों (कारीगर और संगीतकार) के रिश्ते पर जाति के क्रूर प्रभावों को और समझाने के लिए मैं मेल्गीस की पत्नी आरोग्यमेरी का कथन बयान करता हूँ : 'यहाँ तक कि उनकी (ब्राह्मणों) ओर से छोटी-सी मदद भी मुझे बड़ी लगती थी, क्योंकि वे अय्यर थे। मेरी बहन का पति बॉम्बे में काम करता है। जब भी वह आता है, मेरे हर बच्चे को 1,000 रु. देता है और मुझे 2,000 रु.। मुझे आज तक इसमें कोई बड़ी बात नहीं लगती। लेकिन एक अय्यर काम के एवज़ में उसको

(मेल्गीस को) 1,000 या 2,000 देता है तो मैं यह सोचकर इसे गर्व के साथ सुरक्षित रख लेती हूँ कि यह पैसा हमें एक अय्यर ने दिया है।' दरअसल, दाता को और अधिक ताक़त देने के लिए पानेवाले के दिमाग़ में सामाजिक असमानता गहरे तक बैठ जाती है। यदि हम सचमुच कारीगरों की आवाज़ों को सुनना या इन रिश्तों की जटिलताओं में दाख़िल होना चाहते हैं तो इस मनोवैज्ञानिक स्थिति और इसे पैदा करनेवाले तंत्र को समझने की ज़रूरत है।

1970 के दशक तक कर्नाटिक संगीत-साधना और विद्या का विस्तार सीमित और संरक्षित गुरुकुल प्रणाली से बाहर तक हो गया था। देश के विभिन्न इलाक़ों में संगीत के स्कूल अंकुरित हो गए। ब्राह्मण समुदाय के जो लोग कर्नाटिक संगीत में दिलचस्पी रखते थे, अपने बच्चों को गायन, वायलिन और मृदंगम की कक्षाओं में भेजने लगे। इसका मतलब यह कि कारीगरों को भी राष्ट्रीय स्तर पर भरपूर काम मिलने लगा। वे मुम्बई, दिल्ली, बैंगलोर और कलकत्ता तक बुलाए जाने लगे। वहाँ वे महीनों-महीनों तक रहते। यह सिलसिला अभी तक जारी है। आकाशवाणी, शासकीय संगीत महाविद्यालयों और केन्द्र सरकार के प्रतिष्ठित कला संस्थान 'कलाक्षेत्र' जैसे कई संस्थानों में भी उनके लिए काम निकलने लगा। इस सबने उनके कार्यक्षेत्र और माँग में वृद्धि कर दी।

पालघाट मणि अय्यर सम्भवत: पहले मृदंगम कलाकार थे, जिन्हें मदद के लिए हर समय एक कारीगर की ज़रूरत पड़ी। हम जो लोग कर्नाटिक मंडली के अन्त:जगत को जानते हैं, सुनते रहे हैं कि अय्यर ट्रेनों के प्रथम श्रेणी के डिब्बों में अपने मृदंगम तैयार करवाते थे। लेकिन मुझे यह काम करनेवाले असली आदमी यानी कारीगर का ख़याल ही नहीं आया। हाँ, यह ज़रूर है कि मणि अय्यर विशेष थे, लेकिन वह जिस तरह का बेदाग़ काम चाहते थे, परलांदु, राजमणिक्कम और सेल्वाराज की शिल्पकारी के बिना नहीं पा सकते थे। ज़रा सोचिए, चलती ट्रेन में बैठकर यह सुनिश्चित करना कितना कठिन था कि कलाकार को बेदाग़ वाद्य मिले। लिहाज़ा कारीगरों को ट्रेन के सतत हिलते-डुलते डिब्बों और गतिमान फ़र्श की भरपाई अपने हाथों की स्थिरता से करनी पड़ी। क्योंकि अगले दिन जब अय्यर मंच पर बैठे और उन्होंने मृदंगम पर अपने हाथ चलाए तो प्रेरणा की ज़रूरत महसूस की।

राजाराम पूरे दृश्य का विस्तार से वर्णन करते हैं : 'मेरे पिता आठ मृदंगमों पर काम करने के निर्देश देते। किट्टा अय्यर या रायार बाबू अपने साथ परलांदू और कम्पनी को त्रिची जंक्शन ले जाते। स्टेशन पर एक व्यक्ति पहले ही इस्तेमाल किए जा चुके आठ मृदंगमों को ले जाता। ट्रेन दस मिनट के आसपास रुकती। परलांदू और सेलवम (सेल्वाराज) बॉक्स को तैयार रखते और जैसे ही ट्रेन पहुँचती, नये बनाए गए आठों वाद्यों को फटाफट प्रथम श्रेणी के डिब्बे में चढ़ाते और बॉक्स का ढक्कन खोलकर मेरे पिता को दिखाते। पिताजी अपने केबिन में मृदंगमों को जाँचते-परखते। यदि कुछ कमी रहती तो उनमें से किसी एक को अगले स्टेशन (एक घंटा, या शायद ज़्यादा, दूर) तक उनके साथ जाना पड़ता। ऐसी स्थिति में वह बाबू या किट्टा अय्यर से टिकट ख़रीदने के लिए कहते। कई दिक़्क़तें भी थीं। मसलन, टिकट काउंटर पर भीड़ होती, या दूसरा व्यक्ति आधे मृदंगम ही उतार पाता कि इस बीच ट्रेन चल पड़ती। प्रथम श्रेणी का डिब्बा ऐसा नहीं होता था, जैसा अब है। तब एक डिब्बे में चार से छह सीटें हुआ करती थीं। इसलिए, यदि वह (कारीगर) डिब्बे के गलियारे में बाहर बैठता, तो बिना किसी परेशानी के काम कर सकता था।' आमतौर पर तो फ़ाइन-ट्यूनिंग की ही ज़रूरत पड़ती थी, लेकिन कई मौक़ों पर ऐसे काम भी करने पड़ते थे जिनमें शारीरिक श्रम दरकार होता।

मणि अय्यर ने हमेशा ही इस तरह की सेवा की माँग की। जब 1965 में एडिनबर्ग अन्तरराष्ट्रीय महोत्सव के लिए गए, तो अय्यर ने अपने साथ एक मृदंगम कारीगर को भी ले जाने पर ज़ोर दिया। सेल्वाराज उनके साथ यात्रा के लिए राज़ी हो गए लेकिन ऐन वक़्त पर पीछे हट गए। सेल्वाराज ने इसका कारण बताया कि उनके पिता यात्रा की इजाज़त नहीं देते, लेकिन राजामणि का कहना था कि उन्होंने बहाना बनाया। अरुलराज मानते हैं कि कोई वित्तीय मसला था। मणि अय्यर अपने बेटे और किट्टा अय्यर के साथ अरुलराज से यह पूछने टीवीजी के घर गए कि क्या वह उनके साथ यात्रा पर चलेंगे? टीवीजी ख़ुद उस समय घर पर नहीं थे, इसलिए अरुलराज ने उनसे साफ़-साफ़ कह दिया कि वह तभी चलेंगे, जब टीवीजी, जो उनके लिए सब कुछ थे, अनुमति देंगे। अगले दिन वे वापस लौट आए और अरुलराज घर के बाहर बैठे एक मृदंगम पर काम कर रहे थे। टीवीजी ने अनुमति दे दी और अरुलराज यूके के दौरे पर चले गए। भारत के बाहर जानेवाले वह पहले मृदंगम कारीगर थे।

अरुलराज के लिए पूरी यात्रा कष्टप्रद थी। वह एक ऐसे युवा थे, जो सिर्फ़ अपने गृह नगर और मद्रास की कुछ सड़कों को ही जानते थे। बादलों के ऊपर से

उड़ती एक मशीन में बैठकर अचानक दूर देश की यात्रा करना, और फिर स्कॉटिश ठंड—इसने उनके होश उड़ा दिए होंगे। 'मुझे कुछ पता नहीं था। मैं बहुत छोटा था, केवल सोलह का,' अरुलराज ने कहा। 'हवाई अड्डे पर टी.के. मूर्ति समेत कई लोग आए थे। उन्होंने वह पुष्पहार मेरे गले में डाल दिया, जो वे मणि अय्यर के लिए लेकर आए थे और मुझसे कहा कि हिम्मत रखना।'

मृदंगम कारीगरों से मैंने जो कहानियाँ सुनी थीं, उनमें मूर्ति एक ऐसे वरिष्ठ मृदंगम कलाकार दिखाई पड़ते हैं, जिन्होंने कारीगरों के साथ ऐसा रिश्ता बनाया, जो ज़रूरत की मजबूरियों से कहीं आगे था। कई पुराने कारीगर इस बात को मानते हैं।

'हर कॉन्सर्ट सिर्फ़ आधा घंटे का होता और रविशंकर के सितारवादन की तरह और भी कई कार्यक्रम होते। ठंड में काम करना बहुत मुश्किल था। काला पेस्ट पकड़ नहीं बना पाता तो मुझे उसे चिपकाने के लिए कमरे में हीटर इस्तेमाल करना पड़ता,' अरुलराज ने बताया। क्या उस यात्रा की कोई घटना याद है, मैंने पूछा। 'जब मैं वहाँ गया तो बर्फ़ गिर रही थी और मुझे बुख़ार आ गया। मणि अय्यर ने मुझे यह कहते हुए ब्रांडी दी कि 'कषयम' (हर्बल दवा) है। उन्होंने मुझसे कहा कि सो जाओ, बुख़ार उतर जाएगा। वह मेरी पहली ड्रिंक थी।' उनकी पहली ड्रिंक, वो भी महान पालघाट मणि अय्यर के हाथों से? बुरा नहीं है!

राजामणि के अनुसार अरुलराज का उनके अमले से जुड़ना ख़ास उपयोगी साबित नहीं हुआ। 'उन दिनों, उनको कुछ नहीं आता था। वह हर वक़्त सोता रहता था, शायद ही कोई काम करता हो।' अरुलराज लौटकर सीधे टीवीजी के घर गए। अब उनकी कोई अन्तरराष्ट्रीय यात्रा नहीं होनी थी। उन्होंने कहा, 'उन्होंने मेरा पासपोर्ट ले लिया और वापस नहीं लौटाया, इसलिए वह समाप्त हो गया।'

बहुत बाद में 1982 में अरुलराज के छोटे भाई जेसुदास ने अमेरिका की यात्रा की, उसके बाद चचेरे भाई राजमणिक्कम ने कई बार कनाडा की यात्रा की। चूँकि दुनिया के अलग-अलग कोनों में रह रहे ब्राह्मणों के सिर पर कर्नाटिक संगीत की धुन सवार थी, इसलिए कारीगरों की माँग तेज़ी से बढ़ी। विदेश में रहनेवाले अधिकांश लोग छोटा-मोटा काम तो ख़ुद ही निपटा लेते, लेकिन नया बनवाने के लिए उन्हें अपने वाद्य मद्रास भेजने पड़ते। कुछ मामलों में कारीगर को अपने देश में ही बुलाना आसान होता, ताकि उनके और इलाक़े के अन्य कलाकारों व विद्यार्थियों के काम एक दौरे में ही कराए जा सकें। लेकिन वास्तव में अभी भी ज़्यादातर कारीगर विदेश यात्रा नहीं करते।

आवाजाही सम्बन्धी इन गम्भीर मुद्दों के बावजूद कलाकार स्वयं वाद्य बनाने की कोशिश कभी नहीं करते! जैसा कि किसी ने कहा भी, 'हम वह काम नहीं कर सकते।'

एंटनी के सबसे छोटे बेटे जॉनसन कैनेडी ने मद्रास का रुख़ अपने पिता के निधन के बाद ही किया। एंटनी तंजावुर और मद्रास के बीच आना-जाना करते रहे, लेकिन घर उनका हमेशा तंजावुर ही रहा। जॉनसन अपने माँ-बाप के लाड़ले थे। नौवीं कक्षा में जब उन्होंने उस विषय की परीक्षा फिर से देने से इनकार कर दिया, जिसमें वे फेल हो गए थे तो उन्होंने उनको स्कूल छोड़ने की इजाज़त दे दी। जॉनसन परिवार के पेशे में ही प्रशिक्षित होना चाहते थे, और अन्ततः उनके पिता को झुकना पड़ा। 'इसलिए मैंने अपने पिता के साथ गुरुकुलवासम शुरू कर दिया। मैं बहुत जल्दी सीखता था और मेरी गहरी रुचि भी थी, यह देखकर वह प्रसन्न थे। मुझ पर पूरा भरोसा करते थे। उन्होंने मेरे भाइयों से कहीं ज़्यादा आज़ादी देकर मुझे सिखाया,' जॉनसन ने कहा।

प्रशिक्षण में तीन चीज़ें शामिल थीं—निरीक्षण करना, आत्मसात करना और अभ्यास करना। सभी भाई मदद करते और नज़र रखते। समय-समय पर उन्हें और बारीक काम दिया जाता। जैसा कि सुसइनाथन ने कहा, 'सेल्वम (सेल्वाराज) मुझसे बोला, मैं काम करूँगा, तुम देखो और सीखो। यह संगीत सीखने जैसा है। हर चीज़ सिखाई नहीं जाती, है न?'

सुसइनाथन दुकानों और कम्पनियों के लिए मृदंगम बनानेवाले अपने चाचा दुरइराज के साथ मद्रास आए थे। बाद में वह अपने मामाओं के पास चले गए, जो पेशेवर संगीतकारों के लिए काम करते थे। उन्होंने सेल्वाराज का सर्वोत्तम शिष्य बनने से पहले सर्वप्रथम मेल्गीस और उसके बाद अरुलराज और जेसुदास के साथ काम किया। सुसइनाथन 1987 में जेसुदास के सहायक के रूप में वरिष्ठ मृदंगम कलाकार पालघाट रघु के घर गए और जेसुदास का समय पूरा होने के बाद रघु के दाएँ हाथ बन गए। सुसइनाथन को भी इस पेशे में उनके नाना (माँ के चाचा) एंटनी लेकर आए थे। 'जब मैं पहली कक्षा में था, तंजावुर में शेट्टी से जुड़ गया था। मैं शाम 4 बजे स्कूल से वापस लौटता। वे घर आकर मुझे बुलाते और चमड़े की रस्सियाँ खींचने के लिए कहते। रोज़ाना मेरा यही काम था। मेरी अँगुलियों में

छाले पड़ गए, इसलिए लिखना कठिन हो गया। यदि मैं नहीं लिखता तो शिक्षक पिटाई करते। धीरे-धीरे मैंने दूसरी चीज़ें सीख लीं। मैं आठवीं कक्षा तक ही पढ़ा।'

एंटनी का अन्तिम विद्यार्थी उनका नाती था, उनकी बेटी सलेथमारी का बेटा ए. सोवरिअर। 'मैं सबसे बड़ा नाती होने के साथ-साथ उनका अन्तिम छात्र भी हूँ। उन्होंने पहले अपने चार बेटों को सिखाया और उसके बाद मुझे। कावेरी में स्नान करने के बाद हमने तिरुवयारु में जहाँ त्यागराजा की आराधना होती है, वहाँ कपूर जलाया और हनुमान मन्दिर में प्रार्थना की। इसके बाद वह मुझे ग्रीन रूम में ले गए, जहाँ के.जे. येसुदास (कर्नाटिक संगीत और फ़िल्म गायक) और अन्य लोग बैठे हुए थे। यही वह जगह थी, जहाँ उन्होंने मुझे अपने औज़ार दिए और आशीर्वाद दिया।'

लेकिन सीखना इतना आसान भी नहीं था, कई बुज़ुर्ग बड़े कठिन गुरु थे। अपने नाना से सीखते समय सोवरिअर की एक अँगुली तो लगभग चली ही गई थी। अपने नाती की सुस्ती या धीमेपन से वह इतने क्षुब्ध हुए कि उसके हाथों को पकड़ा और रस्सी काटने के बजाय उसकी अँगुली काट दी। सोवरिअर के पास नाना और गुरु की स्थायी स्मृति के रूप में इस चोट का निशान मौजूद है। हर छात्र की तरह वह एंटनी के साथ काम करने के लिए थिरुनागेस्वरम, मन्नारगुड़ी, कुम्बाकोणम और अन्य शहरों में जाते। लेकिन जल्द ही एंटनी मन्द पड़ गए और सोवरिअर को साथ ले जाने का भार जॉनसन, अरुलराज और जेसुदास पर आ गया। तब तक सोवरिअर अठारह के हो गए थे, ख़ुद भी मद्रास को जान चुके थे। वह अपने मामाओं के साथ काम करते और दिन-भर के काम के हिसाब से उन्हें दिहाड़ी दी जाती। कुछ नहीं तो रोज़ 200 से 300 रुपये घर ले जाते, और किसी अच्छे दिन 500 रुपये भी।

लेकिन नौजवान अपना रास्ता कैसे तलाशते हैं और कैसे आत्मनिर्भर बनते हैं? सबकी एक जैसी कहानियाँ हैं। पिता या कोई चाचा-मामा कुछ ग्राहकों को अगली पीढ़ी के कारीगर के पास भेजता; और इस तरह काम का हस्तान्तरण हो जाता। अगर एक से अधिक पुत्र होते तो काम उनके बीच बँटता। अब यह युवा कारीगर पर निर्भर करता कि वह किस तरह रिश्ता चलाता है, कैसे उसे मज़बूत करता है और कैसे नये रिश्ते बनाता है। 'जॉनसन मामा ने मुझसे तंजावुर सुब्रमण्यम सर (मृदंगम कलाकार) के लिए काम करने के लिए कहा, समझाया कि आज्ञाकारी और ईमानदार बने रहना और जो भी मेहनताना दिया जाए, उसे रख लेना। आज तक, मैं उनके लिए काम कर रहा हूँ,' सोवरिअर ने कहा। जहाँ तक जॉनसन का सवाल है तो उन्हें विश्वास था कि वह अपने दम पर सब कर

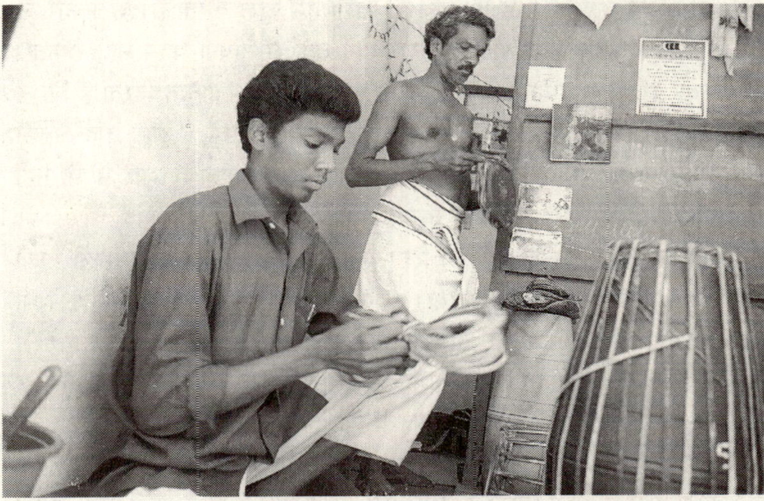

एस. आनन्द

जेसुदास अपने बेटे एडविन के साथ

लेंगे। तंजावुर उपेन्द्रन ने उनकी क़ाबिलियत और ज्ञान को कसौटी पर कसा; वह खरे उतरे और काम करने लगे।

जॉनसन ने कहा कि सीखने का मतलब कलाकार के 'ध्वनि-माधुर्य' के भाव को समझना भी है। एक कारीगर किसी कलाकार के साथ जितना अधिक काम करता है, दोनों के बीच उतना ही तालमेल बढ़ता है। यह आसान नहीं है, क्योंकि हम भावना या अनुभूति की बात कर रहे हैं, एक ऐसे आदर्श स्वरूप की अमूर्त धारणा, जिसे शब्दों में बयान नहीं किया जा सकता। सारे कलाकार कहेंगे कि मृदंगम में वो सब नहीं मिलता, जिसे वे ढूँढ़ रहे हैं, मसलन—सुर, तनाव, गहराई, गोलाई, पैनापन, भाव या गूँज। लेकिन इसका असली मतलब क्या है? आख़िर कोई कारीगर ऐसे किसी ख़याल को मूर्त ध्वनि में कैसे बदले? एक समय के बाद कारीगर निस्सन्देह उस प्रवीणता को हासिल करने का रास्ता खोज लेता है, जो कलाकार चाहता है। यह कोई दिमाग़ पढ़ने का खेल नहीं है, यह कलाकार के भावनात्मक स्वभाव को समझने, उसकी अँगुलियों की बनावट, थाप लगाने की ताक़त, बजाने के तरीक़े और उनकी आन्तरिक सांगीतिकता का मामला है। सुर हासिल करने के लिए कारीगर को खाल का चुनाव करने से लेकर आख़िरी ट्यूनिंग तक, निर्माण-प्रक्रिया के हर पहलू पर बारीकी और वैज्ञानिक शुद्धता के साथ काम करना होगा।

'एक अच्छे वाद्य से उन्हें मिलनेवाली ख़ुशी हमें ख़ुश करती है। कलाकार के हाथों के लिए एकदम ठीक मृदंगम तैयार होने तक मैं अपना काम नहीं रोकता। चाहे दो-चार घंटे ज़्यादा काम क्यों न करना पड़े, मैं यह सुनिश्चित करता हूँ कि वे सन्तुष्ट होने पर ही डिलीवरी ले जाएँ। वे ख़ुशी से चिल्ला पड़ें, "अहा, यह अच्छा है।" लेकिन मायूस होकर शिकायत करते हैं तो ख़राब लगता है और मैं सो नहीं पाता। मेरा दिमाग़ समस्या पर काम करता रहेगा,' अरुलराज ने कहा।

सेल्वाराज ने करइकुडि मणि के लिए बनाए मृदंगम की ध्वनि से मिली ख़ुशी बयान की। इसे उन्होंने शानदार बताया। मृदंगम कितना अच्छा था, यह मणि ने भी बोला। लेकिन, उन्होंने कहा कि वाद्य एकदम सही आया है। भले ही कारीगर के रूप में उन्होंने सेल्वाराज का ज़िक्र किया, पर ध्वनि के सृजन के लिए सीधे तौर पर उन्हें श्रेय नहीं दिया। उन्होंने जो कहा, वह ये कि हर एक चीज़ अपनी जगह पर है। यह सही है कि रचनात्मक कार्य के हर पेशे में सर्वोत्तम हासिल करने के लिए कई चीज़ों को एक साथ आना पड़ता है। मगर एक असाधारण उत्प्रेरक यानी ज्ञात-अज्ञात को सुरों में एक साथ मिलानेवाले व्यक्ति के बिना कुछ भी मूर्त रूप नहीं ले पाता।

इसके विपरीत कई मृदंगम कारीगर इस बात को निःसंकोच और अपने आत्मसम्मान की क़ीमत पर स्वीकार करते हैं कि बहुधा महान कलाकारों को देख-सुनकर उन्होंने कितना कुछ हासिल किया है या सीखा है।

1991 के आसपास सेवित्तन परिवार के सदस्य और एंटनी के तीसरे बेटे ए. गुणसीलन ने अप्पर स्वामी मन्दिर मार्ग मायलापुर में एक दुकान खोली। आन्ध्र और तमिल समुदायों के मृदंगम कारीगर इस समय तक अपना फुटकर कारोबार जमा चुके थे। संगीत की दुकानें पहले से और आम हो गई थीं। बिक्री व निर्यात के लिए उनको मृदंगमों की ज़रूरत होती थी। परिवार के कुछ सदस्यों के मुताबिक़ गुणसीलन कोई बड़े मृदंगम कारीगर नहीं थे, लेकिन उनके पास उद्यमिता का गुण और प्रतिभा को परखनेवाली नज़र थी। उन्होंने सहायक के रूप में सेल्वम को रख लिया, जो कि एक बेहतरीन मृदंगम कारीगर थे। अधिकांश काम सेल्वम करते, जबकि गुणसीलन मार्केटिंग, डिलीवरी और कारोबार को विस्तार देने का काम सँभालते। उनकी टाइमिंग एकदम सटीक थी और मद्रास में कोई भी उस जैसी दृष्टि वाला नहीं था। उनके पास नामी कलाकार (जिनकी माँग थी) आते, इसका मतलब होता और ज़्यादा कॉन्सर्ट, फलस्वरूप उनके लिए और अधिक काम। गुरुवयुर दोरई और उनके छोटे भाई थिरुवरुर वैद्यनाथन नियमित थे। कुम्बाकोणम राजप्पा अय्यर सरीखे वे शिक्षक भी

उन पर निर्भर थे, जिनके पास छात्रों की बड़ी संख्या थी। शिक्षक के साथ उनके छात्र भी आते। गुणसीलन संगीत की दुकानों को भी मृदंगमों की सप्लाई करते। जब तक वह जीवित रहे, तब तक यह चतुर व्यापार प्रबन्धन चला जिससे गुणसीलन परिवार में सबसे ज़्यादा पैसा कमा रहा था। 2002 में उसका निधन हो गया

ए. गुणसीलन

परलांदू के पुत्र सेल्वाराज और मेल्गीस अब भी मृदंगम कलाकारों के घरों के चक्कर लगा रहे थे। 2000 के दशक की शुरुआत में अपने निधन तक राजमणिक्कम भी केवल व्यक्तिगत सेवा ही देते थे। मगर जैसे ही नई सहस्राब्दी का उदय हुआ, एंटनी परिवार के युवा सदस्यों ने अपने कार्यस्थल को कलाकारों के घरों से अलग करने में फ़ायदे देखे। दूसरे शब्दों में, परिवार की इस पीढ़ी ने धीरे-धीरे लेकिन स्थिर भाव से तक़रीबन पूरे धंधे पर ही क़ब्ज़ा कर लिया।

बुज़ुर्ग कलाकारों उमयलपुरम शिवरामन, पालघाट रघु, करइकुडि मणि और त्रिची संकरन को अभी भी व्यक्तिगत सेवा मिलती थी। कारीगर इतना तो जानते ही थे कि यह नहीं बदलनेवाला। अनुभवी और पुराने कारीगरों की एक एसोसिएशन ने अपनी मोहर के साथ उनके काम को दीगर मृदंगम कलाकारों के बीच वैधता प्रदान की। यह एक तरह की ब्रांडिंग थी। जब किसी युवा कलाकार को पता लगता कि उसके आदर्श कलाकार द्वारा इस्तेमाल किया गया मृदंगम जेसुदास या जॉनसन ने बनाया है तो वे उसी ध्वनि को फिर से पैदा करने की बड़ी आस लेकर उनकी दुकान की ओर खिंचे चले जाते। यह शायद कारीगरों की क़ाबिलियत की अनचाही स्वीकारोक्ति है। दुकानों का मतलब ही यह था कि

चमड़े का भारी काम करने की जगह बदल गई। वह कारीगर के घर की बजाय कडई (दुकान) में होने लगा।

उत्तरी चेन्नै एक पुराना इलाक़ा है, जो व्यासरपडी, कोरुक्कुपेट, थिरुवोत्रियुर, रोयापुरम, अय्नावरम, टोंडियारपेट और एन्नोर जैसी छोटी बस्तियों से मिलकर बना है। इस इलाक़े में बड़ी दलित आबादी रहती है, जो मुख्यत: मज़दूरों, फ़ैक्ट्री में काम करनेवाले कामगारों, मछुआरों, ऑटो चालकों, दिहाड़ी श्रमिकों या कबाड़ियों से बनती है। यह ऐसा क्षेत्र है, जिस पर नकारात्मक धारणाओं के गहरे घाव हैं—गन्दा, असभ्य, ख़तरनाक, ऐसी जगह जिससे दूर रहना होता है। एक रहवासी ने एक बार मुझे बताया कि वह जब भी नौकरी के लिए इंटरव्यू देने गया तो उसने कभी नहीं बताया कि वह कहाँ रहता है। आमतौर पर उत्तरी चेन्नै के साथ संस्कृति शब्द को नहीं जोड़ा जाता, केवल इसलिए क्योंकि इसकी संस्कृति वह नहीं है, जो ऊँची जातियों की है।

मायलापुर उत्तरी चेन्नै से एकदम उलट है। शहर की लगभग हर छवि, जिसका इस्तेमाल सरकार व ट्रैवल हाउसेज द्वारा किया जाता है और जो टेलीविज़न कार्यक्रमों में दिखाई पड़ती है, दरअसल मायलापुरियन है। यह इलाक़ा ब्राह्मणों के कार्य क्षेत्र का केन्द्र है—कई प्राचीन मन्दिरों और कुओं से युक्त, सड़क पर फूल विक्रेता और चूड़ी बेचनेवाले, हिन्दू त्योहार, कर्नाटिक संगीत, भरतनाट्यम, स्कूटरों पर आते-जाते पुजारी, और समुद्र भी ज़्यादा दूर नहीं। जहाँ तक भी मन के भाव जाते हैं, परम्परा, इतिहास और संस्कृति सब इस छोटे-से इलाक़े में मौजूद हैं। लेकिन हज़ारों लोग ऐसे भी हैं, जो इस ख़ूबसूरत तसवीर में फिट नहीं बैठते, मसलन, मायलापुर के दिल को चीरती अदृश्य और प्रदूषित बकिंघम नहर से सटे छोटे-छोटे मकानों और हाउसिंग बोर्ड के फ़्लैट्स में रहनेवाले। यह आसानी से भुला दिया जाता है कि अवर लेडी ऑफ़ लाइट और सेंट थॉम बैसिलिका जैसे सुन्दर व भव्य चर्च भी यहीं हैं। लेकिन मायलापुर की छवि इतनी हावी है कि इसके सामने प्रत्येक ग़ैर-ब्राह्मण परम्परा धुँधली पड़ जाती है।

तंजावुर कारीगर सामाजिक-सांस्कृतिक अभिजात वर्ग के इस क़िले (इलाक़े) में केवल इसीलिए नहीं जाते थे क्योंकि सूर्यास्त के समय उन्हें यह क्षेत्र छोड़ना पड़ता था। इसके फाटकों से परे कोई कीतूकारा स्ट्रीट नहीं थी। वे मायलापुर में रहते थे

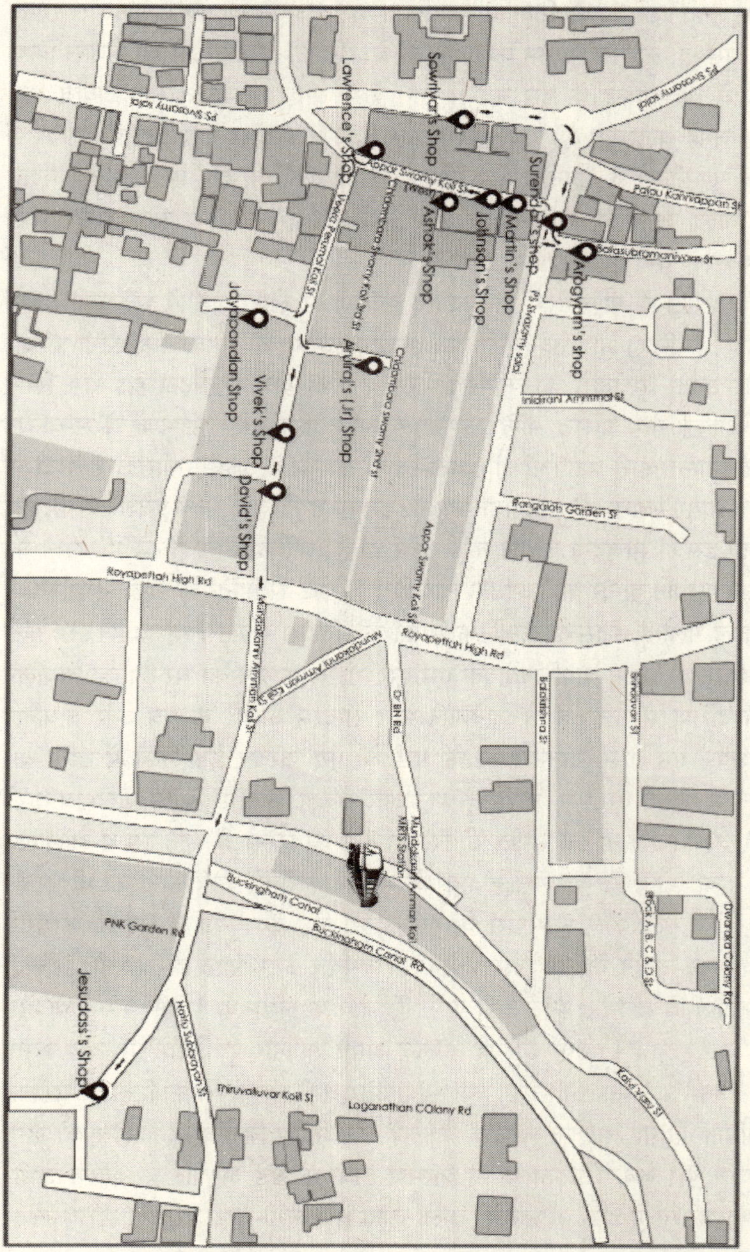

चेन्नै में तंजावुर कारीगरों के मुहल्ले का मानचित्र

और उन्होंने इसे अपना ठिकाना बना लिया था। वे अपने ग्राहकों से मेलजोल रखते, जो मुख्यत: ब्राह्मण मृदंगम कलाकार ही थे। मैंने कई कारीगरों से यह सवाल किया कि वे ब्राह्मणवाद के इस गढ़ में रहने कैसे आए। उनका आसान जवाब था : इस जगह कलाकार हैं, यहीं हमारा काम है और इसलिए हम यहाँ हैं। 1991 में जब गुणसीलन ने अपनी दुकान खोली तब आधिकारिक तौर पर शहर को मद्रास ही बोला जाता था; लेकिन जब तक उनके परिवार के अन्य लोग आए इसका नामकरण चेन्नै हो चुका था।

असल में पश्चिम में विवेकानन्द कॉलेज से लेकर पूर्व में मुंदकन्नी अम्माँ कोइल (मन्दिर) मार्ग तक फैला पूरा इलाक़ा लगभग दो दशक तक एंटनी परिवार और उनके रिश्तेदारों का कार्यस्थल रहा है। यह क्षेत्र रोयापेट्टा हाई रोड स्थित अपेक्षाकृत कम प्रसिद्ध मन्दिर अप्पर स्वामी कोइल समेत ब्राह्मणों से सम्बन्धित कई युगान्तरकारी घटनाओं और थल-चिन्हों का घर है, जहाँ उन्नीसवीं शताब्दी के संत अप्पर स्वामी को दफ़नाया गया है। इसका न तो कोई भव्य प्रवेश द्वार है और न ही इसकी मौजूदगी दर्शाता कोई टावर ही है। बल्कि इसके तिरछे में सामने की तरफ़ हनुमान मन्दिर कहीं अधिक लोकप्रिय है। छोटे-से मन्दिर के पीछे अप्पर स्वामी कोइल गली है, जिसका कर्नाटिक संगीत के इतिहास में ख़ास महत्त्व है। इसी गली में भारत के महान वायलिनवादक एम.एस. गोपालकृष्णन का घर है। वह वायलिन को दक्षिण से उत्तर में ले जानेवाले परुर सुन्दरम अय्यर के पुत्र और वायलिन विशेषज्ञ एम. एस. अनन्तरामन के भाई थे। पूरा परिवार इसी गली में रहता था। गली में चलते एम.एस. गोपालकृष्णन और सब्ज़ी वालों से उनके मोलभाव करने की कहानियाँ कर्नाटिक संगीत की किंवदन्तियों का हिस्सा हैं। इतिहास में अलिखित तथ्य यह भी है कि यह गली तंजावुर के मृदंगम कारीगरों की दुकानों का भी घर है।

इस गली और आसपास के इलाक़े में कुछ देर घूमने व मृदंगम कारीगरों से मिलने-जुलने के बाद इस भूभाग की तसवीर और साफ़ हो जाएगी। चलिए, शुरुआत विवेकानन्द कॉलेज से करते हैं, जो एक लैंडमार्क है और रामकृष्ण होम से सटा हुआ है। पुरुषों का यह कॉलेज अपने शानदार पूर्व छात्रों पर नाज़ करता है, जिनमें राजनेता, अभिनेता, व्यवसायी और बड़ी संख्या में कर्नाटिक के संगीतज्ञ शामिल हैं। यह कॉलेज लोयोला कॉलेज और मद्रास क्रिश्चियन कॉलेज को हिन्दू जवाब था। जब मैं पढ़ता था तो ब्राह्मण छात्रों के बड़े अनुपात के कारण कभी-कभी शरारत में इसे 'अग्रहारम' बोला जाता था। कभी-कभी इसे 'लॉन्ड्री कॉलेज'

कहा जाता था, क्योंकि नज़दीक ही धोबीख़ाने के कारण सड़क पर सूखने के लिए कपड़े टँगे रहते थे।

मुख्य प्रवेश द्वार के सामने छोटे-छोटे घरों और दुकानों की क़तार है। चाय-नाश्ते की दुकानों और छोटे मकानों के बीच दबी-सी सोवरिअर की दुकान है। प्रक्रिया के तहत उसके मृदंगम बाहर सूख रहे हैं, सड़क से एक क़दम नीचे छोटे से कमरे में वह बैठे हुए हैं—यह चेन्नै का आम दृश्य है, जहाँ फुटपाथ और सड़क पर सीमेंट व डामर की परतें चढ़ाकर घरों को सड़क की सतह से नीचे कर दिया गया है। स्वाभाविक था कि 2015 की चेन्नै की कुख्यात बाढ़ में इन घरों और दुकानों में पानी भर गया था। ज्यों ही ये विचार मेरे मन में कौंधते हैं, स्कूटर पर सवार एक जोड़ा आता है; सोवरिअर से कुछ बात करता है और खोल में क़रीने से रखे मृदंगम को सेना के हरे बैग में रखकर ले जाता है। एक दौर था जब कारीगर तिरपाल या कपड़े की बोरियों में मृदंगम को अपनी पीठ पर लादकर ले जाया करते थे। वे अपने कंधों पर कपड़े का टुकड़ा रखते और दोनों तरफ़ मृदंगम टाँगकर अपने घर से कलाकार के घर तक जाते और वापस लौटते।

लगभग 50 मीटर उत्तर में गोलचक्कर पर एक दायाँ मोड़ है। कभी यह सुल्लीवन गार्डन रोड कहलाती थी, लेकिन अब क़ानूनी क्षेत्र के दिग्गज पी.एस. सिवास्वामी अय्यर के नाम पर इसका नामकरण कर दिया गया है। मेरे जन्म से काफ़ी पहले मेरे माता-पिता कुछ समय के लिए यहाँ रहे थे। इस सड़क से क़रीब सौ फ़ीट नीचे सँकरी गली में नीले रंग का जो जँगला दिखाई पड़ता है, वह ए. आरोग्यम का प्रतिष्ठान है। (2020 में इस पुस्तक के आरम्भिक प्रकाशन के बाद आरोग्यम का निधन हो गया।) नज़र दौड़ाई तो देखा मृदंगमों, लकड़ी के बने ढाँचों, रस्सियों, गत्ते के डिब्बों, गोलाकार काटी गईं खालों और कनस्तरों के ढेर लगे हुए हैं। उनका घर कडई से ऊपर है, और सड़क से मैं उस छोटे से बरामदे को देख सकता हूँ, जहाँ आरोग्यम के पिता अरुलराज और मैंने चर्चा की थी। अपना पूरा करियर टीवीजी के घर में खपानेवाले अरुलराज ने दुकान खोलने की महत्त्वाकांक्षा कभी नहीं की, लेकिन उनके बेटे ने ऐसा किया और उसे इसका फल भी मिला। सोवरिअर से बड़ी उनकी इस दुकान में हलचल है और कुछ न कुछ काम हो रहा है। आरोग्यम के दो बेटे फ़र्श पर बैठे मृदंगम का काम कर रहे हैं : एक रस्सी को कसने के लिए उसे खींच रहा है, जबकि दूसरा किसी अन्य वाद्य की आवाज़ जाँच रहा है। एक तीसरा व्यक्ति मोबाइल चला रहा है, मगर उसका दूसरा हाथ मृदंगम

विग्नेश कृष्णमूर्ति

अपनी दुकान में बैठे हुए आरोग्यम

के सिरे पर बने काले निशान पर चिकना पत्थर रगड़ रहा है। जीसस क्राइस्ट और मदर मेरी की छवियाँ (प्रतिमाएँ) उन सबकी हिफ़ाज़त कर रही हैं। एक और ईसाई संत की एक मूर्ति भी है, लेकिन मैं उसे पहचानने में असमर्थ हूँ।

आरोग्यम के यहाँ से हम वापस लौटते हैं मुख्य सड़क की ओर, अनवरत ट्रैफ़िक से संघर्ष करते हुए। हर तरफ़ हॉर्न बज रहे हैं। पानी टपकाते और दूसरे वाहनों को अपने रास्ते से हटाते चेन्नै के प्रतीक दैत्याकार टैंकर आ गए हैं। सड़क

की दूसरी तरफ़ मेरी नज़र नारंगी रंग के एक ऐसे टब पर जाती है, जो होटल की पैंट्री में इस्तेमाल किया जाता है और जिसमें धुले हुए गिलास रखे जाते हैं। हम झाँककर देखते हैं कि उसमें बड़ी सफ़ाई के साथ काटी गई खालों की गड्डियाँ जमाकर रखी हुई हैं। यह जे. सुरेन्दरपेलिक्स का कार्यस्थल है। बड़ी क़द-काठी का मृदु-भाषी नौजवान, एंटनी का पोता, जिसे लोग सुरेन्दर के नाम से जानते हैं।

उनकी दुकान की दो जगहें हैं। दुकान के अग्रभाग में छोटा-सा मुहाना है, लेकिन इसके बग़ल में ही सड़क से थोड़ा हटकर ठेठ मायलापुर शैली का निम्न

विग्नेश कृष्णमूर्ति

सड़क की तरफ़ खुलता सुरेन्दर का कार्यस्थल

मध्यवर्गीय घर है, जिसे उन्होंने 15,000 रु. किराये पर उठा दिया है। सुरेन्दर के साथ दो-तीन लोग काम कर रहे हैं। कमरा मृदंगमों से भरा हुआ है; रैक, फ़र्श और सब जगह मिलाकर क़रीब पैंतालीस मृदंगम होंगे। यहाँ तक कि पानी के बर्तन के लिए स्टैंड का काम भी मृदंगम का एक ढाँचा कर रहा है! मैं एक जासूस की तरह हेयर ड्रायर भी देखता हूँ, जिसका उपयोग खाल को जल्द सुखाने के लिए किया जाता है, ख़ासकर तब जब कलाकार जल्दी में होते हैं।

हम मुख्य सड़क को पीछे छोड़कर भीतरी गलियों में घुस जाते हैं। अपनी बाईं तरफ़ अप्पर स्वामी कोइल (पश्चिम) मार्ग और अप्पर स्वामी कोइल मार्ग के किनारे पर स्थित मृदंगम की एक दुकान को मैं तक़रीबन भूल ही जाता हूँ। (बढ़िया उदाहरण कि भारत में गलियों के नाम कितने भ्रामक हैं)। इस बीच 'तमिल जागृति एसोसिएशन' द्वारा जारी किया गया लिबरेशन टाइगर्स ऑफ़ तमिल ईलम के मुखिया प्रभाकरन का विशालकाय पोस्टर मेरा ध्यान खींचता है। पोस्टर को गले लगाती नीली दीवारों और अजीब ढाल वाली एक माँद है, जो पहली मंज़िल की, सीढ़ियों को दिखाती है। यह मार्टिन की दुकान है। मार्टिन—आरोग्यमेरी का बेटा, एंटनी का एक और नाती—अपने मामा जॉनसन के अधीन प्रशिक्षित। वे तो यहाँ नहीं है, पर दुकान खुली हुई है; कुछ मृदंगम फ़र्श पर इस तरह रखे हुए हैं, मानो चोरी का कोई डर ही नहीं है। ऐसा इसलिए हो सकता है क्योंकि गली की दूसरी तरफ़ बैठा एक आदमी मार्टिन की दुकान पर नज़र रखे हुए था। इन गलियों में एक लाइन से छोटे प्रोविजन स्टोर्स, ट्रेडर्स, सिलाई, फ़ोटोकॉपी, छोटे क्लीनिक, फ़ार्मेसी, टी स्टाल्स और मोबाइल रिपेयर की दुकानें हैं। सड़क पर दोपहिया वाहनों का एक तरह से क़ब्ज़ा है। हम यक़ीन से नहीं कह सकते कि ये गाड़ियाँ ग्राहकों की हैं या ऊपर रहनेवालों की।

कुछ क़दम आगे बाईं तरफ़ सड़क से थोड़ी ऊँचाई पर एक दुकान है। यहाँ एक व्यक्ति चमड़े की रस्सी छील रहा है। यह जॉनसन हैं, एंटनी के सबसे छोटे पुत्र, नाजों से पाले हुए, लाडली सन्तान। उस तक पहुँचने के लिए आपको तीन सीढ़ियाँ चढ़नी पड़ती हैं। वह हिन्दी फ़िल्मों के लाला (महाजन) की तरह छोटी-सी मेज़ के पीछे बैठे दिखते हैं—तमिल में हम इसे सेट्टू बोलते हैं। यह दुकान 40 वर्ग फ़ीट से ज़्यादा की नहीं है और इसमें धातु से बनी एक रैक पर लगभग छत तक मृदंगम रखे हुए हैं। पीछे दीवार पर उनके कुछ अवार्ड टँगे हुए हैं। जॉनसन सुपारी या गुटका चबा रहे हैं और बेफ़िक्र अन्दाज़ में मृदंगम पर थाप

विनेश कृष्णमूर्ति

ऊँचाई पर बनी अपनी दुकान में जॉनसन

दे रहे हैं। इसी इलाक़े में वह कई बार अपनी दुकान बदल चुके हैं। जॉनसन और मार्टिन दोनों क़रीब 4,000 रु. मासिक भाड़ा देते हैं।

अप्पर स्वामी कोइल गली से कुछ दूर और दुर्गाइ अम्मन मन्दिर के सामनेवाले इस ब्लॉक में एक नया बच्चा भी है : सुरेन्दर का सबसे छोटा भाई जे. अशोक, जिसने 2019 में अपनी दुकान खोली। वह नया ज़रूर है, पर उसके पास काम है; बल्कि उसके पास पहले से एक सहायक भी है।

हम अब फिर से अप्पर स्वामी कोइल मार्ग पर आ गए हैं और दक्षिण में छोटे से तिराहे की तरफ़ बढ़ रहे हैं। 1990 के दशक में इस तिराहे पर एक दुकान हुआ करती थी। मुझे याद है कि यहाँ फुटपाथ पर मृदंगम बजाकर दिखाए जाते थे। फिलहाल मैं इतना जानता हूँ कि यह गुणसीलन की दुकान थी। उनका बेटा जी. लॉरेंस सड़क के उस तरफ़ चला गया, अप्पा स्टोर के पीछे ऑटो स्टैंड के ठीक बग़ल में। लॉरेंस की दुकान में प्रवेश करते ही हमें एक साथ परखे जा रहे मृदंगमों की अलग-अलग उतार-चढ़ाव वाली आवाज़ें सुनाई दीं। उसके हाथ व्यस्त हैं, बावजूद इसके अपने छोटे से बच्चे के साथ खेलने के लिए भी वह समय निकाल

लेता है। लॉरेंस याद करता है कि उसके पिता सड़क उस पार वाली दुकान के हर महीने केवल 700 रु. देते थे, जबकि वह आज 8000 रु. देता है। गुणसीलन के देहान्त के बाद उनके दाएँ हाथ सेल्वम ने अपना काम अलग शुरू कर लिया, लिहाज़ा लॉरेंस को नये सिरे से शुरुआत करनी पड़ी।

अब हम वीर पेरुमल कोइल मार्ग से होते हुए रोयापेट्टा हाई रोड की तरफ़ चलते हैं। मुझे याद है कि कुछ ब्लॉकों के बाद विनायक मन्दिर और एक लम्बी गली है, जहाँ जेसुदास से मेरी मुलाक़ात हुई थी। उनकी दुकान इसी गली में थी, लेकिन वह अब यहाँ से चले गए हैं। उस जगह गुणसीलन की पत्नी के भतीजे जयपंडियन ने अपनी वर्कशॉप खोल ली है। जेसुदास और गुणसीलन के भरे-पूरे परिवार के कई लोग अब मृदंगम बनाने लगे हैं। अगर प्लास्टिक के बने पानी के डिब्बे जगह न दें तो ऐसा लगता है कि जयपंडियन की दुकान में जाने का कोई रास्ता ही नहीं है। दिलचस्प यह है कि उनकी दुकान के ठीक सामने बेकार ही एक हैंड पंप लगा हुआ है। जयपंडियन ने नीली दीवार पर अपना फ़ोन नम्बर पेंट से लिख दिया है, ध्यान खींचने के लिए इसके ठीक ऊपर मृदंगम और नीचे दो तितलियों की छवि भी है। उनकी दुकान बन्द है, क्योंकि वह कलाक्षेत्र परिसर में भी सेवाएँ देते हैं।

वीर पेरुमल कोइल मार्ग की बाईं तरफ़ एक छोटी-सी सड़क पर आर. अरुलराज जूनियर, ससुराल पक्ष से जेसुदास के भतीजे, काम करते हैं। गुलाबी-काले रंग के चेक वाली शर्ट और बैगनी लुंगी पहने अरुलराज जूनियर इस पेशेवर दुनिया के नाबालिग कारीगर हैं। लेकिन वह संगीत की उन दुकानों के नाम धड़ाधड़ गिनाने लगते हैं, जिनको वह मृदंगम सप्लाई करते हैं : लक्ष्मण स्रुति, सरस्वती म्यूज़िकल्स, गिरीश म्यूज़िकल्स और दाऊद म्यूज़िकल्स। माँग स्थिर है और संख्या बढ़ती जाती है।

हम वीर पेरुमल कोइल गली में वापस लौटते हैं, यहाँ हर नुक्कड़ पर एक दुकान है। आईआईटी छात्र की तरह क्रीम-भूरे रंग की शर्ट और घिसी हुई जींस पहने जे. विवेक सुरेन्दर का छोटा भाई है। तंजावुर परिवार का वह शायद पहला सदस्य है, जिसने सिवास्वामी रोड पर साहना म्यूज़िकल्स के नाम से संगीत की दुकान खोली है। मगर यहाँ उनकी मृदंगम की दुकान अब भी है। अपने चाचा जॉनसन और चचेरे भाई आरोग्यम के अधीन काम सीख चुके विवेक धैर्यवान और संजीदा क़िस्म के नौजवान हैं। और इस अगली पीढ़ी के कारीगर का मतलब है—गम्भीर व्यवसाय।

थोड़ा नीचे सेल्वा विनायक मन्दिर है, अपनी चमकीले रंग में रँगी मूर्तियों और स्तम्भों के साथ। मुख्य द्वार के बग़ल में तीर्थस्थल जैसा एक अलग कमरा है। यह अरुलराज जूनियर के सौतेले भाई डेविड की दुकान है। इसके ऊपर बड़ा बोर्ड लगा है, जिस पर लिखा है 'कुदंथई डेविड, विशेषज्ञ मृदंगम कारीगर (सेल्स एंड सर्विस)'। डेविड और अरुलराज जूनियर तंजावुर के नहीं हैं; वे कुम्बकोणम (कुदंथई का पुराना नाम) के हैं। अरुलराज जूनियर और डेविड के बाद उनके पड़ोस के अम्मनगुडी (कुम्बकोणम के नज़दीक) के गोपीनाथ व श्रीकांत की तरह अन्य लोग भी चेन्नै जाकर मृदंगम-निर्माण के कारोबार से जुड़े हैं।

एक मिनट ठहरिए! लगता है मैंने ठीक समझा। यहाँ मूलतः मुरुगा मन्दिर बनाने की योजना रही होगी। डेविड के बोर्ड के शीर्ष पर मुरुगा और उनकी दो पत्नियों वल्ली और देवयानी की छोटी मूर्तियाँ हैं। ऐसा लगता है कि मन्दिर की योजना त्याग दी गई और इस कथित पवित्र कमरे में अब डेविड मृदंगम बनाते हैं। वह सबसे पहले भरतनाट्यम मृदंगमवादकों की माँग पूरी करते हैं, इसीलिए उनके पास पर्याप्त काम है, यद्यपि कर्नाटिक कॉन्सर्ट के कलाकारों के बीच उनकी पहचान ज़्यादा नहीं है। डेविड युवा और लापरवाह हैं, एक देसी ज़िन्दादिल छोकरा। केवल अरुलराज और डेविड ही दीवार पर यह प्रदर्शित करते हैं कि वे तबला और ढोलक पर भी काम करते हैं। अन्य लोग भी इन वाद्यों का काम कर सकते हैं, पर उनका मुख्य आधार मृदंगम ही है और वे नहीं चाहते कि किसी और तरह का सन्देश बाहर जाए।

अब हम वीर पेरुमल कोइल गली के अन्त में हैं और हनुमान मन्दिर के ठीक सामने रोयापेट्टा हाई रोड की तरफ़ जा रहे हैं। सड़क के पार हम मुंदकन्नी अम्मन कोइल मार्ग पर चलते हैं। सुप्रसिद्ध अम्मन मन्दिर के पास एक गलियारे में लिखा है 'म्यलाई लॉन्ड्री', यही जेसुदास की दुकान है। उनका बेटा एडविन दिन में लोक स्वास्थ्य विभाग में बतौर हेल्थ इंस्पेक्टर नौकरी के बाद शाम को दुकान पर काम करता है। दीवार पर *डेक्कन क्रॉनिकल* का एक आर्टिकल लगा है, जिसमें जेसुदास की प्रौढ़ अवस्था की एक फ़ोटो के साथ हेडिंग है—'दे मेक मृदंगम्स टॉक' (उनके कारण बातें करती हैं मृदंगम)। इसके ठीक बग़ल में उनको प्राप्त एक अवार्ड है, जो पालघाट रघु की स्मृति में स्थापित किया गया था जिनके साथ वह कई साल काम कर चुके थे। मृदंगम बैग, रस्सियाँ, कुछ औज़ार जैसे—पेचकस, काटने का प्लास, ड्रिलिंग मशीन, पाने, हुक और नट-बोल्ट ज़मीन पर पड़े हुए हैं। जेसुदास

विग्नेश कृष्णमूर्ति

मुरुगा मन्दिर के भीतर डेविड का कार्यस्थल

ने 1999 में पहली दुकान खोली थी, लेकिन यहाँ जमने के पहले वह कई जगह भटके। जब हम पहुँचते हैं, तब दुकान में कोई नहीं है, लेकिन सामने के एक दफ़्तर का आदमी बातचीत करता है। उसे नहीं मालूम था कि उनका पड़ोसी मृदंगम बनानेवाले पहले ख़ानदान का सदस्य है।

लेकिन यह नीले रंग का क्या मामला है? मृदंगम की कई दुकानें अन्दर-बाहर पूरी तरह से नीली हैं या कम-से-कम एक दीवार तो चमकीले नीले रंग से पोती ही गई है। क्या यह रंग-वास्तु है? या फिर कारीगर या मायलापुर के लोग नीले रंग के दीवाने हैं? अनेक मृदंगम कारीगरों के साथ काफ़ी समय बिताने के बाद अगर यह पता चलता कि यह रंग दलित प्रतिरोध के प्रतीक के बतौर इस्तेमाल किया गया है तो मैं घोर आश्चर्य में डूब जाता।

एक किलोमीटर से भी कम में हम एक ही बड़े परिवार की एक दर्जन दुकानों पर गए। यदि मैं ऑटो पकड़कर दक्षिण में थोड़ा और आगे मंडावली जाता तो मुझे इस परिवार से जुड़े दो और कारीगर मिलते। वहाँ सेल्वाराज का ख़ुद का काम है और सेवित्तन की बहन का प्रपौत्र तंजावुर भास्कर भी यहाँ से ज़्यादा दूर नहीं है।

पूरे परिवार के लिए धर्म एक 'लचीला विचार' है, जहाँ मन्दिर और चर्च परस्पर पर्याय जैसे हैं। धर्म और उपासना-पद्धति के लिहाज़ से यक़ीनन वे ईसाई हैं, लेकिन सामाजिक-आर्थिक रूढ़ियों के मामले में नहीं। उनके घर की दीवारों पर लगे चित्र भी

साभार : ए. एस. जॉनसन

एंटनी अपनी पत्नी रंजीतम के साथ

आसानी से यह प्रकट कर देते हैं कि वे दो संसारों में फैले हैं : मेरी, जीसस, मृदंगम बजाते नन्दी, सरस्वती और गणपति, सबके चित्र हैं। और यहीं और एक तसवीर ऐसी है, जो एंटनी के सभी पुत्रों व नाती-पोतों को एक साथ दिखाती है—एंटनी को पितृपुरुष बताती *दि हिन्दू* में छपे एक आर्टिकल की फ्रेम की हुई कॉपी। यह एक ऐसी चीज़ है, जो उनकी दुकानों में कहीं न कहीं देखने को मिल ही जाती है : दीवार पर, किसी कोने में या तख्ते पर। मृदंगम-निर्माण की तंजावुर परम्परा अब एंटनी की विरासत है।

मैंने सोचा कि क्या इन भाइयों और चचेरों-ममेरों के बीच दोस्ताना क़िस्म की कोई प्रतिस्पर्धा भी है?

'हमारे सभी परिवार स्वतंत्र रूप से अलग-अलग काम करते हैं। काम तो आपस में बाँट सकते हैं, लेकिन परिवार सब अलग हैं। पारिवारिक समारोहों में सब इकट्ठा होकर बढ़िया समय बिताते हैं,' जॉनसन ने कहा। वह बताते हैं कि पुराने दिनों में संकट से गुज़र रहे किसी भाई या रिश्तेदार के ग्राहक की मदद करके वे कितना ख़ुश होते थे और कभी उसका शिकार नहीं करते थे। धंधे का यह उसूल आज ग़ायब हो गया है, उन्होंने कहा, और इसके बाद यह भी उल्लेख किया कि एंटनी परिवार के भीतर कोई समस्या नहीं है, समस्या सिर्फ़ उनके साथ है जिन्हें उन्होंने काम सिखाया है। इसी बात को अरुलराज ज़ोर देकर कहते हैं कि उनमें कोई होड़ या मुक़ाबला नहीं है : 'हम सब एक साथ हैं।'

सम्भवतया, व्यावसायिक प्रतिद्वन्द्विता इस परिवार में भी है, लेकिन मैंने यह पाया कि एंटनी परिवार का प्रभुत्व ज़्यादा बड़े सेवित्तन कुनबे के अन्य सदस्यों पर नहीं है। परिवार में यदा-कदा अदावत का यह कारण हो सकता है। सेल्वाराज के पास ऐसी कई कहानियाँ हैं, जो यह बताती हैं कि कैसे राजमणिक्कम ने उन्हें धोखा दिया। उन्होंने शिकायत के लहज़े में बताया कि अपने चाचा के परिवारों की ईर्ष्या का भी उन्होंने सामना किया और उन्हें काम में नुक़सान का दोषी भी ठहराया। हालाँकि शेंगोल, परलांदू और एंटनी के वंशज एक-दूसरे के परिवार के सदस्यों को काम सिखा चुके हैं, लेकिन अब एक ही बाज़ार के लिए संघर्ष कर रहे हैं। सेवित्तन परिवार की हर शाखा ने छोटे-छोटे आन्तरिक पारिवारिक क्लब बना रखे हैं। दुर्भाग्य से एंटनी शाखा की विशाल संख्या ही आज उनको किसी और से ज़्यादा ताक़तवर बनाती है। यह उन दिनों से बड़ा परिवर्तन है, जब परलांदू मृदंगम-निर्माण के 'सब कुछ' थे। आसान शब्दों में कहें तो एंटनी परिवार ने बादशाह को राजगद्दी से उतार दिया है।

3

मद्रासी कारीगर

पुराने सिनेमा के क़द्रदान उस दौर के मद्रास के एलफ़िन्स्टन स्थित सोडा फ़ाउंटेन में मिलनेवाली लज़्ज़तदार पीच मेल्बा को आज भी याद करते हैं। शहर में मल्टीप्लेक्सों के आने से पहले एल्फ़िन्स्टन माउंट रोड पर एक लोकप्रिय सिनेमा था। माउंट रोड एक मुख्य सड़क थी जहाँ से शहर में किसी भी ओर आया-जाया जा सकता था और इसी के चारों ओर सभी ख़ास सिनेमाघर बने हुए थे। उन दिनों थिएटर एकभाषी होते थे। सो, एल्फ़िन्स्टन, ओडियन (मेलोडी) और मिडलैंड अंग्रेज़ी फ़िल्में दिखाते थे और गेयटी और चित्रा टॉकीज में तमिल फ़िल्में दिखलाई जाती थीं।

ट्रिप्लिकेन के बहुसांस्कृतिक उपनगर में माउंट रोड से कुछ ही दूर स्टार थिएटर था, जो हिन्दी फ़िल्मों का केन्द्र था। यह इलाक़ा यहाँ स्थित आर्कोट के नवाब के घर, वल्लाजाह मस्जिद और पार्थसारथी मन्दिर के कारण सदियों से संगठित अन्तर्धार्मिक जीवन का प्रतीक रहा है। लेकिन यह साम्प्रदायिक उपद्रवों की चपेट में भी आया है। एक पुराने निवासी याद करते हैं, 'स्टार थिएटर ट्रिप्लिकेन के मुस्लिम बहुल इलाक़े में था। वल्लाजाह रोड पर मेरे कुछ सिन्धी दोस्त भी रहते थे। हिन्दू क्षेत्र, पार्थसारथी मन्दिर के पास, बिग स्ट्रीट के इधर-उधर था। ट्रिप्लिकेन हाई रोड पर थिएटर तक पहुँचने के लिए हमें इलाक़े की भीड़-भाड़ वाली सड़कों से होकर गुज़रना पड़ता था। यह इलाक़ा छोटे-छोटे जलपान गृहों से घिरा हुआ था।' बताया जाता है कि इस थिएटर में फ़िल्म *मधुमती* पचास हफ़्ते से भी अधिक समय तक

चली थी। मुझे याद है कि इस फ़िल्म के वितरण अधिकार हासिल न कर पाने के कारण मेरे पिता, जिन्हें फ़िल्मों में भी रुचि थी, परेशान हो गए थे।

यह था मेरा उस इलाक़े से जुड़ाव और तभी मुझे पता चला कि स्टार थिएटर के ठीक सामने मद्रास के सबसे सम्मानित मृदंगम कारीगर ने अपनी दुकान जमाई है। जब तक मैंने मृदंगम बनाने की मद्रासी परम्परा के बारे में सवाल पूछना शुरू नहीं किया, तब तक किसी ने उनके नाम का उल्लेख नहीं किया था। हर कोई केवल बीसवीं सदी के मध्य में मद्रास आए परलांदू और तंजावुर परिवार के बारे में ही बात करता था, न कि इस आदमी के बारे में जो इन लोगों के आने से पहले यहाँ रह रहा था और अपना काम कर रहा था। सम्भवत: इसका कारण कर्नाटिक वालों के मस्तिष्क में तंजावुर के महत्त्व का होना था। इसका मतलब यह भी था कि मद्रास शहर में रहनेवाले कई संगीतकारों को भुला दिया गया था। आख़िरकार, वेणु नायकर और मद्रास कण्णन जैसे मृदंगम कलाकारों को वह मान-पहचान कहाँ मिली जिसके वे वास्तव में हक़दार थे।

हालाँकि, पलानी सुब्रमण्या पिल्लै को अब तक के सर्वश्रेष्ठ मृदंगमवादकों में गिना जाता है, लेकिन शायद उन्हें संगीत-समारोहों में शिरकत करने का मौक़ा बहुत देर से मिला होगा, क्योंकि वह भी तो तंजावुर से दूर ही रहते थे। निश्चित ही उनकी इसइ वेल्लालर जाति भी इसका एक बड़ा कारण थी। यह भी सच है कि वह खब्बू यानी बाएँ हाथ से काम करनेवाले थे और लोगों के लिए उनके साथ मंच साझा करने से मना करने के लिए यही बहाना काफ़ी था। वामहस्तिक वादक की संगत करनेवाले वायलिनवादक को अपनी जगह बदलनी पड़ती है। इसका कारण यह है कि मृदंगम के प्रमुख हिस्से को श्रोताओं के सामने रखना ज़रूरी होता है। पिल्लै के मंच तक पहुँचने की यात्रा बहुत धीमी और कठिन थी। और, उतनी सन्तोषजनक भी नहीं थी, जितनी कि इतने योग्य कलाकार के लिए होनी चाहिए। सी.एस. मुरुगाभूपति, एक रूखे और एकान्तप्रिय कलाकार थे। वह किसी के सामने नहीं झुकते थे, तो उन्हें इसकी बड़ी क़ीमत चुकानी पड़ी। तमिलनाडु के शिवगंगा क्षेत्र के सेवई समुदाय से ताल्लुक़ रखनेवाले मुरुगाभूपति मद्रास को अपना घर बनाने से पहले सुदूर दक्षिण में रहते थे। अगर पलानी के सपने अधूरे रह गए तो मुरुगाभूपति के सपनों को तो कुचल ही दिया गया। वह निस्सन्देह एक प्रतिभाशाली व्यक्ति थे, फिर भी उन्हें कभी वह सम्मान, प्रशस्ति या अवसर नहीं मिला जो उनकी जगह किसी ब्राह्मण को स्वाभाविक रूप से प्राप्त हो जाता। मुरुगाभूपति न केवल

बिरले थे, बल्कि चापलूस भी नहीं थे। 1998 में जब उनकी मृत्यु हुई, तो कई लोग उनका नाम भी नहीं जानते थे।

जब तक मृदंगम कारीगर सी. वरदन ने मुझसे इसका ज़िक्र नहीं किया, मैं नहीं जानता था कि मुरुगाभूपति ने राजनेता मुथुरामलिंगा थेवर की सौतेली बहन से शादी की थी। पिछले चार दशकों में थेवर समुदाय राज्य की सबसे प्रभावशाली राजनीतिक जातियों में से एक बन गया है, और प्रसिद्ध नन्दनम जंक्शन पर माउंट रोड की रखवाली करनेवाली मुथुरामलिंगा थेवर की मूर्ति उस शक्ति का एक दुर्जेय प्रतीक है। दक्षिणी तमिलनाडु से ताल्लुक़ रखनेवाले थेवर और शिवगंगा ज़िले से सम्बन्धित सेवई तमिलनाडु की जाति-संरचना में एक समान सामाजिक हैसियत और स्थिति रखते हैं। लेकिन इन सब बातों से ब्राह्मणवादी हलक़ों में कोई फ़र्क़ नहीं पड़ा। राजनीतिक शक्ति का अर्थ सांस्कृतिक प्रभाव नहीं होता।

फिर क्या आश्चर्य जो पहले से ही हाशिये पर पड़े मृदंगम कारीगर को आसानी से भुला दिया गया हो! ट्रिप्लिकेन के हमारे अद्भुत गुणी मुनुसामी की तरह। उनसे पहले उनके चाचा चन्द्रय्या भी ट्रिप्लिकेन से बाहर काम करते थे। मुनुसामी ने अपने चाचा से प्रशिक्षण लिया और जब वे तैयार हो गए, तो उसी इलाक़े में जमी हुई एक दुकान में काम करने लगे। वह मद्रास में मृदंगम कलाकारों का बड़ा सहारा थे, और उन लोगों की भी मदद करते थे जो किसी संगीत-कार्यक्रम के लिए दूसरे शहरों से आते थे। मद्रास कण्णन ने बताया, 'दक्षिणामूर्ति पिल्लै (महान तालवाद्य संगतकार) चन्द्रय्या से काम करवाते थे। वह ट्रिप्लिकेन में एक घर की छत पर काम करते थे और दक्षिणामूर्ति पिल्लै उनके साथ वहीं बैठते थे। साधारण काम के लिए वह चन्द्रय्या को 1 रुपये का भुगतान करते थे और उपहार में अपने पिछले संगीत-समारोह में मिले अंगवस्त्रम या वेष्टि दे देते थे।'

कण्णन लगभग सभी कोलम्बिया 78आरपीएम रिकॉर्ड्स के मृदंगमवादक थे, और ऑल इंडिया रेडियो में स्टाफ़ आर्टिस्ट थे। न तो उनका किसी संगीत परिवार से सम्बन्ध था, न ही वह ब्राह्मण थे। उनके पिता आदिमूलम मुदलियार की मद्रास में एक कपड़े की दुकान थी। थोड़े समय के लिए अपना व्यवसाय बढ़ाने के लिहाज़ से मुदलियार अपने परिवार के साथ बर्मा चले गए थे। लेकिन जब उन्होंने अपने बेटे में संगीत की प्रतिभा देखी, तो उन्होंने मद्रास में ही रहने का फ़ैसला कर लिया। कण्णन ने पहले मद्रास में ट्रिप्लिकेन के प्राचीन उपनगर में रहनेवाले पीताम्बरा देसाई का शिष्यत्व स्वीकारा, बाद में तंजावुर के रामदास राव को अपना गुरु बना लिया।

कण्णन के मृदंगम की ध्वनि और शैली बेहद लोकप्रिय थी। लोग उनके वाद्य की ध्वनि-गुणता को पसन्द करते थे—जिसका श्रेय मुनुसामी की कारीगरी को जाना चाहिए। मुनुसामी बेहद व्यस्त रहते थे और उनके पास किसी की निजी मृदंगम की देखभाल के लिए समय नहीं था। इसलिए, जब कलाकार महानगरों की ओर जाने लगे, तो उन्हें अपने तरीक़े बदलने पड़े। संगीतकार टी.वी. गोपालकृष्णन पहले मुनुसामी से काम करवाते थे, लेकिन जब उन्हें अपेक्षित ध्यान नहीं मिला तो उन्होंने उनसे काम करवाना बन्द कर दिया। टी.वी. गोपालकृष्णन कहते हैं, 'वह एक असाधारण कारीगर थे। उन्होंने मेरे लिए 1952 से '54 तक काम किया। वेणु नायकर से लेकर मद्रास कण्णन तक, हर कोई उनके पास जाता था। वह कहते थे, "अपना वाद्य यहीं छोड़ दें, मैं बाद में देख लूँगा।"'

बाक़ियों को इस मृदंगम कारीगर की शर्तें मंज़ूर थीं। उमयलपुरम शिवरामन अपनी मृदंगम को एक साइकिल रिक्शा पर ले जाते थे। 1949-50 में जब केरल के गुरुवयुर दोरई, मुनुसामी से मिले, तब तक वह बहुत बूढ़े हो चुके थे। वह बीच-बीच में चुटकी-भर नसवार सूँघते और बड़ी उदारता से दोरई को भी पेश करते थे। मुनुसामी के कान बड़े संवेदनशील थे, और युवा कलाकारों को मृदंगम के असंख्य स्वरों की बारीकियों को समझाने के साथ-साथ वाद्य-यंत्र की समंजन (ट्यूनिंग) को सटीकता के साथ समझने में सहायता करते थे। यहाँ तक कि बहुत ज़्यादा हो-हल्ला करनेवाले ग्राहकों के लिए भी मुनुसामी का निर्णय अन्तिम होता था 'करइकुडी मुत्तु अय्यर सुबह साढ़े दस बजे से शाम चार बजे तक उनके साथ बैठते थे। अन्त में, मुनुसामी उन्हें बताते कि अब उनका वाद्य-यंत्र ठीक हो गया है, और फिर उन्हें सौंपकर बजाकर देखने के लिए कहते थे। मुनुसामी के सन्तुष्ट होने पर ही करइकुडि मुत्तु उसे स्वीकार करते' दोरई याद करते हैं।

1970 के दशक में प्रसिद्धि पानेवाले करइकुडि मणि मुनुसामी को 'सबसे बुद्धिमान' कहते थे। 'ट्रिप्लिकेन हाई रोड भारी शोर-शराबे वाली जगह थी, फिर भी अगर आपने उन्हें किसी निश्चित स्वरमान (पिच) वाले वाद्य की ज़रूरत बताई, तो वह उसे ठीक उसी पर मिलाकर देंगे,' उन्होंने बताया।

शिवरामन के अनुसार, मुनुसामी के भाई केशवुलु ऑल इंडिया रेडियो में तम्बूरा वादक थे। लेकिन, वरदन ने कहा कि उनके भाई का नाम एथिराजन था, और वह मद्रास संगीत महाविद्यालय में तम्बूरा बजाते थे और साथ में दुकान पर अपने भाई की सहायता भी करते थे। मेरी जानकारी के अनुसार, मुनुसामी तेलुगूभाषी थे। नाम

तो तमिल या तेलुगू हो सकता है, लेकिन चूँकि उनके चाचा और गुरु चन्द्रय्या थे, इसलिए सम्भावना है कि वह तेलुगूभाषी थे। मद्रास में बड़ी तेलुगू आबादी थी, जिनमें से अनेक लोग शहर के उत्तरी हिस्सों में रहते थे, जबकि आर्थिक रूप से सम्पन्न लोग भीतरी उपनगरों में जाकर जम गए थे। मुनुसामी या उनके भाई के बारे में और कुछ नहीं पता है। कोई नहीं जानता कि बाद में उनका क्या हुआ, कब उनका देहान्त हुआ और अब उनके बच्चे क्या कर रहे हैं। हालाँकि, इसकी जानकारी कहीं उपलब्ध नहीं है, लेकिन यह स्पष्ट प्रतीत होता है कि अगली पीढ़ी में किसी ने भी मृदंगम बनाने का काम नहीं किया।

मौखिक इतिहास को सुनकर समय-सीमा तय करना हमेशा मुश्किल होता है, क्योंकि लोग तारीख़ों के बजाय रिश्तों और अनुभवों को याद रखते हैं। स्मृति महत्त्वपूर्ण होती है तो घटना हाल ही की महसूस होती है, लेकिन यदि स्मृति महत्त्वहीन हो या उसे याद रखने की आवश्यकता न हो, तो इसका वर्णन कुछ इस तरह से किया जाता है, मानो यह बहुत पहले हुआ हो। इन्हीं भावनात्मक निशानों के सहारे हम व्यक्तियों, घटनाओं और परिवर्तनों को याद रखने का प्रयास करते हैं।

मद्रास में मुनुसामी का राज समाप्त होते-होते मृदंगम बनानेवाला एक और रचनाकार कर्नाटिक संगीत के इस शहर में आया। तिरुवल्लूर के पास पांडुर गाँव के रहनेवाले तेलुगूभाषी के.एम. वेंकटेसन ने शायद अपने दादा से यह शिल्प सीखा होगा। वह बहुगुणी थे। उन्होंने स्थानीय टेरुकुट्टु (आमतौर पर छोटी जातियों के कलाकारों द्वारा प्रस्तुत की जानेवाली धार्मिक/रंगमंचीय कला रूप) में मृदंगम भी बजाया। इसके अलावा, उन्होंने रेलवे में एक कोयला निकालने वाले का काम भी किया और एक स्कूल में पढ़ाया भी। मैं यक़ीन के साथ यह नहीं कह सकता कि उन्होंने कौन-सा विषय पढ़ाया, क्योंकि वरदन ने उनकी शिक्षा के बारे में नहीं बताया। कांचीपुरम जैसे नगरों में रहकर विभिन्न व्यवसायों में हाथ आज़माने के बाद, वह अन्ततः मद्रास में आकर बस गए और मृदंगम कारीगर के रूप में स्थापित हो गए। उनकी पत्नी लक्ष्मी अम्मल ने अपने भान्जे (भाई के बेटे) वरदन को मद्रास लाने और उसे अपने पति की सहायता करने के लिए प्रशिक्षित करने का फ़ैसला किया। वरदन, तिरुवल्लुर के पास कामरपंडियम गाँव में रहता था। जब उसे मद्रास के अयानवरम में उनके साथ रहने के लिए तैयार किया गया, तब उसकी उम्र ग्यारह साल की थी। यह 1950 के दशक की बात होगी।

वरदन का नाम कांचीपुरम के देवता वरदराजा पेरुमल के नाम पर रखा गया था। उन्होंने कहा कि वे लोग बलीजा नायडू जाति के हैं। बलीजा पारम्परिक रूप से व्यापारी थे, उनमें से कई चूड़ियों, नमक वग़ैरह का व्यवसाय करते थे। लेकिन वे अब खेती भी करने लगे हैं। उनके इतिहास को लेकर कई सिद्धान्त प्रचलित हैं, और, चूँकि भारत का जाति-पदानुक्रम इतना जटिल और स्थान-विशिष्ट है, इसलिए उप-जातियों के इस चक्रव्यूह की चर्चा करना मुश्किल है। 1909 के अपने प्रकाशन *कास्ट्स एंड ट्राइब्स ऑफ़ सदर्न इंडिया* में एडगर थर्स्टन लिखते हैं, 'इस जाति की उत्पत्ति के सम्बन्ध में, कई परम्पराएँ मौजूद हैं, लेकिन सबसे अधिक सम्भावना है कि वे कापु या रेड्डी जाति की हालिया शाखा से जुड़े हुए हों। उनकी जाति मिश्रित हो सकती है, क्योंकि जो लोग उनकी आत्मीय जाति से हकाल दिए गए हैं, या जिन्होंने नियम-विरुद्ध सम्बन्ध बनाए हैं, वे इस बात को बिना हिचकिचाहट स्वीकार करेंगे।' थर्स्टन ने बताया कि बलीजा नायडू फेरीवाले, डाकिये, डबलरोटी बनानेवाले, ख़ानसामा, होटल के चौकीदार, मुख्य कुली और रेलवे स्टेशन मास्टर जैसे कामों में लगे हुए थे। लेखक ने विशेष रूप से उल्लेख किया कि तिरुपति में बलीजा रक्त चन्दन की नक़्क़ाशी के उद्योग से जुड़े थे।

साभार : सी. वरदन

के. एम. वेंकटेसन

वरदन का गाँव तिरुपति से क़रीब सौ किलोमीटर की दूरी पर है, लेकिन उनके परिवार का काष्ठकला से कोई सम्बन्ध नहीं था। उन्होंने बताया कि उनका वंशानुगत पेशा कृषि है। उनके पिता फूस की झोंपड़ियों के लिए पत्ते इकट्ठा करने के लिए ताड़ के पेड़ों पर भी चढ़ते थे। उन्होंने स्पष्ट किया कि वे ताड़ी उतारनेवाले नहीं थे। हालाँकि, इसमें कुछ अस्पष्टता है, क्योंकि वरदन ने बताया था कि उनके चाचा

ने मृदंगम बनाना अपने दादा से ही सीखा था। ऐसा लगता नहीं कि जब तक जाति-व्यवसाय से मेल न खाए, कोई चमड़े से जुड़े ऐसे पेशे में हाथ डालेगा। बेशक, आर्थिक ज़रूरतें हों तो कोई ऐसा कर भी सकता है।

'हम अयनावरम मेन रोड पर एक झोंपड़ी में रहते थे और वहीं से काम करते थे। हमें मद्रास कण्णन, पालघाट कुंजुमणि अय्यर और सी.एस. मुरुगाभूपति जैसे कलाकारों के पत्र आते थे। वे हमें काम करने के लिए बुलाते थे और हम जाते थे।' वेंकटेसन अपने भतीजे को अपने साथ पलानी सुब्रमण्या पिल्लै के बोआग रोड स्थित घर के साथ-साथ हर जगह ले गए। वरदन कहते हैं, 'पलानी बहुत अच्छी गुमकी (ग्रेस नोट) बजाते थे।' वह एक ऐसी थाप की बात कर रहे थे जो पलानी का ट्रेडमार्क था। मुरुगाभूपति ने हस्तक्षेप न किया होता तो, वेंकटेसन अपने अयनावरम स्थित घर से दूर-दूर जाकर काम करते रहते। भूपति ने वेंकटेसन को मायलापुर में मद्दला नारायणन स्ट्रीट में एक दुकान खोलने में मदद की। काम करने के लिए यह एक स्थायी जगह थी। यह 1950 के दशक के उत्तरार्ध की बात होगी। कपालेश्वर मन्दिर से कुछ क़दम दूर, एक शुद्ध मद्दलम कलाकार के नाम वाली सड़क पर यह दुकान आज भी वैसी ही खड़ी है, जैसे पहले थी। (मद्दलम एक भारी वाद्य-यंत्र होता है जिसे दोनों तरफ़ से बजाया जाता है।) इस इलाक़े में संगीतकारों की बहुतायत थी; वेंकटेसन के लिए इससे अच्छी जगह और कौन-सी हो सकती थी! वरदन ने बताया, 'जब हमने शुरुआत की थी, तब हमें हर महीने 12 रुपये किराया देना पड़ता था, और अब यह बढ़कर एक हज़ार हो गया है।' तंजावुर कारीगरों के मद्रास में प्रवेश से पहले ही वेंकटेसन ने इस जगह पर काम करना शुरू कर दिया था।

हर प्रतिभावान संगीतकार उनकी दुकान पर आ चुका है। वरदन के अनुसार, महान संगीतकार मणि अय्यर भी अपना मध्याह्न भोजन रायार मेस में करते थे और फिर मायलापुर स्थित उनकी दुकान में आकर बैठते थे। पालघाट रघु का भी आना होता था, वरदन ने बताया। यह वह समय रहा होगा, जब उनके अपने तंजावुर के कारीगर अनुपलब्ध थे। वेंकटेसन के पास मुख्य रूप से मुरुगाभूपति और दिग्गज वेल्लोर रामभद्रन आते थे। वरदन ने रामभद्रन के अन्तिम समय तक उनके लगभग सभी काम किए। 2012 में उनका निधन हुआ था। शिवरामन ने भी वेंकटेसन के साथ कुछ समय के लिए काम किया, ख़ासकर राजमणिक्कम से अनबन के बाद। 'उस दिन मैंने 10-12 हज़ार रुपये ख़र्च किए। मैं अपने

सभी मृदंगम वेंकटेसन की दुकान पर ले गया और उनके मुट्टु बदलने के लिए कहा।' शिवरामन ने बताया।

दोरई ने मुझे बताया कि वेंकटेसन को अपने बाएँ हाथ से मृदंगम को ट्यून करने की एक अजीब आदत थी, हालाँकि बाक़ी सभी कामों के लिए वह अपने दाहिने हाथ का इस्तेमाल करते थे। वेंकटेसन के बारे में इससे ज़्यादा जानकारी नहीं है। लेकिन, वह लम्बे समय तक इस व्यवसाय में रहे और उन्हें एक अच्छा मृदंगम कारीगर माना जाता था। वरदन ख़ुद अपने चाचा के बारे में ज़्यादा कुछ नहीं बताते सिवाय इसके कि सभी उन्हें ढूँढ़ते हुए आते थे। बहुत सम्भावना है कि 1960 के दशक के अन्त में वेंकटेसन की मृत्यु हुई हो, जिसके बाद वरदन ने कामकाज सँभाल लिया। अब तो भतीजे की भी उम्र हो चली है और इस ऐतिहासिक दुकान में अधिक काम नहीं आता है। फिर भी, वरदन हर दिन अपने अयनावरम वाले घर से निकलते हैं और लगभग 10 बजे दुकान खोलते हैं और शाम 6 बजे बन्द करते हैं। ऐसा लगता है कि उनके पास मदद करने के लिए युवा लड़के भी हैं। वरदन का बेटा चेन्नै इलेक्ट्रिसिटी बोर्ड में काम करता है और उनकी बेटियों की शादी हो चुकी है। वह इस परिवार के अन्तिम मृदंगम कारीगर हैं और अपने चाचा और ससुर के.एम. वेंकटेसन के कौशल के अन्तिम उत्तराधिकारी।

अपने भान्जे को मद्रास लाकर और उसे काम सिखाने के बाद, लक्ष्मी अम्मल और वेंकटेसन ने अपनी बेटी की शादी उससे करने का फ़ैसला किया। 'मेरी बुआ का मुझसे बहुत लगाव था और चूँकि मैंने घर के लिए बहुत मेहनत की थी, उन्होंने मुझसे अपनी बेटी की शादी करवा दी।' यह विनम्रता हमारी पूरी बातचीत के दौरान झलकती रही। संगीतकारों से मिलना या उनके लिए काम करने के बारे में बताते हुए वह पूरी कृतज्ञता जता रहे थे। उनके द्वारा सुनाई गई हर कहानी में या तो संगीतकार की सराहना थी, इनकी उनसे कोई चाहत थी या फिर उनसे इन्हें कोई उपहार मिला था। उनकी दुकान अनेक संगीतकारों के साथ उनकी तरह-तरह की तसवीरों और उनके कुछ पुरस्कारों से भरी हुई है। वरदन के एक सहयोगी इसे आत्ममुग्धता का संकेत मानते हैं, लेकिन मैंने इसे इस तरह नहीं देखा। उनके जीवन और रिश्तों की पेचीदगियों पर मेरे सवालों का जवाब देने में वरदन ने कोई दिलचस्पी नहीं दिखाई। उन्होंने अनिच्छा से जवाब दिए। दूसरे कारीगरों ने मुझसे कहा कि वह कुछ नहीं जानते, वे बस एक साधारण कारीगर हैं। मैं अनुमान लगाता हूँ कि शायद यह मिलनसार व्यक्ति व्यवसाय में बहुत अच्छा नहीं था और जीवन

विनेश कृष्णमूर्ति

वरदन और सम्मानों से भरी उनकी दीवार

जीने के लिए अपने चाचा के कौशल और प्रतिष्ठा पर निर्भर था, और एक हीन भावना उसके मानस को घेरे हुए थी।

हमारी बातचीत का सबसे ख़ूबसूरत हिस्सा वह शिष्ट सादगी थी जिसके साथ उन्होंने कलाकारों के संगीत पक्ष का वर्णन किया। 'एम. चन्द्रशेखर (वायलिनवादक) को मदुरै सोमू-रोम्बा सुपर के लिए पहचाना जाता था। मेट्टूर के एक संगीत समारोह में उन्होंने इतना अच्छा बजाया कि लोगों ने उन्हें अपने हाथों में उठा लिया था।' रामभद्रन की वादन-शैली पर उन्होंने कहा, 'अपनी उँगलियों से उन्होंने इतना अच्छा प्रभाव पैदा किया कि वह जिलु जिलु जिलु की तरह श्रोताओं के साथ हो लिया।' यह एक अच्छी तरह से ट्यून किए गए मृदंगम की सुखद और मधुर ध्वन्यात्मक चाल का उनका मौखिक अनुमान था। यह प्रभाव तब पैदा होता है, जब मृदंगम की घंटी जैसी ध्वनि मधुर धुन के साथ आगे बढ़ती है। यह रामभद्रन की शैली का सजीव वर्णन है। उन्होंने मुझे बताया कि कैसे मुरुगाभूपति की पत्नी अपने पति का ताली बजाकर अभिवादन करती थीं, ख़ासतौर पर तब जब वह अपनी अनूठी बाएँ हाथ की स्पर्श तकनीक का इस्तेमाल करते थे। वह कहतीं, 'बाले राजा, बाले राजा।' एक ऐसी दुनिया में जो आमतौर पर जटिल और अस्पष्ट तरीक़े से बोलती है, यहाँ एक ऐसा

व्यक्ति भी है जिसके तार संगीत की दुनिया के भीतरी हिस्से से नहीं जुड़े हैं, लेकिन संगीत का वर्णन वह इस तरह करता है जैसा उसे देखा और महसूस किया जाता है।

सामाजिक विशेषाधिकार सम्पन्न परिवारों में पूर्वजों की कहानियाँ ऐसे संगीत की तरह होती हैं जो बच्चों के बड़े होने के दौरान पृष्ठभूमि में बजती रहती हैं। उनकी उपलब्धियाँ, परोपकार, संघर्ष, साहस और दयालुता की भावनाएँ परिवार की इतिहास-कथा बन जाती हैं। हर आनेवाली पीढ़ी के साथ इसमें और उभार आता जाता है और यह प्रतिबिम्बित स्मृति बन जाती है। भले ही हम इन परदादाओं से कभी न मिले हों, लेकिन उनके महिमामंडन पर हमें गर्व की अनुभूति होती है। यहाँ तक कि अगर हम अपने पूर्वजों के गाँव वाले घर में कभी नहीं गए हैं, तो भी इसकी चर्चा मात्र से हमें स्वामित्व का अहसास होता है। कई लोगों के लिए अपने पारिवारिक देवता की पूजा के लिए की जानेवाली वार्षिक तीर्थयात्रा केवल प्रार्थना का अवसर नहीं होती, बल्कि वह 'जड़ों' से जुड़े रहने के उनके इरादे को भी मज़बूत करती है। अतीत और वर्तमान का यह पूरा उत्सव, जो जुड़ाव के आवरण में लिपटा हुआ है, जातिगत विशेषाधिकार से जन्म लेता है। ये विशिष्ट लोग आख्यानों, चित्रों, पात्रों, विरासतों, अनुष्ठानों, कपड़ों और व्यंजन विधियों के माध्यम से यादों को सहेजने के तरीक़े खोजते हैं और इन वाहकों के भीतर पात्रों के रेखाचित्र, चुटकुले, मुस्कुराहट, असहमति और उत्सव, आदि स्थानान्तरित किए जाते हैं। हमारे परिवारों में नकारात्मक पात्रों को भी एक विशेष स्थान दिया जाता है, उनकी गतिविधियों की निन्दा की जाती है, उन्हें हल्का किया जाता है और हँसते-हँसाते दरकिनार कर दिया जाता है।

लेकिन हाशिए पर पड़ी जाति के किसी व्यक्ति के लिए उसका इतिहास भावनात्मक, बौद्धिक, सौन्दर्यात्मक और आर्थिक दृष्टि से अस्वीकृति और अभाव का बोझ होता है। स्मृति फ़ैसला करती है कि भूलना उसका काम है इस उम्मीद में कि शायद दाग़ ग़ायब हो जाएँ और सफ़ाइयाँ ग़ैर-ज़रूरी। पिता और दादा को केवल उनके नाम और काम से ही याद किया जाता है। गाँवों को याद नहीं किया जाता, घटनाएँ भुला दी जाती हैं और अक्सर, नाम धुँधले पड़ जाते हैं या बदल दिए जाते हैं। यहाँ तक कि जिसका स्मरण किया जाता है, वह जीवित नहीं होता, यह सिर्फ़ एक घटना रह जाती है कि ऐसा कुछ हुआ है। एक मायने में, इससे यह भी

स्पष्ट होता है कि बड़े पैमाने पर समाज द्वारा उनके वर्तमान को कैसे देखा जाता है। ये वे लोग हैं जिन्हें संस्कृति और समाज के स्मृतिकोश में जगह नहीं दी जाती है, उन्हें औज़ार के रूप में देखा जाता है, उनका सम्पूर्ण बौद्धिक और भावनात्मक अस्तित्व उनके द्वारा प्रदान की जानेवाली सेवा में सिमटकर रह जाता है। वे भी इस अनुबन्ध में विश्वास करने के लिए समाजीकृत होते हैं।

जी. कृष्णमूर्ति को खोजने में मुझे महीनों लग गए। कोई नहीं जानता था कि वह कहाँ रहते हैं। मुझे बताया गया था कि वह आरोग्यम की दुकान पर मिल सकते हैं। उन्होंने कहा कि उन्हें अब ठीक से सुनाई नहीं देता है। अन्त में मैंने सोवरिअर के माध्यम से उनका पता लगा लिया। हम दोपहर में मिलनेवाले थे, लेकिन कृष्णमूर्ति और उनकी पत्नी सुबह से ही मेरा इन्तज़ार कर रहे थे। ऑफ़-व्हाइट शर्ट और सफ़ेद वेष्टि पहने कृष्णमूर्ति बातचीत के लिए बिलकुल तैयार थे। तब तक मुझे नहीं पता था कि उन्होंने अत्यन्त दरिद्रता में दिन बिताए हैं, कई बार सोवरिअर की दुकान के पास फुटपाथ पर सोते थे, और उन्होंने बताया कि मृदंगम की दुकान खोलने के बाद अस्थमा भी हो गया था। सोवरिअर ने बताया, 'यह आदमी केवल अपनी पत्नी की वजह से ज़िन्दा है।' जहाँ इस पेशे में अन्य मृदंगम कारीगरों के बच्चे भी इसी काम में जुटे हुए थे, कृष्णमूर्ति का बेटा एक ऊर्जावान संगतकार था। वह सुगम संगीत ऑर्केस्ट्राओं से जुड़ा था जो देश-विदेश में प्रदर्शन करते थे। वह अपना ग्रुप बनाने की तैयारी में भी था। अचानक उसकी मौत हो गई। बेटे की आकस्मिक मौत से कृष्णमूर्ति को गहरा सदमा लगा, वह टूट गए। उन्होंने अपनी दुकान बन्द कर दी। घर-गृहस्थी चलाना मुश्किल हो गया। तब तक उनकी दुकान बड़े अच्छे ढंग से चल रही थी और उन्होंने कई मृदंगम कारीगरों को तैयार भी किया था—इनमें तंजावुर के कारीगर गुणसीलन भी थे। (क्योंकि उनके पिता एंटनी उन्हें नहीं सिखाते थे।) सोवरिअर ने भी तबला बनाने की बारीकियाँ उनसे ही सीखी थीं। कृष्णमूर्ति अब सोवरिअर और आरोग्यम के लिए कुछ काम करते हैं और निर्वाह करते हैं।

हमेशा की तरह, मैंने कृष्णमूर्ति से बातचीत की शुरुआत उनके पैतृक गाँव की पूछताछ से की। उन्होंने बताया, तिरुपति। जब मैंने पूछा ठीक-ठीक कहाँ, वह केवल इतना बता पाए, 'तिरुपति से आगे।' थोड़ी देर बाद, जब मैंने उन्हें थोड़ा और खोदकर पूछा, तो उन्होंने अनिच्छा से कहा, 'ततिगुंटपलयम।'

'कोई बात नहीं, यह महत्त्वपूर्ण नहीं है। अब वहाँ परिवार का कोई सदस्य नहीं रहता है।'

'क्या आपका जन्म वहाँ हुआ था।'

उन्होंने बस जान छुड़ाने के लिहाज़ से कहा, 'मुझे पता नहीं।'

मुझे नहीं पता कि उनकी अनिच्छा इस वजह से थी कि वहाँ उनके परिवार के साथ कुछ अनपेक्षित घटा था, या इसलिए कि यह किसी तरह उनकी जाति की पहचान से जुड़ा है। गूगल सर्च से मुझे पता चला कि तिरुपति के पास एक समान नामों वाले दो गाँव हैं—थाटीगुंटापलेम और थाटीगुंटापल्ले। सम्भावना है कि वह पहले वाले गाँव का ज़िक्र कर रहे थे। उन्होंने कहा कि उनका परिवार तेरुक्कुट्टू (तमिल स्ट्रीट थिएटर) की किसी शैली से जुड़ा था। कृष्णमूर्ति जब दस साल के थे, तभी उनके पिता का देहान्त हो गया था। उनके दादाजी ने उन्हें बताया कि वे नाचते थे, गाते थे और मृदंगम का काम भी करते थे। उन्होंने अपने कुट्टू प्रदर्शनों में महाभारत और रामायण के आख्यानों का अभिनय करते हुए कई गाँवों की यात्रा की थी।

कृष्णमूर्ति की दादी मद्रास के जनरल हॉस्पिटल में सहायिका के रूप में काम करती थीं और उनके चाचा चिन्नासामी और सुब्रमणि गुंटूर में रहकर मृदंगम और तबला बनाते थे। दादा से मूल बातें सीखने के बाद पन्द्रह साल के कृष्णमूर्ति को सुब्रमणि से मृदंगम और तबला बनाना सीखने के लिए गुंटूर भेजा गया। 1960 में सुब्रमणि को मद्रास से एक पत्र मिला जिसमें लिखा गया था कि भारतीय शहनाईवादकों द्वारा इस्तेमाल की जानेवाली कम्पिका (रीड) बिक्री के लिए उपलब्ध है। पत्र को पढ़कर वह अपने युवा भतीजे के साथ शहर के लिए निकल पड़े। दुर्भाग्य से, जब वे पहुँचे, तो स्टॉक ख़त्म हो चुका था। सुब्रमणि अपने भतीजे को उसकी दादी के पास छोड़कर गुंटूर के लिए रवाना हो गए। यह स्पष्ट नहीं है कि कृष्णमूर्ति को मद्रास में रहने के लिए किस बात ने प्रेरित किया। उन्होंने बताया कि बाद में वह अपने गाँव गए और अपनी माँ और बड़ी बहन को अपने साथ मद्रास ले आए। तब तक वह अपने दो भाइयों को खो चुके थे।

मद्रास में कृष्णमूर्ति को पहली नौकरी मिली मद्दला नारायणन स्ट्रीट स्थित वेंकटेसन की दुकान पर। कुछ महीनों बाद उन्होंने वह नौकरी छोड़ दी। इस बारे में कृष्णमूर्ति ने बस इतना कहा, 'मुझे किसी के लिए ग़ुलाम की तरह काम करना पसन्द नहीं था।' नियति उन्हें स्टार थिएटर के सामने मुनुसामी की दुकान पर ले गई। मुनुसामी जीवित नहीं थे, लेकिन कृष्णमूर्ति ने उनकी दुकान पर बैठकर काम किया, और इससे मुनुसामी की पत्नी को कुछ जीविका मिली। बाद में, उन्होंने अप्पर स्वामी कोइल स्ट्रीट में किराए की एक दुकान ले ली। 1960 के दशक के अन्त में इस

इलाक़े में दुकान खोलनेवाले वह पहले मृदंगम कारीगर थे। मुनुसामी और वेंकटेसन के बाद मद्रास में मृदंगम की यही तीसरी बड़ी दुकान थी। उन्होंने जिन कलाकारों के लिए काम किया, उनके नाम उन्हें याद नहीं हैं, लेकिन मदुरै टी. श्रीनिवासन, जो मद्रास फ़िल्म उद्योग में मृदंगम कलाकार थे, उनके मुख्य ग्राहक थे। उनके छात्र पी. रविकुमार ने बताया कि कृष्णमूर्ति का रुझान संगीत के मंचीय समारोहों के बजाय फ़िल्मी दुनिया की ज़रूरतों की ओर अधिक था। (एक दिलचस्प बातचीत जिसका ज़िक्र पुस्तक में आगे किया गया है।)

साभार : ए. सोवरिअर

कृष्णमूर्ति काम करते हुए

जैसे ही उन्होंने अपनी दुकान जमाई और काम में तेज़ी आई, कृष्णमूर्ति को अहसास हुआ कि उन्हें मदद की ज़रूरत है। वह अपने चचेरे भाई रामकृष्णन को थिम्मसमुद्रम (कालहस्ती, आन्ध्र प्रदेश के पास) से मद्रास ले आए। कब, यह स्पष्ट

नहीं है। हालाँकि कृष्णमूर्ति का कहना है कि रामकृष्णन उनकी चाची के बेटे थे, लेकिन यहाँ रिश्ते वास्तव में अधिक जटिल हो सकते हैं। कृष्णमूर्ति ने रामकृष्णन को वह सब कुछ सिखाया जो वह जानते थे, लेकिन यह नहीं भाँप पाए कि एक दिन उनका शिष्य उनसे आगे निकल जाएगा।

1977 में वही हुआ, जो नहीं होना था। रामकृष्णन ने तंजावुर उपेन्द्रन की मदद से कृष्णमूर्ति की दुकान के ठीक बग़ल में अपना स्टोर खोल लिया जिसने कृष्णमूर्ति के जले पर नमक छिड़कने का काम किया। रामकृष्णन की पूछ-परख बढ़ गई। करइकुडि मणि, तंजावुर उपेन्द्रन, मन्नारगुडी ईश्वरन, मद्रिमंगलम स्वामीनाथन, श्रीमुष्णम राजा राव, तिरुवरुर भक्तवत्सलम और यदा-कदा एंटनी-भक्त टी.के. मूर्ति ने भी उनसे काम करवाया। जब मैंने कृष्णमूर्ति से पूछा कि क्या यह अलगाव द्वेष-भरा था, तो उन्होंने जवाब दिया, 'नहीं, झगड़े जैसी कोई बात नहीं थी। उसे सारा काम सिखाकर मैं उससे कैसे लड़ सकता था? उसका काम अच्छा था। वह मेरा शिष्य था। करइकुडि मणि उसे बहुत पसन्द करते थे। पहले मैं उनके लिए काम करता था, और फिर उन्हें उससे मिलवाया। फिर वे मिलकर काम करने लगे क्योंकि वे उसे कुछ भी करने के लिए कह सकते थे और वह लगातार काम करता रहता था।'

कृष्णमूर्ति की पत्नी राजम की बातों में भी रामकृष्णन को लेकर सौहार्द ही झलका। 'वह आपसदारी से गया और चूँकि उसका अपना परिवार था, तो उसने एक अलग दुकान बना ली। उसकी मौत यहीं हुई।' यह बात सच भी हो सकती है क्योंकि जब वह अलग हुए, तब भी स्थितियाँ अपेक्षाकृत शान्तिपूर्ण थीं। लेकिन, इस क़दम के बाद रिश्तों में खटास आ गई। रामकृष्णन ने कृष्णमूर्ति के ग्राहकों को अपनी ओर खींचना शुरू किया और इससे बहुत नाराज़गी हुई। कहते हैं कि एक दिन कृष्णमूर्ति ने अपने चचेरे भाई की दुकान पर चप्पल फेंक दी। लेकिन जल्द ही रामकृष्णन को शराब की लत लग गई। उनके बेटे एम.आर. ज्योतिप्रकाश ने इसके लिए बँटवारे को ज़िम्मेदार ठहराया। लेकिन, इतनी अप्रिय स्थितियों के बावजूद, रामकृष्णन के बहनोई रविकुमार ने कृष्णमूर्ति और रामकृष्णन दोनों से सीखा। उन्होंने बुनियादी बातें कृष्णमूर्ति से सीखीं, लेकिन फिर आगे के हुनर जानने के लिए वह रामकृष्णन के पास चले गए। अपनी पेशेवर प्रतिद्वन्द्विता के बावजूद दोनों भाई इस तरह का तालमेल रखने को तैयार थे।

हालाँकि, राजम ने कहा कि वे बलीजा नायडू समुदाय से हैं, पर परिवार के अन्य सदस्यों ने कहा कि वे आदि आन्ध्र या द्रविड़ थे। एक सदस्य ने कहा कि वह

एक तरफ़ कापू रेड्डी हैं और दूसरी तरफ़ चक्किलियार/आदि आन्ध्र। एक और ने बस अनुसूचित जाति कहा, एससी। दूसरे कारीगरों और मृदंगमवादकों का कहना है कि कृष्णमूर्ति उस जाति से जुड़े हैं जो जूते बनाती है—चक्किलियार। तंजावुर कारीगरों के लिए ईसाई धर्म को अपनाना जातिगत नाम प्रणाली से पलायन करने का एक रास्ता था। कम-से-कम बाहरी दुनिया में वह इतना तो कह सकते हैं कि 'हम ईसाई हैं।' जाति की चिप्पी छुप गई थी। इसका मतलब यह नहीं है कि उनका जीवन नाटकीय रूप से बदल गया, या जाति समाप्त हो गई, लेकिन कम-से-कम उन्हें आंशिक रूप से इससे मुक्त होने की सुविधा मिल गई थी और कुछ हद तक सशक्त होने की भी। तंजावुर पीढ़ी के एक कारीगर ने मुझे बताया कि आज के युवा मृदंगम कलाकार हैरान हैं कि वे ईसाई हैं लेकिन वे मृदंगम कारीगरों से उनकी जाति के बारे में कभी नहीं पूछते। हालाँकि, आन्ध्र के कारीगर इन संधियों में उलझ-से गए हैं, जिसके कारण जाति पर चर्चा करने को लेकर उनकी बेचैनी और डर को समझा जा सकता है। मैं हैरत में हूँ कि क्या बलीजा नायडू होना इस जाति-कलंक के विरुद्ध एक रक्षा-कवच था।

मेरा इरादा कारीगरों की जातियों का उत्खनन करना नहीं था, और इसीलिए मैंने आगे पूछताछ में इस पर बात नहीं की। लेकिन यह भी तथ्य है कि हमें विभिन्न कामों में जातियों के बीच सम्बन्ध को समझने के लिए इन बारीकियों को समझने की ज़रूरत है, साथ ही उनकी भी जिन्हें अपना काम इनसे करवाना होता है। मैं यहाँ जोड़ना चाहूँगा कि समझने और असंवेदनशील ढंग से निजी मामलों को खोदकर पूछने के बीच एक महीन अन्तर है, विशेष तौर पर जब साक्षात्कार लेनेवाला विशेषाधिकार प्राप्त पृष्ठभूमि से हो। मुझे अपनी बातचीत के दौरान ठहरकर अपने आपको जाँचना पड़ा।

रविकुमार ने मुझे बताया कि टाडा में टोंडूर सोसाइटी एक सरकारी आवासीय स्थान है जो दसवीं कक्षा तक पढ़े दलित समुदाय के लोगों के लिए तीन एकड़ भूमि और घर के लिए एक भू-खंड प्रदान करता है। उन्होंने अपना अधिकांश बचपन टोंडूर में बिताया लेकिन बाद में अपनी स्कूली शिक्षा के लिए कालहस्ती चले गए। नौवीं कक्षा पूरी करने तक वह वहीं रहे, लेकिन जब वह कक्षा चार में थे तब से ही रविकुमार हर गर्मियों में अपने साले रामकृष्णन के पास जाते थे और उनके काम में मदद करते थे। वह दसवीं कक्षा की पढ़ाई के लिए मद्रास चले गए और टी. नगर के एक मैट्रिक स्कूल में दाख़िला ले लिया। उनके चाचा इनके बारे में कुछ

और ही सोच रहे थे। उन्होंने फ़ैसला किया कि उन्हें मृदंगम बनाने के बजाय मृदंगम बजाना सीखना चाहिए। इसीलिए रविकुमार का पंजीकरण तमिलनाडु सरकारी संगीत कॉलेज में हो गया। यह पढ़ाई लम्बे समय तक नहीं चली (जाति-आधारित भेदभाव के कारण उन्हें कॉलेज छोड़ने का निर्णय लेना पड़ा), और रविकुमार जल्द ही एक पूर्णकालिक मृदंगम कारीगर बन गए। उन्होंने कई वर्षों तक चेन्नै में काम किया, लेकिन अन्ततः प्रतिस्पर्धा और दबाव झेलना उनके लिए मुश्किल हो गया। आज, वे टोंडूर सोसाइटी में वापस आ गए हैं, सरकार द्वारा अपनी भूमि ख़रीदे जाने की प्रतीक्षा कर रहे हैं, जो बाद में इसे निजी कम्पनियों को बेच देती है। तीन एकड़ का आम का बाग़ पहले ही बिक चुका है, और अब घर को लेकर बस समय की प्रतीक्षा कर रहे हैं। 'वे इसे ख़रीद रहे हैं, लेकिन कई लोगों ने आपत्ति जताई है।' कहाँ जाओगे, मैंने पूछा। 'या तो चेन्नै या तिरुपति।' रविकुमार तिरुपति बेल्ट में कई मृदंगम कलाकारों के लिए काम करते हैं, और हैदराबाद में कलाकारों को भी मृदंगम देते हैं। चेन्नै में उनके गिने-चुने ग्राहक हैं।

रामकृष्णन परिवार की कुल जानकारी इकट्ठा करने के उद्देश्य से मैंने उनके बेटे ज्योतिप्रकाश से बातचीत की, जिनका जन्म 1883 में हुआ था और उन्हें अपने पिता का सान्निध्य कम ही मिला था। तंजावुर कारीगर गुणसीलन की छाया में आने से पहले, उन्होंने कृष्णमूर्ति से इस व्यापार के गुर सीखे थे। आज ज्योतिप्रकाश की चेन्नै के वेस्ट माम्बलम में अपनी दुकान है। रामकृष्णन के एक अन्य नातेदार-छात्र, राधाकृष्णन, चेन्नै के टी. नगर में काम करते हैं और गुरुवयुर दोरई जैसे कलाकारों की परम्परा को निभा रहे हैं। वेंकटेसन और वरदन के विपरीत, इस परिवार के कुछ सदस्य अभी भी मृदंगम कारीगर बने हुए हैं, लेकिन वे अब हाशिये पर हैं।

कृष्णमूर्ति-रामकृष्णन परिवार और तंजावुर कारीगरों के बीच क्या सम्बन्ध हैं, इसका वर्णन करना मुश्किल है। इनमें से हर कोई एक दूसरे के लिए सम्मान, स्नेह जताता है, अपनी पेशेवर श्रेष्ठता बताता है और दूसरे की क्षमताओं पर कटाक्ष भी करता है। ठीक है कि यह एक असहज और अजीब रिश्ता है, लेकिन उनमें सच्चा बन्धन भी है। उन्होंने एक-दूसरे से सीखा है और एक-दूसरे की मदद भी की है। रामकृष्णन सम्भवतः एकमात्र ऐसे कारीगर थे जिन्हें तंजावुर के लोग अपनी टक्कर का समझते थे, जिससे उनके लिए उनकी उपेक्षा करना मुश्किल हो गया था। और,

इसमें कोई सन्देह नहीं है कि तेलुगू भाषी चचेरे भाई, कृष्णमूर्ति और रामकृष्णन ही वे व्यक्ति थे, जिन्होंने अप्पर स्वामी कोइल स्ट्रीट को चेन्नै का मृदंगम-निर्माण केन्द्र बनने का मार्ग प्रशस्त किया।

तंजावुर के कारीगर अन्य कारीगरों को आसानी से स्वीकार नहीं करते हैं। 'मैंने उनका काम नहीं देखा है', 'हमें उन्हें काम करते हुए देखना होगा।' और इसी तरह की कई प्रतिक्रियाएँ मुझे उनसे बातचीत करते हुए मिलीं। उनकी बातों में नम्रता झलक रही थी। जब पूछा गया कि क्या मद्रास के काम में कुछ ख़ास था, तो मुझसे कहा गया, 'मुझे नहीं पता। मैं सुबह 9 बजे काम पर जाता हूँ और रात 9 बजे ही लौट पाता हूँ।'

जहाँ तक आन्ध्र के कारीगरों की बात है, वे आपको यह बात ठीक-ठीक समझा देना चाहते हैं कि वे यहाँ पूरी तरह प्रशिक्षित होकर ही आए थे। वे नहीं चाहते कि किसी को यह आभास हो कि उन्होंने तंजावुर कारीगरों के अधीन प्रशिक्षण लिया है। तंजावुर के लोग शेख़ी बघारते हैं, उनका द्वेष स्पष्ट झलकता है। एक तेलुगू-भाषी कारीगर बड़े धीरे-से सुझाव देता है कि इस बारे में ग्राहकों को ही निर्णय लेने देना चाहिए। उन्होंने कहा, 'यह काम कठिन है, चाहे कोई भी करे।' इसके अलावा कुछ लोगों ने प्रत्युत्तर में मुझसे यह भी कहा, 'ये सभी बड़े लोग हैं', या फिर कोई केवल दबी हँसी हँस गया तो किसी ने बड़ी व्यवहारकुशलता से कुटिल मुस्कान बिखेर दी। आगे एक बातचीत में, आन्ध्र मूल के एक कारीगर, सुन्दर (बदला हुआ नाम) ने एक टेस्ट लेने का सुझाव दिया : 'देखिए, अगर आप गुणवत्ता परखना चाहते हैं, तो सभी को मृदंगम बनाने के लिए दिए जाने चाहिए और बनानेवाले का नाम गुप्त रखना चाहिए। नामचीन कलाकारों को ये मृदंगम बजाने के लिए दिए जाएँ, कारीगर का नाम बताए बिना। आपको गुणवत्ता अपने आप पता चल जाएगी।' इसके बाद उनकी हँसी ने सब कुछ कह दिया।

ऐसा लगता है कि वेंकटेसन और वरदन ने तंजावुर गैंग से दूरी बना ली थी। मैं सोचता हूँ कि क्या ऐसा जानबूझकर किया गया। क्या वे अपने आपको सामाजिक रूप से अलग कर रहे थे? मेरा अपना निष्कर्ष है कि वेंकटेसन के लिए काम करते हुए कृष्णमूर्ति को यह महसूस होना कि उनके साथ ग़ुलामों की तरह व्यवहार किया जा रहा है—इसकी वजह वास्तविक या संस्कारित जातिगत अन्तर था। यह अन्तर तंजावुर समुदाय तक भी विस्तारित हुआ होगा। सेल्वाराज बताते हैं कि वह वेंकटेसन की दुकान पर यूँ ही घूमते-फिरते पहुँच जाते थे और कभी-कभार काम में मदद कर

देते थे, इससे अधिक वह कुछ नहीं बोले। शायद जातियों की सामाजिक निकटता ने कृष्णमूर्ति और रामकृष्णन को तंजावुर परिवार से जोड़े रखने में एक भूमिका निभाई।

इसमें कोई सन्देह नहीं है कि तंजावुर समूह के वर्तमान वर्चस्व को लेकर एक तरह की खिन्नता है। एक ग़ैर-तंजावुर कारीगर ने अपनी बातचीत की शुरुआत इस तरह से की कि उनके बीच कोई समस्या या विवाद नहीं था, फिर साक्षात्कार के अन्त में कहा : 'सारा क़स्बा मायलापुर में उतर आया है। पिता की बड़ी बहन का बेटा, पिता की छोटी बहन का बेटा, देवर, मामा का बेटा, पोता और बाक़ी सब भी। उन्होंने इस जगह को घेर लिया है।'

जिन मृदंगम कारीगरों से मैंने बात की, वे न केवल अलग-अलग सामाजिक पृष्ठभूमि से आते थे, बल्कि उनकी पीढ़ियाँ इस काम में जुटी हुई थीं। इस विविधता ने मुझे उन्हें समझने का एक और पैमाना दिया। मुझे यह स्वीकार करना होगा कि यह एक पेचीदा ख़ुलासा रहा है। सांस्कृतिक इतिहास का पहलू यहाँ इतना गझिन है कि वास्तव में क्या चल रहा है, इस पर पकड़ बनाना कठिन है। विरोधाभास उभरते हैं, और यदि हम सही या ग़लत धारणा को चुनने के लिए बैठते हैं, तो शायद हमें विफलता ही हाथ लगेगी।

तंजावुर कारीगरों की पुरानी पीढ़ी के लिए, जिन्होंने मद्रास में स्थानान्तरण किया, और जिनके लिए कलाकार के साथ व्यक्तिगत सम्बन्ध और उनका पेशा आपस में गर्भनाल की तरह जुड़ा हुआ है, बदलाव को पचाना मुश्किल रहा है। वे मानते हैं कि यहाँ जाति-आधारित भेदभाव मौजूद है, लेकिन वे पुरानी सामन्ती व्यवस्था की कुछ कमी भी महसूस करते हैं, शायद उसकी अजीब अन्तरंगता के कारण। ऐसा लगता है कि ये कारीगर पिछली पीढ़ी और ख़ुद के बीच अन्तर करते हैं, और मानते हैं कि कलाकारों के साथ उनका एक अलग-सा रिश्ता विकसित हुआ है। कारीगर और कलाकार के बीच वर्तमान रिश्ते में वे एक दूरी का अनुभव करते हैं। केवल कार्यक्षमता का प्रदर्शन, व्यक्तिगत अनुभूति से रहित एक काम। वे अपने आपको अप्रिय अतीत और उपयोगितावादी वर्तमान के बीच एक माध्यम मानते हैं, और यह बात मुझे एक कारीगर ने बहुत ख़ूबसूरती से समझाई, 'उन दिनों उन्होंने हमें अपने से दूर रखा और भेदभाव किया, आज वे हमें क़रीब रखकर भेदभाव करते हैं।' उनका अतीत और वर्तमान इस एक पंक्ति में समाहित है।

आज जो कुछ हो रहा है उसका वर्णन करते हुए पीटर (बदला हुआ नाम) ने कहा, 'आप आते हैं, हम अपना काम बहुत प्यार और स्नेह के साथ करते हैं। लेकिन आप भुगतान करते हैं और चले जाते हैं, जैसे कि आपने अपना कर्तव्य पूरा कर लिया हो।' बाद में उन्होंने मुझे एक उपमान दिया। 'एक व्यक्ति जो एक निर्माण-स्थल पर मज़दूर के रूप में काम करता है, ठेकेदार उसकी मेहनत का भुगतान करता है, फिर वह चला जाता है। कलाकारों को हमें इतना कम करके नहीं आँकना चाहिए।' वह शायद ऐसा कहना चाह रहे थे कि पहले से कुछ बदल गया है। यह कि उनका काम ठेके पर काम करने जैसा हो गया है, इसलिए उनके बीच श्रमिक-नियोक्ता जैसा सम्बन्ध ज़्यादा साफ़ दिखाई देता है। उनके लिए, पुराने मॉडल में वास्तविकता कुछ छिपी रहती थी। तब कारीगर की वादक के व्यक्तिगत जीवन और उसकी निजी जगहों तक पहुँच होती थी और वह उस जगह में बड़े आराम से काम करते थे, व्यक्तिगत मेल-भाव होने का एक भ्रम-भरा सुख और सन्तुष्टि थी जिसमें शामिल श्रम को दोनों छिपाते जाते थे और जातिगत व्यवहार के लिए बहाना बनाने की सुविधा भी मिल जाती थी। पुराने सम्बन्ध का ज़िक्र करते हुए अरुलराज ने माना कि ये मज़दूर-मालिक का रिश्ता है, लेकिन उन्होंने यह भी जोड़ा, 'साथ ही स्नेह भी है, ये पुराने बन्धन टूटे नहीं हैं। इस लगाव को ख़त्म नहीं किया जा सकता।' जॉनसन ने स्पष्ट रूप से कहा कि वे दिन बेहतर थे। 'उन दिनों, यह (भेदभाव) बहुत कम था, कम-से-कम मैं इसे ऐसे ही देखता हूँ। हमारे समुदाय के लोग उनका (ब्राह्मणों) बहुत सम्मान करते थे। वो कहते, "हम अय्या के घर जा रहे हैं, वह निश्चित रूप से मेरे लिए कुछ करेंगे।" ' एक अन्य मृदंगम कारीगर ने भी कुछ ऐसी ही बात कही, जैसी कि जॉनसन ने कही थी। जॉनसन एक काल्पनिक बातचीत का अभिनय करते हैं।

कारीगर : अय्या, मेरे पास पैसे नहीं हैं। (डरे-दबे स्वर में)

कलाकार : क्या, तुम यहाँ आकर क्यों खड़े हो गए? (अधिकार के साथ)

कारीगर : मेरे पास कोई काम नहीं है।

कलाकार : चलो ठीक है। इसे 200 रुपये दे दो। (किसी को निर्देश देते हैं)

इसे व्यक्तिगत स्नेह की तरह स्वीकार किया गया है। वह बताते हैं कि यदि कलाकार मदद करने की स्थिति में नहीं होता, तो गृहस्वामिनी उनके लिए कुछ न कुछ अवश्य करती थी। कारीगर इसे घनिष्ठता, एक साथ काम करने के वातावरण और एक तरह से एक-रूप होने की तरह देखते हैं।

एक अन्य उपमान आगे इस धारणा के साथ खड़ी समस्या की व्याख्या करता है। 'विद्वान (अनुभवी कलाकारों के लिए अक्सर इस्तेमाल किया जानेवाला यह एक सम्मानजनक शब्द है) और काम करनेवाले के बीच पति-पत्नी जैसा रिश्ता होता है। पति-पत्नी के बीच बहस और असहमति होने पर ही परिवार आगे बढ़ता है। अगर मैं नाराज़ हूँ तो चुप रहूँगा। वे मेरी नाराज़गी को मेरे चेहरे के हाव-भाव और आत्मनिरीक्षण से पढ़ लेंगे और विचार करेंगे कि उन्होंने मुझसे किस ढंग से बात की थी। यह ऐसे ही चलता रहा है और उम्मीद है कि इसे ऐसे ही जारी रहना चाहिए।' कलाकार और कारीगर के सम्बन्ध को समझाने के लिए यह उपमा पति और पत्नी के बीच असमानता की स्वीकृत सामाजिक संरचना का उपयोग करती है। एक कारीगर ने यह भी कहा, 'भले ही हम नाराज़ हों, पर जब वे हमें बुलाएँगे, तो हम उनसे प्यार से बात करेंगे! हमारे दादा और परदादा ने हमें यही सिखाया और अब हम इसके अभ्यस्त हो गए हैं। हम अचानक कैसे बदल जाएँ? आख़िर, एक संगीतकार, एक संगीतकार ही होता है।'

जब मैंने टोका कि यदि वे मृदंगम कारीगर नहीं होते, तो संगीतकार उनके साथ भी जाति और शुद्धता के सभी मानकों का पालन करते, तो पीटर ने इस सच्चाई को स्वीकार किया, 'हम जिस समाज में हैं, वहाँ इसकी परवाह नहीं की जाती।' इसके अलावा, यदि वे बहिष्कृत हैं तो वे या तो रिक्शा खींचकर या मज़दूरी करके जीवित रह सकते हैं। जैसा कि एक कारीगर ने कहा, 'मैं सबसे निचले दर्जे का काम करने के लिए भी तैयार हूँ। लेकिन मृदंगम कलाकार ऐसा नहीं कर सकता, उसे समाज के प्रश्नों का उत्तर देना होगा।' सबसे छोटा काम करने की तैयारी के इस दावे में उनके वर्तमान काम की श्रेष्ठ स्थिति का दावा भी शामिल है, वह काम जो ब्राह्मण वर्ग के कला-संसार की आवश्यकताओं को पूरा करता है।

ऐसा भी समझा जाता है कि कलाकार कारीगर पर निर्भर रहता है। यह समझ उनके असमान रिश्तों में कुछ आवेश भरती है—कलाकारों के पास कोई विकल्प नहीं है, वे चमड़े का काम नहीं कर सकते। कलाकार की आवश्यकता के साथ एक तरह की लाचारी जुड़ी होती है, ऐसी लाचारी जिसे कारीगर अपनी शक्ति बना सकते हैं। इस पेशे को तब बन्धन-मुक्ति के रूप में देखा जाता है, जब यह कारीगर को एक अधीनस्थ सम्बन्ध में आदरपूर्ण और आज्ञाकारी बनाए रखता है।

तंजावुर की पुरानी पीढ़ी में एक अन्तर्निहित ग़ैर-लड़ाकूपना मौजूद है। इनका वृत्तान्त हमें उन उतार-चढ़ाव और गुंजाइशों को दिखाता है, जिनमें जाति मौजूद है।

उन्हें लगता है कि मृदंगम-निर्माण के नये पेशेवर स्पेस में, व्यक्तिगत जीवन या निजी समय को साझा करने को लेकर अधिक बातचीत नहीं होती है—उस अन्तरंगता पर जिसने जातिगत विसंगति को धूमिल कर दिया था या ढाँप दिया था।

दुर्भाग्यपूर्ण सच्चाई यह है कि जिन बुज़ुर्ग मृदंगम कलाकारों का मैंने साक्षात्कार लिया उनमें से किसी ने भी आपसी स्नेह की बात नहीं की, हालाँकि एक सन्दर्भ में एक कारीगर के लिए 'पुत्रवत' सम्बोधन निकला। उनके लिए, कारीगर हमेशा 'श्रमिक' था, भले ही उन्होंने कहा हो कि 'वह मेरे बेटे की तरह था।' मेरे साक्षात्कारों के दौरान इन कारीगरों के लिए उन्होंने 'वर्कर' या 'लेबर' शब्द का उपयोग किया था, 'कारीगर' नहीं। कलाकारों द्वारा प्रयुक्त अन्य शब्द था 'मरम्मत करनेवाला।' इसमें कोई अपवाद नहीं था, बिलकुल भी नहीं। वाद्य-यंत्र को कारीगर ही पूरी तरह से बनाता है, और बाद में वह उसके रखरखाव में मदद करता है, लेकिन उसे कभी भी 'रचने' का श्रेय नहीं दिया जाता है।

यहाँ तक कि कुछ मृदंगम कारीगरों ने भी ख़ुद को मरम्मत करनेवाला, 'मात्र' मिस्त्री ही बताया। जब मैंने एक कारीगर से इस अन्याय के बारे में बात की, तो उसने भी तर्क दिया कि वे जो काम करते हैं उसमें मरम्मत एक बड़ा हिस्सा है, और इससे पहले कि उसे अपनी ग़लती का अहसास हो, मुझे इस तथ्य की ओर इशारा करना पड़ा कि पूरी प्रक्रिया में मृदंगम का बनाया जाना सबसे अहम चीज़ है।

जब आप किसी काम पर श्रम का लेबल लगा देते हैं तो क्या होता है? यह एक मशीनी कार्य के रूप में बदल जाता है जिसमें बौद्धिक मूल्य या रचनात्मक ऊर्जा नहीं होती है। उस काम में लगे व्यक्ति भी केवल शरीर रह जाते हैं जिनका काम बस आपूर्ति करना है। जाति जैसे सामाजिक पदानुक्रम इस तरह के विभाजन को बिना किसी दंड के फलने-फूलने की इजाज़त देते हैं, इसलिए हर कोई, यहाँ तक कि उत्पीड़ित लोग भी, इस विचार से सहमत हो जाते हैं।

अंग्रेज़ी भाषा में किसी वृद्ध व्यक्ति को दूसरों की तुलना में अधिक सम्मानपूर्वक सम्बोधित करने के लिए शाब्दिक लचीलापन नहीं है—हर कोई 'यू' (तुम) है। लेकिन, लगभग हर भारतीय भाषा में इसको लेकर विविधताएँ हैं। जैसे, तमिल में 'नी' का इस्तेमाल अपने से छोटी उम्र के व्यक्ति या बातचीत करनेवाले की समान उम्र के व्यक्ति को सम्बोधित करने के लिए किया जाता है, जबकि वृद्ध को सम्बोधित करने के लिए 'नींगा' शब्द का प्रयोग किया जाता है। कई समुदाय बड़े या छोटे सभी के लिए 'नींगा' का उपयोग करते हैं। ब्राह्मण बहुतायत से 'नी' का

उपयोग करने के लिए बदनाम हैं, विशेष रूप से अन्य जातियों के व्यक्तियों के लिए, और घरेलू सहायकों, कार्यालय सहायकों या कारख़ानों के मज़दूरों के लिए भी, भले उनकी उम्र चाहे जो हो। पेशागत सम्मान या सार्वजनिक मर्यादा के कारण दुर्लभ अपवाद भी मिल जाते हैं। मैंने भी अपने घर में इस तरह का अनुभव किया है। जब मैंने मृदंगम कलाकारों का साक्षात्कार लिया तो यह रवैया स्पष्ट रूप से परिलक्षित हो रहा था। वे जिन कलाकारों को उद्धृत कर रहे थे, उनके प्रति पूरा सम्मान दिखा रहे थे, लेकिन मृदंगम कारीगर को हमेशा 'नी' के रूपान्तरों से ही सम्बोधित कर रहे थे। उन्हें इससे कोई फ़र्क़ नहीं पड़ता था कि कारीगर उम्र में बड़ा था, गुज़र चुका था या उनके दादा की पीढ़ी का था। वहीं कारीगरों ने कभी किसी कलाकार को इस तरह का सम्बोधन नहीं दिया। अपने इस साधारण कृत्य से कलाकार अनजाने में ही अपनी पहचान, श्रेष्ठता और जातिगत विशेषाधिकार जता रहे थे। यहाँ तक कि नितान्त अप्रसिद्ध ब्राह्मण संगीतकार का नाम भी पूरे सम्मान के साथ लिया जा रहा था, लेकिन गुरुओं के गुरु परलांदू को भी हमेशा 'अवन', 'नी' वग़ैरह का ही सम्बोधन मिला।

मैं यह समझना चाहता था कि पुरानी पीढ़ियों के कारीगर इस भेदभाव को किस तरह देखते थे। मुझे जो पता चला वह यह था कि दलित समुदाय से आनेवालों का ब्राह्मणों के साथ एक दुर्लभ प्रत्यक्ष सम्बन्ध केवल कलागत आवश्यकता के कारण था। वे भेदभाव को केवल अस्पृश्यता के सन्दर्भ में समझते थे। दूसरे शब्दों में, स्थान, हवा, समय, भोजन और कला को साझा करने को जाति-भेद न होना माना जाता था। एक कारीगर इसी बात से ख़ुश था कि एक कलाकार पैसे उसके हाथों में छोड़ने के बजाय उसकी जेब में डालता था। जब भी मैंने जातिगत भेदभाव के बारे में पूछा, तो जवाब मिला, हमने ऐसा कुछ नहीं झेला है। ऐसा ही कुछ वृद्ध मृदंगम कलाकारों के साथ भी हुआ। किसी कारीगर को अपने घर में ठहराना, उससे बात करना, चुटकुले सुनाना और अनौपचारिकता और अन्तरंगता के साथ काम करवाने को जातिगत भेदभाव न रखने के लक्षण के रूप में देखा जाता था।

पॉल (बदला हुआ नाम) ने साफ़ कहा, 'उन्होंने मेरे साथ अछूत जैसा व्यवहार नहीं किया। वे सभी मुझसे अच्छे से बात करते हैं और मेरे क़रीब हैं। महिलाएँ जब ख़रीदारी करने जाती हैं तो मुझे मदद के लिए बुलाती हैं। उन्होंने मेरे साथ कोई अलग तरह का व्यवहार नहीं किया, मेरा मतलब है कि उन्होंने मुझ पर कभी सन्देह नहीं किया।'

'सन्देह' शब्द महत्त्वपूर्ण है। भरोसा जाति के साथ घनिष्ठ रूप से जुड़ा हुआ है। हमारे विश्वास का स्तर जाति, क्षेत्र, भाषा और लिंग के साथ बदलता है, और जब एक व्यक्ति जिसे आमतौर पर सन्दिग्ध माना जाता है, उस पर भरोसा किया जाता हो, तो उत्पीड़ितों द्वारा इसे एक 'ट्रांस-कास्ट' (जातिभेद से परे) घटना की तरह समझा जाता है।

पुरानी पीढ़ी के सदस्यों से जब भेदभाव के बारे में पूछा गया तो उन्होंने मान्यता, आर्थिक सुरक्षा और सार्वजनिक सम्मान न मिलने के बारे में बताया। और इसी बात को लेकर वो मुखर हैं। उन्होंने 'जाति' शब्द का प्रयोग नहीं किया, लेकिन उन्होंने कलाकारों पर स्वार्थी और आत्मकेन्द्रित होने का आरोप लगाया। सच कहूँ तो अरुलराज ने इस बात पर ज़ोर दिया कि मैं इस मुद्दे पर लिखूँ। उन्होंने पूछा, 'वे हमें वह सम्मान और वह महत्त्व क्यों नहीं देते, जिसके हम हक़दार हैं?' ग़ुस्सा साफ़ झलक रहा था। 'अगर वे हमारे लिए कुछ करते हैं, तो हम ख़ुश होंगे और उसे स्वीकार करेंगे; पर हम माँगेंगे नहीं। यही हमारा स्वभाव है।' हाँ, अपवादस्वरूप नक़द पुरस्कार हैं, जैसे कि मृदंगम कलाकार श्रीमुष्णम राजा राव द्वारा दिए गए, लेकिन उस समारोह की एक तसवीर जो मैंने देखी वह अपने आप में बड़ी दिलचस्प है। सभी पाँच पुरस्कार विजेता (मृदंगम कारीगर), जिसमें वयोवृद्ध सेल्वाराज भी शामिल हैं, पीछे खड़े हैं। मृदंगम कलाकार, एक वरिष्ठ गायक और एक आयोजक उनके सामने पंक्ति में बैठे हुए हैं। हमेशा से ऐसा ही होता आ रहा है, लेकिन यह मृदंगम कारीगरों और वादकों के आपसी सम्बन्धों पर एक सीधी-सादी व्याख्या थी। इस सन्दर्भ में यह उल्लेख किया जाना चाहिए कि एक छोटे, निजी संगठन (परिवादिनी चैरिटेबल ट्रस्ट) ने वाद्य-यंत्र बनानेवालों के लिए एक वार्षिक पुरस्कार की स्थापना की है, और वर्तमान में इसे 'परलांदू पुरस्कार' कहा जाता है। वर्ष 2013 में पहला पुरस्कार सेल्वाराज को मिला था।

मृदंगम कारीगरों के पास कई कलाकारों के काम हैं, लेकिन साफ़ दिखाई देता है कि ये सभी अभी भी आर्थिक रूप से निचले स्तरों पर ही टिके हुए हैं। मुझे हैरत हुई कि एक कलाकार मुझे यह बताते हुए असहज था कि चेन्नै में होनेवाले दिसम्बर संगीत सत्र के दौरान, कारीगर को 1 लाख रुपये तक की कमाई हो सकती है। यह उस अवधि में किसी कलाकार को होनेवाली कमाई से अधिक है, और इसीलिए इसे ग़लत माना गया। किसी अच्छे और इन-डिमांड कारीगर की तुलना किसी नवोदित कलाकार के साथ करना कहाँ तक वाजिब है। दूसरे शब्दों

में, ये लोग समझते हैं कि कारीगर को हमेशा निर्धन और कलाकारों के एहसानों पर निर्भर रहना चाहिए।

कारीगर इस बात पर आश्चर्य जताते हैं कि सभी संगीतकार मिलकर उन्हें सरकार से मान्यता दिलाने के लिए सिफ़ारिश क्यों नहीं करते। पेंशन का मुद्दा भी बार-बार उठाया जाता है। आमतौर पर, बूढ़े होने के बाद किसी भी कारीगर के पास कोई वित्तीय सुरक्षा नहीं रहती, और उनकी इतनी कमाई नहीं होती कि वे अपनी बचत पर निर्भर रह सकें। जैसा कि वरदन ने कहा, 'जब आप साठ साल के हो जाते हैं, तो आपका शरीर और मांसपेशियाँ कमज़ोर हो जाती हैं। तब आपके पास इस काम को करने लायक़ शारीरिक शक्ति नहीं होती। यहाँ तक कि अगर आप किसी तरह काम जुटा भी लेते हैं, तो शरीर साथ नहीं देता।'

टी.के. मूर्ति के प्रयासों के कारण एंटनी को पेंशन मिली, लेकिन यह एक ही मामला था। एक ऐसी प्रणाली होनी चाहिए, जिसके बारे में कलाकारों ने अभी तक विचार नहीं किया है। इससे कारीगर के भीतर यह भावना पैदा होती है कि कलाकार केवल तभी तक उनके बारे में सोचेंगे जब तक वे उपयोगी हैं। कलाकार इन सवालों के जवाब में यह कहते हैं कि कारीगर अपने बच्चों को इस व्यवसाय में लाएँ और वे उन्हें संरक्षण देंगे। वे दीपावली में दिए जानेवाले इनामों का ज़िक्र करते हुए यह जताते हैं कि कारीगर के लिए वे कुछ अतिरिक्त कर रहे हैं। ठीक वैसे ही, जैसे वे एक घरेलू नौकर या ड्राइवर के साथ करते हैं। इसीलिए मुझे महसूस हुआ कि कारीगरों के साथ भावनात्मक रूप से कुछ ग़लत होता रहा है। उनके अपने सामाजिक संघर्षों से उन्हें विश्वास हो गया है कि यह दुर्लभ ट्रांस-कास्ट रिश्ता न्यायसंगत है। लेकिन समानता को किसी दिखावे की आवश्यकता नहीं है, और वे इसे जानते हैं, भले ही मानते न हों।

उम्मीद है, आनेवाली पीढ़ियों को ब्राह्मण दाताओं की कृपा के लिए तरसना नहीं होगा। तमिलनाडु के ज़ोरदार सामाजिक और समानतावादी आन्दोलनों, और राज्य की शिक्षा नीति के समतावाद ने मृदंगम कारीगरों की अगली पीढ़ी को प्रभावित किया है। और यह माना जाने लगा है कि समता अधिकार है, उपकार नहीं। और इसके लिए ज़ोरदार ढंग से मुखर होने की आवश्यकता है। वे अभी भी सीधे-सीधे मृदंगम कलाकारों को निशाने पर नहीं ले रहे हैं, लेकिन मुश्किल सवालों को अब वे नहीं टालते। मैंने जिन युवा कारीगरों से बात की, उन्हें जाति पर बोलने में कोई समस्या नहीं थी। पेशेवर स्तर पर, एक मूलभूत अन्तर जो मैंने देखा, वह था कारीगर

का अपने कार्यस्थल यानी दुकान पर गर्व। निस्सन्देह, इस स्थान ने उन्हें स्वामित्व बोध और उद्देश्य दिया है, भले ही इसके साथ बहुत-सी चुनौतियाँ भी आती हैं। घर-घर जाने के बजाय कलाकारों का उनके पास आना एक ऐसी उलटी स्थिति है जिसे आज के अधिकतर कारीगरों ने सहर्ष स्वीकार किया है। लेकिन अभी भी कुछ जटिलताएँ हैं, और निश्चित रूप से, 'अगली पीढ़ी' या कहें कुछ पीढ़ियों के दृष्टिकोणों में विविधता है।

दिलचस्प बात यह है कि कई मृदंगम कारीगरों के घरों में, पत्नी ने ही सही मायने में स्पष्ट और तीखे शब्दों में चर्चा की शुरुआत की। उन्हें समस्याओं को उठाने में संकोच नहीं था। वे हमारी बातचीत में सक्रिय रूप से भाग नहीं ले रही थीं, वे मुस्कुराती थीं, रसोई से हँसती थीं, या खिड़की से झाँकती थीं और फुसफुसाते हुए शब्दों या नज़रों का आदान-प्रदान करती थीं। उनकी ये भाव-भंगिमाएँ उन शब्दों से अधिक अर्थ व्यक्त कर रही थीं, जिन्हें मैं रिकॉर्ड कर रहा था। वे मृदंगम कारीगरों के जीवन का अन्तरंग हिस्सा हैं, लेकिन वे अपने पति के काम को बाहर से देखती भी हैं : एक ऐसे सुविधाजनक स्थान से, जहाँ से वह सब कुछ देखा जा सकता है जो हो रहा है।

सोवरिअर की पत्नी शारदा सोवरिअर की एक अनूठी वंशावली है। उनके दादा, के.आर. वैद्यनाथन, तंजावुर में मेलाकावेरी के एक ब्राह्मण कम्युनिस्ट थे। उन्होंने बताया कि जब उनके दादा का निधन हुआ, तो मायावरम में बस स्टैंड के आसपास की सभी दुकानें उनके सम्मान में बन्द कर दी गईं। 'मुझे याद है कि कहा जाता था कि मेरे दादाजी पूनल (जनेऊ) पहनते थे। उन्हें समाज सेवा में बहुत रुचि थी और उन्होंने समानता के लिए काफ़ी प्रयास किए। उनके भाई उनके काम से ख़ुश नहीं थे और चाहते थे कि वह अपना काम बन्द कर दें। इसके विरोध में उन्होंने जनेऊ उतार दिया।' वैद्यनाथन ने एक श्रीलंकाई तमिल महिला से शादी की और अपनी बेटी सीतालक्ष्मी की शादी एक दलित ईसाई से कराई। एक ऐसे राज्य में जहाँ जातियों के बीच अन्तर की रेखाएँ काफ़ी सख़्त हैं और ऑनर किलिंग भी प्रचलित है, इस तरह का विवाह वास्तव में एक असामान्य घटना है। सीतालक्ष्मी भी उतनी ही असाधारण महिला थीं, और उन्होंने थिरुविदईमारुदुर में एक महिला संगठन शुरू किया। इस प्रकार उनकी बेटी शारदा राजनीति और सामाजिक रूप से जागरूक परिवार में पली-बढ़ी। स्वाभाविक रूप से, उन्होंने अपने दादाजी के साहसिक और क्रान्तिकारी कार्यों की कहानियाँ भी सुनीं थीं और इसका उनके जीवन पर एक स्थायी प्रभाव पड़ा।

मैंने शारदा से पूछा कि वह ईसाई रीति-रिवाजों का पालन करती हैं या हिन्दी रिवाजों का—तो उन्होंने कहा न ये न वो। उनके माता-पिता के घर में धर्म को लेकर कोई विभाजन नहीं था। 'मेरी माँ काफ़ी धार्मिक थीं। वह अम्मन मन्दिरों में जाती थीं और वहाँ मविलक्कु (चावल के आटे और गुड़ से बना दीपक) रखती थीं, और ईस्टर से पहले लेंट के दौरान चालीस दिनों तक उपवास भी करती थीं और सफ़ेद कपड़े पहनती थीं। मैं उनसे पूछती थी कि आख़िर क्यों वह इस भगवान की भी पूजा करती है और उस भगवान की भी। वह कहा करती थीं, सभी एक समान हैं, हमें बस विश्वास करने और प्रार्थना करने की आवश्यकता है।' पेरियार से गहरी प्रभावित शारदा अब सभी धर्मों से दूर हैं।

उनका मानना है कि मृदंगम कलाकारों की वर्तमान पीढ़ी बदल गई है। लेकिन बातचीत की शुरुआत उन्होंने कुछ असहज ढंग से की : 'आज आप हमारे साथ बैठे हैं, चाय की चुस्कियाँ ले रहे हैं, यह हमें मान्यता देने जैसा है। यह एक बड़ा बदलाव है कि मृदंगम कारीगर को आज मृदंगमवादकों के पूजा-कक्ष में आमंत्रित किया जाता है।' उन्होंने ऐसा करनेवाले एक कलाकार का नाम लिया। जबकि, मैंने एक अन्य कारीगर से ठीक इसके विपरीत सुना है। उन्होंने कहा था कि मृदंगम को पूजा-कक्ष में गौरवशाली स्थान मिलता है, लेकिन वह उस कक्ष में प्रवेश नहीं कर सकते। मैंने शारदा से तर्क किया कि भले ही यह सच हो, लेकिन इसकी वजह बदलता समय और शहरी भारत का सिकुड़ता स्पेस हो सकता है, जिसके कारण जाति के नियम शिथिल पड़ गए हों। लेकिन, वह महसूस करती हैं कि आधुनिक समय के कलाकार कारीगरों की परवाह करते हैं और उनके परिवार और ख़ैरियत की चिन्ता करते हैं। पेरियारवादी होने के बावजूद, वह इस बात से सहमत नहीं थीं कि अधिकांश बदलाव बदलते सामाजिक और राजनीतिक परिदृश्य का परिणाम हैं। उन्होंने बड़ी विनम्रता से मुझ पर बहुत पूर्वग्रही होने का आरोप लगाते हुए कहा, 'ऐसे लोग भी हैं जो वास्तव में बदल गए हैं।' उनका कहना था कि कोई भी बदलाव, चाहे वह कितना भी छोटा क्यों न हो, उसकी सराहना की ही जानी चाहिए। 'जाति जन्म के साथ आती है। ब्राह्मण लम्बे समय से एक प्रमुख जाति रहे हैं। मेरे लिए, यदि उन्होंने ये बदलाव किए हैं, तो यह उनकी एक बड़ी छलाँग है। आज समाज में हर कोई समान है और इसीलिए वे भी बदल रहे हैं।'

उनको लगता है कि कारीगरों में अन्दर तक एक हीन भावना समाई हुई है, एक बोझ है जो वे बचपन से ढोते आ रहे हैं। एक कारीगर माइकल (बदला हुआ नाम)

ने कहा था, 'ऊँची जाति वाले अपनी जाति के साथ शान से जीते हैं, लेकिन हम ऐसा नहीं कर पाते। वे हमें नीची नज़र से देखते हैं। यह हीन भावना मेरे साथ रहती है।' शारदा ने तर्क दिया कि उत्पीड़न के इस चक्र को तोड़ने का दायित्व कारीगरों पर है। 'निचली जातियों के ऊपर आने के लिए ऊँची जातियों की मदद से ज़्यादा ज़रूरी है कि निचली जातियों के लोगों को अपनी ओर से ऊपर उठने का प्रयास करना चाहिए।' वह समझाना जारी रखती हैं, 'जब उनका सब कुछ अच्छा चल रहा हो, तो वे अपने कम्फर्ट ज़ोन से बाहर क्यों निकलना चाहेंगे? पीड़ित हम हैं, इसीलिए हमें बदलाव लाने की ज़रूरत है।' शारदा की आवाज़ में जूझने की चाह और विद्रोह झलक रहा था, शायद यह उनकी माँ और दादा का असर था। निष्क्रियता उनको पूरी तरह से अस्वीकार्य थी। वह रूपान्तरण का लाभार्थी बनने के बजाय आगे बढ़कर बातचीत का ज़िम्मा उठाने को तैयार थीं। लेकिन अन्ततः वह इस बात से सहमत थीं कि वह जो कुछ सुझा रही हैं, उन बातों पर अमल करना इतना आसान भी नहीं है।

पीटर अधिक व्यावहारिक थे। उन्होंने कहा कि काम के हर क्षेत्र में उपेक्षा एक वास्तविकता है। 'वीणा बनानेवाले को कोई नहीं जानता, तो फ़िल्म उद्योग में पर्दे के पीछे काम करनेवालों को भी भला कौन जानता है, हर कहीं, किसी-न-किसी को दबाया जाता है।' एक अन्य कारीगर ने स्वीकार्यता और आर्थिक तंगी की बात दोहराई, और आज के मृदंगमवादकों के व्यवहार पर टिप्पणी करते हुए कहा कि यह परिवर्तन केवल सामाजिक दबाव के कारण है। 'वे भी अब शहर में चले गए। पहले जब वे बस में बैठते थे तो सब खड़े हो जाते थे। लेकिन शहरों में सब साथ बैठते हैं, उनके लिए कोई खड़ा नहीं रहता। तो उनको भी बदलना पड़ा।' इनमें से कोई भी कारीगर यह नहीं मानता है कि कहीं कोई हृदय-परिवर्तन हुआ है, कि जाति की वास्तविक समझ आई है या कलाकारों के साथ उनके सम्बन्धों में ख़राबी आई है। 'वे कलाकार हैं और हम अब भी मज़दूर हैं,' एक ने कहा। 'पहले के दिनों में इसे खुलेआम प्रदर्शित किया जाता था,' दूसरे ने कहा। एक सहयोगी ने कहा, 'पहले के दिनों में यह ज़ाहिर था। वे हमें अन्दर नहीं आने देते थे, वग़ैरह। आज बात करते हैं, वे हमें अन्दर आने को कहते हैं, पानी पिलाते हैं, लेकिन वह फ़र्क़ अभी भी है। भले ही वे इससे इनकार करते हों।'

जाति-प्रदर्शन अब एक अलग रूप में काम करता दिख रहा है। पॉल बताते हैं कि कैसे मृदंगम कलाकार वाद्य बनाने के बारे में सोशल मीडिया पर वीडियो

डाल रहे हैं, जिससे यह संकेत मिलता है कि वे इसमें शामिल सभी कार्य कर रहे हैं और कर सकते हैं। यह बात निश्चित रूप से ग़लत है। कारीगर पूछता है, 'क्या वे चमड़े का काम कर सकते हैं?' लेकिन चूँकि कलाकार नामचीन है, इसलिए हर कोई उसकी बात पर भरोसा करता है। एक कारीगर ने कहा कि वीडियो के माध्यम से मृदंगम कलाकार ने हमें केवल श्रमिकों के रूप में सम्बोधित किया, अनादरपूर्वक कहा, 'वह आदमी आएगा, अपना काम करेगा।' कारीगरी के ज्ञान का दावा करके कलाकार अब कारीगर की विशेषज्ञता के क्षेत्र में अतिक्रमण कर रहे हैं और कारीगर इसे जाति और वर्ग श्रेष्ठता की भावना से जोड़कर देखते हैं (जो काफ़ी हद तक सही भी है)। मुझे याद आया कि यह चाल कोई नई नहीं थी, पहले भी ऐसा हो चुका था। सेल्वाराज ने उस दिन एक वरिष्ठ मृदंगम कलाकार के दिल्ली में 'मेकिंग ऑफ़ मृदंगम' पर दिये गए व्याख्यान का ज़िक्र किया था। वह बहुत ग़ुस्से में थे, उन्होंने कहा कि कलाकार को किसी ऐसे विषय पर बोलने का कोई अधिकार नहीं है जिसमें उनकी विशेषज्ञता नहीं है।

मुझे इस बात को लेकर भी उत्सुकता थी कि मृदंगम कारीगरों के परिवारों में से इतने कम लोगों ने मृदंगम बजाने की कला क्यों सीखी। कई लोगों ने बजाना अपने आप सीखा, और तेरुकुट्टु प्रदर्शनों के लिए मृदंगम और सुगम संगीत व चर्च के संगीत-कार्यक्रमों के लिए तबला बजाया। सोवरिअर के चचेरे भाई एंटोनी इस्लामी भक्ति गीतों के गायक नागूर हनीफ़ के साथ नियमित तबला बजाते थे। लेकिन कर्नाटिक संगीत में किसी ने प्रवेश नहीं किया। जब मैंने यह प्रश्न किया तो सहज उत्तर मिला, 'हमारे पास सीखने का समय नहीं है। यही काम हमारा सारा समय ले लेता है।' काम अन्य तरह से भी बाधक बनता है। एक अन्य कारीगर ने कहा, 'शुरुआत में मुझे बजाने में बहुत दिलचस्पी थी। लेकिन एक बार जब हम काम करना शुरू कर देते हैं, तो हमें पीठ की समस्या हो जाती है और हाथ भी बहुत सख़्त हो जाते हैं। हमारे गुर्दों में पथरी भी बन जाती है, क्योंकि हम चमड़े की पट्टियों को खींचते हैं, अपने मूत्र को देर तक रोककर रखते हैं, और बड़ी ऊर्जा भी खपाते हैं।' हाथों का सख़्त होना अक्सर व्यावसायिक ख़तरे के रूप में बताया जाता है।

कई कारीगरों ने यह भी बताया कि मृदंगम कलाकार उन्हें सिखाने के लिए तैयार नहीं थे। आज, कुछ लोग इच्छा दिखाते तो हैं, लेकिन जिन कारीगरों का मैंने साक्षात्कार लिया, उनके लिए अब बहुत देर हो चुकी है।

हालाँकि, मृदंगम कारीगरों की युवा पीढ़ी के कुछ लोगों को सीखने के अवसर मिले हैं। आरोग्यम के बेटे ने कुछ समय के लिए टी.वी. गोपालकृष्णन से मृदंगम सीखा, और फिर संगीत में अपनी शिक्षा जारी रखने के लिए अन्नामलाई विश्वविद्यालय में दाख़िला ले लिया। सोवरिअर के भाई प्रकाश भी तिरुवयारु संगीत कॉलेज से प्रशिक्षित हैं और जॉनसन के बेटे अरुणकुमारेश कई वर्षों से उमयलपुरम शिवरामन से सीख रहे हैं। वास्तव में, एक तमिल फ़िल्म 'सर्वम थाला मयम' इसी विषय पर आधारित थी। इसमें एक मृदंगम कारीगर का बेटा मृदंगम बजाना सीखता है। लेकिन, फ़िल्म रिश्तों और इस बातचीत में शामिल सामाजिक बारीकियों को गहराई से समझाने में विफल रही। फ़िल्म अँधेरे कोनों में झाँकने और अनकहे शब्दों को सुनने को तैयार नहीं थी। जाति को एक कंक्रीट की दीवार के रूप में प्रस्तुत किया गया, जबकि यह वास्तव में एक विकेट गेट (चोर दरवाज़े) की तरह काम करती है।

वास्तव में, वे सभी जिन्होंने इस वाद्य-यंत्र को बजाना सीखा था, अब केवल इसे बनाने के व्यवसाय में लगे हैं। तंजावुर परिवार के एक सदस्य ने शिवरामन के शिष्य, अरुणकुमारेश के बारे में एक सटीक टिप्पणी की : 'ईमानदारी से कहूँ तो, अगर वह उच्च जातियों का कोई व्यक्ति होता, तो वह अब तक अपना पहला प्रदर्शन कर चुका होता।'

कलाकार उम्मीद करते हैं कि कारीगरों के बेटे अपने पेशे को आगे बढ़ाएँ। जब रविकुमार गवर्नमेंट म्यूज़िक कॉलेज में मृदंगम के छात्र थे, तो उनके शिक्षक कक्षा के बाक़ी छात्रों को छोड़कर उन्हें ही मृदंगम के काम में मदद करने के लिए चुनते थे। और मैं अनुमान करता हूँ कि ऐसा कई मौक़ों पर हुआ होगा। उनके शिक्षक ने रविकुमार से कहा कि उन्हें मृदंगम सीखने में समय नहीं गँवाना चाहिए, क्योंकि उन्हें माहिर बनने में दस साल लग जाएँगे और उन्हें बहुत अभ्यास करना होगा। इसके बजाय, उन्हें अपने चाचा से मृदंगम बनाना सीखना चाहिए। शिक्षक जानते थे कि रविकुमार, रामकृष्णन के बहनोई थे, और कोई भी यह तर्क आसानी से दे सकता है कि उन्होंने रविकुमार को मदद करने के लिए केवल इसलिए बुलाया क्योंकि वह वास्तव में वाद्य-यंत्र की मरम्मत और ट्यूनिंग की कला में कुशल थे। हालाँकि, शिक्षण संस्थानों में जातिगत भेदभाव को देखते हुए इस तर्क को स्वीकार करना आसान नहीं था, जहाँ छात्रों को नियमित रूप से उन कार्यों के लिए चुना जाता है जो उनके 'वंशानुगत' व्यवसायों के क़रीब हैं। शिक्षक द्वारा रविकुमार को मृदंगम कलाकार बनने से रोकना उनके जातिगत पूर्वग्रहों को उजागर करता है।

कक्षा के अन्य बीस लड़कों को न तो मदद करने के लिए कहा गया और न ही अपने सपनों को भूलने के लिए।

जब एक मृदंगम कारीगर ने एक कलाकार से नौकरी के सन्दर्भ में सम्पर्क किया, तो कलाकार ने उसे एक कारीगर के रूप में आगे बढ़ने में मदद करने का आश्वासन दिया। जब उसने सेवानिवृत्ति लाभों पर बात की, तो कलाकार ने उसे आश्वासन दिया कि वह कारीगर के बेटे को भी काम पर रख लेगा। इन संगीतकारों के बेटे इन दिनों सूचना प्रौद्योगिकी उद्योग में, चार्टर्ड एकाउंटेंट के रूप में भारत या अमेरिका में प्रबन्धन क्षेत्र में कार्यरत हैं। मैं पक्के तौर पर कह सकता हूँ कि मृदंगमवादक शायद ही कभी अपने बेटों को संगीत को एक पेशे के रूप में अपनाने के लिए प्रोत्साहित करते हैं। ऐसा न करने के पीछे इस क्षेत्र में आर्थिक कठिनाइयों का हवाला दिया जाता है। इन नौजवानों ने अपने वास्तविक करियर लक्ष्यों की ओर बढ़ने के साथ-साथ इस कला को भी सीखा है। फिर भी, वादक उम्मीद करते हैं कि मृदंगम कारीगर के पुत्र कारीगर ही बनें। एक कलाकार ने अगली पीढ़ी के मृदंगम कारीगरों के बारे में कहा, 'इस काम में पैसा है, लेकिन नई पीढ़ी एसी कमरे वाले कार्यालय में चपरासी के रूप में नियुक्त होना पसन्द करती है।'

इससे मुझे तत्कालीन मुख्यमंत्री सी. राजगोपालाचारी द्वारा 1953 में घोषित की गई नासमझी भरी शिक्षा नीति याद आ गई। दरअसल, इसे एक साल के लिए ही लागू किया गया था। योजना के अनुसार, प्राथमिक विद्यालय के बच्चों के लिए दोहरा पाठ्यक्रम निर्धारित किया जाना था। दिन का पहला हिस्सा नियमित शिक्षा के लिए समर्पित था, जबकि दूसरे हिस्से में बच्चों को अपना वंशानुगत कार्य, अर्थात जाति-आधारित व्यवसाय सीखना था। निस्सन्देह, यह एक ऐसी व्यवस्था रही होगी जिसने जाति-व्यवस्था को क़ायम रखा और समाज के उपेक्षित वर्गों के बच्चों को उनके जाति-कार्य के कलंक में उलझा दिया।

मृदंगम कलाकार कालिदास ने एक गहन निरीक्षण किया है। उन्होंने कहा कि मृदंगम बनाने के क्षेत्र में अन्य समुदायों के लोगों का प्रवेश एक हालिया परिवर्तन है। उनका मानना था कि ज़रूरत के कारण ही उन्होंने इस अवसर की ओर रुख़ किया होगा, लेकिन वे अपवाद ही हैं। उनका आकलन सही था, इस क्षेत्र में अभी भी ग़ैर-दलित जातियों के कारीगरों की उपस्थिति दुर्लभ है।

वलंगैइमन शनमुगसुन्दरम पिल्लै का नाम किसी परिचय का मोहताज नहीं। शायद ही कोई कर्नाटिक संगीतकार होगा, जिसने उनका नाम नहीं सुना होगा। वह प्रकांड विद्वान थे और उन्होंने दशकों तक तविल (वाद्य-यंत्र) पर राज किया था। एक कलाकार और संगीत-साधक के रूप में वह बेजोड़ थे। उनके बेटे, एस. मुरुगानन्दम को इस बात की चिन्ता थी कि अगर उन्होंने तविल में हाथ आज़माया तो उनके पिता की बदनामी होगी। इसके बजाय, उन्होंने तविल के मधुर संगतकार वाद्य नादस्वरम का प्रशिक्षण लिया। उनके गुरु थे अन्दवन कोइल सेल्वरत्नम और वलंगैइमन सुन्दराजन। दुर्भाग्यवश स्वास्थ्य कारणों से उन्हें अपने सपने को तिलांजलि देनी पड़ी। संगीत के दोनों विकल्प उनके हाथ से जाते रहे और फिर उन्होंने खेती-बाड़ी शुरू कर दी। उनके परिवार के खेत थे। पैंतालीस वर्ष की उम्र तक पहुँचते-पहुँचते मुरुगानन्दम अपने जीवन की दिशा को लेकर असन्तुष्ट हो चले थे।

1985 में वह मद्रास में रह रहे अपने बहनोई तंजावुर उपेन्द्रन के पास चले गए। उस समय वह रामकृष्णन उपेन्द्रन के मृदंगम का सारा काम सँभाल रहे थे। मुरुगानन्दम, रामकृष्णन के घर और दुकान के कामकाज को चुपचाप देखते रहते थे, छोटे-मोटे कामों में मदद भी करते थे। वह देखते कि कैसे चमड़े को ख़रीदा, काटा और संसोधित किया जाता है। लेकिन कारीगर के कुछ कर्मचारी, जो उनके रिश्तेदार भी थे, उनकी उपस्थिति से बहुत ख़ुश नहीं थे। उन्होंने अपने शिक्षक को सलाह दी कि वह किसी बाहरी व्यक्ति को कुछ न सिखाएँ। इस तरह मुरुगानन्दम की शिक्षा रुक गई। मुरुगानन्दम सीखने के लिए फिर कृष्णमूर्ति के बग़ल में स्थानान्तरित हो गए। वहाँ कुछ समय बिताने के बाद उन्हें मृदंगम बनाने का काफ़ी कुछ ज्ञान हो गया था। उन्होंने जेसुदास के साथ भी काम किया और उनसे सीखा।

हालाँकि, वह इसइ वेल्लार जाति से ताल्लुक़ रखते थे, लेकिन चमड़े का काम उनके लिए बिलकुल नया नहीं था। मुरुगानन्दम ने कहा, 'उन दिनों में कम-से-कम तविल कलाकार तो अपने वाद्य-यंत्रों पर काम करना जानते थे, मृदंगम कलाकारों के साथ ऐसी स्थिति नहीं थी। हर कलाकार इतना पहुँचा हुआ नहीं था कि वह कारीगर का ख़र्च वहन कर सके। उनकी कमाई बहुत कम थी, इसलिए अपने वाद्य की देखरेख वे ख़ुद ही कर लेते थे।' इसीलिए, तविल वादक को चमड़े का भी काम करना पड़ता था और अपने वाद्य-यंत्र को बनाने-सुधारने के सभी पहलुओं को जानना पड़ता था। तविल को कई लोग मिलकर बनाते हैं। फिर भी, ऐसा प्रतीत

होता है कि खाल यानी चमड़े की ख़रीद और उसकी सफ़ाई का काम अभी भी दलित समुदाय के ज़िम्मे ही था।

बेशक, इन दिनों ऐसी दुकानें हैं जो पूरा वाद्य-यंत्र बेचती हैं। मदुरै में मृदंगम निर्माता ब्रिटो अब तविल बनाने में अधिक रुचि ले रहे हैं, और चूँकि उन्हें बड़े अन्तरराष्ट्रीय ऑर्डर्स मिलने लगे हैं, तो इस काम में उन्हें अधिक लाभ दिख रहा है।

जैसे-जैसे हम जाति के पदानुक्रम में नीचे उतरते जाते हैं, कलाकार और कारीगर के बीच का व्यावसायिक अन्तर कम होता जाता है। इसलिए, सबसे निचले पायदान पर रहनेवाले दोहरी भूमिका निभाते हैं : एक दलित या आदिवासी वादक अपने उस वाद्य-यंत्र को बनाता भी है, जिसे वह बजाता है। चेन्नै के परई कलाकार एन. दीपन ने मुझे बताया कि एक कलाकार के लिए सिर्फ़ बजाना जानना काफ़ी नहीं है, उससे उम्मीद की जाती है कि वह इसे बनाने में भी माहिर हो। इसी तरह, तटीय कर्नाटक में कोरगा समुदाय के ढोलवादकों ने अपना वाद्य-यंत्र बनाने के लिए लगनेवाली गाय की खाल प्राप्त करने में उन्हें जो कठिनाई होती है, मुझसे साझा की थी। 'यहाँ तक कि हमारे लिए खाल जुटा पाना भी मुश्किल है। कहीं मिल जाती है तो कुछ संगठन आकर विरोध करने लगते हैं।' वे मद्दाल (मद्दलम) और चन्दे (चन्दा) बनाने में यक्षगान कलाकारों की भी मदद करते हैं। एक कोरगा तालवादक के शब्दों में, 'अब भी, यक्षगान प्रदर्शन के एक सीज़न के बाद, वे हमारे पास खाल लेने के लिए आते हैं।'

एक कारीगर के रूप में अपने शुरुआती दिनों में मुरुगानन्दम क्रोमपेट में गाय की खाल ख़रीदने गए। खाल ख़रीदने के बाद जब उन्होंने उसे खोलकर देखा तो उनके लिए पहचान पाना मुश्किल हो गया कि जानवर के मुँह के ऊपर वाला हिस्सा कौन-सा है। उन्हें इस बात का अन्दाज़ नहीं था कि जब खाल पूरी तरह से फैल जाती है, तो गाय के गाल भी फैल जाते हैं। उन्हें जूझते हुए देखकर, गुणसीलन और जॉनसन ने उन्हें एक तरफ़ हटने के लिए कहा और जो ज़रूरी था, वह किया। मृदंगम बनाने के विभिन्न पहलुओं को सीखने की कई कहानियाँ सुनाने के बाद मुरुगानन्दम ने ज़ोर देकर कहा कि उन्होंने अन्य कारीगरों के साथ कुछ ही दिन बिताए। उनके मुताबिक़, बस कुछ ही दिन इधर-उधर गुज़ारे। दूसरे शब्दों में, दूसरे कारीगरों से सीखे हुए के बजाय उनके अपने अवलोकन कौशल ने उन्हें सीखने में ज़्यादा मदद की। उनके कहने का अर्थ था कि वे अपने बलबूते खड़े हुए थे। उनके बेटे एम. नवनीतकृष्णन ने भी ऐसी ही बात कही : 'मेरे पिता को यह कला ख़ुद ही

सीखनी पड़ी। लेकिन मेरे लिए उनसे सीखना आसान था।' दिलचस्प बात यह है कि जब 2001 में रामकृष्णन की मृत्यु हुई, तो मुरुगानन्दम ने विधि-विधान आयोजित करने की पहल की। कृष्णमूर्ति इस काम में आगे नहीं आनेवाले थे और रामकृष्णन का परिवार पहले ही गाँव के लिए निकल चुका था। इसे अपने गुरु के प्रति उनका विनम्र आभार-ज्ञापन कहा जा सकता है।

जब मुरुगानन्दम अपना व्यवसाय शुरू करने के लिए तैयार हुए, तो उन्होंने मंडावली के उपनगर में एक छोटी-सी जगह पर दुकान चलानेवाले मैकेनिक से उनके लिए किराये पर दुकान खोजने में मदद करने का अनुरोध किया। किसी और दुकान की बजाय उस मैकेनिक ने उन्हें सुझाव दिया कि वह उनकी ही दुकान साझा कर सकते हैं, और इस तरह मृदंगम बनाने के व्यवसाय में मुरुगानन्दम का औपचारिक प्रवेश हुआ। 1990 तक उन्होंने ख़ुद की अपनी एक दुकान किराए पर ले ली थी। लगभग इसी समय सत्रह वर्षीय नवनीतम, जो वलंगैइमनगाँव में अपने दादा के साथ रह रहे थे, मद्रास आकर अपने पिता के साथ काम करने लगे। अगले चार वर्षों के भीतर, उन्होंने मृदंगम कलाकार श्रीमुष्णम राजा राव की मदद से एक दुकान ख़रीद ली और उसमें काम करना शुरू कर दिया। वे तंजावुर कारीगरों के लिए एक व्यावसायिक ख़तरा बनने लगे थे, उन्हें अब कमाई और बाज़ार की बड़ी हिस्सेदारी हासिल करने के लिए ज़्यादा भागदौड़ करनी पड़ रही थी। 1990 के दशक के अन्त तक हर कोई उनका नाम जानने लगा था और एक अच्छा ध्वनि-गुण उनकी मृदंगम कारीगरी के साथ जुड़ने लगा था। मुनुसामी, वेंकटेसन, कृष्णमूर्ति और रामकृष्णन के बाद मृदंगम की दुकान खोलनेवाले मुरुगानन्दम पाँचवें व्यक्ति थे। तंजावुर कारीगर अभी भी शहर-भर के कलाकारों के घर-घर जाकर काम कर रहे थे।

मुरुगानन्दम ने कभी अपने बहनोई के लिए कोई काम नहीं किया, लेकिन उपेन्द्रन के छात्र उनकी दुकान पर अपने वाद्य-यंत्रों की प्रतीक्षा करते हुए मिलते थे। उनकी दुकान पर तरह-तरह की गतिविधियाँ चलती रहती थीं और मृदंगम कलाकारों के मिलने, नोट्स का आदान-प्रदान करने, पिछले दिनों सम्पन्न हुए संगीत आयोजनों की चर्चा के साथ-साथ समुदाय से जुड़ी बाक़ी गपशप का एक स्थान बन गई थी। कहा जाना चाहिए कि मुरुगानन्दम को एक बहुत बड़े मृदंगम समुदाय से बड़ा सहयोग मिला, जिसके कारण वह अन्य कारीगरों से आगे निकल गए। और, हालाँकि उन्होंने इस बात को कहा नहीं, लेकिन उन्हें जातिगत सुविधाओं और अपनी सांगीतिक विरासत का लाभ मिला। 'मेरे साथ सम्मानपूर्वक व्यवहार

किया गया। वे मेरे परिवार को भी जानते हैं, वे मेरे पिता को भी जानते थे और इससे मुझे सम्मान मिला। यहाँ तक कि रघु सर (पालघाट रघु) ने भी मुझे पर्याप्त सम्मान दिया,' मुरुगानन्दम ने कहा। नवनीतम ने आगे जोड़ा, 'रघु सर आमतौर पर बेवजह नहीं बोलते थे। लेकिन जब मैं जाता था, तो वह हमेशा मेरे दादा और चाचा और मेरे पिता के बारे में पूछताछ करते थे।' शिवरामन भी उनके साथ काफ़ी समय बिताते थे। तो, यदि पिता और न ही पुत्र ने मृदंगम कलाकारों से सहयोग या सम्मान न मिलने की शिकायत नहीं की तो इसमें भला आश्चर्य कैसा! वे सामाजिक और कला-जगत के पदानुक्रम में वादक कलाकारों के क़रीब हैं, और उनके बीच एक स्वाभाविक सम्बन्ध है। मुरुगानन्दम पिता-पुत्र एक ऐसी गतिविधि में शामिल थे जो उनके सामाजिक स्तर से नीचे की थी, कुछ ऐसी जिसकी तारीफ़ की जाती थी। यह एक ऐसा बुनियादी काम था, जो उन्हें अन्य मृदंगम कारीगरों से ऊँचा उठाता था।

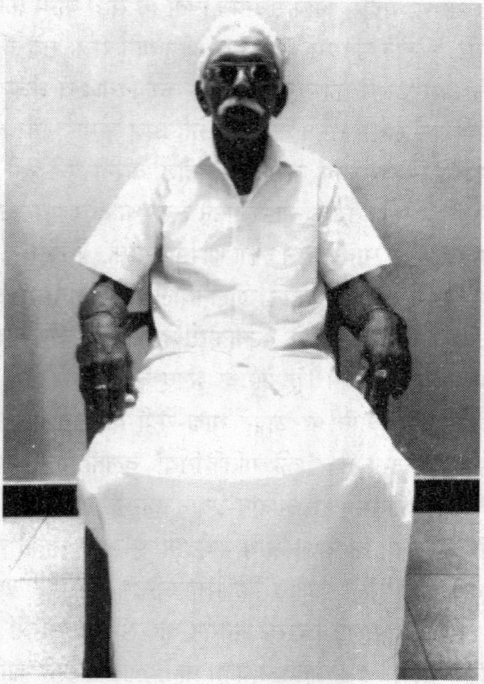

साभार : एम. नवनीतकृष्णन

मुरुगानन्दम अपने घर में

बात जब इसइ वेल्लालर संगीतकारों की आई, तो ब्राह्मण संरक्षणवाद ने ज़ोर पकड़ा। मुरुगानन्दम के अपने बहनोई, तंजावुर उपेन्द्रन, जिनकी मृत्यु अड़तालीस वर्ष की आयु में हो गई थी, अपने ब्राह्मण समकक्षों की ऊँचाइयों तक पहुँचने में असमर्थ थे। लेकिन जब इसइ वेल्लालर एक कारीगर बन गया, तो आपसी संवाद अधिक आसानी से सम्भव हो गया। वे ब्राह्मण मृदंगम कलाकार के समान स्थान पाने के लिए प्रतिस्पर्धा नहीं कर रहे थे, बल्कि एक नीचे दर्जे पर रहकर सेवा प्रदान कर रहे थे। दूसरी बात, अब वादक कलाकारों को अपने मृदंगम सम्बन्धी कार्य के लिए केवल दलितों की सहायता लेने की आवश्यकता नहीं रह गई थी। तंजावुर के एक कारीगर ने हल्के से इशारा किया कि कैसे जातिगत सम्बन्ध मुरुगानन्दम के लिए कारगर ढंग से काम कर रहे हैं। एक तंजावुर कारीगर का कहना था कि आख़िरकार, वह उपेन्द्रन के रिश्तेदार थे और इससे वे एक अच्छी शुरुआत कर सके।

नवनीतम अब अपने भाई धनपाल, एक चचेरे भाई और परिवार के एक अन्य क़रीबी लड़के की मदद से दुकान चलाते हैं। सम्भवतः इस व्यवसाय में वे पहले इसइ वेल्लालर परिवार हैं और अन्य कारीगरों की तरह उन्होंने भी अपने काम को परिवार के क़रीबी सदस्यों तक सीमित रखा है।

लेकिन समय के साथ मुरुगानन्दम-परिवार का दबदबा कम होता जा रहा है। उन्हें लगता है कि तंजावुर के अतिक्रमण से काम के नैतिक मूल्य और मानक प्रभावित हुए हैं। उनका दावा है कि ग्राहकों की ग़लत ढंग से धर-पकड़ और काम की गुणवत्ता में गिरावट के लिए तंजावुर की नई पीढ़ी ज़िम्मेदार है। व्यक्तिगत स्तर पर, मुरुगानन्दम परिवार और विस्तारित तंजावुर परिवार के बीच बहुत मामूली सम्बन्ध प्रतीत होता है। वे सौहार्द बनाए रखते हैं लेकिन वे एक-दूसरे को थोड़ा भी पसन्द नहीं करते हैं। यह बिलकुल स्पष्ट था कि तंजावुर कारीगर मुरुगानन्दम को एक कारीगर के रूप में अधिक महत्त्व नहीं देते थे। उन्होंने रामकृष्णन, और यहाँ तक कि कृष्णमूर्ति के काम की भी सराहना की, लेकिन जब कारीगरी और शिल्प-कौशल की चर्चा हो रही होती, तो मुरुगानन्दम का कहीं कोई उल्लेख नहीं होता। मुझे यक़ीन है कि मुरुगानन्दम परिवार उनकी इस दुश्मनी को महसूस कर सकता है। वे इसका उत्तर अपने उच्च स्तर के काम, काम के दाम और सबसे ऊपर अपनी सच्चरित्रता का दावा करके देते हैं। 'हम समझौता नहीं करते' उनका आदर्श वाक्य प्रतीत होता है, जिसका अर्थ है कि तंजावुर कारीगर समझौता करते हैं। उनके साथ मेरे साक्षात्कारों के दौरान कई बार पर, तंजावुर कारीगरों के व्यवहार

और कार्य-संस्कृति पर कटाक्ष किया गया। मुरुगानन्दम और नवनीतम की देहभाषा गर्व से भरी हुई और दमदार थी। वे बिलकुल अलग तरह के मृदंगम कारीगर थे।

मद्रास के एक ब्राह्मण कारीगर थे—एन.वी.एस. मणि, वह अय्यर थे, जिनकी गवर्नमेंट म्यूज़िक कॉलेज के पास एक दुकान थी। कुछ समय के लिए कॉलेज से लौटते समय रविकुमार उनकी मदद किया करते थे। शिवरामन मणि के काम को बहुत अच्छा नहीं मानते। उन्होंने बताया कि वह मुख्य रूप से पुराने मुट्टु को नया बनाते थे।

मणि के निधन के बाद एस. बालागुरु शहर में एकमात्र ब्राह्मण मृदंगम कारीगर रह गए हैं। वह पश्चिम माम्बलम के उपनगर में पले-बढ़े और एक नैमित्तिक कामगार के तौर पर ऑटो उद्योग में काम कर रहे थे कि एक दुर्घटना में उनकी उँगलियों में चोट लग गई। बालागुरु का शौक़ था नामसंकीर्तन और भजन के कार्यक्रमों में ढोलकी बजाना। वह यह काम तब से कर रहे हैं जब वह बारह वर्ष के थे, और नामसंकीर्तन के कई स्थानीय समूहों के साथ उनका नाम जुड़ा हुआ रहा। बाद में उन्होंने गाना भी शुरू कर दिया था। करियर में बदलाव और मृदंगम-निर्माण की ओर उनके मुड़ने को विधि का विधान कहा जा सकता है। '1982 में मैंने अपनी ढोलकी मरम्मत के लिए दी थी और वह कारीगर मरम्मत को टालता रहा। वह थाउज़ेंड लाइट्स में कार्यरत आरोग्यसामी थे, जो ढोलक और तबला बनाने के विशेषज्ञ थे।' ब्रिटो ने थाउज़ेंड लाइट्स में किसी एंटनी का उल्लेख किया था जो फ़िल्म और रिकॉर्डिंग के वादक कलाकारों का मुख्य सहयोगी था। मुझे लगता है कि वे दोनों एक ही आदमी का ज़िक्र कर रहे हैं—शायद उसका नाम एंटनी आरोग्यसामी था?

केट्टावरमपलयम गाँव में रामनवमी उत्सव में बालागुरु का कार्यक्रम होनेवाला था। आरोग्यसामी की तरफ़ से विलम्ब होने से नाराज़ बालागुरु ने चमड़ा ख़रीदा और ढोलकी ख़ुद ही तैयार की। और उसी दिन उन्होंने निश्चय कर लिया कि वह अब कभी भी अपने वाद्य-यंत्र के लिए दूसरों पर निर्भर नहीं रहेंगे। जल्द ही, पश्चिम माम्बलम में रहनेवाले एक संगीतकार, सेथलपति बालू और उनके दो बेटों के प्रोत्साहन से बालागुरु ने मृदंगम-निर्माण की दुनिया में प्रवेश किया। सेथलपति बालू के दोनों बेटे मृदंगमवादक हैं।

एक ब्राह्मण होते हुए खाल का काम करते हुए उन्हें कैसा लगा? 'मेरा ऐसा करना ग़लत है। नन्दीकेश्वर के बाद जिन लोगों को मृदंगम बजाना चाहिए,

वे पिल्लैमार (इसइ वेल्लालर) हैं। अज़गनाम्बी पिल्लै, मामूंदिया पिल्लै, पलानी सुब्रमण्या पिल्लै जैसे मृदंगम के कई कलाकार हैं। जहाँ तक गायन की बात है, तो इसमें यादव या ओधुवर थे। पिल्लै लोगों द्वारा तविल और मृदंगम बजाया जाता था। ब्राह्मणों से अपेक्षा की जाती थी कि वे वेदों का पाठ करें, सन्ध्या वन्दनम करें, शिक्षाटन करें। अब यह नियम बदल गए हैं। सभी ब्राह्मणों के लिए घर पर बैठकर वेदों का पाठ करना व्यावहारिक नहीं है। ऐसा मैं सोचता हूँ। जब आप त्रिकाल सन्ध्या करना छोड़ देते हैं, तो आप अपने कर्तव्यों से विमुख माने जाते हैं। पिछले सैंतीस वर्षों में मैंने दिन में त्रिकाल सन्ध्या वन्दनम करना या इन्द्राक्षीयम का पाठ करना बन्द नहीं किया है। लेकिन आप किसी को वह करने से नहीं रोक सकते जो वह करना चाहता है, यह मेरी राय है।' उन्होंने इस काम को चुना तो वे इसे उसे कांची कामकोटि मठ के तत्कालीन पुजारी जगद्गुरु श्री चन्द्रशेखरेन्द्र सरस्वती का आशीर्वाद भी माना। 'मैंने उन्हें बताया कि मैं जो भी काम करता हूँ, उसमें मुझे कहीं-न-कहीं चोट लग जाती है, मैं क्या करूँ। उन्होंने कहा, काम के पीछे जाना बन्द करो, काम को अपने पास आने दो। उन्होंने सलाह दी कि तुम जो पहले से कर रहे हो, उस पर और अधिक मेहनत करो। इसलिए मैंने वाद्य-यंत्रों का काम करना शुरू कर दिया।'

लेकिन उनके इस काम की वजह से उन्हें जीवनसाथी मिलना एक चुनौती थी। 'मेरी शादी चौंतीस साल की उम्र में हो पाई थी। कोई भी अपनी बेटी की शादी मुझसे करने को तैयार नहीं था, क्योंकि मैं मृदंगम और ढोलकी बनाने का काम करता था। बारह-तेरह प्रस्तावों में मुझे नकार दिया गया। ऐसी लड़कियाँ थीं जो मेरे भजनों के कारण मुझे पसन्द करती थीं, लेकिन उनके माता-पिता सहमत नहीं हुए थे।' बालागुरु ख़ुद को अजीब सामाजिक स्थिति में फँसा हुआ पाते हैं। वह अपने काम के प्रति प्रतिबद्ध हैं लेकिन उन्हें लगता है कि वह ऐसा काम कर रहे हैं जो केवल चक्किलियार लोगों को ही करना चाहिए। परिस्थितियों ने उन्हें अपनी जाति के स्तर से बहुत नीचे उतरकर काम करने के लिए मजबूर कर दिया है। बिलकुल मुरुगानन्दम की तरह, लेकिन उनसे ज़्यादा जोश के साथ बालागुरु ने कहा कि उन्होंने सब कुछ अपने आप सीखा है। बालागुरु ने बताया कि वास्तव में, गुणसीलन ने उन्हें सिखाने की पेशकश की थी, लेकिन उन्होंने इस प्रस्ताव को स्वीकार नहीं किया। 'मैं उन लोगों से बेहतर हूँ जो परम्परागत रूप से इस क्षेत्र में काम कर रहे हैं। मैं किसी की दुकान के सामने खड़ा नहीं

हुआ। मैंने किसी से नहीं सीखा। सब ख़ुद सीखा है।' यह सच हो भी सकता है और नहीं भी, लेकिन उनमें पारम्परिक कारीगर से अपने को अलग दिखाने की एक उत्कट इच्छा दिखती है। बालागुरु अपनी जातिगत शुद्धता से जुड़ी जीवन-शैली और अपने काम के बीच के अन्तर्विरोध का समाधान करने में असमर्थ हैं, शायद अपने और बाक़ी लोगों के बीच इस दरार की चर्चा करने से उनकी बेचैनी किसी हद तक शान्त होती है।

एक ब्राह्मण होने के नाते बालागुरु को अपनी ही जाति के मृदंगम कलाकारों से मदद की उम्मीद थी। ऐसा नहीं होने से वह निराश और नाराज़ थे। इस कार्यक्षेत्र में प्रवेश करने का सामाजिक-अनुष्ठान 'बलिदान' करने के बाद, उन्होंने सोचा था कि कई ब्राह्मण उनकी सहायता करने के लिए सामने आएँगे। उनके मृदंगम ग्राहक कम हैं, ढोलकी बनाना और मरम्मत करना उनके काम का बड़ा हिस्सा है।

बालागुरु अब एक ढोलकी कलाकार या प्रमुख गायक के रूप में नामसंकीर्तन कार्यक्रमों के अधिक अवसर चाहते हैं। नामसंकीर्तन एक शुद्ध ब्राह्मणवादी कला रूप है, जिसे मुख्य रूप से रूढ़िवादी ब्राह्मणों द्वारा प्रस्तुत किया और सुना जाता है। उनका वास्तव में उस कला समूह से नाता है। और उन्हें आशा है कि वह नियमित रूप से अपना मौलिक काम कर पाएँगे। ढोलकी और मृदंगम बनाने के

एम. श्रीकांत

बालागुरु एक नामसंकीर्तन कलाकार के रूप में

काम छोड़ने के बाद उन्हें इस काम से पर्याप्त कमाई तो नहीं हो पाएगी, लेकिन पहचान-परिवर्तन से सन्तोष निश्चित ही मिलेगा।

शिवरामन ने कुछ और भी ब्राह्मणों का उल्लेख करना उचित समझा जो मृदंगम बनाने से जुड़े थे या जुड़े हैं। उन्होंने बतलाया, 'हमारे लोगों' में से राधाकृष्णन नाम का एक व्यक्ति मायलापुर में काम कर रहा था। फिर, क्या आप जानते हैं कि ब्राह्मणों में से किसने अपने मृदंगम की मरम्मत का काम ख़ुद ही किया? करइकुडि रंगु अयंगर ने। करइकुडि मुत्तु अय्यर ने मुझे यह बताया। इसके बाद एक महान कलाकार और भी हैं, जिन्हें मैं जानता हूँ, उनका नाम है नेल्लै देवराज अय्यर। मेरे एक छात्र रवींद्रन भी हैं, जो सब कुछ ख़ुद ही करते हैं।' उन्होंने बालागुरु का भी ज़िक्र किया।

यदि कोई एक मुख्य बात है जिस पर लगभग सभी कारीगर सहमत थे, तो यह एक संस्था या संगठन की आवश्यकता थी जो उनकी माँगों को आगे बढ़ा सके, उनकी आवश्यकताओं को पूरा कर सके, उनके कामकाज की स्थितियों में बदलाव ला सके और सेवानिवृत्ति के बाद उनकी आवश्यकताओं के लिए कुछ कर सके। कुछ युवा कारीगरों ने महसूस किया कि ऐसा निकाय उन्हें कलाकारों का सामना करने और उनके द्वारा प्रदान की जानेवाली विभिन्न प्रकार की सेवाओं के लिए न्यूनतम मेहनताना निर्धारित करने की ताक़त देगा। यहाँ तक कि जाति-सम्बन्धी कठिनाइयाँ भी किसी विरोध के बिना, सामूहिक रूप से व्यक्त की जा सकेंगी।

एकता न होने से किसी और का नहीं, बल्कि कारीगरों का ही नुक़सान होता है। ऐसा निकाय बनाने के कई प्रयास हुए, लेकिन सफलता नहीं मिली। ऐसा ही एक गम्भीर प्रयास 1990 के दशक में किया गया था, जो सफल होने के क़रीब था। कुछ लोगों के अनुसार, यह अहं और पदों के लिए हुई तकरार के कारण विफल हो गया। कारीगर मायलापुर के नागेश्वर राव पार्क में मिले, लेकिन बहस छिड़ गई और इसी के साथ यह विचार समाप्त हो गया। इधर-उधर फुसफुसाहट होती है और संगम (संगठन) को बनाने के लिए फिर से अचानक कुछ बैठकें होती हैं, लेकिन अभी तक कुछ हुआ नहीं है। इस बीच, काम चलता रहता है, भावनाएँ भड़कती हैं और रिश्ते अधर में लटक जाते हैं।

4

काष्ठ-शिल्पकार

मैं चेन्नै के ईस्ट कोस्ट रोड पर फ़ोटोकॉपी की एक छोटी और साधारण-सी दिखनेवाली दुकान पर गया। कुछ फ़ील्ड नोट्स की कॉपी करानी थी। मशीन पर जो आदमी था, उसने धैर्यपूर्वक मुझे इस बात की इजाज़त दी कि उसे देने के पहले मैं प्रत्येक पृष्ठ की प्रासंगिकता जाँच लूँ। पास में ही एक चटाई पर शोर-शराबे से बेख़बर उसका बेटा है, जिसकी आँखें आधी बन्द हैं और मुँह में दूध की बोतल लगी हुई है। दुकान का मालिक बुझे मन से कम्प्यूटर पर बैठा एक चित्र को फ़ोटोशॉप कर रहा है।

'आप हर हाल में तड़के 3 बजे तक घर छोड़ने पर ही सुबह 4.30 तक कांचीपुरम पहुँच सकते हैं। इसके बाद दो घंटे और लगेंगे, तब दर्शन मिलेंगे,' बॉस ने कहा। मैंने जिज्ञासु भाव से पूछा, क्या दर्शन? 'क्या आपको नहीं मालूम? अत्थी वरदार चालीस वर्ष बाद उदित हुए हैं,' उसने कहा। क्षण-भर के लिए मेरे मन में मार्वल मूवी के सुपर हीरो का ख़याल आ गया। लेकिन वह सही था; भगवान का उदय सचमुच हुआ है।

मन्दिरों का शहर कांचीपुरम उन सात श्रद्धा-केन्द्रों में से एक है, जहाँ हिन्दू मोक्ष पा लेता है। यह अनगिनत मन्दिरों और एकम्बरेश्वरर, कैलासनाथर, कच्चापेश्वरर, उलगालंदा पेरुमल और अन्य देवी-देवताओं का घर है। इन्हीं में वरद राजा पेरुमल मन्दिर है—जलमग्न अत्थी वरदार का निवास। काफ़ी कुछ तंजावुर के बंगारू कामाक्षी की तरह, जो ख़ुद भी हिफ़ाज़त के लिए मन्दिर के कुएँ में छिपा दिए गए थे। चिन्ना कांचीपुरम स्थित श्री सत्यपूर्ण मठ की वेबसाइट के अनुसार मुस्लिम

आक्रमणों से बचाने के लिए अत्थी वरदार की मूर्ति को चुपचाप मन्दिर के कुएँ में डुबो दिया गया था।

कांची की कामाक्षी की कहानी ख़ासतौर पर काफ़ी दिलचस्प है। ऐसा कहा जाता है कि शताब्दियों पहले श्यामा शास्त्री के पूर्वज मुस्लिम आक्रान्ताओं से रक्षा करने के लिए ही उन्हें तंजावुर ले गए थे। अब वह तंजावुर की बंगारू कामाक्षी हैं, जिन्हें कर्नाटिक संगीत की पितृ-तुल्य शख़्सियतों में से एक श्यामा शास्त्री अपनी संगीतमय प्रार्थनाएँ सम्बोधित करते थे।

वापस अत्थी वरदार पर आते हैं, मुझे पता चलता है कि उन्हें चालीस साल में एक बार अड़तालीस दिनों के लिए बाहर निकाला जाता है। इस बार स्थिति भिन्न है। पानी के घर से कुछ समय के लिए होनेवाली उनकी आमद इस बार पूरे दक्षिण भारत में बेचैनी का सबब बन गई थी, जिसकी वजह सोशल मीडिया था। कांचीपुरम के रहवासियों के लिए तो यह किसी डरावने सपने की तरह था। वे अपने घरों से जाना-आना नहीं कर पाए, उन्हें हर कहीं लोगों की अनेक टेढ़ी-मेढ़ी लाइनों से जूझना पड़ा और अनजान लोग उनसे भोजन या ठहरने के लिए जगह देने की माँग करते रहे।

अंजीर की लकड़ी से बने अत्थी वरदार कोई साधारण देवता नहीं हैं। वापस पानी में रखते समय उन पर रक्षात्मक जड़ी-बूटियों और सुगन्धियों का लेप किया जाता है, ताकि अगले 'उदय' तक वह सुरक्षित रहें।

भगवान की इस संक्षिप्त यात्रा के दौरान कर्नाटिक संगीतज्ञ भी उनकी स्तुति गाने कांचीपुरम के लिए निकल पड़ते और मन्दिर के हर तरफ़ उनके सुर-ताल गूँजने लगते। अंजीर की लकड़ी से बने भगवान जो सुर-ताल सुनते, वह कटहल की लकड़ी के पवित्र पात्र—मृदंगमों—से आते। अगर कटहल का पेड़ मन्दिर के आसपास उग जाता तब तो उसकी पवित्रता और बढ़ जाती। उस पेड़ की लकड़ी को घंटियों व वैदिक मंत्रोच्चार की ध्वनियों का स्पर्श मिलता जिस कारण, वे कहते हैं—उस लकड़ी से बने वाद्य की गूँज बेजोड़ होती है। मणि अय्यर जैसे कलाकार तो ऐसे शुभ वृक्ष की लकड़ी हासिल करने के लिए किसी भी हद तक चले जाते। जहाँ एक तरफ़ मृदंगम कलाकार मन्दिर की घंटियों और मंत्रों को जादुई घटक मानते, वहीं काष्ठ-शिल्पकार इन सकारात्मक तरंगों (वाइब्रेशंस) की तलाश में और अधिक कैथोलिक हो जाता। 'यह मान्यता है कि चर्च या मन्दिर के आसपास के पेड़, अथवा किसी ऐसी सड़क पर खड़ा पेड़ जहाँ लोग चलते और बात करते हैं,

या जहाँ घंटियाँ बजती हैं, तरंगों को अपने भीतर समाहित कर अच्छी ध्वनि पैदा करते हैं,' कुप्पुसामी असारी ने कहा।

यद्यपि लकड़ी के मामले में कटहल के पेड़ आगे हैं मगर मंकीपॉड (कोडुकपुली) भी ज़्यादा पीछे नहीं है। मृदंगम के खोल तैयार करनेवाले कारीगर लाल चन्दन, इंडियन लबर्नम, कॉपर पॉड, शीशम, नारियल, नीम और आबनूस की लकड़ियों को भी आज़मा चुके हैं। लेकिन अन्त में श्रेष्ठ वाद्यों के लिए जाँची-परखी कटहल की लकड़ी ही काम आती है।

जब तक कुप्पुसामी असारी के पिता वदिवेलु असारी मद्रास के सोमू असारी से नहीं मिले तब तक उनके परिवार के लोग बढ़ई और फ़र्नीचर कारीगर ही थे। सोमू एक ऐसा नाम है, जिसे वरिष्ठ मृदंगम कारीगर और कलाकार याद करते हैं। मृदंगम के खोल तैयार करने के मामले में उनसे बड़ा कोई नाम नहीं था—खोल की दुनिया के महापुरुष। हालाँकि मैं कुछ समय से मृदंगम-निर्माण की कहानी की तलाश करता रहा हूँ, पर अभी तक मेरी सोच चमड़े के काम से शुरू होकर इसी पर ख़त्म हो जाती रही थी। लेकिन इसके पहले एक और पड़ाव आता है—लकड़ी का चुनाव करके इसे तैयार करना और फिर वाद्य का ढाँचा या खोल बनाना। यही पारम्परिक काम असारी करते हैं।

सारे असारी विश्वकर्मा समुदाय के होते हैं। ये लोग धातु, पत्थर और लकड़ी का काम करते हैं। संग्रहालयों में जिन शानदार आभूषणों, नक़्क़ाशियों, मूर्तियों और फ़र्नीचर को पुरा वस्तुओं के ख़ज़ाने के रूप में प्रदर्शित करके भारत गर्व करता है, और जिन्हें अमीर व प्रसिद्ध लोग अपने निजी संग्रह में रखकर शान दिखाते हैं, सबका श्रेय उनको ही जाता है। उनकी कला किसी चीज़ को एक नज़र में मापने और दिमाग़ में ख़ाका तैयार कर लेने की क़ाबिलियत की माँग करती है। मसलन, लकड़ी या धातु के टुकड़े को देखते ही उसकी लम्बाई, चौड़ाई और यहाँ तक कि उसके वज़न का भी अनुमान लगा लेना। ज़ाहिर है, यह काम गणित जैसे जटिल विषय की असाधारण समझ चाहता है, और असारी समुदाय ने गुणा-भाग करने, मापने और नाप बताने के अपने ही तरीक़े निकाल रखे हैं। इन काष्ठ-शिल्पकारों के लिए गणनाएँ साधन मात्र नहीं हैं, ये जोड़-घटाव और गुणा ही किसी छोटी मूर्ति के चेहरे या किसी टेबल के पैरों की सुन्दरता को जीवन्त बनाते हैं। उनकी सृजन-प्रक्रिया में एक सहज अमूर्तता है। शिक्षाविद् तर्क कर सकते हैं कि वे शिल्पकार हैं, कलाकार नहीं; और कई दूसरे इससे असहमत भी हो सकते हैं। लेकिन नाम

को लेकर होनेवाली बहसों से परे यह स्पष्ट है कि याद नहीं रखे जानेवाले इन सृजनकर्ताओं के पास ही कलात्मक कल्पना-शक्ति है।

पौराणिक रूप से विश्वकर्मा को अलौकिक ब्रह्मांड में ऊँचा स्थान प्राप्त है। वह सर्व-शक्तिमान के वास्तुकार हैं; हिन्दू देवी-देवताओं के महलों को तैयार करनेवाले कारीगर। लेकिन उनके इनसानी समकक्षों के साथ ठीक बर्ताव नहीं हुआ है। भारत सरकार ने वर्गीकृत सूची में उन्हें ओबीसी (अन्य पिछड़ा वर्ग) में रखा है तथा जाति-अनुक्रम में वे निचले पायदान पर आते हैं। अत्थी वरदार के साथ एक पल बिताने की ख़ातिर धक्का-मुक्की करनेवाले एक करोड़ लोगों ने भी उन विश्वकर्माओं का ख़याल नहीं किया होगा, ख़ुद वरदार अपनी लौकिक अभिव्यक्ति के लिए जिनके क़र्ज़दार हैं। कभी प्रसिद्ध मन्दिरों और स्मारकों के डिज़ाइनर रहे ये लोग अब दिखाई नहीं पड़ते। अपने सृजनात्मक पेशे से दूर इस समाज के अनेक लोगों ने अब ख़ुद को अपने जाति-आधारित परम्परागत व्यवसाय से मिलते-जुलते कामों में मज़दूरी करने तक सीमित कर लिया है। नौजवान पीढ़ी भी सफ़ेदपोश नौकरियों की तरफ़ जा रही है। तमिलनाडु के राजनीतिक या सांस्कृतिक परिदृश्य में उनकी उपस्थिति न के बराबर है।

कुप्पुसामी के पिता वदिवेलु ने सोमू असारी से काम सीखा और वे फ़र्नीचर का काम छोड़कर मृदंगम, तविल, पम्बई और दूसरे ताल-वाद्यों के खोल बनाने लगे। खोल (शेल) का आशय कट्टई से है जो लकड़ी या लकड़ी का टुकड़ा होता है। मगर मौजूदा सन्दर्भ में यह किसी ख़ास ताल-वाद्य के लिए बनाए गए खोखले ढाँचे की तरफ़ इशारा करता है, जो कि मृदंगम या तविल कुछ भी हो सकता है।

'सोमू असारी मद्रास में रहते थे और यहाँ कटहल के पेड़ ख़रीदने आते थे। इस तरह हम उनके सम्पर्क में आए। वह यहाँ ठहरते और मेरे पिता को काम सिखाते। क़रीब पचास-साठ वर्ष से हम इस धंधे में हैं और आज मृदंगम, तविल, तबला, उडुक्कई, पम्बई, चेंडा और उर्मी के लिए खोल बनाते हैं,' कुप्पुसामी ने कहा। सोमू के परिवार ने यह काम बन्द कर दिया है और कुप्पुसामी के दिमाग़ में भी अपने बच्चों के भविष्य को लेकर स्थिति स्पष्ट नहीं है। वह कहते हैं, निश्चित नहीं है कि बच्चे क्या करेंगे, लेकिन मेरा मानना है कि अगर बच्चे उनके काम को सँभालते हैं तो वे इसकी मुख़ालफ़त नहीं करेंगे।

वे चाहे जहाँ से भी हों—तंजावुर, चेन्नै, पेरुवेम्बा, बैंगलोर या आन्ध्र प्रदेश की किसी और जगह से, मृदंगम कारीगर अपने काम पर गर्व करते हैं और वाद्य के बारे में तकनीकी व कलात्मक विवरण देने और बारीकियाँ समझाने के लिए हमेशा तैयार रहते हैं। काष्ठ-शिल्पकारों के मामले में कहानी अलग है। मृदंगम से उत्पन्न होनेवाली असल ध्वनि से उनका कोई सीधा सम्बन्ध नहीं होता। खोल कभी नहीं लौटने के लिए उनकी वर्कशॉप छोड़ देता है, और एक कलाकार को वाद्य जाँचते हुए वे कभी नहीं सुनते, न ही कॉन्सर्ट में जाते हैं। मृदंगम का खोल या गूँज पैदा करनेवाले चैम्बर के ये कारीगर न तो उसकी पहली आवाज़ कभी सुन पाते, न ही कलाकारों द्वारा पैदा की गई तालों को अनुभव कर पाते। शायद रिश्तों के इसी अलगाव के कारण उनमें एक मृदंगम कारीगर की जैसी किसी कलात्मक प्रयास में शामिल होने की अनुभूति नहीं होती। ज़ाहिर है, यदि वे फ़र्नीचर के धंधे में ही बने रहते तो अपने ठीहे पर ही कुर्सी या अलमारी की घुमावदार सजावट और उसकी काम करती दराज़ों के साथ उन्हें पूरा होते देखते। मृदंगम की लकड़ी का खोल तो एक अधूरी चीज़ होता है, उस पर असली काम तो बाद में किया जाता है। सम्भवत: इसी सोच के कारण वे ख़ुद के काम को कम आँकते हैं।

कुप्पुसामी ने तथ्यात्मक ढंग से यह करके दिखाया कि खोल कैसे तैयार किया जाता है। एक जगह उन्होंने कहा कि यह एक सरल काम है। उनके अधीन काम करनेवाले भी अपने काम को व्यावसायिक दृष्टि से ही देखते थे। यदि मैं उनकी वर्कशॉप नहीं गया होता और सब कुछ अपनी आँखों से न देखा होता तो मैं उन पर भरोसा कर लेता। वे जो करते हैं, वह मशीनी काम के जैसा बिलकुल नहीं है।

काष्ठ-शिल्पकारों के लिए मृदंगम के खोल बनाने का काम पूर्णकालिक व्यवसाय है। उनमें हम सबसे पहले मुथु असारी, दक्षिणामूर्ति असारी और सुब्रमणिया असारी के नाम सुनते हैं। 1984 में टी.आर. राजाराम के साथ एक इंटरव्यू रिकॉर्ड करते समय सोमू असारी ने बताया था कि मुथु असारी पुदुकोट्टई में मृदंगम बजाते थे। यह जानने के बाद कि किसी असारी ने कर्नाटिक संगीत में हिस्सा नहीं लिया, हम अनुमान लगा सकते हैं कि मुथु असारी ने तेरुक्कुट्टू या ऐसी ही किसी संगीत प्रस्तुति में संगत की होगी। तीनों सोमू के रिश्तेदार थे, माता-पिता के मार्फ़त उनसे चाचा-मामा का रिश्ता था। तंजावुर में रहनेवाले एक नारायण असारी भी थे, लेकिन मैं पक्का नहीं हूँ कि वह सोमू के रिश्ते में थे या नहीं।

जहाँ तक हम बता सकते हैं, मृदंगम बनाने के तरीक़ों की ही तरह लकड़ी के खोल के निर्माण की प्रक्रिया में भी बीसवीं शताब्दी के शुरू में ही सुधार हुआ।

तंजावुर कारीगरों के मामले में तो हम बीसवीं शताब्दी के प्रारम्भिक दौर का इतिहास पता करने में सक्षम हैं, लेकिन अतीत में काष्ठ-शिल्पकारों की कार्य-संस्कृति के बारे में ज़्यादा जानकारी नहीं है। सोमू असारी हमारा लगभग पहला सन्दर्भ बिन्दु हैं।

हम तंजावुर में उनके पूर्वज सुब्रमणिया असारी के बारे में थोड़ा ही जानते हैं। मणि अय्यर के पुत्र राजामणि बताते हैं कि सुब्रमणिया जहाँ लकड़ी का एक खोल तैयार करने में तीन से चार दिन का समय लेते, वहीं सोमू एक दिन में ही तीन-चार खोल बनाकर दे देते। टी.वी. गोपालकृष्णन का कहना था : 'उस समय सुब्रमणिया असारी ही श्रेष्ठ थे। वह वीणा, मृदंगम के साथ और भी चीज़ें बनाता था। हम कोई शर्त नहीं लगा सकते थे; जो वह बनाते, हमें उसे ही लेना पड़ता।'

सोमू के बारे में हमें पता है कि उन्होंने पुदुकोट्टई में अपने काम की शुरुआत की थी और वह वयोवृद्ध उस्ताद दक्षिणामूर्ति पिल्लै के लिए लकड़ी के खोल तैयार करते थे। पालघाट मणि अय्यर के संग के कारण सोमू असारी की ख्याति बढ़ी। पहली बार वे तब मिले थे, जब पिल्लै के यहाँ गृह-प्रवेश समारोह में शामिल होने अय्यर पुदुकोट्टई आए थे।

मैं यहाँ एक चीज़ कहने के लिए रुक रहा हूँ कि आप पाठकों को ताज्जुब हो या न हो, लेकिन मुझे यह बात यक़ीनन परेशान कर रही है। ऐसा क्यों है कि इन कहानियों में हमेशा पालघाट अय्यर प्रकट हो जाते हैं?

अपने वाद्य पर भरपूर समय ख़र्च करनेवाले वह अकेले व्यक्ति तो थे नहीं। मुझे विश्वास है कि दूसरे लोग भी उनके जैसी प्रसिद्धि प्राप्त करने के लिए कड़ी मेहनत करते थे। लेकिन अय्यर के आसपास मिथक-निर्माण इतना मज़बूत रहा है कि मृदंगम की हर कहानी में केवल वह ही नायक के रूप में मौजूद रहते हैं। इसमें कोई शक नहीं है कि मणि अय्यर अपने काम में तल्लीन रहते थे, लेकिन वह अलौकिक या आसमानी व्यक्ति नहीं थे। इसके बावजूद कर्नाटिक संगीत के एक चौथाई भाग में उनकी पूजा से आगे निकलना लगभग असम्भव है। इस सबका ही नतीजा है कि उनका कोई वैकल्पिक नैरेटिव नहीं है, न कोई दूसरा दिखाई पड़ता है और न ही दीगर नायकों की कहानियाँ ही वजूद में हैं।

आश्चर्यजनक है, पर सर्वोच्च पद के एकमात्र दूसरे दावेदार पलानी सुब्रमणिया पिल्लै के शिष्य भी अपने गुरु से जुड़ी कथाओं को याद नहीं करते। जब वे ऐसा करते हैं तो कहानी को वैधता देने के लिए किसी-न-किसी बिन्दु पर मणि अय्यर की एंट्री हो ही जाती है। बीते तीन-चार दशकों से कर्नाटिक संगीत में अय्यर के वंशजों

और समर्थकों के प्रभुत्व ने स्थिति को सिर्फ़ बिगाड़ा है। वह कई ऐसे गायकों और वायलिन वादकों के उस्ताद थे, जो बाद में मशहूर संगीतकार बने और जिन्होंने अपने गुरु के बारे में इस एकतरफ़ा कमेंट्री को और आगे बढ़ाया। मणि अय्यर एक जुनूनी और अति-महत्त्वाकांक्षी व्यक्ति थे, अपने लक्ष्य को हासिल करके ही मानते थे। इसीलिए उनके परिवार सहित पूरी संगीत बिरादरी में हर कोई उनके बारे में बात करता है। मणि अय्यर की कला की भव्यता और महिमा से कोई इनकार नहीं कर सकता, लेकिन इस सच्चाई से आँखें मूँदे रहना हास्यास्पद होगा कि उनका स्वयं का अति आत्मविश्वास वंशानुगत जाति से प्राप्त विशेषाधिकार की ही देन था। इन्हीं चीज़ों की बदौलत उन्हें अपने समय में और उसके बाद कहीं से कोई चुनौती नहीं मिली।

मृदंगम कलाकारों के साथ काम करनेवाले वंचित समुदाय के लिए अय्यर की कहानियों का हिस्सा होना श्रेष्ठता की मोहर था। यहाँ तक कि मृदंगम कारीगरों के विचारों में भी पलानी को हमेशा दूसरा स्थान मिलता है—कर्नाटिक जगत उनकी स्मृति के साथ कैसा बर्ताव करता है, यह उसका दुर्भाग्यपूर्ण उदाहरण है। मृदंगम कलाकारों की त्रिमूर्ति में से तीसरे व्यक्ति सी.एस. मुरुगाभूपति को सिर्फ़ वरदन द्वारा याद किया जाता है, जो अपनी दुकान के लिए उनका एहसानमन्द है।

इसलिए सोमू असारी के लिए निर्णायक मोड़ तब आया जब मणि अय्यर की पुदुकोट्टई यात्रा के बाद उन्होंने उनके लिए कुछ कट्टई तैयार कीं। तब से ही सोमू अकेले ऐसे कट्टई कारीगर हो गए, जिनके साथ अय्यर काम करते थे। सोमू कुछ समय के लिए तंजावुर और पुदुकोट्टई के बीच आना-जाना करते रहे और फिर तंजावुर चले गए। बाद में लगभग उसी वक़्त वह मद्रास शिफ्ट हो गए, जब उनके उस्ताद वहाँ गए। मृदंगम कलाकारों की नामचीन बिरादरी के लिए मृदंगम कट्टियाँ बनाने के अलावा दूसरों के बीच भी उनकी माँग थी। इनमें संगीत के स्कूलों और संस्थानों को प्रारम्भ करनेवाले भी शामिल थे। उदाहरण के लिए भारत के प्रमुख संगीतज्ञ और कर्नाटिक संगीत के छात्रों के लिए मूल पाठ्य सामग्री प्रकाशित करनेवाले प्रोफ़ेसर पी. साम्बमूर्ति, जिन्होंने वाद्यों के लिए एक केन्द्र खोला। उन्होंने प्राचीन और विलुप्त वाद्यों का पुनर्निर्माण तथा नये साज़ों को ईजाद करने की कोशिश की। सोमू ने बीच-बीच में साम्बमूर्ति के विद्यालय के लिए भी काम किया।

एक समय पट्टुकोट्टई में कटहल के बहुत सारे पेड़ थे और इसके बाग़ों में कटहल की श्रेष्ठ लकड़ी पाई जाती थी। तंजावुर और पुदुकोट्टई से लगभग समान

दूरी पर है पट्टुकोट्टई। टी. के. मूर्ति ने मुझे बताया कि पूरा एक पेड़ सिर्फ़ 15 से 20 रु. में पड़ता था। लेकिन यह स्रोत जल्द ही ग़ायब हो गया और पनरुति मृदंगम कट्टई का मक्का बन गया। सोमू ने राजाराम को बताया, 'सबसे अच्छी कट्टई पट्टुकोट्टई में मिलती थी, लेकिन तंजावुर में नई नहर बनाए जाने के बाद से पेड़ों का विकास प्रभावित हुआ है।' पनरुति जिसने उसकी जगह ली, काजुओं के लिए भी जाना जाता है। जैसे ही हम शहर में दाख़िल होते हैं, रोड पर लाइन से काजू बिक्री के स्टॉल लगे हैं। राहगीरों का ध्यान खींचने की होड़ मची है। उनके ठीक पीछे काजू के मज़बूत और घनी पत्तियों वाले पेड़ हैं।

मद्रास कण्णन उन दिनों को याद करते हैं, जब तंजावुर के लोग कट्टई बेचने के लिए मद्रास आते थे। '1930 के दशक में जब मैं क़रीब दस साल का था, कट्टियाँ काफ़ी सस्ती थीं। दूर से लाए माल से छुटकारा मिलने के कारण ही वे बहुत ख़ुश हो जाते और ऊँची क़ीमत की माँग नहीं करते। मैं उनसे ख़रीद लेता।'

अब तो हर कोई सीधा पनरुति का रास्ता पकड़ता है। मगर मेरा मन उत्सुक था यह जानने के लिए कि पनरुति के कटहल के पेड़ों में ऐसा क्या है, जो इन्हें ख़ास बनाता है। 'इसका कारण लाल मिट्टी है, जो पनरुति के आसपास के पचास किलोमीटर के दायरे में पाई जाती है। यह नमी बनाकर रखती है और पेड़ों को घना बनाने में मदद करती है। लेकिन पेड़ के आसपास पानी इकट्ठा नहीं होने देना चाहिए, क्योंकि इससे लकड़ी फट जाएगी और उसमें दरारें पड़ जाएँगी,' कुप्पुसामी ने समझाया।

ब्रिटो ने 1980 के दशक की याद की, जब सब संवाद अन्तर्देशीय पोस्टकार्ड के माध्यम से होता था। 'पन्द्रह पैसे के अन्तर्देशीय कार्ड के ज़रिये हम उनको सूचित करते कि हमें कई सारे मृदंगमों के लिए लकड़ी की ज़रूरत है। जब कट्टियाँ तैयार हो जातीं तो वे भी चिट्ठी के मार्फ़त ही जवाब भेजते। ख़बर मिलते ही हम रात की बस या ट्रेन से सफ़र करते और विलुप्पुरम पर उतरते।' वहाँ से वे पनरुति रवाना हो जाते।

लेकिन इसके अलावा भी कुछ चीज़ें होती हैं। काष्ठ-शिल्पकार सबसे पहले पेड़ की सेहत पर नज़र दौड़ाता है। 'पनरुति में बाईस प्रकार के कटहल के पेड़ होते हैं। हम पेड़ पर एक नज़र डालकर जान लेते हैं कि यह कितना अच्छा है। हल्के रंग के पेड़ों पर हम विचार नहीं करते।'

कट्टई कारीगर और कलाकार बताते हैं कि केसर, कुमकुम या शहद, या कुछ लाल रंग की लकड़ी अच्छी होती है। जैसे-जैसे पेड़ बड़ा होता है, उसका

घेरा भी बढ़ता जाता है। सफ़ेद रंग की नई परतें छाल के नज़दीक बाहरी किनारे पर होती हैं। जैसे-जैसे पेड़ की उम्र बढ़ती है, उसके भीतर की लकड़ी का रंग गहरा होता जाता है, ऊदबिलाव के भूरे रंग से जले हुए गेरू और फिर शाहबलूत के भूरे रंग जैसा। यही वह ख़ासियत है, जिसकी तलाश काष्ठ-शिल्पकार करते हैं। बाहरी वृत्तों की सफ़ेद रंग की अधपकी या अपरिपक्व लकड़ी 'वेल्लादाई' कहलाती है, उसे छोड़ना होता है। मुरुगानन्दम के पास उसके लिए एक 'तंग्लिश' शब्द है पॉलिश कट्टई : मतलब ऐसी कट्टई, जिसको नकली तरीक़े से चमकाया गया हो। (तंग्लिश यानी तमिल और अंग्रेज़ी का मिश्रण) उसके बेटे नवनीतम ने जोड़ा, परिपक्व या पकी लकड़ी जड़ के पास होती है। सफ़ेद लकड़ी नौसिखियों के लिए होती है, कलाकार इसका उपयोग नहीं करेंगे, उसने कहा। 'यह लकड़ी सूर्य की रोशनी में रखने से फट जाती है; जबकि अच्छी नहीं फटेगी,' सोमू अपने इंटरव्यू में चेताते हैं। मिश्रित कट्टई भी ठीक नहीं होती, यानी जो अन्दर से पुरानी हो और बाहर से नई।

सबसे अच्छी कट्टई कटहल के उस पेड़ से आती है, जो कम-से-कम पचास साल पुराना और चौड़ा हो, लेकिन ज़्यादा ऊँचा न हो। मगर बात सिर्फ़ यहीं ख़त्म नहीं होती। काष्ठ-शिल्पकार मरु (दाग़-धब्बा), सुज्ही (हाथी की आँख जैसी दिखनेवाली गोल गाँठ) या कनु (तने या शाखा का ऐसा जोड़, जहाँ कोई दूसरी शाखा उग चुकी हो) वाला पेड़ भी नहीं चाहते। इन कसौटियों पर खरा उतरनेवाली कट्टई ढूँढ़ना लगभग असम्भव है, लेकिन वे तलाश जारी रखते हैं। उनके पास इस बात के कई स्पष्टीकरण हैं कि कैसे ये प्राकृतिक रूप लकड़ी की गुणता को कम कर देते हैं। एक कारण ब्रिटो बताते हैं : 'कहते हैं कि यदि घुमाव होते हैं तो दिन के समय नहीं, लेकिन रात में अलार्म की तरह आवाज़ होगी। अगर कनु है तो असारी इसे रंग-पोतकर आपको दे सकते हैं, लेकिन कुछ समय बाद वह हिस्सा अलग हो जाएगा। स्पष्ट है कि कोई दरार नहीं होनी चाहिए। अन्यथा, छेद से कीट-पतंगे अन्दर घुस जाएँगे।' ब्रिटो के अनुसार, सबसे बढ़िया लकड़ी मिलने की सम्भावना मुख्य तने पर होती है, जड़ों के बहुत ज़्यादा नज़दीक नहीं। तने में यहाँ पर सर्वाधिक वृद्धि वलय होंगे और गाँठें भी ज़्यादा नहीं होंगी। मणि अय्यर अपनी कट्टई में एक भी कनु पसन्द नहीं करते थे; उसका एकदम साफ़-सुथरा होना ज़रूरी था। उन्हें खाल की झिल्ली भी सफ़ेद रंग की ही पसन्द थी। कुल मिलाकर, हर चीज़ बेदाग़ होनी चाहिए थी।

हर किसी की सोच ऐसी नहीं थी। दक्षिणामूर्ति पिल्लै का दृष्टिकोण एकदम अलग था। सोमू ने कहा, 'दक्षिणामूर्ति पिल्लै कहा करते थे कि हर कनु का एक 'सोल्लू' होता है।' एक अद्भुत अभिव्यक्ति, जिसने मुझ पर जादू-सा कर दिया है। आम बोलचाल की भाषा में 'सोल्लू' का अर्थ 'कहना' होता है, लेकिन इसका सही अर्थ है 'शब्द'; यहाँ आशय तालबद्ध थाप से है। दरअसल वह यह कहते हैं कि हर कनु लकड़ी में अन्तर्निहित एक थाप होती है। दूसरे शब्दों में किसी पेड़ के सुर-ताल, उसके समय-सूचक। यह एक ऐसा गहरा विचार था, जिसने उन्हें कनुओं वाली कट्टइयों को तलाशने के लिए प्रेरित किया।

एक कट्टई के लिए पेड़ का लगभग चौदह इंच का घेरा सही माना जाता है। वे छाल और जो भी वेल्लादाई होती, उसे निकाल देते हैं और लकड़ी का एक फ़ीट चौड़ा ब्लॉक तैयार करते। सोमू असारी किसी भी माप को फ़ीट में नहीं बोलते हैं। वह 'सुत्तु' का इस्तेमाल करते हैं। 'हम सात सुत्तु के घेरों वाली लकड़ी से ही कट्टई बना सकते हैं।' यह माप की परिभाषा है, सिर्फ़ परिमाणवाचक नहीं : सुत्तु का मतलब है 'गोल', सम्भवतः पेड़ के वृद्धि वलय से सम्बन्धित। सोमू को तने के मध्य भाग की पकी हुई लकड़ी से सात सुत्तु की ज़रूरत होती है।

इसने लकड़ी को लेकर मेरी सोच बदल दी। अब यह केवल गूँज पैदा करनेवाली चैम्बर-भर नहीं रह गई थी, बल्कि ध्वनि, रंग, छल्लों और अपने शरीर पर कई निशानों के साथ सजीव होने की क्षमता रखनेवाली इकाई बन चुकी थी। कट्टइयों के बारे में इस तरह से सोचना एक श्रोता के रूप में उससे हमारे सम्बन्ध को बदल देता है।

मणि अय्यर का मानना था कि चौड़ाई को दो फ़ीट से घटाकर एक फ़ीट आरी से नहीं किया जाना चाहिए। वह कुल्हाड़ी से काटने पर ज़ोर देते थे, क्योंकि उनका मानना था कि कुल्हाड़ी की आवाज़ लकड़ी में प्रवेश कर जाएगी। यहाँ दो भिन्न मान्यताएँ हैं। दक्षिणामूर्ति पिल्लै को लगता है कि प्रकृति हमें अपने संकेत-चिन्हों के ज़रिये जीवन की लय का उपहार देती है, जबकि अय्यर चाहते हैं कि काष्ठ-शिल्पकार ख़ुद परिश्रम करे और अपने श्रम से कट्टई की आवाज़ बढ़ाए।

खोखली कट्टई के दोनों मुँहों पर पशु की खाल की झिल्लियाँ चढ़ाई जाती हैं। प्रमुख सिरे का मुँह कुछ छोटा होता है और यही सिरा संगीत-कार्यक्रमों में श्रोताओं से मुख़ातिब होता है। दाईं तरफ़ के इस सिरे को वलंदलाई कहते हैं। बड़े मुँह वाले दूसरे सिरे में विशिष्ट बेस टोन होती है और इसे टोप्पी कहा जाता है,

जो हिन्दुस्तानी शब्द 'टोपी', कैप से आता है, लेकिन अब यह तमिल शब्दकोश का हिस्सा है।

कट्टई बेलनाकार नहीं होती। जैसे-जैसे हम इसके केन्द्र की तरफ़ बढ़ते हैं, इसकी चौड़ाई भी बढ़ती जाती है, लेकिन टोप्पी के कुछ नज़दीक और मध्य भाग से दूर चौड़ाई अपने अधिकतम स्तर पर होती है एकदम बीच में नहीं। यहाँ पर तैंतीस से पैंतीस इंच के बीच परिधि होती है।

करइकुडि मणि ने मुझे बताया कि तने के निचले भाग से काटी गई कट्टई को ऐसा आकार दिया जाना चाहिए कि बड़ा मुँह या टोप्पी आधार के पास रहे। अगर इसका उलटा कर दिया जाए तो यह कलाकार के लिए क़यामत का सबब बन जाएगा, उन्होंने कहा। 'शास्त्र कहते हैं कि ऐसे मृदंगम को बजानेवाला स्वस्थ और सच्चा नहीं होगा; वह ठीक प्रदर्शन नहीं कर पाएगा।' जबकि मुझे पूरा यक़ीन है कि इस विषय पर किसी शास्त्र में कुछ नहीं लिखा है। ख़ुद करइकुडि मणि इस मुद्दे पर पक्का यक़ीन रखते हैं और कुप्पुसामी को भी उन्होंने विश्वास दिलाया है।

इन तथाकथित शास्त्रों ने मणि अय्यर को पवित्र समझी जानेवाली चन्दन की कट्टई की तलाश में हर सम्भव कोशिश करने के लिए विवश कर दिया। उन्होंने इसके लिए कर्नाटक के मशहूर वायलिनवादक मैसूर चौडिया के दफ़्तरों का इस्तेमाल करने का प्रयास किया। हालाँकि इस आकार की चन्दन की लकड़ी मिलना काफ़ी मुश्किल था, जबकि पैसा कभी बाधा नहीं था, फिर भी सारे प्रयास विफल हो गए। उनका अगला प्रयोग शब्दार्थ विज्ञान की राह चल पड़ा : मृदंगम शब्द 'मर्थ' (मिट्टी) और अंगम (भाग, अंग) से आया। इसलिए उन्होंने सोचा कि कभी न कभी यह गीली मिट्टी से बनता रहा होगा। उन्होंने भी ऐसा ही किया, लेकिन फिर लगा कि इससे काम बनेगा नहीं, क्योंकि जब इस पर चमड़े की झिल्ली कसने की कोशिश की जाती, तो मिट्टी चटक जाती। बहरहाल, यह कट्टई उनके घर में शोपीस बनकर रह गई।

छह फ़ीट लम्बे ब्लॉक से कुप्पुसामी तीन कट्टई तैयार कर लेते हैं। लेकिन इससे पहले वह कटे हुए तने को वर्कशॉप के बाहर तीन माह के लिए पड़ा रहने देते हैं। 'इसके बाद हम लकड़ी में चार इंच का एक छेद बनाते हैं और उसके दोनों सिरों पर गाय का गोबर लगाकर कट्टई को पुनः दो महीने के लिए छोड़ देते हैं। यद्यपि,

गाय का गोबर एक माह बाद फिर से बदला जाता है। यह सब अन्ततः उसको लम्बी उम्र प्रदान करता है और उस आवाज़ के लिए मददगार साबित होता है, जो आपको एक कट्टई से मिलती है,' कुप्पुसामी असारी ने मुझे टेलीफ़ोन पर बाद में बताया।

जब मैं पनरुति में कुप्पुसामी के यहाँ गया तो उनकी वर्कशॉप के सामने का हिस्सा विभिन्न आकारों, रंगों और आयु के लकड़ी के कुंदों से भरा हुआ था। अलग-अलग समय पर काटे गए लकड़ी के इन कुंदों में से कुछ दूसरों के मुक़ाबले ज़्यादा सूखे हुए थे। एक आदमी दो फ़ीट के छोटे टुकड़े से छाल छील रहा था, ज़ाहिर तौर पर कुल्हाड़ी से कट्टई बनाई जा रही थी। कुप्पुसामी के यहाँ लगभग चार लोग काम करते थे; उनके छोटे से कारोबार में हर आदमी अलग काम सँभालता था। उन्होंने बताया कि शहर में कम-से-कम दो अन्य काष्ठ-शिल्पकार भी थे जो कट्टई निर्माण के विशेषज्ञ थे। और, वे सभी उनके शिष्य थे। ख़ुद कुप्पुसामी के परिवार के सदस्य वाद्य से जुड़े काम में नहीं हैं। उनके भाई फ़र्नीचर कारीगर हैं और वह इस बात से थोड़ा दुखी हैं कि जिन लोगों को वह सिखाते हैं, वे विश्वकर्मा समुदाय से नहीं हैं। 'वे वन्नियार हैं। बहुत कम असारी इस काम को अपनाते हैं,' उन्होंने कहा।

गाय के गोबर के लेप वाली कट्टइयों को दो माह बाहर रखने के बाद शिल्पकार माप, आकार और वज़न समेत सभी वांछित पहलुओं को सुनिश्चित कर इसको आकार देने का काम शुरू करता है।

राजाराम के साथ इंटरव्यू में सोमू असारी ने अपने समय में अपनाई जानेवाली पूरी प्रक्रिया का ब्योरा दिया : 'पेड़ से लकड़ी काटने के बाद हम कटे तने के दोनों सिरों पर गाय के गोबर का लेप करते और इसे छोड़ देते। यह इसलिए किया जाता क्योंकि कभी-कभी लकड़ी काटनेवाला मिलता नहीं था। इसे इस तरह रखा जाता, ताकि तने की कोख में हवा न जाए।' सोमू का आशय यहाँ तने के गूदे से था। उन्होंने आगे कहा, 'फूल-पत्तियों को बढ़ाने और एक पौधे को पेड़ बनानेवाले पानी और पोषण को कोख ग्रहण कर लेती है।' सोमू के मुताबिक़, लकड़ी को सूखा रखना ज़रूरी होता है और यह भी सुनिश्चित करना पड़ता है कि दरारों में से नमी को उसमें प्रवेश न मिले।

उन्होंने वह चीज़ भी बताई, जो मणि अय्यर ने उनसे कही थी : ज़ाहिर है, लकड़ी को लगभग दस दिनों के लिए धान के खेत में रखा जाता था। यह जानने के लिए कि उसे कीड़े-मकोड़ों ने प्रभावित किया या नहीं, ताकि इस आधार पर लकड़ी की गुणवत्ता का पता लगाया जा सके, क्योंकि लकड़ी की तरफ़ कीड़े

आकर्षित होते ही होते। एक बुज़ुर्ग सज्जन, जिनकी दबी हुई आवाज़ सोमू के इंटरव्यू की रिकॉर्डिंग में सुनाई पड़ी थी, ने जोड़ा—'मणि अय्यर ने एक व्यक्ति से कट्टई को धान में रखने के लिए कहा। उसे इस उपचार के बारे में कुछ मालूम नहीं था। उसने तीन माह के लिए कट्टई वहाँ छोड़ दी। जब इसे बाहर निकाला गया तो यह चन्दन की तरह दिखाई पड़ी।'

करइकुडि मणि और गुरुवयुर दोराई समेत अन्य कई लोगों ने लकड़ी को कुछ समय के लिए पानी में भिगोकर रखने की बात भी की। करइकुडि मणि ने मुझे 'सीज़निंग' की इस लम्बी प्रविधि का विवरण दिया। 'हमें लकड़ी के कुंदे को पानी में भिगोकर रखना पड़ता, फिर क़रीब एक माह के लिए इसे तालाब की रेत में दबा दिया जाता। इसके बाद हम इसको छाया में सूखने के लिए रख देते। इस सबके बाद ही हम यह पता कर पाते कि लकड़ी में दरार पड़ती है या नहीं।' कुप्पुसामी असारी और बारीकी से बताते हैं कि उस समय क्या-क्या किया जाता था। 'मेरे पिता ने मुझे बताया था कि उन दिनों वे लगभग दस कट्टई को दस दिनों के लिए नमक के पानी के टैंक में डाल देते थे। ऐसा करने से कट्टई का रंग चमकदार हो जाता और दरारें भी दिखना बन्द हो जातीं।'

मणि अय्यर कट्टइयों को ख़रीद लेते, इसके बाद प्रत्येक कट्टई में इतना बड़ा छेद किया जाता कि उसमें एक हाथ जा सके और अन्त में सबको उनके घर भेज दिया जाता। सोमू ने अपने वीडियो इंटरव्यू में एक बात इतनी तेज़ी से कही थी कि मैं भी पहली बार में उस पर ध्यान नहीं दे पाया था। इसमें वह कहते हैं, 'अय्या इस बात की परवाह किए बिना कि वह कहाँ हैं, कार में ही कट्टइयों को अपने घर ले जाते थे। वह हर एक-दो माह में एक या दो कट्टइयों को भेजते। उन्हें डर था कि हम उनको चुरा लेंगे या बेच देंगे।' यह कहते हुए उनकी आवाज़ में कोई भाव नहीं था। राजाराम ने भी लकड़ी स्थानान्तरण के इस रूटीन की जानकारी मुझे दी थी : 'दूसरी चीज़ यह है कि आप सोमू के घर में लकड़ी नहीं रख सकते। वह इसको बेच देगा!' साफ़ है कि मणि अय्यर की तरफ़ से विश्वास का संकट था, लेकिन सोमू का यह स्वीकार करना असामान्य है। हमें इस बात पर ग़ौर करना चाहिए कि वह उस इंटरव्यू में अय्यर के पुत्र से बात कर रहे थे। बहरहाल, यह पूरी प्रक्रिया को परेशान करनेवाला वक्तव्य था, ख़ासतौर पर इसलिए क्योंकि अय्यर सोमू के मुख्य संरक्षक थे। ताक़त और सामाजिक रुतबे के बड़े असन्तुलन ने अय्यर के लिए सोमू की भावनाओं की नाक़द्री करना सम्भव बना दिया था। इसके पीछे यह

भरोसा भी था कि काष्ठ-शिल्पकार उन्हें छोड़कर नहीं जाएगा। उसे मणि अय्यर के प्रति प्रतिबद्ध रहना ही पड़ता; अपने जातिबद्ध समाज और आर्थिक परिस्थितियों में उसके पास कोई और विकल्प भी नहीं था। वह शायद सोचता होगा, 'क्या हुआ अगर वह मुझ पर भरोसा नहीं करते। उन्हें अपने मृदंगमों के लिए अभी भी मेरी ज़रूरत है।'

लेकिन मुझे इस पर हैरत नहीं होनी चाहिए थी, क्योंकि कई मृदंगम कलाकारों ने तंजावुर कारीगरों की बेईमानी और दोहरे चरित्र के बारे में यही बात बताई थी। जब ग़ैर-दलित कारीगर तंजावुर परिवार की बात करते हैं तो वे उन पर घटिया सामग्री का इस्तेमाल करने और इसके स्रोत के बारे में कलाकारों से झूठ बोलने का आरोप लगाते हैं (उदाहरण के लिए वे चेन्नै में ख़रीदी गई खाल का इस्तेमाल करते हैं, पर ग्राहक से झूठ बोल देते हैं कि यह सीधे तंजावुर से मँगाई गई है)। कभी न कभी तक़रीबन हर व्यक्ति को अपने काम में 'समझौते' करने पड़ते हैं, इसलिए यह पूरी तरह निराधार नहीं है कि उनमें से कुछ लोग ऐसा करते होंगे। यहाँ जो मायने रखता है, वह इन आरोपों का सही-ग़लत होना नहीं है, बल्कि यह तथ्य है कि ये आरोप कुछ ख़ास जातियों के कारीगरों के ख़िलाफ़ लगाए जाते हैं।

आकार सचमुच मायने रखता है, या कुछ मृदंगम कलाकार ऐसा मानते हैं। मैं मृदंगम के मामले में इस विचार की सच्चाई पता लगाना चाहूँगा।

भारतीय संगीत एक निश्चित स्वर के आधारभूत विचार पर आधारित है, जो हर गायक की स्वर-सीमा या प्रमुख वाद्य की तान की पहुँच से निर्धारित किया जाता है। चूँकि पुरुषों व महिलाओं में स्वर बैंडविड्थ अलग-अलग होती हैं, लिहाज़ा दोनों के लिए आधारभूत स्वर ख़ुद-ब-ख़ुद अलग होता है। सामान्य पुरुष की आवाज़ के सुर को सप्तक में प्रथम स्वर (नोट) 'सा' का स्थान मिला हुआ है, जो कि स्वरमान (पिच) सी और डी के बीच आता है। जबकि सामान्य महिला की आवाज़ का सुर 'सा' स्वरमान 'जी' और 'ए' के बीच होता है। इसका मतलब है कि मृदंगम के छोटे मुँह वाले सिरे वलंदलाई को इन स्वरमानों के मुताबिक़ ट्यून किया जाना चाहिए, यह उन कलाकारों पर भी निर्भर करता है, जिनके लिए यह वाद्य बना है। वलंदलाई मृदंगम का सुरीला सिरा होता है और टोप्पी इसके मुक़ाबले कई प्रकार की बेस आवाज़ें प्रदान करता है। जो सवाल मैं पूछ रहा हूँ, वह है : क्या स्वरमान

(पिच) कट्टई के आकार और संरचना को प्रभावित करता है? लेकिन हम पहले इस बड़े सवाल का उत्तर देते हैं, क्या आकार मायने रखता है?

माइक्रोफ़ोन युग के पहले के दौर में पुरुष जिस रेंज में गाते थे, वह उनके बोलने की आवाज़ के आसपास भी नहीं होती थी। बल्कि उनके सुर महिलाओं के आसपास होते थे, क्योंकि वे अपनी आवाज़ों को श्रोताओं तक पहुँचाना चाहते थे। ऊँची पिच (स्वरमान) यानी ऊँची आवृत्तियाँ (फ्रीक्वेंसी), इस प्रकार अधिक डेसिबल और नतीजतन ज़्यादा दूर तक पहुँच। ख़ासतौर पर मन्दिरों जैसे ओपन एयर कॉन्सर्ट्स के लिए ऐसा करना आवश्यक था।

मद्रास कण्णन ने कहा, 'उन दिनों मृदंगम सिर्फ़ 22 इंच लम्बा होता था। आकार तब बढ़ाना पड़ा जब पूची श्रीनिवास आयंगर, वेदांता भागवतार और अरियाकुडी रामानुज आयंगर जैसे संगीतकारों ने अपनी स्रुति (स्वर) कम की।' कण्णन ने शायद माप के मामले में ग़लती कर दी; पुराना मृदंगम 18 इंच का होता था, 22 का नहीं। कई संगीतकारों ने इसकी पुष्टि की। लिहाज़ा आकार में पहली वृद्धि सम्भवतः बीसवीं शताब्दी के बहुत शुरू में हुई। उस पीढ़ी के गायकों के अपना सुर कम कर लेने के बाद मृदंगम का आकार 18 से बढ़कर 22 इंच हो गया।

सम्भवतः 1950 के दशक की शुरुआत में जब कर्नाटिक संगीत के नामी संगीतकारों ने सुर कुछ और कम कर दिया तो मृदंगम का आकार और बढ़ गया। राजामणि ने इस बात का उल्लेख किया था कि यह चलन उनके गुरु सेम्मनगुडी श्रीनिवासियर ने शुरू किया था और मदुरै मणि अय्यर जैसे अन्य लोगों ने इसका अनुकरण किया।

टी.के. मूर्ति ने दावा किया कि यह दक्षिणामूर्ति पिल्लै थे, जिन्होंने इस बड़ी कट्टई को डिज़ाइन किया। लेकिन ऐसा लगता है कि पिल्लै ने भी 18 इंच के मृदंगम का इस्तेमाल किया है। 'मैंने वो मृदंगम देखा है, जो दक्षिणामूर्ति पिल्लै द्वारा पुदुकोट्टई स्थित मुरुगन मन्दिर में बजाया जाता था। यह क़रीब 18 या 19 इंच का था। मृदंगम दिखने में ऐसा था, जैसा आजकल हम सात-आठ साल के नौसिखियों को देते हैं,' कालिदास ने कहा।

इन 18 इंच के मृदंगमों में भी कोई घुमाव (आधुनिक मृदंगम की अनिवार्य शर्त) नहीं होता था, और वाद्य के छोटे आकार को देखते हुए कट्टई के मुँह काफ़ी बड़े होते थे। कण्णन ने मज़ाक़िया लहज़े में कहा, 'उन दिनों मृदंगम को बजाना आरामदेह होता था, और उसका आकार भी हाथों की स्वाभाविक हद में रहता

था।' वह वास्तव में इस तथ्य की ओर इशारा कर रहे थे कि आजकल इस्तेमाल किए जा रहे मृदंगम अनावश्यक रूप से बड़े हैं। उस वक़्त मृदंगम वज़न में भी इतने हल्के होते थे कि कलाकार अपने गले में टाँगकर खड़े-खड़े या चलते हुए भी उनको बजा सकते थे। सेल्वाराज ने ध्यान दिलाया कि मणि अय्यर भी छोटे मृदंगम को बजा चुके थे।

लेकिन जल्द ही पालघाट मणि अय्यर और पलानी सुब्रमणिया पिल्लै, दोनों ही मृदंगम का आकार बढ़ाने की होड़ में लग गए, 24, 25, 26...जब तक मणि अय्यर ने 28 इंच और अन्ततः 30 इंच का मृदंगम नहीं बना लिया। इस बारे में कुछ साफ़ नहीं है कि इससे वाद्य-यंत्र के ध्वनि पटल में कुछ वृद्धि हुई या नहीं। कालिदास मानते हैं कि वृद्धि हुई। 'जितनी अधिक मात्रा में हवा भीतर रहेगी,' उन्होंने कहा, 'आवाज़ उतनी ही भारी होगी।' उन्होंने यह भी जोड़ा कि यदि कलाकार को बड़े मुँह की ज़रूरत है तो कट्टई को बड़ा होना ही चाहिए ताकि ढाल क्रमिक और धीमा हो। लेकिन क्या इस ढाल की ज़रूरत है? हम यक़ीनी तौर पर नहीं जानते कि मृदंगम कट्टई की ढलान उसकी आवाज़ की गुणवत्ता बढ़ाने में क्या भूमिका अदा करती है। पुराने मृदंगमों में यह ढाल नहीं हुआ करती थी, जबकि उन्हें ऊँची पिच पर ट्यून किया जाता था। जहाँ तक मैं बता सकता हूँ, निर्णायक गण इस मामले में किसी अन्तिम निष्कर्ष तक नहीं पहुँच सके हैं।

लेकिन इसमें कोई शक नहीं है कि आकार और, ख़ासतौर पर मृदंगम के वज़न को बढ़ाने की इन अन्तहीन कोशिशों ने इस ताल वाद्य-यंत्र की अभिव्यक्ति पर असर डाला है। इस युग की बदलती वादन शैली भी यही दिखाती है। मणि अय्यरों और पलानियों से भी पहले के कुछ पुराने कलाकारों को ध्यान से सुनें तो मृदंगम कलाकार की भूमिका और नीयत की झलक मिल जाती है। एक समय था जब इसकी ताल वायलिन या वीणा की मेलोडी और स्वर के साथ गुँथी हुई थी। भूमिका मातहत के समान दबी-दबी सी थी और चाल शान्त प्रवाहित जल की तरह। मणि अय्यर-पलानी की पीढ़ी में यह नाटकीय ढंग से बदल गया। व्यक्तित्व का बड़े पैमाने पर प्रदर्शन किया गया, जिसमें हर संगीत-रचना के सुर-ताल में इसकी और मंच पर ख़ुद मृदंगम कलाकार की उपस्थिति पर ज़ोर दिया गया। मणि अय्यर या पलानी की किसी भी रिकॉर्डिंग को सुनकर फ़ौरन उनकी 'बोल्डनेस' दिखाई दे जाएगी। संगीत में मृदंगम कलाकार की और अधिक आक्रामक शैली की तलाश ने वाद्य-यंत्र के भौतिक व कलात्मक बदलावों को अंजाम दिया। यह तलाश दरअसल कलाकारों

की इच्छा से प्रेरित थी, जो चाहते थे कि कॉन्सर्ट के दौरान मृदंगम कलाकार पर अधिक फ़ोकस और ध्यानाकर्षण हो। यह मृदंगम की आकृति, प्रस्तुति और बजाने के अन्दाज़ में संरचनात्मक बदलावों की माँग करता था। ये सब चीज़ें संगीत और मृदंगम की स्थिति को बदलने में पूरी तरह कामयाब रहीं।

उस ज़माने के मृदंगम कलाकारों को प्रेरित करनेवाला एक दूसरा पहलू संगीत में और अधिक ताक़त दिखाने की इच्छा था। मणि अय्यर ब्राह्मण थे और उन्होंने अब तक इस वाद्य पर राज करनेवाले इसइ वेल्लालरों से न केवल मोर्चा लिया, बल्कि उनको अपने रास्ते से हटा दिया। चूँकि उस वक़्त तविल सिर्फ़ इसइ वेल्लालर ही बजाते थे, तो हो सकता है कि यह भी इस बदलाव के लिए प्रेरक रहा हो। महज़ अपनी ताल-विस्फोटकता और बजाने में लगनेवाले शारीरिक बल के कारण तविल वादन और उसका प्रदर्शन हमेशा से ही पुरुष की ताक़त का फूहड़ प्रदर्शन माना गया। मृदंगम कलाकार भी मंच पर उपस्थिति के समय और वादन शैली में यही रंग-ढंग चाह रहे थे। मेरे ख़याल से कम-से-कम बड़े मृदंगम की ज़रूरत का एक हिस्सा पुरुष टेस्टोस्टेरोन से प्रेरित था। अपने प्रारम्भिक काल में मृदंगम ख़ुद कलाकार के बैठने की चौड़ाई से ज़्यादा नहीं होता था। अब तो यह भारी और ठोस होता है—कह सकते हैं एकदम हट्टा-कट्टा। किसी कॉन्सर्ट में जब मणि अय्यर दो या तीन मृदंगमों के साथ पहुँचते, सत्ता का एक मुखर प्रदर्शन होता, उनके शिष्य मृदंगमों को उठाकर चलते, इसमें एक शान होती। कॉन्सर्ट के दौरान वह इशारा करते और उनके शिष्य उन्मत्त होकर उन्हें दूसरा मृदंगम सौंप देते, जबकि पहले वाले की जाँच मंच के कोने में बैठा मृदंगम कारीगर कर रहा होता। सब कुछ अपनी प्रभुता दिखाने का एक शो होता—वाद्य-यंत्र समेत।

सोमू असारी से हमको पता चलता है कि मणि अय्यर अक्सर 25 इंच का मृदंगम उपयोग करते थे। लेकिन इन बदलावों को सिर्फ़ अय्यर की दंतकथा से जोड़ देने से नाराज़ कालिदास ने कहा, 'आप एक कहानी बना सकते हैं और उसे कोई नाम दे सकते हैं। मैं अपने गुरु पलानी के घर में 26 इंच का मृदंगम देख चुका हूँ। और वह इसको एम.डी. रामनाथन, सेम्मनगुडी श्रीनिवासियर के साथ बजाते थे। 25 इंच के मृदंगम को उन्होंने जी.एन. बालासुब्रमण्यम के साथ भी बजाया। वह बताते थे कि जब वह बड़े-बड़े मृदंगम बजाते थे तो उनके सीने में दर्द होने लगता था।'

आख़िरकार, मणि अय्यर को भी लगा कि एक सीमा के बाद अपनी तृष्णाओं को तृप्त करना सम्भव नहीं है। मणि अय्यर की 30 इंच के मृदंगम के साथ एक

तसवीर है, मगर इस मृदंगम को मंच पर जगह नहीं मिली; शारीरिक तौर पर इसको बजाना नामुमकिन था।

कुप्पुसामी की पूरी वर्कशॉप में लकड़ी का बुरादा बिखरा पड़ा था; नीचे ज़मीन तो मुझे नाममात्र के लिए दिखाई दी। विभिन्न आकारों और रंगों की कट्टई चारों तरफ़ फैली पड़ी थीं। मेरी बाईं तरफ़ लकड़ी के कुंदे को पकड़कर उसे घुमानेवाली लेथ मशीन थी। काष्ठ-शिल्पकार ने धूप में सुखाई गई और गाय के गोबर के लेप वाली एक कट्टई इस मशीन पर रखी।

कट्टई का एक सिरा 'चक' की पकड़ में होता और दूसरा 'टेल स्टॉक' पर, लेकिन यह घूम सकती थी। जब बेल्ट से चालित इस लेथ मशीन को चालू किया गया तो यह लकड़ी के कुंदे को बहुत तेज़ आरपीएम (प्रति मिनट घूमना) पर घुमाने लगी। मशीन के बराबर खड़े काष्ठ-शिल्पकार ने हाथ में एक छेनी लेकर लकड़ी की बाहरी सतह को आकार देने का काम शुरू किया।

खुरदरे और बेडौल कुंदे पर धीरे-धीरे धनुष जैसी आकृति उभर आई, इसके बाद दोनों सिरों पर नीचे की ओर ढलानें बन गईं। पर ये अभी अन्तिम रूप नहीं ले पाई थीं।

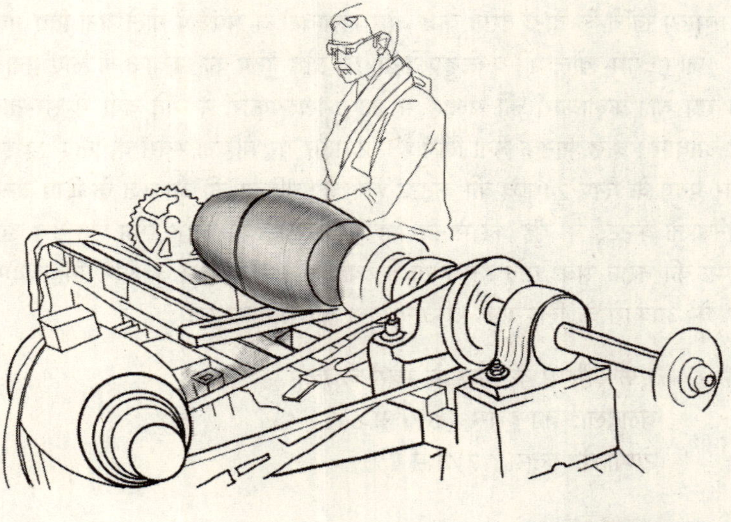

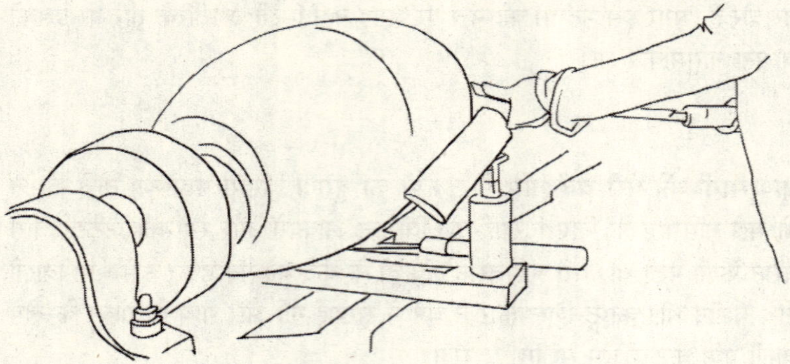

आकार देने का काम मोटा-मोटी पूरा होने के साथ ही काष्ठ-शिल्पकार ने उस जगह पर एक स्पष्ट निशान बना दिया, जहाँ कट्टई सबसे ज़्यादा चौड़ी होगी। यह निशान कट्टई के चारों तरफ़ एक सुन्दर खाँचे के रूप में होता। जैसा कि मैं ज़िक्र कर चुका हूँ कि यह गहरी विभाजन रेखा बड़े मुँह यानी टोप्पी के नज़दीक रहती है। जिस गति से लकड़ी घूम रही थी और छेनी (टाँकी) इस पर चल रही थी, मैं खड़ी और आड़ी चाल वाली लाइनें देख सकता था। आकार चमत्कारिक रूप से लगभग प्रकट हो गया। काष्ठ-शिल्पकार ने सतह को सिर्फ़ सहलाया भर था, लेकिन लकड़ी ने इस स्पर्श का प्रत्यक्ष जवाब दिया। जैसे ही उसने टाँकी को ऊपर से नीचे, बाएँ और दाएँ चलाया, ऐसा लगा मानो दोनों दिशाओं में तरल लकड़ी बह रही हो। मुख्य खाँचे के दोनों तरफ़ कुछ और सजावटी व समरूप गोले बना दिए गए।

जो मृदंगम-खोल मैंने बनते हुए देखा, वह प्रौढ़ पुरुष की आवाज़ के लिए बनाया जा रहा था। कलाकारों की सलाह से काष्ठ-शिल्पकारों ने बीते वर्षों में सुर-ताल पर आधारित कुछ मानक बना लिये हैं। आमतौर पर महिला स्वरों के लिए 22 इंच और पुरुष के लिए 24 इंच की कट्टई होती है। महिला की आवाज़ के लिए बनाई जानेवाली कट्टई के मुँह की मानक माप वलंदलाई की तरफ़ सवा छह इंच और टोप्पी की तरफ़ सवा सात इंच होती है। यहाँ पेश है लकड़ी के फ्रेम सहित दोनों मुँह के आकारों के लिए शुरू से अन्त तक की सामान्य रेंज :

एफ और ए के बीच के स्वरों के लिए
वलंदलाई का व्यास : 6¼ से 6½
टोप्पी का व्यास : 7¼ से 7½

सी और ई के बीच के स्वरों के लिए

वलंदलाई का व्यास : $6^3/4$ से 7

टोप्पी का व्यास : $7^3/4$ से 8

फिर भी इसका कोई परम सिद्धान्त नहीं है। कई मृदंगम कलाकारों व काष्ठ-शिल्पकारों ने मान्य मानदंडों में थोड़े-बहुत बदलाव भी किए हैं, मसलन कभी-कभी वे पुरुष के नीचे के स्वरों के लिए 7 और 8 इंच (क्रमशः वलंदलाई और टोप्पी) तक भी गए।

काष्ठ-शिल्पकारों में इन मान्यताओं को लेकर कुछ अंधविश्वास भी हैं। सी और ई के बीच के स्वरमानों के लिए बनाई जानेवाली 24 इंच की कट्टई की वलंदलाई का व्यास ठीक-ठीक $6^3/4$ नहीं होना चाहिए। और इससे जुड़ा रहस्यमय नम्बर है $6^3/4 + ½, + ¼ = 7½$। राजामणि ने मुझे यह समझाते समय माना कि वह भी इस गणित को नहीं जानते थे। किसी भी माप पर व्यास हमेशा कुछ कम या थोड़ा सा ज़्यादा होता है। वे इसे शास्त्र कहते हैं।

जब सोमू अपने शिल्प-कर्म के शीर्ष पर थे, हर चीज़ हाथ से की जाती थी। उनके पास एक पहिया होता था, जिसे वे ख़ुद चलाते थे। लेकिन मुझे लगता है कि तेज़ गति हासिल करने और लकड़ी को पर्याप्त चक्कर दिलाने के लिए लीवर पद्धति जैसा इन्तज़ाम ज़रूर रहा होगा। मैंने जब कुप्पुसामी असारी से पूछा कि क्या मशीनीकरण से कभी कोई मदद मिली, तो उन्होंने सीधा जवाब दिया, 'मशीन से बनाए जानेवाले वाद्य-यंत्रों की आवाज़ बेहतर होती है। हम तो अपने हाथों से काम करते थे, क्योंकि उस ज़माने में मशीनें उपलब्ध नहीं थीं।'

मृदंगम को तराशने का काम अब भी देखकर और अन्दाज़ से ही किया जाता है। अतः दोनों तरफ़ की दो ढलानों की डिग्री अस्थिर होती है। हर मृदंगम की ढाल का अपना महत्त्व होता है। इसी ख़ासियत के कारण बजाई जानेवाली झिल्लियाँ एक कट्टई से निकालकर दूसरी में नहीं लगाई जा सकतीं। चाहे वो वलंदलाई हो या टोप्पी, बजाई जानेवाली हर झिल्ली किसी ख़ास कट्टई पर बैठाई और लगाई जाती है। ऐसा इसलिए है, क्योंकि हर कट्टई अपने आप में अलग या अनोखी होती है, उनके मुख के आकार और ढलानों में अन्तर होता है।

लेकिन लोग स्वीकार करते हैं कि सोमू की कट्टई अपवाद थीं। वह इतने माहिर थे कि अगर दोनों मुखों का व्यास समान हो तो आप एक कट्टई की झिल्लियों को

निकालकर दूसरी में लगा सकते थे। वह विशेष मापक उपकरणों के बिना भी ढाल के कोण में एकरूपता हासिल कर लेते थे। सेल्वाराज ने कहा : 'उस्ताद शिल्पकार सोमू असारी हमको 20 इंच की कट्टई देते, जिस पर हम बजानेवाली झिल्लियाँ लगाते। तैयार होने के बाद हम उनको कॉन्सर्ट वाली असल कट्टई की जगह भेज देते। झिल्लियों को एक से दूसरी कट्टई में लगाने से ही उनकी प्रतिभा की झलक मिल जाती। आज यह सम्भव नहीं है, क्योंकि हर दूसरी कट्टई में मुखों का घुमाव या गोलाई बदल जाती है। सोमू असारी के साथ ऐसा नहीं था।'

वापस कुप्पुसामी की वर्कशॉप पर लौटते हैं। ज़रूरत के मुताबिक़ जब कट्टई की बाहरी सतह को आकार देने का काम पूरा हो जाता है तो इसे एक बड़ी लेथ मशीन पर भेज दिया गया। यहाँ मृदंगम को चक में फँसाकर दूसरे सिरे से कुछ इंच पर घूमनेवाले छल्ले की मदद से टिका दिया गया।

ख़ासतौर पर टोप्पी वाला सिरा बेल्ट सिस्टम से जुड़े चक में फँसाया गया। इन सभी लेथ मशीनों में मृदंगम-निर्माण की ज़रूरत के मुताबिक़ बदलाव किए गए हैं। विशेष रूप से कट्टई में छेद करने के लिए बनी थोड़ी घुमावदार, लेकिन अपने शार्प एंड पर एकदम सीधी ड्रिलिंग रॉड टूल पोस्ट में लगी है। टूल पोस्ट में घूमनेवाले पहिए लगे हैं, जिनसे ड्रिलिंग रॉड आड़ी-तिरछी और लम्बाई में चलती है। इससे मशीन ऑपरेटर कट्टई में और गहराई तक ड्रिल चलाता है, इसके बाद मशीन को बराबर दिशा में घुमाकर घेरा छोटा और बड़ा करता है।

काष्ठ-शिल्पकार लेथ या खराद मशीन की बराबरी पर खड़ा होकर घूमनेवाले पहियों के साथ दो गतिविधियों को नियंत्रित कर रहा है : एक कट्टई से दूर और उसकी तरफ़ तथा दूसरा ख़ुद से दूर व अपनी ओर। वह ड्रिलिंग रॉड का सही कोण बनाकर उसको कसता है और वलंदलाई के बीच से छेद करना शुरू करता है। उसे एक और ख़ास बात अपने दिमाग़ में रखनी पड़ती है। चूँकि वह लकड़ी को पोला कर रहा है, इसलिए उसे यह सुनिश्चित करना होता कि ढाँचे (फ्रेम) का अन्तिम व्यास, यानी वलंदलाई और टोप्पी पर उनकी मोटाई, $^{3}/4$ इंच होना चाहिए। जैसे-जैसे वह कट्टई के और भीतर जाता है, मोटाई बढ़ती जाती है और उसमें विशिष्टता भी आती है। जहाँ घेरा सबसे बड़ा होता है, वहाँ अपने सर्वाधिक मोटाई वाले बिन्दु पर कट्टई लगभग $1^{3}/4$ या 2 इंच मोटी होती है। इस बिन्दु पर बाहरी सतह का व्यास क़रीब 11.5 इंच और खोखले भाग में अन्दर का व्यास 9.5 इंच का होता है। यह सब सिर्फ़ दो घूमनेवाले हैंडलों को काबू करके हासिल किया जाता है, इसके अलावा कोई दूसरा औज़ार नहीं होता।

कुप्पुसामी का सहायक यह सारा विवरण देते समय हँस रहा था और इस बात की चिन्ता किए बिना कि कट्टई की ज़रूरत से ज़्यादा छिलाई न हो जाए, अचूक अन्दाज़ में ड्रिल मशीन चला रहा था। 'हम यह तजुर्बे से करते हैं,' उसने कहा। कुछ-कुछ फूसबाल की तरह वह भी एक हाथ हैंडल पर रखकर ड्रिल को अन्दर-बाहर करता और दूसरे हाथ से प्रवेश बिन्दु को ठीक करता। ज़बरदस्त दृढ़ता के साथ उसने मशीन चलाई और लकड़ी के कुंदे को कट्टई में तब्दील कर दिया। जब वह कट्टई के सबसे मोटे बिन्दु पर पहुँचा तो उसने मृदंगम को चारों तरफ़ से घुमाकर देखा और टोप्पी वाले सिरे से काम शुरू कर दिया। दूसरी तरफ़ से भी छेद करने का काम ख़त्म करते ही आख़िरकार कट्टई अब पूरी तरह खोखली हो चुकी थी। मुझे लगा कि दोनों सिरों से सुरंगें बनाई जा रही हैं और वे बीच में कहीं मिल रही हैं। जब मैंने अपना हाथ कट्टई में डाला तो यह खुरदरा और ऊबड़-खाबड़ लगा; सघन बिन्दु पर मोटाई 2 इंच से ज़्यादा थी। 'ठहरिए, अब हम इसको दुरुस्त करेंगे,' उसने कहा।

चिकनापन और शुद्ध मापों को प्राप्त करने के लिए दूसरी तरह की ड्रिलिंग रॉड निकाल ली गई। यह ख़ुद में कट्टई से लम्बवत है, लेकिन इसका छोटा, नुकीला सिर लकड़ी के खोल के बराबर होता है। जैसे ही काष्ठ-शिल्पकार रॉड को खोखले हिस्से में चलाता है, इसकी धार ने अन्दर की दीवारों पर चलते हुए उनकी सफ़ाई

कर दी। मशीन ऑपरेटर ने इस बात को पक्का किया कि नुकीला सिरा अन्दरूनी दीवारों की सतह को केवल छुए भर। अब अन्दर की दीवार भी बाहर वाली की तरह कोमल और रेशमी होने लगी। एक बार फिर कट्टई को पलटा गया और दूसरे सिरे से भी उसकी सफ़ाई हो गई।

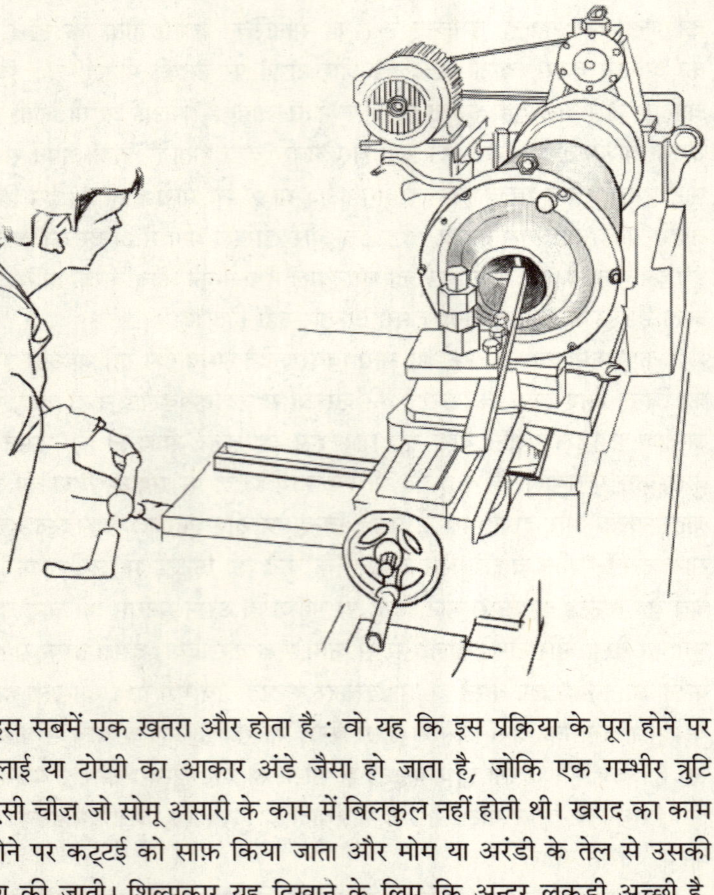

इस सबमें एक ख़तरा और होता है : वो यह कि इस प्रक्रिया के पूरा होने पर वलंदलाई या टोप्पी का आकार अंडे जैसा हो जाता है, जोकि एक गम्भीर त्रुटि है—ऐसी चीज़ जो सोमू असारी के काम में बिलकुल नहीं होती थी। खराद का काम पूरा होने पर कट्टई को साफ़ किया जाता और मोम या अरंडी के तेल से उसकी पॉलिश की जाती। शिल्पकार यह दिखाने के लिए कि अन्दर लकड़ी अच्छी है, उसको वार्निश से पोत देते हैं, जबकि वह वेल्लादाई का बड़ा हिस्सा होती है। लेकिन कभी-कभी कारीगर और कलाकार धोखा खा जाते। इसीलिए मृदंगम कारीगर अक्सर सतर्क रहने की बात करते हैं। 'अगर लकड़ी में कहीं दरार है तो कट्टई कारीगर

इसे गोंद से जोड़ देंगे और पाउडर लगाकर इसे ढक देंगे। आजकल वे इसी तरह से काम करते हैं,' गुरुवयुर दोराई ने भी यही कहा था।

इंटरव्यू के क्रम में सोमू असारी अक्सर अपनी अज्ञानता के बारे में बोलते थे। वे हर चीज़ का श्रेय मणि अय्यर की प्रतिभा को देते हुए इसका ज़िक्र करते। अपने बारे में वे इस तरह बोलते जैसे वह भी महज़ एक लेथ मशीन हों। राजाराम भी अपने पिता के विचारों, ज्ञान और रचनात्मकता के बारे में ज़्यादा-से-ज़्यादा जानना चाहते थे। उन्होंने सोमू की तकनीकों के दस्तावेज़ीकरण की ज़रूरत बताई, हालाँकि इंटरव्यू इस पर केन्द्रित था कि अय्यर के विचारों के बारे में सोमू क्या जानते हैं। सोमू ख़ुद अदृश्य थे; जीवन में या मृदंगम कट्टई में ख़ुद के द्वारा किए गए बदलावों में उनकी बहुत कम रुचि थी। बहुत कुछ दरबारी संगीतकारों की तरह, जो अपना सर्वस्व राजा को न्योछावर कर देते थे; और सोमू के भगवान थे मणि अय्यर। असल में उनके रिश्तों में स्वामित्व का ऐसा भाव था जिसे शब्दों में व्यक्त करना मुश्किल है। सोमू के दिमाग़ पर अय्यर की पकड़ इतनी मज़बूत थी कि काष्ठ-शिल्पकार के नाते वह अपने विचार को भी मणि अय्यर के ही मानते थे। हो सकता है अय्यर को लगता हो कि सोमू उन्हीं के विचारों को आत्मसात कर अमली जामा पहना रहा है। एक जगह सोमू कहते हैं, 'उन्होंने (मणि अय्यर) इस बारे में मुझे बताया था; इसीलिए मैं यह काम जानता हूँ। भला ख़ुद से मुझे क्या आता है? मृदंगम के लिए जो पालघाट अय्यर ने किया है, इस दुनिया में किसी और ने नहीं किया।' उन्होंने यह कहकर पलानी का मौन अवमूल्यन भी किया, वह (पलानी) कहते थे, "जो भी तुम अय्या के लिए करते हो, वही करो।"

राजाराम केवल सोमू असारी की शराब की लत की कहानियाँ शेयर करते और बताते कि अय्यर कैसे यह कहते कि वह इतना होश में है कि अपना काम कर सके। 'सुबह 6-6:30 बजे तक सोमू नशे में चूर हो चुका होता, जबकि शराब पाबन्दी लागू थी। लेकिन वह रात को आया होगा, पैसे लिये होंगे और पी ली होगी। इस हालत में भी वह मृदंगम के सारे आयामों का बख़ूबी उल्लेख करता। मेरे पिताजी मृदंगमों के बारे में पूछते तो कहता कि "अय्या, मैं सुबह पक्का कर दूँगा।" पर सुबह 7 बजे वह नाली के पास धुत्त पड़ा मिलता। इसलिए सुरेन्द्रन (पालघाट मणि अय्यर का शिष्य) सुबह 5 बजे ही सोमू असारी के घर पर जाकर बैठ जाता। मगर वह वहाँ से खिसक लेता। दो-तीन दिन बाद अगर वह आपके हाथ लग जाता तो जो काम दूसरे लोग पाँच दिनों में करते, वह दिन के तीन-चौथाई वक़्त में ही निपटा देता।'

पियक्कड़ सोमू और शराबी परलांदू बार-बार आनेवाला मुद्दा हैं। यहाँ तक कि ग़ैर-दलित जातियों के कारीगर भी तंजावुर कुनबे की इस लत की चर्चा करते थे। कालिदास ने बताया कि दलितों में शराब पीने की लत बहुत ज़्यादा थी। 'वे सभी अच्छे थे पर उनमें यही कमी थी, शराब की लत। परलांदू से लेकर गुणसीलन तक। मैं समझता हूँ कि आजकल के नौजवान बेहतर हैं। इसका मृदंगम या किसी और चीज़ से कोई लेना-देना नहीं था। ऐसा उनके समुदाय और जाति के कारण ज़्यादा था। आज भी दलितों में यह लत बरक़रार है। आर्थिक स्केल पर आप जितना नीचे जाते हैं, लोगों में उतनी ही अधिक शराब की लत और कड़ी मेहनत न करने की इच्छा पाते हैं। घर की महिलाएँ ही सारा काम करती हैं। मैं कोई आक्षेप नहीं लगा रहा; सिर्फ़ एक राय व्यक्त कर रहा हूँ।'

दिलचस्प बात ये है कि शराब पीनेवाला अगर उच्च जातियों में से हो तो उसे पियक्कड़-प्रतिभा जैसे क़ीमती अलंकार से नवाजा जाता है। इस मामले में सबसे सटीक उदाहरण बाँसुरी वादक टी.एम. महालिंगम का है, उनके पीने के बारे में बहुत स्नेह के साथ बात की जाती है। लोग कहते, उनकी 'प्रतिभा' के सामने बाक़ी हर चीज़ फीकी है। लेकिन काष्ठ-शिल्पकारों में निर्विवाद चैम्पियन सोमू को कभी इतनी छूट नहीं मिलती, उनका नशा उनकी जाति की पैदाइश था। यह उच्च जातियों और उनके जैसा बनने की ख़्वाहिश रखनेवालों का असहनीय पाखंड है।

तंजावुर परिवार के सदस्य अरुलराज ने कुछ अलग अन्दाज़ में व्याख्या की। 'यदि उनके (उनके पिता और चाचा-मामा) पास कुछ अतिरिक्त पैसा होता तो वे सीधे शराब की दुकान जाते। फिर तुरन्त ही उनका मन बदल जाता।' वह इस सन्दर्भ में बोल रहे थे कि कैसे पुरानी पीढ़ी ने अपनी सामाजिक हैसियत और अपने साथ होनेवाले बर्ताव के तरीक़े को स्वीकार कर लिया था। हो सकता है, यथार्थ से मुँह मोड़ना भी शराब की लत का एक कारण रहा हो।

5

खाल की गहराई

मेरे सह-संगीतकार अभी-अभी सिडनी पहुँचे थे। उनमें से एक मृदंगम कलाकार थे। उन्होंने बिना सोचे-समझे इमिग्रेशन और कस्टम्स फ़ॉर्म भर दिया था। हर प्रश्न के लिए उनका एक ही उत्तर था—'नहीं', जैसा कि उन्होंने यूएस फ़ॉर्म में लिखा था। कर्नाटिक संगीतकार अक्सर ही अमेरिका की यात्रा करते हैं, जिसके कारण वे सहज रूप से निशान लगाते चले गए।

दुर्भाग्य से, ऑस्ट्रेलियाई आप्रवासन और सीमा शुल्क फ़ॉर्म थोड़ा अलग होता है। इसमें कुछ बहुत ही अलग तरह के निर्णायक प्रश्न पूछे जाते हैं। मृदंगमवादक अभी-अभी एक लम्बी झपकी से जागे थे, और इमिग्रेशन क्लियर करने के बाद, उन्होंने अपना बैग स्कैनर में रखा ही था कि उन्हें रोक दिया गया। मृदंगम का बैग खोला गया। अधिकारी को यह समझाने की आवश्यकता नहीं थी कि यह चमड़े और लकड़ी से बना है; वह साफ़ ज़ाहिर था। मेरे मित्र बुरी तरह से घबरा गए, उनके मुँह से शब्द ही नहीं निकल रहे थे। उनके बाज़ू में वायलिनवादक खड़े थे, जिन्हें कर्कश आवाज़ वाले सीमा शुल्क अधिकारी ने इस मामले से दूर ही रहने को कह दिया था। हमारा कॉन्सर्ट अगले ही दिन था। मैं कुछ ही घंटे में वहाँ पहुँचनेवाला था। मृदंगम खोने का जोखिम उठाने का तो प्रश्न ही नहीं उठता था।

ऑस्ट्रेलिया में धूमन (फ़्यूमिगेशन) नियम बहुत सख़्त हैं। यदि आप देश में चमड़े, लकड़ी या इसी तरह की सामग्री से बनी कोई चीज़ आयात कर रहे हैं या

निजी उपयोग के लिए ला रहे हैं, तो इसे पहले रवाना करना होता है। अधिकारी उसे फ्यूमिगेट करेंगे और सुनिश्चित करेंगे कि उस आइटम में उनकी कृषि अर्थव्यवस्था को बर्बाद कर सकनेवाली कोई बीमारी तो नहीं है। मैं जानता हूँ कि वे अन्तर्देशीय यात्रा को लेकर बड़े ईमानदार होते हैं।

कलाकार से मृदंगम, उसकी बनावट, उपयोग में लाई गई सामग्री और वाद्य-यंत्र कितना पुराना है, वग़ैरह प्रश्न पूछे गए। अधिकारी के पीछे की दीवार पर ढोलक का एक पोस्टर लगा था। ढोलक भी मृदंगम जैसी बनावट वाला ताल वाद्य है, साफ़ था कि वह अधिकारी भारतीय वाद्य-यंत्रों से परिचित था। चूँकि, यह मृदंगमवादक झूठ बोलने के अभ्यस्त नहीं थे, उन्होंने कह दिया कि उनका मृदंगम नया है, एक महीने पुराना। बाद में उन्होंने कहा, 'आप अभी भी इसके चमड़े की गंध को महसूस कर सकते हैं, ताज़ा महक है। मैं भला झूठ कैसे बोल सकता हूँ?' हर कोई इसकी महक को महसूस कर सकता था। बिलकुल नया मृदंगम था, जो कारीगर ने उन्हें हाल ही में सौंपा था।

मेरे मित्र सोच रहे थे कि ऑस्ट्रेलिया के कुछ कॉन्सर्ट्स में इसका इस्तेमाल करने के बाद वे इसे किसी नये सीखनेवाले शिष्य को बेच देंगे। मृदंगम कलाकारों के लिए यह कोई नई बात नहीं है। वे नये वाद्य ख़रीदते हैं और उन्हें देश के बाहर ऊँचे दामों पर बेच देते हैं। वे अपने पुराने, क़ीमती और विरासत में पाए हुए मृदंगमों को शायद ही कभी अन्तरराष्ट्रीय यात्राओं में ले जाते हैं। मृदंगम कारीगर इस बात की शिकायत भी करते हैं कि कलाकार इन वाद्य-यंत्रों की बिक्री से अच्छा-ख़ासा पैसा कमाते हैं, लेकिन लाभ का ज़रा-सा हिस्सा भी उनके साथ साझा नहीं करते, सारा का सारा अपनी जेब में रख लेते हैं। बहरहाल, उस समय, सिडनी किंग्सफ़ोर्ड स्मिथ हवाई अड्डे के सीमा शुल्क विभाग में गाय, भैंस और बकरी के चमड़े की गंध घूम रही थी। हालाँकि उस जगह को साफ़-सुथरा और व्यवस्थित किया गया था, फिर भी उस जगह से बूचड़ख़ाने जैसी गंध आ रही थी।

एक दशक से भी अधिक समय बाद, मैंने सुसइनाथन से अपना बूचड़ख़ाना दिखाने की गुज़ारिश की थी। उन्होंने मुझे बुरी तरह झिड़क दिया। कहा, 'वहाँ का दृश्य घिनौना और डरावना होगा। ऐसा, जैसा आपने कभी देखा न होगा, इसे झेलना ब्राह्मणों के बस की बात नहीं।' जब मैंने रविकुमार का साक्षात्कार लिया तो उन्होंने भी कहा था, 'कुछ लोगों ने कहा कि वे देखने आएँगे। मैंने उन्हें मना कर दिया। यह सोचकर कि यदि वे वहाँ बेहोश हो जाएँ, तो क्या होगा?' मैं अडिग रहा और

अन्ततः सुसइनाथन मान गए। उन्होंने मुझसे कहा, 'सुबह लगभग 5 बजे घर से निकलें और मुझे सेंट्रल स्टेशन से ले लें।'

चेन्नै रेलवे स्टेशन, जिसका नाम अब बहुत जटिल कर दिया गया है—पुराची थलैवर डॉ. एम.जी. रामचन्द्रन सेंट्रल रेलवे स्टेशन—मेरे लिए एक जाना-पहचाना स्थान है। कुछ दशक पहले तो और भी अधिक जब हममें से अधिकतर संगीतकारों के लिए हवाई यात्राओं का ख़र्चा उठाना आसान नहीं था। मैं अपनी गाड़ी से स्टेशन के सामनेवाली मुख्य सड़क पर पहुँचा, जहाँ सुसइनाथन मेरी प्रतीक्षा कर रहे थे। मेरा विद्यार्थी जिसे मेरे साथ आना था ऐन मौक़े पर भाग खड़ा हुआ था। तो, सुसइनाथन और मैं, अकेले ही चल पड़े। मेल्गीस हमें आगे मिलनेवाले थे। हम चेन्नै की प्रतिष्ठित रिपन बिल्डिंग से दाहिनी ओर मुड़े और उसके बाद तो मुझे रास्ता ही नहीं सूझ रहा था। ये शहर के वे इलाक़े थे, जहाँ मैं कभी नहीं गया था। यह मुझ दक्षिण चेन्नै में रहनेवाले के लिए एकदम विपरीत छोर था। रास्ते में इतने मोड़-घुमाव आ रहे थे कि मेरे लिए उन्हें याद रख पाना सम्भव नहीं था। अन्त में सुसइनाथन ने मुझे जिस ओर बढ़ने का इशारा किया वह किसी बाज़ार के प्रवेश द्वार जैसा दिख रहा था।

रविवार की सुबह थी। जैसे ही मैंने अन्दर प्रवेश किया, सड़क के किनारे छोटे-छोटे स्टॉल लगे दिखे, जिनके सामने प्लाईवुड की नीची-नीची मेज़ें लगी थीं। जल्दी जागकर यहाँ पहुँचनेवाले लोग गौमांस, ब्लड जैली और बोटियों का मोल-भाव कर रहे थे। सुसइनाथन ने रक्त की ओर इशारा करते हुए कहा कि इसका इस्तेमाल सांबर में किया जाता है। मेरी आँखें हैरत से फट पड़ीं। मैं अब तक मानता था कि सांबर यानी ब्राह्मण। सांबर नाम मेरे लिए शाकाहार का प्रतीक था। भले ही कोलम्बु में मांसाहार की सम्भावना दिखाई देती हो पर सांबर में कभी नहीं। जिस समय मैं इस इलाक़े की यात्रा पर निकला था, उस समय तक मैं अर्ध-शाकाहारी था। मैं सी-फूड तक बढ़ चुका था, इसलिए क्योंकि इसमें रक्त नहीं होता।

मांस के एक अजीब-से दिखनेवाले लोथड़े की ओर इशारा करते हुए सुसइनाथन ने पूछा, 'क्या आप उसे देख रहे हैं? वह बोटी है।' अगले पाँच मिनट तक उन्होंने मुझे यह समझाने की कोशिश की कि यह कितनी शानदार चीज़ है। बोटी बकरी की आँत होती है, और सुसइनाथन के अनुसार, इसमें औषधीय गुण होते हैं और यह स्वास्थ्य के लिए बहुत अच्छी होती है। मैं अचानक डर गया कि आगे और न जाने क्या-क्या होगा!

मेरी बाईं ओर बूचड़ख़ाना था, और उसके सामने चल रही गतिविधियों को निहारते बकरे अपनी बारी का इन्तज़ार कर रहे थे। सभी बकरों पर नम्बर लिखे थे—उनके आधार नम्बर! बूचड़ख़ाने का स्वामित्व तमिलनाडु सरकार के पास था, और लोग शुल्क जमा करके इसका उपयोग कर सकते थे। मुझे बताया गया कि इस कारोबार में लगे अधिकतर लोग मुस्लिम हैं, जबकि मज़दूर ज़्यादातर दलित। हमने कार को थोड़ा और अन्दर पार्क किया, और आगे जाकर, दाहिनी ओर के मोड़ पर मुड़ गए। यहाँ पर गाय-भैंसों को नुकीले काँटों पर उलटा लटकाया गया था। जानवरों के शवों पर आधी-अधूरी चमड़ी थी या उनकी चमड़ी उतारी जा रही थी। सुसइनाथन ने मुझे बताया कि मैं असली पशु-वध देखने से चूक गया हूँ। 'आज रविवार है, इसलिए डिमांड ज़्यादा है, काम जल्दी शुरू होता है।' मैंने नीचे नज़र डाली और देखा कि मेरे चारों तरफ़ ख़ून-ही-ख़ून बिखरा था। और ठीक इसी समय तेज़ गंध मेरे नथुनों से टकराई। मैं इसका बयान कैसे करूँ? यह बदबू नहीं थी, अप्रिय भी नहीं थी, और मैं इससे विचलित भी नहीं हुआ। लेकिन यह सब कुछ भुला देनेवाली थी। कुछ इस तरह कि एक झुका हुआ भारी बादल, जिसे आप अपने शरीर पर महसूस कर सकते हैं।

लेकिन इस जगह पर पहुँचने के कुछ ही मिनटों के अन्दर मेरे साथ कुछ अप्रत्याशित घटित हुआ। मेरे चारों ओर बनियान और लुंगी पहने पुरुष थे, उनके कपड़े और बदन ख़ून से सने हुए थे, वे इधर-उधर घूम रहे थे, हँसी-मज़ाक़ कर रहे थे, सौदेबाज़ी कर रहे थे और अपने ख़ून सने हाथों से चाय की प्यालियाँ पकड़कर चुस्की ले रहे थे। मुझे अहसास हुआ कि यह तो उनके काम करने की जगह है, उनके रोज़मर्रा का काम है यह। उनके लिए यह सामान्य बात है। कुछ भी अस्वाभाविक नहीं था। जानवरों को मारना उनकी आजीविका थी, जीवन का एक मान्य और अनिवार्य यथार्थ। और, जब मैंने उनकी गतिविधियों को देखा और उन्हें हँसते-बतियाते हुए सुना तो मैं सहज हो गया।

हमें काली से मिलना था। आख़िर एक 'पीटर' (अंग्रेज़ी बोलनेवाले सम्भ्रान्त वर्ग के व्यक्ति को चेन्नै में बोलचाल में इसी नाम से पुकारा जाता है) यहाँ क्या कर रहा है—इस बात की सफ़ाई और मेरा परिचय पाने के बाद मुझसे उन्होंने पूछा कि मैं कैमरा क्यों नहीं लाया। अभी कुछ समय पहले बॉम्बे हाई कोर्ट ने महाराष्ट्र में गोवध पर प्रतिबन्ध को बरक़रार रखा था। और, 2014 के बाद से, जब भारत ने भारतीय जनता पार्टी को संसद के निचले सदन में बहुमत दिया और नरेन्द्र मोदी को

प्रधानमंत्री के रूप में चुना, गौमांस का व्यापार करनेवाले मुसलमानों और दलितों पर कई हमले हुए। बेशक, यह राज्य का मसला है, और तमिलनाडु में गौ-हत्या ग़ैर-क़ानूनी नहीं है। फिर भी, मुझे इस बात की चिन्ता थी कि कैमरा लोगों को असहज कर देगा। पर मैंने देखा कि यहाँ किसी को इसकी परवाह ही नहीं थी।

हम बूचड़ख़ाने में बह रहे ख़ून-पानी के बीच से होते हुए काली के पीछे-पीछे चलने लगे। यहाँ पर बहनेवाले द्रव की निकासी के लिए नालियाँ बनी हुई थीं। इन नालियों को हमने पार किया। काली ने एक छोटे से ढेर की ओर इशारा करते हुए कहा, 'इसे देखिए।' वह जूट की मैली बोरी की तरह दिख रहा था, लेकिन वह भैंस की खाल थी। सुसइनाथन ने मुझे इसे छूने और अपनी राय देने के लिए कहा। 'कैसा लग रहा है?' उन्होंने पूछा। मुझे कुछ पता नहीं था कि इसे कैसा कहना चाहिए था। चमड़ी बालदार और चिपचिपी दोनों तरह की लग रही थी। फिर मुझे दूसरी खाल को छूने के लिए कहा गया, मैंने वैसा ही किया। पूरे समय, काली मुझे जिज्ञासा और थोड़ी चिढ़ के साथ देखता रहा। मेरी उपस्थिति के कारण लेन-देन में देरी हो रही थी। सुसइनाथन ने कहा, 'हम इसे लेंगे।' उन्होंने समझाया कि यह खाल मोटी है और इसीलिए बेहतर है।

भैंस की खाल से टोप्पी की दो परतें बनती हैं, तीसरी परत बकरी की खाल से बनती है। पसन्द की गई खाल के लिए 1,500 रुपये की शुरुआती बोली के बाद, 1,300 रुपये पर सहमति हो गई। अब खाल को बूचड़ख़ाने से बाहर निकालना था। काली की मदद से हमने उसे तीन पहियों वाली गाड़ी में रखा और पास के एक खुले स्थान पर ले आए। चलते हुए सुसइनाथन ने कहा, 'यहाँ कुछ भी बेकार नहीं जाता। जानवर के हर अंग का उपयोग किसी-न-किसी चीज़ के लिए किया जाता है : भोजन के, चमड़े के, दवाइयों के।'

मृदंगम कलाकार अक्सर कहते पाए जाते हैं कि सिर्फ़ उनके वाद्य-यंत्रों के लिए किसी जानवर को नहीं मारा जाता है। 2003 में *आउटलुक* पत्रिका में एस. आनन्द को दिए एक साक्षात्कार में, शिवरामन ने कहा था : 'मृदंगम बनाने के लिए गायों को नहीं मारा जाता। उनका वध तो वैसे भी किया ही जाता है, हम केवल उनकी खाल का उपयोग करते हैं।' उसी आलेख में राजमणिक्कम ने यह जवाब दिया था : 'क्या ये लोग यह देखने के लिए कभी बूचड़ख़ाने गए हैं कि हम क्या करते हैं? हम गायों को जाँचते-परखते हैं और अच्छी, चमकदार, मुलायम त्वचा वाली स्वस्थ गायों को चुनते हैं। गाय ने कम-से-कम दो बार बछड़ों को जन्म दिया हो,

लेकिन उनकी उम्र बहुत अधिक नहीं होनी चाहिए।' भैंस और बकरियों के बारे में भी यही बात लागू होती है।

मृदंगम के लिए हमेशा मादा पशु की खाल का प्रयोग किया जाता है। तर्क यह है कि कम-से-कम दो बार प्रसव कर चुकी मादा जानवर की त्वचा में अधिक खिंचाव होता है। एक अन्य वाद्य-यंत्र शुद्ध मद्‌दलम के लिए बैल की खाल का उपयोग किया जाता है, क्योंकि इसके लिए एक मोटी, कसी हुई झिल्ली की आवश्यकता होती है।

साभार : त्रिची संकरन

टोरंटो में त्रिची संकरन के मकान पर काम करते हुए राजमणिक्कम, 1991

जब सुसइनाथन को चमड़े की ज़रूरत होती है, तो काली कसाईख़ाने में पहुँची भैंसों में से इसके लिए किसी ख़ास को चुनता है। जब मृदंगम के लिए चुने गए जानवर की खाल उतारी जाती है, तो उसे यह विशेष रूप से ध्यान रखना होता है कि उस पर चाकू के बहुत अधिक निशान न पड़ें। चमड़े पर पड़नेवाले इन निशानों को 'कट्‌ठी अड़ी' कहा जाता है, जिसका शाब्दिक अर्थ चाकू से लगी चोट होता है। तो, मृदंगम के लिए खाल भैंस या गाय से मिलती है जिसे विशेष रूप से चमड़े के गुणों के आधार पर चुना जाता है, और फिर एक विशिष्ट तरीक़े से उनकी खाल उतारी जाती है।

कुछ कलाकार एक झूठ और बोलते हैं कि मृदंगम के लिए स्वाभाविक रूप से मरनेवाले जानवरों की खाल का उपयोग किया जाता है। यह खाल इस काम के लिए क्यों अच्छी नहीं होती है इस बात को जॉन ब्रिटो ने समझाया, 'जब वे पशु का वध करते हैं, तो गर्दन काटी जाती है। इससे पशु के शरीर का सारा ख़ून बाहर निकल जाता है और खाल के नीचे की नसों में ख़ून नहीं रहता। इससे चमड़े में लचीलापन आता है। यदि जानवर स्वाभाविक रूप से मरता है, तो उसके शरीर में रक्त के थक्के बन जाते हैं और उसकी चमड़ी गत्ते की तरह कड़ी हो जाती है। यदि हम इसे पानी में डुबाकर तानने की कोशिश करेंगे तो चमड़ा फट जाएगा।' कभी-कभी विक्रेता सीधे-सादे मृदंगम कारीगर को धोखा देने की कोशिश भी करते हैं। वे उन्हें वह पुरानी खाल दे देते हैं जिसे संक्रमण से बचाने के लिए नमक लगाकर सुरक्षित रखा गया हो। इस चालबाज़ी को पकड़ने के लिए कारीगर चमड़ी को चाटकर देखते हैं कि कहीं इस पर नमक तो नहीं है।

मेल्गीस की प्रतीक्षा में हमने तपती धूप में लगभग पैंतालीस मिनट बिताए। कुछ दिन पहले सुसइनाथन ने समय और काम की प्रतिबद्धता को लेकर मेल्गीस को चिढ़ाया भी था : 'यदि मैं तुम्हें किसी की मौत के दिन बुलाऊँ, तो तुम उसके दशगात्र में पहुँचोगे।' अन्ततः मेल्गीस पहुँचे। वह अपने साथ लोहे की लम्बी कीलें लेकर आए थे, जिन्हें उन्होंने धूल-भरी फ़र्श पर पटक दिया। उन्होंने क़मीज़ उतारी, वेष्टि मोड़कर कमर पर बाँध ली और अब वह काम करने के लिए तैयार थे। हमारे सामने खाल का ढेर पड़ा था। लेकिन, जैसे ही मेल्गीस और सुसइनाथन ने इसे खोला, एक अलग ही तरह की चीज़ सामने आई। चमड़ी अभी भी नम थी। बालदार बाहरी सतह रक्त के रिसाव के कारण चिपचिपी थी और अन्दर का हिस्सा गहरा गुलाबी, लाल और मटमैला-सा था जिस पर धूल और रेत चिपकी हुई थी। भैंस को पेट के हिस्से से काटा गया था जिसका मतलब चमड़ी अन्दर से बाहर की ओर खोली गई थी, चादर की तरह। चमड़े के भीतरी मांसल हिस्से को धूप की ओर रखा गया। आप मांस के नीचे की नसें और हर तरफ़ ख़ून के धब्बे आसानी से देख सकते थे। गंध अभी भी तीव्र थी। रविकुमार ने इस गंध को 'कारी' यानी लाल मांस की गंध कहा था।

सुसइनाथन और मेल्गीस ने खाल को खींचकर उसे फ़र्श पर फैलाया और कीलों से ठोंकना शुरू किया। जैसे ही उन्होंने इसे खींचा, और इसके किनारों पर कील से ठोंककर समायोजित किया, मेरे सामने जानवर का आकार स्पष्ट हो गया।

चेहरा दो हिस्सों में बँटा हुआ था, कान आपस में सटे हुए थे। ऐसा लग रहा था जैसे भैंस ने अपनी खाल उतार दी हो, जैसे साँप केंचुली उतारता है। आगे के पैर हाथों की तरह लग रहे थे और पिछले लम्बे दिखाई दे रहे थे। रोएँदार पूँछ सलामत थी। कीलों की ठुकाई ने खाल को तान दिया था और वह फ़र्श से थोड़ा ऊपर उठ गई थी। मेल्गीस ने तेज़ धार वाला चाक़ू निकाला और सुसइनाथन ने बताया, 'अब हमें जव्वु को बाहर निकालना होगा।' जव्वु क्या है, चर्बी? मैंने पूछा। उत्तर मिला नहीं, यह चमड़ी के नीचे का मांस होता है। अत्यन्त सावधानी और पूरे धैर्य के साथ उन दोनों ने जव्वु को हटाना शुरू किया। ठीक वैसे ही जैसे टीवी शो में शेफ़ एक सेब को इतनी कुशलता से छीलते हैं कि उसका पूरा छिलका बिना टूटे एक चक्करदार छल्ले के रूप में बाहर आ जाता है। मेल्गीस और सुसइनाथन ने मांस की पतली परत को एक सर्जन जैसी बारीकी से हटा दिया। यह ऐसे निकला जैसे सूखा हुआ फ़ेविकोल अपने हाथों से छूटता है।

मैं भी इस काम में हाथ आज़माने से अपने आपको रोक नहीं पाया। दिखने में यह काम आसान लग रहा था। लेकिन मांस चमड़े के साथ बुरी तरह चिपका हुआ था। मुझे चाक़ू से बड़ी सफ़ाई के साथ कट लगाना था और साथ-साथ मांस को ऊपर की ओर खींचना भी था। और ये दोनों काम इतनी सटीकता से करने थे कि खाल पर चाक़ू के निशान भी नहीं पड़ें। मैंने लगभग पन्द्रह मिनट तक मशक़्क़त की, इधर-उधर से मांस के कई टुकड़े काटे और अन्ततः हार मान ली। मांस साफ़ हो जाने के बाद चमड़े के अन्दर का हिस्सा बिलकुल सफ़ेद दिखाई दे रहा था; मेरा मतलब है चमकदार सफ़ेद। इस सब में क़रीब एक घंटा लग गया। अब हमें प्रतीक्षा करनी थी। आकाश में बादल नहीं थे, सूरज चमक रहा था। मेल्गीस ने बताया कि चमड़े को सूखने में लगभग दो घंटे लगेंगे। हम कोने की चाय की दुकान की ओर बढ़े। हमारे शरीर से ताज़े मांस की गंध आ रही थी।

राजनीति, मृदंगम बनाने और अन्य विषयों पर लम्बी बातचीत के बाद, हम ग्राउंड ज़ीरो पर लौट आए और कड़ी धूप में एक और घंटे प्रतीक्षा की। फिर सुसइनाथन ने चाक का एक टुकड़ा निकाला और खाल के बीचोबीच सिर से पूँछ तक एक रेखा खींच दी। फिर उन्होंने पेट को ढकनेवाली खाल पर कई घेरे बनाए। चमड़ी के इन गोल टुकड़ों को थट्टू कहा जाता है, जिसका शाब्दिक अर्थ थाली है। इस प्रक्रिया को थट्टु पोडराडु ही कहा जाता है यानी प्लेट बनाना। पीछे और बग़ल वाले हिस्से से चमड़ी को पहले निकाला गया था—यह थट्टू वाला हिस्सा

नहीं था। इसके बाद, तेज़ चाक़ू से बहुत सावधानी से थट्टू को तराशा गया। जैसा कि आपने अनुमान लगा लिया होगा कि इन थट्टुओं का उपयोग टोप्पी में लगाए जानेवाली खाल की दो झिल्लियों के रूप में किया जाना था। सुसइनाथन ने एक भैंस की खाल से तेरह थट्टू निकाले।

मेल्गीस ने कहा, 'आजकल ये सारा काम करने के लिए बहुत कम जगह मिलती है।' पहले लोग सड़क के दूसरी ओर एक निजी भूखंड का उपयोग करते थे। वे सुरक्षा गार्ड को थोड़ी-सी टिप देते थे और इस काम से सम्बन्धित लोगों से कुछ टोकन भी लेते थे। मुझे नहीं पता कि टोकन वैध होता था या नहीं; अधिक सम्भावना है, यह सिर्फ़ एक ईनाम होता था। अब उस भूमि पर भवन बन गए हैं, जिसका अर्थ है कि अब ये सारे काम बूचड़ख़ाने के मैदान के भीतर ही ज़मीन के एक सँकरे हिस्से में करने पड़ते हैं।

बाद में, मुरुगानन्दम ने मुझे पास की एक और जगह के बारे में बताया। 'चोलई के पास, जहाँ आप गए थे, वहाँ खाल पर कील ठोंकने की जगह नहीं है। इसलिए, हम यह काम रेल पटरी के पास करते हैं। हो सकता है कि हमारे काम करते समय कोई हमारे बग़ल में शौच करने बैठ जाए।'

चोलई और उसके आसपास के इलाक़े लोगों के लिए मिलने और निजी बातचीत करने का भी स्थान हैं। वहाँ एक बूढ़ी औरत घूमते-फिरते आई और मेरे दोस्तों ने उसका गर्मजोशी से स्वागत किया। उसका पति अरिकुट्टी खाल सप्लाई करता था। अब वह गुज़र गया, और उसकी पत्नी के पास न तो घर था और न ही काम। कारीगर ने उसे कुछ पैसे दिए और उसने उनके लिए पीने के लिए पानी लाकर एहसान उतारा। सुसइनाथन ने मुझे बताया कि उसने उसे लम्बे समय से नहीं देखा था।

हमारे पास ही एक नौसिखिया आया और उसने भैंस की खाल फैला दी। सुसइनाथन फुसफुसाया, 'उसने वह खाल ख़रीदी है जिसे हमने मना कर दिया था।' अभी-अभी पहुँचे हुए उस आदमी के पास काम करने के लिए एक कम्पास और कुछ अन्य औज़ार थे। मेल्गीस और सुसइनाथन ने उसे पहले कभी नहीं देखा था, और सोच रहे थे कि वह किसकी दुकान पर काम करता है। वे उसे खाल और औज़ारों के साथ जूझते हुए देखकर मज़ा ले रहे थे। उन्होंने विनम्रता से मदद का हाथ बढ़ाया, लेकिन उसने कोई दिलचस्पी नहीं ली। किसी भी नौजवान की तरह यह व्यक्ति भी नहीं चाहता था कि वे दोनों उसके आसपास भी फटकें। 'हम कम्पास का उपयोग नहीं करते हैं और थट्टू के आकार का पूरा-पूरा माप नहीं लेते हैं क्योंकि

कुछ अतिरिक्त रखना हमेशा बेहतर होता है। देखिए, हमें फ्रेम के मुँह के आकार के बारे में पक्के तौर पर तो पता नहीं होता, और बढ़ाने-घटाने की पर्याप्त गुंजाइश होनी ही चाहिए। यह आदमी इस बात को नहीं जानता,' सुसइनाथन बुदबुदाए।

मेरा काम तो हो गया था, लेकिन मेरे दोनों साथियों को और भी बहुत कुछ करना बाक़ी था। उन्हें थट्टू और बची हुई खाल को घर ले जाना था और पंखे के नीचे सुखाना था। सुसइनाथन ने बताया कि पूरा घर खाल की तेज़ गंध से भर जाएगा। वह ग़लत नहीं कह रहे थे। मेरी कार से उस दुर्गन्ध को मिटाने में मुझे कुछ दिन लगे, मुझे उसे धुलवाना भी पड़ा था। उसी दिन देर रात को, सुसइनाथन बचे हुए चमड़े को भिगोकर रात-भर छोड़ देंगे। अगले दिन इसकी लम्बी-लम्बी पट्टियाँ काटी जाएँगी जिन्हें 'वारु' कहा जाता है। इनका उपयोग मृदंगम के दोनों ओर की झिल्लियों को एक साथ बाँधने के लिए किया जाता है। बीते वर्षों में वारु की जगह कायरु यानी रस्सी ने ले ली है। टी.वी. गोपालकृष्णन ने कई अलग-अलग सामग्रियों के साथ प्रयोग किया और अन्ततः उन्हें टेफ्लॉन की रस्सियाँ जँच गईं। अन्य लोग पॉलीइथीलीन रस्सियों, नायलॉन कर्नमेंटल से बनी पैराशूट रस्सियों, या यहाँ तक कि चढ़ाई के लिए इस्तेमाल किए जानेवाली फ़्लैट नायलॉन बद्धी का भी उपयोग करते हैं। ये अधिक टिकाऊ होती हैं और इनके साथ काम करना आसान होता है, लेकिन कुछ परम्परावादी अभी भी वारु पर ही ज़ोर देते हैं।

हमारे निकलने का समय हो गया और हम सब कार में सवार हो गए। हम बेहद थके हुए थे और ठंडी बियर के लिए तरस रहे थे। हम एक टैसमैक शॉप की ओर बढ़े, उसके खुलने का दोपहर तक इन्तज़ार किया, और अपने लिए कुछ बियर ख़रीदी। इससे पहले बियर इतनी अच्छी कभी नहीं लगी थी। बेशक दिन तो बेहद गर्म था ही, काम भी बहुत जटिल था—जीवन और मृत्यु, बदबू और संरचनाएँ। शारीरिक और मानसिक वास्तविकता के वैकल्पिक स्वरूप मेरे सामने बारी-बारी से आ रहे थे। वे लोग जो रोज़ इस जगह पर आते हैं, उनके लिए भी इस दुनिया और कसाईख़ाने के दरवाज़ों से परे के अन्तर्विरोध के बीच सामंजस्य बिठाना मुश्किल होता होगा।

मैं ऐसे मांसाहारियों को जानता हूँ जिन्होंने जानवर का वध देखने के बाद एक महीने के लिए मांस खाना छोड़ दिया। मुझे समझ में आया कि बूचड़ख़ाने का मेरा अनुभव उनके समान नहीं था। मैं यहाँ अपने अनुभवों को बयान करने के लिए शब्द ढूँढ़ने के लिए संघर्ष कर रहा हूँ, लेकिन मैं इतना जानता हूँ, जानवर मारे

जाएँगे इस सच्चाई से मुझे न तो खिन्नता महसूस हुई न मेरे मन में घृणा का भाव जागा। मुझे लगा कि मैं इस बात के लिए तैयार था कि दोनों तरह की भावनाएँ मुझमें उपज सकती हैं। इसके बजाय, इस अनुभव ने सही होने की मेरी धारणाओं को नये क्रम में रखते हुए सही होने की मेरी धारणाओं पर सवाल खड़े कर दिए। कारीगर मुझे समझाते रहे कि कलाकार उनके काम के वास्तविक स्वरूप को नहीं समझते। इस काम की कठिनाइयों को लेकर कलाकारों में थोड़ी भी सहानुभूति नहीं है, इससे कारीगर परेशान होते हैं।

कुछ दिनों बाद हम फिर मिले। अब टोप्पी मुट्टु तैयार होना था। सुसइनाथन ने थट्टू को रात-भर पानी में भिगोकर रखा था। चूँकि, भैंस की खाल गाय या बकरी की खाल से मोटी होती है, इसलिए उस पर काम करने के लिए उसे अपेक्षाकृत अधिक समय तक भिगोकर रखना होता है। चमड़ी पर बाल अभी भी थे। सुसइनाथन ने बताया कि इसे बाद में हटा दिया जाएगा और यह काम आसान था। उन्होंने बताया कि गाय के उलट भैंस के बालों के रोमकूपों के बीच ज़्यादा अन्तर होता है। थोड़ी और सफ़ाई हुई और जव्वु को हटाया गया और थट्टू तैयार थे।

मेल्गीस ने चार वारु उठाए। चारों आख़िरी छोर पर एक साथ बँधे हुए थे। एक पेचकस की मदद से उन्हें एक बेकार पड़ी हुई टोप्पी मुट्टु के गोलाकार चमड़े की फ्रेम के चार छिद्रों में डाल दिया। भैंस और बकरी की खाल से बने उस पुराने मुट्टु पर बजानेवाली सतह को हटा दिया गया था। केवल उनका बाहरी चमड़े का चक्र रह गया था। उपेक्षित पड़े हुए मुट्टु को अब एक नया नाम मिल गया—'कवनई', और यह एक बहुत ही आवश्यक सहायक भूमिका निभाता है। चूँकि, कवनई पहले टोप्पी मुट्टु था, इसलिए इसके किनारे पर पहले से ही छेद हैं। इनमें से चार में वारु डाले गए, जिसने चक्र को चार बराबर भागों में बाँट दिया। उसमें से बाहर लटके हुए चार वारु के साथ कवनई को फ़र्श पर रखा गया। लकड़ी के खोल को फिर कवनई के अन्दर लम्बवत रूप से इस तरह से रखा गया कि टोप्पी वाला खुला हुआ हिस्सा ऊपर की ओर हो।

अब हम खाल को टोप्पी के खुले हुए भाग में लगाने के लिए तैयार थे। क्या आपको याद है कि काग़ज़ के गोलाकार टुकड़े के बीच में छेद कैसे किया जाता है? आप इसे दो बार त्रिकोणीय आकार में मोड़ते हैं और नुकीले सिरे को काट देते

हैं। जब इसे खोला जाता है, तो ठीक बीच में एक पूरी तरह गोलाकार छेद मिलता है। भैंस के दो थट्टुओं के साथ मेल्गीस ने ठीक यही किया।

चमड़े को लेकर एक दिलचस्प कथन मशहूर है कि कारीगर जानवर के निचले हिस्से की खाल का इस्तेमाल करते हैं, फिर वह भैंस की हो, गाय की या बकरी की। ऐसा इसलिए कि जैसे-जैसे मेरुदंड के निचले हिस्से की ओर बढ़ते जाते हैं, चमड़ी महीन होती जाती है। इसीलिए, थट्टू कभी-कभी एक तरफ़ मोटे होते हैं और दूसरी तरफ़ पतले। कारीगर इसे मोत्था-मेलिसू (मोटा और पतला) कहते हैं। त्वचा कशेरुक के जितने पास होगी, असमानता की सम्भावना उतनी ही कम होगी। जहाँ तक भैंस की बात है, वारु के लिए पीठ और ऊपरी पेट को ढकनेवाली खाल का उपयोग किया जाता है। इसका मतलब यह है कि भैंस के थट्टू को उन हिस्सों से काटा जाता है जहाँ मोटे-पतले की सम्भावना अधिक होती है। इस प्राकृतिक विसंगति को समायोजित करने के लिए, कारीगर दो थट्टुओं को मिलाते हैं जो एक दूसरे की मोटाई और पतलेपन की कमी को पूरा कर देते हैं, यानी एक का मोटा हिस्सा दूसरे के पतले हिस्से को कवर कर लेता है, इसी तरह दूसरी तरफ़ भी होता है।

मेल्गीस ने भैंस के थट्टू को एक के ऊपर एक इस तरह रखा ताकि बालदार हिस्से बाहर की ओर हों। उन्होंने थट्टुओं से होते हुए चार छेद बनाए, कवनई के सहारे उन छेदों की सीध मिलाई, जहाँ चार वारु लगे हुए थे, और फिर वारु का उपयोग कवनई और थट्टू को आपस में जकड़ने के लिए किया।

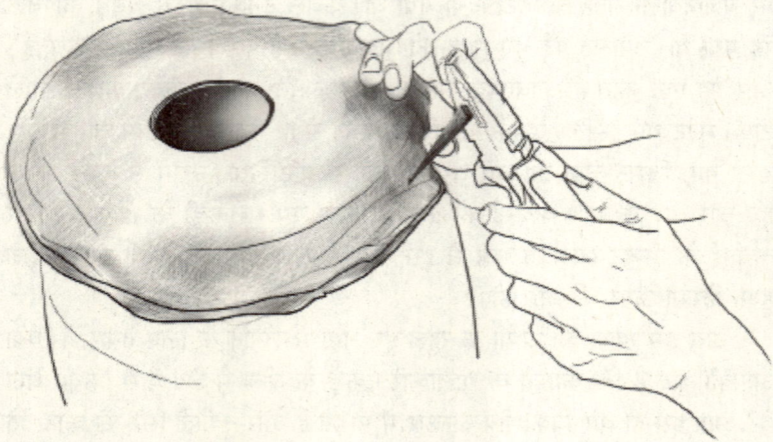

कवनई से होते हुए पिरोए गए सहारा देनेवाले चार वारु थट्टू बनाने के इस प्रारम्भिक चरण के दौरान खाल को जकड़े रखते हैं। इन्हें थंगुवारु या थंगुकायवारु कहा जाता है, यह इस बात पर निर्भर करता है कि चमड़े की पट्टियों का उपयोग किया जा रहा है या रस्सियों का। 'थंगु' का अर्थ है वज़न उठाना और इसका उपयोग उस मित्र के सन्दर्भ में भी किया जाता है जिसके कन्धे का सहारा लिया जाता है।

टोप्पी के किनारे के अतिरिक्त चमड़े को काट दिया गया। 'अब ध्यान से देखें,' मेल्गीस ने कहा, 'मैं थंगुवारु को पकड़कर रखनेवाले उन चार छेदों में से प्रत्येक के बीच में दो नये छेद बनाऊँगा।' तेज़ धार वाले लोहे के एक टुकड़े की मदद से उन्होंने छेदों के ऊपर की खाल को ठोंककर अन्दर डाला।

छेद के लिए तमिल शब्द आमतौर पर थोलाई या ओट्टाई होता है, लेकिन कारीगर 'कन्नु' शब्द का उपयोग करते हैं, जिसका अर्थ है 'आँख'। ऐसा क्यों, मैं समझ नहीं पाया। लेखक और कवि पेरुमल मुरुगन ने मुझे इसका एक सम्भावित स्पष्टीकरण दिया। तमिल में एक परम्परा है कि जिन शब्दों को अशुभ माना जाता है उन्हें कभी-कभी दूसरे शब्दों से बदल दिया जाता है। बहुत सम्भव है कि 'थोलाई' को विध्वंसक या अशुभ माना जाता है इसलिए इसकी जगह शुभ शब्द 'कन्नु' का उपयोग किया जाने लगा। जैसे, पूजा के लिए किसी देवता को तराशने और गर्भगृह में उसकी स्थापना के बाद जो अन्तिम कार्य किया जाता है, वह है उसकी आँखें खोलना, यह एक मंगल कार्य होता है। अब कट्टई के किनारों के ठीक नीचे समान दूरी पर बारह कन्नु बन गए थे।

मेल्गीस ने इसके बाद चमड़े की पट्टियों के गट्ठर में से एक लम्बा वारु निकाला। उन्होंने नीचे कवनई में दो थट्टू बाँधना शुरू किया। वह मृदंगम को चारों ओर घुमाते जा रहे थे, वारु को एक के बाद एक कन्नु में पिरो रहे थे, किनारों के अतिरिक्त चमड़े को काटते जा रहे थे, उन्होंने चार थंगुवारु को भी हटा दिया, इस लम्बे वारु को उन छेदों से गुज़ारकर फन्दा बनाकर बाँध दिया। जब एक वारु ख़त्म हो गया तो उन्होंने वारु का एक और टुकड़ा लिया और पहले वाले वारु में गाँठ लगाकर काम को आगे बढ़ाया। हर बार जब वह वारु को दो-परत वाली झिल्ली और कवनई के बीच से गुज़ारता, तो कन्नु को बड़ा करने के लिए पेचकस की नोक को अरंडी के तेल में डुबोते और वारु को आसानी से खींच लेते। अन्त में, जब उन्होंने चक्र पूरा कर लिया और कवनई में सभी बारह कन्नुओं और बारह श्रेणीबद्ध छिद्रों से होते हुए वारु के फन्दे बना लिए तो मेल्गीस ने वारु के छोर को

लटकाकर, लेकिन अड़ाकर रख दिया। इस तरह बनाए गए वारु को 'पोइवारु' कहा जाता है। पोइ का मतलब झूठ होता है—आपको जल्द ही पता चल जाएगा कि ऐसा क्यों कहा जाता है।

तंजावुर कारीगरों ने हमेशा से चमड़े की बद्धियों का इस्तेमाल किया है, लेकिन मद्रास कारीगर हमेशा किसी न किसी रस्सी का इस्तेमाल करते आए हैं। शिवरामन ने बताया था, 'मद्रासुले कायरु' मद्रास में रस्सी का उपयोग होता था। मेल्गीस ने भी पुष्टि की, 'हाँ, यह मोटी हुआ करती थी और सिक्स-पीस रोल में आती थी। यह ढोलकियों में इस्तेमाल की जानेवाली रस्सी की तरह थी।' अब हर कोई रस्सी का ही उपयोग करता है। इस कहानी को लेकर मैं जितना आगे बढ़ रहा था, उतना ही मेरा विश्वास पक्का होता जा रहा था कि तंजावुर कारीगरों ने वास्तव में ही मद्रास कारीगरों से बहुत कुछ सीखा है, इतना अधिक कि अब उनकी अपनी विशिष्ट पहचान समाप्त हो गई है।

वारु के प्रत्येक फन्दे को खींचते हुए बल-प्रतिबल लगाने के लिए मेल्गीस ने अपने दोनों पैरों को मृदंगम पर टिका दिया, और उन्हें कसना शुरू किया। एक हाथ में वारु को खींचने के लिए एक धातु का अँकुड़ा यानी हुक था, तो दूसरे में, कपड़े का एक मुड़ा हुआ टुकड़ा पकड़ रखा था ताकि वारु को खींचते समय उनके हाथ में चोट न लग जाए। अँकुड़े से खींचना, पैरों से धकेलना, दूसरे हाथ से वारु को पकड़ना, और अँकुड़ा अगली चमड़े की पट्‌टी में सरक जाता है। मृदंगम की अपनी प्रक्रिया प्रारम्भ हो चुकी थी :

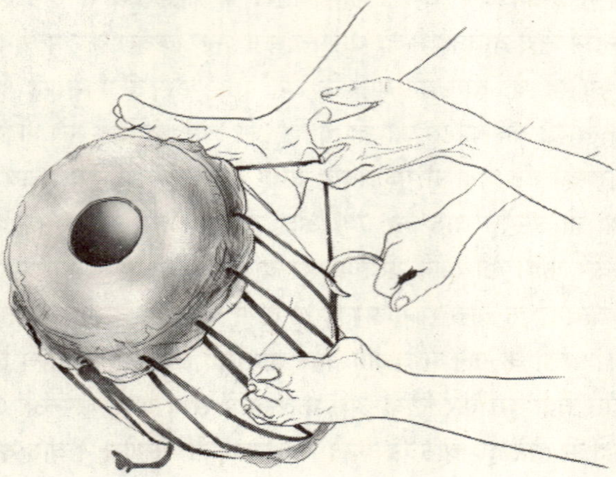

खींचो, धकेलो, पकड़ो, खींचो
खींचो, धकेलो, पकड़ो, खींचो
खींचो, धकेलो, पकड़ो, खींचो
खींचो, धकेलो, पकड़ो, खींचो...।

जैसे-जैसे वह मृदंगम को गोल-गोल घुमाते गए, झिल्ली और ज़्यादा खिंचती गई, और वारु ने लकड़ी को कसकर जकड़ लिया। हर एक चक्कर के बाद मेल्गीस अन्त में वारु को खींचकर उसके खुले हुए छोर पर एक आख़िरी कसाव देते थे। चूँकि, यह वारु खुरदरा है और इसमें घर्षण है, इसलिए छोर में बाँधा न भी जाए तो भी खिंचाव बना रहता है। वारु न फिसला न ही ढीला पड़ा। तीसरे राउंड में मुझे खिंचाव की वजह से खाल के दरकने की आवाज़ सुनाई दी। मेल्गीस ने धीमे-से थट्टू पर थाप मारी और 'धप' की ध्वनि निकली। प्रक्रिया के इस 'खींचने' वाले हिस्से को पोइवारु पिडि कहा जाता है, यानी छद्म वारु को पकड़ना या खींचना।

अब सुसइनाथन आगे का काम सँभालने के लिए तैयार थे। 'ज़रा मुझे बैठने के लिए लकड़ी का पटिया दे दो,' उन्होंने मेल्गीस से कहा और उन्होंने जवाब में कहा, 'यह आदमी मुझ पर बहुत हुकुम चलाता है। ठीक है, सुपरस्टार काम चालू करो।' सुसइनाथन ने मेरी ओर देखा और कहा, 'क्या आप जानते हैं, सेल्वम (सेल्वाराज) बिना पटिये के घंटों फ़र्श पर बैठकर काम करते रहते थे।' सुसइनाथन के स्वर में प्रशंसा थी।

उन्होंने बताया कि सबसे अच्छी खाल स्थानीय नट्टू भैंस की होती है। 'दिल्ली की और टेढ़े सींगों वाली भैंसें हमें वह ध्वनि-गुण नहीं देतीं जिसकी हमें आवश्यकता होती है। उनकी त्वचा बहुत पतली होती है और उसमें मज़बूती नहीं होती। एक बार, अनजाने में ही मैंने दिल्ली की भैंस की खाल का इस्तेमाल कर लिया और टोप्पी मुट्टु फट ही गया। नट्टू भैंस कृशकाय दिखती है, लेकिन उसकी खाल मज़बूत और वज़नदार होती है।'

सुसइनाथन ने एक ब्लेड निकाला और लकड़ी के फ्रेम की ओर खाल के किनारे से बालों को हटाया। फिर उन्होंने रबर का एक अनगढ़-सा दिखनेवाला टुकड़ा निकाला और उसे थट्टू के ऊपर रख दिया। यह एक साधारण-सा आधुनिक नवाचार था जिससे कारीगर को कन्नु बनाने के लिए नये बिन्दुओं को सटीक रूप से चिह्नित करने में सुविधा होती है। आप देख चुके हैं कि मेल्गीस ने जो बारह कन्नु बनाए थे, वे केवल थट्टू को पकड़कर रखने के लिए थे और उन्हें खाल के

किनारे की ओर बनाया गया था। वे लकड़ी के खोल के किनारे पर बने होते हैं। अब सुसइनाथन जो कन्नु बना रहे थे, उनका उपयोग खाल को आपस में जोड़ने के लिए किया जाएगा, और इसलिए इसे खोल के फ्रेम के बाहरी किनारे पर बनाया जा रहा था। सुसइनाथन ने निशान बनानेवाले एक जटिल से उपकरण की मदद से किनारे पर सोलह निशान लगाए और उनके बीच में सोलह और निशान बिना किसी माप के बनाए—कुल बत्तीस कन्नु हो गए।

अब तक, मैंने खाल की झिल्लियों को थट्टू कहा है, मुट्टु नहीं। इसका एक कारण है। 'मुट्टु' शब्द सिलाई से जुड़ा है। जब एक लुंगी के किनारों को एक साथ सिला जाता है, तो इसे मुट्टु अडिकाडु कहा जाता है—एक साथ सिलना। सुसइनाथन वास्तव में अब यही करने जा रहे हैं, और इसलिए अब मैं आगे 'मुट्टु' शब्द का उपयोग करूँगा।

तंजावुर कारीगरों की शब्दावली का एक आकर्षक पहलू उसका सन्दर्भीकरण है। एक ही सामग्री को अलग-अलग नामों से पुकारा जाता है। यह इस बात पर निर्भर करता है कि इसका उपयोग किसलिए किया जा रहा है। आपने पहले ही चमड़े की बद्धियों के लिए दो शब्द जान लिये हैं—थंगुवारु और पोइवारु। पोइवारु अस्थायी होती है क्योंकि इसका काम केवल खाल को खींचकर पकड़े रखना होता है ताकि थट्टू को एक साथ गूँथा जा सके।

'मुझे वह उल सट्टई देना,' सुसइनाथन ने मेल्गीस से कहा—वरु के लिए फिर से एक नया शब्द। चमड़े की यह पट्टी लम्बाई में छोटी है, और सुसइनाथन परखते हैं कि क्या यह टोप्पी की परिधि के चारों ओर लगाने के लिए पर्याप्त है। फिर इसे ब्लेड से थोड़ा पतला कर देते हैं। तमिल में 'उल' का अर्थ 'अन्दर' होता है; हम आगे देखेंगे कि इस छोटी लम्बाई वाली बद्धी को उल क्यों कहा जाता है।

इस दौरान, उनके बग़ल में एक बाल्टी में वारु का एक गट्ठा भीगने के लिए रखा हुआ था। लेकिन इसे इस तरह रखा गया था ताकि उनके सिरे पानी की सतह से ऊपर रहें। उन्होंने अब इसे निकाल लिया और सिरों को नुकीला बनाया। उन्होंने बताया कि इसमें से उन्हें दो की आवश्यकता है। प्रत्येक की लम्बाई दो बागम होनी चाहिए। एक बागम यानी कितना? जब दोनों हाथों को शरीर के बग़ल में फैलाया जाए तो आपके हाथ के एक छोर से दूसरे छोर तक की लम्बाई एक बागम होती है। यह वारु पिन्नरसट्टई है : पिन्नल मतलब गूँथना, और सट्टई आमतौर पर चाबुक को कहा जाता है। लेकिन, इस सन्दर्भ में इसे एक लम्बी पट्टी समझा जाए।

एस. आनन्द

मार्टिन का ध्यान खींचता पानी में पड़ा वारु, जिसके सिरे पानी की सतह से ऊपर हैं।

और अब इस पूरी प्रक्रिया का आँखों को लुभानेवाला सबसे सुरुचिपूर्ण हिस्सा शुरू हुआ। दो बागम लम्बी दो वारु को दो अलग-अलग कन्नु में डाला गया। ये देखने में ऐसे लग रहे थे मानो एक गोलाकार दीवार पर चार लताएँ चढ़ रही हैं।

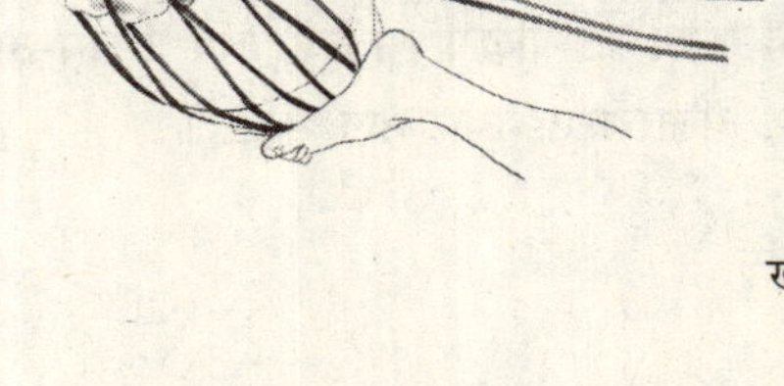

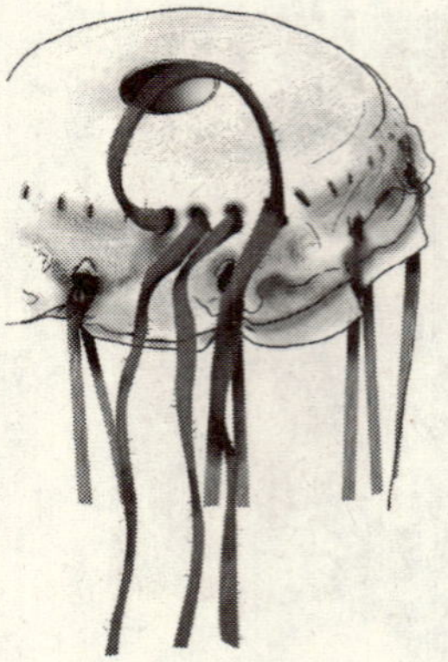

आमतौर पर बालों की चोटी गूँथने के लिए तीन बलों की आवश्यकता होती है, और वह खड़ी रेखा में होते हैं। यहाँ, चोटी क्षैतिज थी और लकड़ी के फ्रेम की किनारियों के चारों ओर चल रही थीं। इसमें चार पिन्नरसट्टई को आपस में गूँथा गया था। मान लीजिए कि हमने चार पट्टियों को बाएँ से दाएँ क्रम में रखा है। तो, सुसइनाथन ने पहली वाली को ऊपर से डालते हुए बाईं ओर से चौथे कन्नु में डाला।

फिर उन्होंने उसे नीचे से बाहर निकाला औरनीचे से अगले छेद से धकेलकर ऊपर से बाहर निकाला और लटकता हुआ छोड़ दिया।

फिर, दूसरे नम्बर वाली पट्टी को ऊपर से उस कन्नु में धकेला गया जहाँ से एक को बाहर निकाला गया था और फिर नीचे से अगले कन्नु से होते हुए ऊपर की ओर धकेला गया, ऊपर से खींचा गया और लटकता हुआ छोड़ दिया गया।

इसके बाद, तीन नम्बर को ऊपर से कन्नु में धकेला गया जहाँ से दो को बाहर निकाला गया था और प्रक्रिया को दोहराया गया।

इसके बाद, चार नम्बर को कन्नु में ऊपर से धकेला गया जहाँ से तीन को बाहर निकाला गया और प्रक्रिया को दोहराया गया।

इस तरह एक आवर्तन पूरा कर लिया गया।

सुसइनाथन स्क्रूड्राइवर को अरंडी के तेल में डुबाते रहे, कन्नु के आकार को बड़ा करते रहे और पिन्नरसट्टई से गुज़ारते रहे। चोटी गूँथने जैसी इस प्रक्रिया के एक आवर्तन के बाद, उन्होंने स्क्रूड्राइवर का इस्तेमाल किया और चोटी के भीतर एक सुरंग जैसी जगह बनाई, और उसमें से उन्होंने उल सट्टई को धकेला, वही सट्टई जिसे पिन्नल के अन्दर डाला जाता है। यह चोटी को लकड़ी के किनारे से थोड़ा ऊपर उठाने में मदद करता है और इसे अपनी जगह में कसकर पकड़े रखता है, आकार भी बनाए रहता है। सुसइनाथन ने फिर चारों सट्टई को खींचकर पिन्नरसट्टई को कस दिया। चोटी ने अब उल सट्टई को कसकर पकड़ रखा था। सुसइनाथन ने हर चोटी को उल सट्टई के ऊपर से गुज़ारते हुए चोटी बनाना जारी रखा।

अब हम भैंस की खाल की बद्धियों के लिए चार अलग-अलग नाम जान गए हैं : थंगुवारु, पोइवारु, पिन्नरसट्टई और उल सट्टई।

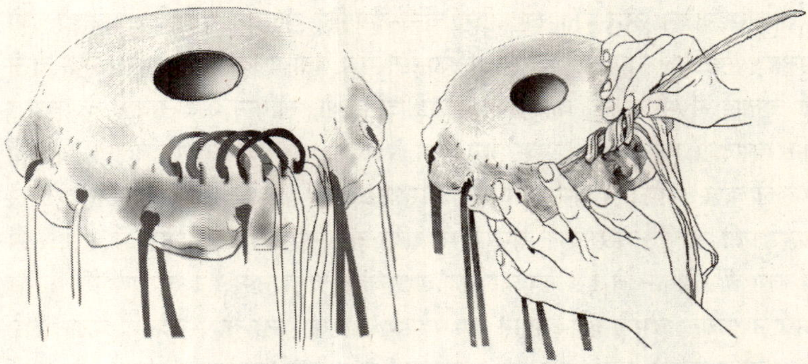

सुसइनाथन ने टोप्पी की परिधि के चारों ओर चोटी बनाई और घूमकर वापस वहीं आ गए जहाँ से शुरू किया था। अन्त में, उन्होंने निपुणता से चार में से दो पिन्नरसट्टई पट्टियों में एक छेद किया, बाक़ी दो को उनमें से गुज़ारा और उनको घुमाकर बाँध दिया। अब ये प्रणयरत साँपों की तरह दिखाई दे रही थीं। यह एक लॉकिंग सिस्टम था। इस मुट्टु को अब एक-दो दिन सुखाना था, उसके बाद बाक़ी काम करना होगा।

भारतीय स्वादलोलुप लोगों का बिरयानी प्रेम जगज़ाहिर है। भारत के कई नगर और शहर बिरयानी के पर्याय हैं। हैदराबादी, उत्तर मालाबार, लखनऊ, कलकत्ता की बिरयानी...लेकिन राष्ट्रीय राजमार्ग 48 पर जो चेन्नै को बैंगलोर से जोड़ता है, एक क़स्बा है जिसके बारे में तमिलनाडु (और शायद कर्नाटक भी) के बाहर के बिरयानी पारखी नहीं जानते होंगे। वेल्लोर से लगभग पचास किलोमीटर की दूरी पर स्थित अम्बुर नगर को हर मांसाहारी तमिल जानता है। इसकी आबादी सिर्फ़ एक लाख के आसपास थी (2011 की जनगणना के अनुसार), और यह एक मुस्लिम-बहुल नगर है जो अपने फलते-फूलते चमड़े के कारोबार के लिए भी उतना ही जाना जाता है जितना कि अपनी लज़्ज़तदार बिरयानी के लिए। मेरे भाई और भतीजे जब भी मौक़ा मिले, वहाँ ज़रूर रुकते हैं।

लेकिन मैंने इस समय अम्बुर की ओर इसलिए रुख़ किया क्योंकि जब ताल वाद्य कारीगरों के लिए चमड़ा ही प्राथमिकता होती है, तो वह भला आपूर्तिकर्ताओं से दूर कैसे रह सकते हैं।

सुसइनाथन और मैंने लोकप्रिय चेन्नै-बैंगलोर वृंदावन एक्सप्रेस पकड़ी, जो सुबह 6.30 बजे चलती है। रास्ते में, उन्होंने मुझे बताया कि लम्बे समय तक चेन्नै के चूलाई से भी बकरी की खाल मँगाई जाती थी, लेकिन अब बकरी के चमड़े की ख़रीदारी का स्थान अम्बुर बन गया है। हमें एस. कुमार से मिलना था, जो पिछले कुछ दशकों में चेन्नै, बैंगलोर और कई अन्य शहरों के मृदंगम कारीगरों को चमड़े की आपूर्ति करनेवाले प्रमुख सप्लायर बन गए हैं। और लोग भी इस काम में लगे हैं, लेकिन वे इस व्यापार का एक बहुत बड़ा नाम हैं। वास्तव में, कुमार अब न केवल चमड़े की आपूर्ति कर रहे थे, बल्कि कुछ वाद्य-यंत्र भी बनाने लगे थे। उनकी दुकान काफ़ी हद तक मायलापुर के मृदंगम कारीगरों जैसी ही थी। चारों तरफ़ लपेटकर रखी हुई खालें थीं, साथ ही कई तरह के वाद्य-यंत्रों के लकड़ी के खोल, एक गैस सिलेंडर, तरह-तरह के छल्ले और एक टेलीविज़न सेट भी रखा हुआ था। मैंने फ़र्श पर कुछ मृदंगम भी देखे, जिन पर काम चल रहा था। कुमार अपनी उम्र के चौथे दशक के अन्त में या पाँचवें की शुरुआत में थे। वे हाज़िरजवाब थे, बातों को घुमा-फिरा नहीं रहे थे।

उन्होंने कहा, 'मेरे पिता सलेम के रहनेवाले थे। मेरे नाना पचास साल से इस काम में थे। फिर मेरी माँ ने उनका काम सँभाला। वे तविल थट्टू, तबला कट्टई, मृदंगम कट्टई, उरुम्बी, पंबई, उडुकई और थप्पू बनाती थीं।' ये लोग केवल चमड़े का ही व्यवसाय नहीं करते थे, बल्कि लकड़ी और चमड़े से बननेवाले वाद्य-यंत्रों के लिए लकड़ी के ढाँचे भी बनाते थे। 'हम बकरी, गाय और भैंस की खाल का व्यापार करते हैं। बकरियाँ हमें आन्ध्र से मिलती हैं और कृष्णागिरी क्षेत्र स्थित होसुर में उनकी खाल उतारी जाती है। भैंस की खाल हमें स्थानीय स्तर पर मिल जाती है और सारा काम यहाँ ख़ुद करते हैं।'

बड़े शान्त स्वर में उन्होंने कहा, 'मेरे पिता रासीपुरम से थे और खेती करते थे। वह गाउंडर जाति के थे, लेकिन मैं अपनी माँ की जाति नहीं जानता।' जब सुसइनाथन ने उन्हें खुलकर बताने के लिए कहा, तो उन्होंने प्रतिवाद किया, 'अगर मैं यह साफ़-साफ़ बताता हूँ कि मेरे पिता गाउंडर हैं, तो क्या मैं अपनी माँ की जाति के बारे में खुलकर नहीं बताऊँगा? लेकिन, मैं जानता ही नहीं। मेरी माँ कहती है—नायडू। मैं मान लेता हूँ। वे लोग आकर हमारा पेट नहीं पालनेवाले। मेरी माँ के परिवार ने यह काम सीखा और पीढ़ी-दर-पीढ़ी करते रहे।' जो भी हो, इस काम में उनकी माँ का परिवार लगा हुआ था। वह बताते हैं, 'उन्होंने नये हारमोनियम

और श्रुति बॉक्स भी बनाए। दुकान सिर्फ़ मेरे पास है। मैं निर्यात भी करता हूँ और बिक्री भी अच्छी होती है। लेकिन मेरे मुख्य ग्राहक चेन्नै में मायलापुर और टी. नगर और बैंगलोर की कम्पनियाँ हैं। हम यह काम करनेवाले लोगों को मुख्य रूप से बकरी और गाय की खाल की आपूर्ति भी करते हैं।' यानी मृदंगम, तविल और तबला कारीगरों को।

'मेरे नाना और मेरी माँ खाल बेचते थे, इस काम के बिना हम जीवित कैसे रह सकते हैं?' उन्होंने पूछा। आगे बोले, 'मेरा बड़ा बेटा नवीन कुमार भी इस धन्धे से जुड़ गया है। मेरे जीजा भी यहीं हैं। उनका नाम विमल है। उनके पिता यानी राजा, मेरे चाचा हैं। व्यापार करना मैंने उन्हीं से सीखा। वह मेरे गुरु हैं।'

कुमार मुख्य सड़क के किनारे छप्पर डालकर काम करते थे, कहना ग़लत न होगा कि उनके काम करने की जगह सड़क ही थी। लेकिन अब जब उनका बेटा भी काम करने लगा तो उन्हें एक बेहतर जगह की तलाश है। नवीन ने सात या आठ वर्षों तक आरोग्यम के सान्निध्य में मृदंगम बनाने का प्रशिक्षण भी लिया था। स्टोर में दिखाई दे रहे आधे-अधूरे मृदंगम इस बात की गवाही दे रहे थे। अब नवीन अपने पंख फैला रहा था, यहाँ तक कि मृदंगम सम्बन्धी काम के सिलसिले में दिल्ली भी जा रहा था। क्या वह जल्द ही चेन्नै वालों के लिए ख़तरा बनकर उभरेगा? यह तो समय ही बता सकता है।

मैंने पूछा, 'लेकिन, आप यहाँ अम्बुर में कैसे पहुँच गए?' 'यह हमारी नियति थी। पहले काम ज़्यादा नहीं था, बड़ी मुश्किल थी, बहुत छोटा बाज़ार था। हमने उन लोगों के लिए काम किया जो थिरुप्पट्टूर के आसपास के गाँवों और पहाड़ी गाँवों में भजनई (नामसंकीर्तन) करते थे। तीन महीने वहाँ रहे तो 500-600 रुपये कमा लेते थे। अब हमारा महीने का खर्च ही 1,000 रुपये से अधिक है। वे हमें गाँव के बाहर एक फूस के छप्पर में रहने को कहते, पत्ते पर खाना देते और ओक में पानी। वे हमें घर के अन्दर, यहाँ तक कि गाँव में भी नहीं जाने देते थे। यह पच्चीस या तीस साल पहले की बात है। वे जाति के प्रति बहुत जागरूक थे। आज स्थितियाँ इतनी ख़राब नहीं हैं। वे हमसे काम करवाना चाहते हैं, इसलिए काफ़ी कुछ एडजस्ट भी करते है। नहीं तो हम उनसे कह देंगे कि अपना काम ख़ुद ही कर लो। यदि आप हमारा सम्मान नहीं कर सकते, तो हमें काम भी न दें।' कुमार हैरत जताते हुए कहते हैं कि अब तो अय्यर भी आरोग्यम को बताते हैं कि उनसे मिली हुई खाल अच्छी है। 'वे चमड़े को सूँघते भी हैं, यह एक सुधार है!'

संगीत के सामानों की दुकानों और कम्पनियों के कारण कुमार को व्यवसाय बढ़ाने में मदद मिली है, हालाँकि बाज़ार में हिस्सेदारी के लिए प्रतिस्पर्धा भी बढ़ी है। कुमार मृदंगम कारीगरों को बकरी की सत्तर और गाय की बीस खालें देने के लिए महीने में छह से सात बार चेन्नै जाते हैं। पहले, सभी कारीगर एक स्थान पर इकट्ठा होते थे और इनाम में हिस्सा बाँटते थे, लेकिन अब बढ़ती ज़रूरतों और बहुत अधिक कारीगरों के कारण ऐसा सम्भव नहीं है। कुमार को हर दुकानदार के पास ख़ुद जाना होता है और अपना माल दिखाना पड़ता है। 'सुसइनाथन जैसे लोग अम्बुर आते हैं और ख़ुद खाल को चुनते हैं, क्योंकि यहाँ आने से उन्हें बेहतर विकल्प मिल जाते हैं। जब मैं चेन्नै के लिए माल लेकर निकलता हूँ, सीमित विकल्प होते हैं। यहाँ आने पर ऐसा नहीं होता।'

अब समय आ गया था कि सुसइनाथन, कुमार की दुकान से बकरियों की खाल के गट्ठरों में से अपनी पसन्द की चुन लें। कुमार ने गट्ठरों को खोलना और फैलाकर दिखाना शुरू किया। मुझे अन्दाज़ नहीं था कि बकरी की खाल इतनी बड़ी होती है। मैं सोचता था कि बकरी एक छोटे और मध्यम आकार का जीव है, लेकिन उनकी इतनी लम्बी-चौड़ी खाल को देखकर मेरा दिमाग़ चकरा गया। खाल पर अभी भी बाल थे, कुछ गहरे काले, कुछ काले-सफ़ेद, और कुछ में पीठ पर भूरे और नीचे आते-आते उनका रंग हल्का पड़कर दूधिया और आकर्षक सुनहरा भूरा हो गया था। ये सभी आन्ध्र प्रदेश के कडप्पा और गुंटूर की पहाड़ी बकरियों की खालें थीं। कई कारीगरों ने मुझे बताया कि वातावरण और बकरी क्या खाती है, इसका उनकी चमड़ी की बनावट पर गहरा प्रभाव पड़ता है। ब्रिटो ने बताया था, 'मदुरै के आसपास के जानवरों के चमड़े में वसा की मात्रा अधिक होती है क्योंकि वहाँ बकरियाँ ताज़ा पानी पीती हैं, जबकि मद्रास के पानी में नमक अधिक होता है और जब बकरी उसे पीती है तो वसा की मात्रा कम हो जाती है। वहाँ चमड़ा बहुत पतला होता है।' कारीगरों को बकरी की पतली खाल की तलाश रहती है।

भैंसों की ही तरह ये खालें भी मादा बकरियों की ही होती हैं। 'बकरों में बहुत अधिक चर्बी होती है,' सुसइनाथन ने बाद में मुझे बताया। चर्बी के लिए तमिल शब्द 'कोझुप्पु' है, जिसका दूसरा अर्थ अहंकारी और अक्खड़ व्यक्ति भी होता है। मुझे लगता है कि बकरों के मुक़ाबले बकरियाँ अधिक संवेदनशील होती हैं, तो हैरानी क्या!

सुसइनाथन विशेष रूप से धब्बे वाली दो-रंग की खाल की तलाश कर रहे थे, जो दुर्लभ होती है, और उन्होंने कहा, 'मैं इस तरह के चमड़े का इस्तेमाल सिर्फ़

टोप्पी और वलंदलाई मुट्टु बनाने के लिए करता हूँ। यह मैं केवल पेशेवरों के लिए ही बनाता हूँ।' टी.वी. गोपालकृष्णन ने कहा था : 'जब बकरी की खाल चुनने की बात आती है, तो लोग काली बकरी की पसन्द करते हैं। विशेष रूप से टोप्पी के लिए धब्बेदार चमड़ी होनी चाहिए, उन जगहों पर बाल मुलायम होने चाहिए, क्योंकि इससे बेहतर अनुनाद मिलता है। हर चीज़ में एक तर्क होता है।' सुसइनाथन ने छह या सात खालें उठा लीं।

मृदंगम के सँकरे छेद, वलंदलाई के लिए बीच की कशेरुकाओं के क़रीब की, कन्धों से नीचे जानेवाली और पेट के ऊपर वाली चमड़ी का इस्तेमाल किया जाता है। पिछली टाँगों के पास के ऊबड़-खाबड़ पार्श्व को 'अल्लु' और इसे ढकनेवाली चमड़ी को 'अल्लु थोल' (थोल का मतलब चमड़ी) कहा जाता है। अल्लु शायद तंजावुर क्षेत्र की बोली का एक शब्द होगा। कहा जाता है कि यह त्वचा मुलायम और पतली होती है और टोप्पी के लिए आदर्श होती है। लोग पसलियों के नीचे, अगले पैरों के पीछे की चमड़ी भी लेते हैं। हालाँकि, इस हिस्से को तमिल में 'विला' कहा जाता है, कुछ कारीगर यहाँ की चमड़ी को अल्लु थोल भी कहते हैं।

जानवर के कौन-से हिस्से से चमड़ी ली जाती है यह समझाते समय मृदंगम कारीगरों में अपने शरीर के अंगों की ओर इशारा करने की प्रवृत्ति होती है, जैसे, सोवरिअर ने अल्लु का ज़िक्र करते हुए अपने पेट की ओर और गाय के गले के बारे में बताते हुए अपने गले को इंगित किया। इस सहज क्रिया ने मुझे सोचने को प्रेरित कर दिया कि क्या, किसी अमूर्त अर्थ में यह त्वचा इन कारीगरों के अस्तित्व का हिस्सा बन गई है और मृदंगम उनके स्वयं का विस्तार! यह कलाकार से अपने आपको जोड़ने की कलात्मक प्रक्रियाओं की प्रवृत्ति है।

एक बकरी की खाल से, कारीगर को अधिकतम चार टोप्पी और छह वलंदलाई थट्टू मिल सकते हैं, आठ भी, अगर वह बहुत भाग्यशाली है तो। सेल्वाराज ने मुझे बताया था कि 1970 के दशक में एक बकरी की खाल क़रीब 50 रुपये की मिलती थी। आज, इसके दाम 400 और 550 रुपये के आसपास हैं।

कुमार की दुकान में बैठे हुए ही सुसइनाथन ने बकरी की खाल पर घेरे बनाए, जिसे उन्होंने विशेष रूप से वलंदलाई के लिए चुना था। उन्हें इस खाल के अल्लु वाले हिस्से की परवाह नहीं थी। उन्होंने चाक-चिन्हित चमड़ा नवीन को सौंप दिया। वह उन्हें बड़े क़रीने से काटने लगा। काम आगे बढ़ने लगा और मैं गली का निरीक्षण करने के लिए बढ़ गया। शानदार तारकोल वाली सड़क पर एक बैलगाड़ी गुज़र

रही थी। सड़क के दोनों किनारों पर छोटे-छोटे घर और दुकानें बनी हुई थीं और कुछ घर छोड़कर एक दरवाज़े पर एमजीआर का पोस्टर लगा हुआ था। नौजवान, जो सम्भवत: कुमार या नवीन के मित्र थे, यहाँ चल रहे काम को बड़ी गम्भीरता से देख रहे थे। शायद मेरा कैमरा भी उनके लिए एक आकर्षण था।

अचानक, कुमार ने सेल्वाराज के निधन के बारे में नहीं बताए जाने पर दुख जताया। कुमार ने शिकायत की कि एक सप्ताह पहले उनका देहान्त हो गया और किसी ने उन्हें बताने की ज़हमत नहीं उठाई। सेल्वाराज उत्कृष्ट उस्तादों में से एक थे, लेकिन जब उनकी मृत्यु हुई, तो बहुत कम लोगों का ध्यान उन पर गया। कल्पना कीजिए कि अगर वह एक वरिष्ठ मृदंगम कलाकार होते तो कितने व्हाट्सएप सन्देश और फेसबुक पोस्ट सामने आने लगते। अख़बारों में लेख भी छपने लगते। हममें से किसी ने इस बात की परवाह नहीं की, यहाँ तक कि मैंने भी इस बारे में कुछ नहीं किया। मैंने यह भी सुना कि इस महान कारीगर को विदा करने के लिए कोई मृदंगम कलाकार भी मौजूद नहीं था।

चलिए, वापस चेन्नै चलते हैं। चोटियों में गुँथा हुआ टोप्पी मुट्टु अब सूख गया था, और बकरी की खाल के साथ जुड़ने के लिए तैयार था। सुखाने की प्रक्रिया महत्त्वपूर्ण होती है। टोप्पी मुट्टु के बीचोबीच बना हुआ छिद्र मृदंगम खोल से हवा को आने-जाने देता है, जिससे यह तेज़ी से सूखता है। लेकिन अगर मुट्टु समान रूप से, हर तरफ़ से नहीं सूखता है या उसमें नमी बरक़रार रहती है, तो यह लकड़ी के फ्रेम में अच्छे से नहीं बैठ पाएगा। इससे भी बदतर, उल सट्टई अन्दर की ओर मुड़ सकती है। परिणामस्वरूप एक समान ध्वनि नहीं निकलेगी।

काम पूरा होने का समय आ गया था इसीलिए मैं सुसइनाथन से दोबारा मिलने के लिए पहुँच गया। अब जबकि मुट्टु तैयार हो गया था, पोइवारु की ज़रूरत नहीं रह गई थी। सुसइनाथन ने पोइवारु को हटाया और मुट्टु को बाहर निकाल लिया। यह एक डिज़ाइनर डोनट की तरह लग रहा था, जिसमें किनारों पर कढ़ाई और बीच में एक छोटा-सा छेद था। सुसइनाथन ने इसे पलट दिया, ताकि बाहर का हिस्सा फ़र्श पर आ जाए। उन्होंने पहले ही ब्लेड से बकरी की पतली अल्लु खाल से बाल निकाल दिए थे और उसे पानी में भिगोकर रख दिया था। यह वाली खाल उन्होंने पहले कभी अम्बुर से ख़रीदी थी। उन्होंने खाल को बाहर निकाला, उसे पूरा दम

लगाकर निचोड़ा और वापस पानी में डाल दिया, ऐसा फिर से किया। यह काम कपड़े धोने जैसा था। मुझे चिन्ता हो रही थी कि चमड़ा कहीं फट न जाए, लेकिन ऐसा कुछ नहीं हुआ। सुसइनाथन ने बताया कि इस प्रक्रिया से त्वचा नरम और लचीली बनेगी। यह काम ख़त्म होने के बाद चमड़ा चपाती के समान नरम लग रहा था।

टोप्पी और वलंदलाई के लिए बकरी के थट्टू को काटने के बाद, उसमें से एक पतली पट्टी काटकर पानी में डुबो दी गई, और बची हुई खाल को अलग रख दिया गया।

सुसइनाथन ने टोप्पी मुट्टु के अन्दर अल्लु खाल को इस तरह रखा कि यह मुट्टु को परिधि के चारों ओर पूरी तरह से ढक ले। पीछे की तरफ़ बकरी की और आगे की तरफ़ भैंस की खाल के बीच एक गैप था। पोइवारु के लिए बनाए गए छिद्रों का उपयोग करके बकरी की खाल को बकरी की खाल से ही बनी बारह छोटी-छोटी पट्टियों के साथ मुट्टु से हल्के ढंग से बाँध दिया गया। खाल का बालों वाला हिस्सा मुट्टु के बाहर की ओर रखा गया था। सुसइनाथन ने यह सुनिश्चित किया कि अल्लु को बाँधते समय चमड़े पर झुर्रियाँ न पड़ें। पीछे की ओर बकरी की खाल और सामने की ओर भैंस की खाल के बीच के गैप के कारण मुट्टु अब स्पष्ट रूप से त्रि-आयामी दिख रहा था।

टोप्पी को बनाने की प्रक्रिया बहुत सुन्दर होती है। भैंस की खाल से बनी दो झिल्लियों को एक साथ गूँथा जाता है, बेहद ठोस और कठोर ढंग से जबकि बकरी की पतली खाल की तीसरी परत बस अन्दर की तरफ़ बँधी होती है और बड़ी लचीली होती है। ये विविधताएँ कलाकार को दो अलग-अलग सतहें, खिंचाव, कड़ापन और अनुतान-स्वरता प्रदान करती हैं। लेकिन बकरी की खाल को भैंस की खाल की झिल्लियों के क़रीब होना चाहिए ताकि बजाते समय दोनों सतहों के बीच कोई गैप न हो। इसके लिए एक आश्चर्यजनक ढंग से साधारण तरक़ीब अपनाई जाती है।

टोप्पी मुट्टु के अन्दर के हिस्से को फ़र्श पर बाहर की ओर रखा जाता है, बकरी की खाल ऊपर की ओर होती है, और कारीगर बड़े क़रीने से खोल के टोप्पी वाले हिस्से को उसके ऊपर रखता है। खोल का दबाव अपने आप ही बकरी के चमड़े को आगे सरकाता है और दोनों झिल्लियों के बीच के अन्तर को पाट देता है। लेकिन, जब मृदंगम बजाया जाता है तब बकरी की खाल थोड़ी हिल सकती है, लेकिन इससे इसका ध्वनि-वैविध्य बढ़ता ही है, इससे अधिक थाप लगाने की सुविधा

मिलती है। किसने इस नवाचार को सम्भव किया, कहा नहीं जा सकता, लेकिन इसमें कोई सन्देह नहीं है कि इन नवाचारों ने मृदंगम की सम्भावनाओं को बढ़ाया है।

दोनों मुट्टु तैयार करने के अन्तिम चरण में, भैंस की खाल की शीर्ष दो परतों को केन्द्र में और भी अधिक खोलकर काटा जाएगा, जिससे बकरी की खाल के थट्टू पर, बजाने के लिए बड़ी, खुली सतह मिल जाएगी। इसका वर्णन मैं विस्तार से बाद में करूँगा।

प्रवीण स्पर्श

मृदंगम पर चढ़ाई गई टोप्पी मुट्टु ऐसी दिखाई देती है, जब भैंस के चमड़े को काटकर बकरी की चमड़ी को जगह दी जाती है

बकरी की खाल को आसानी से निकाला भी जा सकता है। यदि इसे कीड़े खा लेते हैं या टूट-फूट के कारण उस पर छेद हो जाते हैं, तो कारीगर को केवल टोप्पी मुट्टु को हटाकर, बकरी की खाल को खोलना और इसे बदलना होता है। लेकिन, अगर भैंस की खाल की परत पुरानी हो जाती है या क्षतिग्रस्त हो जाती है,

तो टोप्पी मुट्टु को पूरी तरह से बदलना पड़ता है। मृदंगम-निर्माण का अगला चरण होता है वलंदलाई मुट्टु तैयार करना। इसे खोल के दूसरी तरफ़ लगाया जाता है। अब चूँकि टोप्पी की चोटी बन गई है और चमड़े से तैयार चाँद में फिट हो गई है, तो यह कवनई का काम करेगी यानी सहारा देनेवाले वृत्त का।

पालघाट मणि अय्यर टोप्पी को लेकर बेहद जुनूनी थे, और उन्होंने इसे अपने नियंत्रण में रखने के लिए भरसक प्रयत्न किए। यह केवल प्रवीणता या सिद्धि हासिल करने की ही बात नहीं थी, वह चाहते थे कि टोप्पी उनकी आज्ञानुसार बजे और उनकी भावनाओं और कल्पनाओं के अनुसार जवाब दे। वह चाहते थे कि यदि वह उसे अपने हिसाब से समायोजित करें, आमतौर पर यह काम एक बड़े-से बिल्लौर से किया जाता है तो उसे तत्क्षण उनके मुताबिक़ सधना चाहिए। वह चाहते थे कि एक चोट में उसका स्वर ऊँचा और नीचा होना चाहिए। वह घंटों कारीगर के साथ बैठते थे ताकि टोप्पी को अपने अनुसार जवाब देने लायक़ बनवा सकें। राजामणि जब ऑफ़िस से लौटते तो कभी-कभी प्रफुल्ल मणि अय्यर विजेता भाव से उनका इन्तज़ार कर रहे होते। बच्चों जैसी अधीरता के साथ, वह तुरन्त अपने बेटे को पुकारते। वह झिल्ली पर ऊपर की ओर एक थाप मारते और ध्वनि की आवृत्ति बढ़ जाती, एक थाप नीचे की ओर मारते ही ध्वनि की आवृत्ति कम हो जाती। गर्व और सन्तुष्टि के भाव के साथ वह इस तरह का व्यवहार करते मानो उन्होंने टोप्पी पर विजय प्राप्त कर ली हो। लेकिन शाम होते-होते, या अगले दिन तक टोप्पी अपनी मनमानी पर उतर आती और कलाकार और टोप्पी के बीच का युद्ध एक बार फिर शुरू हो जाता।

टोप्पी के साथ अय्यर के जुनून का सम्बन्ध उनके सहयोगी, दोस्त और प्रतिद्वंद्वी (या कहें नापसन्दीदा व्यक्ति) पलानी सुब्रमण्या पिल्लै से भी जोड़ा जा सकता है। पिल्लै अत्यन्त मनोहारी टोप्पी साउंड के लिए जाने जाते थे। टोप्पी मृदंगम का मन्द्र पक्ष है और इसका अनुनाद निचले स्वर-विस्तार में होता है। पलानी की टोप्पी की ध्वनि गम्भीर, स्थिर, मर्मभेदी ढंग से गुंजायमान होती थी। इस विशिष्टता ने उनके मृदंगम को एक विशिष्ट अनुतान सन्तुलन दिया था जहाँ उनकी वलंदलाई की ध्वनि सघन और मनोहारी थी, वहीं उनकी टोप्पी एक मंथर और धीमा उच्चारण करती थी। ध्वनि का एक बेजोड़ तनाव। उनके शिष्य, गुरुवयुर दोराई ने मुझे बताया,

'वह उस पर लगातार थपथपाते रहते थे और एक समान ध्वनि की तलाश करते थे। यदि ज़रा भी कमी रह जाए तो वह कारीगर को इसे नये सिरे से बनाने के लिए कहते थे। टोप्पी को तम्बूरे की तरह बजना चाहिए। धोम-धोम नहीं रोम-रोम। यह एक सन्तुलन है।'

हालाँकि, टोप्पी वाले हिस्से को किसी विशिष्ट स्वर में नहीं मिलाया जाता है, लेकिन पलानी के दिमाग़ में इसकी ध्वनि की एक आभासी छवि थी। जब वह इसके मध्य स्थल पर धीमे से थाप मारें तो इसे मध्यम आवाज़ में बोलना चाहिए, ऐसा वे चाहते। और जब वह इस पर शानदार गुमकी लगाएँ यानी हथेलियों को गोलाकार घुमाते हुए थाप लगाएँ तो इसमें से दीर्घ, गम्भीर ध्वनि निकलनी चाहिए जिसका अपना उत्कृष्ट ध्वनि-वक्रता वैशिष्ट्य है। अगर पलानी को उनकी ये मनचाही ध्वनियाँ महसूस नहीं होतीं, तो वह मुट्टु को ख़ारिज कर देते।

मणि अय्यर के अपने मृदंगम में यह विशिष्टता नहीं थी। इसके अलावा, तथ्य यह भी है कि पलानी की टोप्पी की अक्सर चर्चा होती थी, जिससे मणि हताश हो जाते थे। एक बार, परलांदू कुछ दिनों के लिए पलानी के साथ काम करने के लिए त्रिची गए। जब वह लौटे तो अय्यर ग़ुस्से में थे। मणि अय्यर के दूसरे बेटे राजाराम के शब्दों में, 'जैसे ही परलांदू घर आए, मेरे पिता ने उनसे पूछा कि वह इतने दिनों से काम पर क्यों नहीं आए। उन्होंने जवाब दिया कि पलानी त्रिची में थे और उन्होंने उनसे अपने मृदंगम पर कुछ काम करने को कहा था। मेरे पिताजी उस पल के लिए तो चुप रह गए, लेकिन वह अधिक देर तक शान्त नहीं रह सके। एक घंटे के बाद वह मृदंगम वाले कमरे में गए और परलांदू से पूछा कि उन्होंने पलानी के लिए क्या काम किया है। परलांदू ने बताया कि उन्होंने क़रीब चार मृदंगमों के टोप्पी मुट्टु पर काम किया। फिर मेरे पिता ने आगे पूछा, तो उनके मृदंगम का आकार क्या है? वह कौन-सा मुट्टु लगाते हैं? वह खाल का चयन कैसे करते हैं? परलांदू ने उनके प्रत्येक प्रश्न का उत्तर दिया। लेकिन मेरे पिता अड़े रहे, और पूछा कि परलांदू ने टोप्पी मुट्टु के लिए खाल को कैसे चुना। परलांदू ने बताया कि सब कुछ वैसे ही हुआ था जैसा उन्होंने मेरे पिता के लिए किया था। मेरे पिता ने उन पर विश्वास नहीं किया और कहा कि उनकी टोप्पी वह सुगम (ध्वनि और वादन में सन्तोष और सुख) हासिल नहीं कर पाती। आपने वहाँ क्या अलग किया? वैसा ही काम मेरे लिए भी करो। क्योंकि मेरे पिता ने ज़ोर दिया, परलांदू ने कहा, अगर हम पतली खाल (बकरी) का इस्तेमाल करें, तो हमें वही, बेहतर ध्वनि गुणवत्ता

मिलेगी। तो मेरे पिता ने उन्हें अपने मृदंगम के साथ भी ऐसा ही करने के लिए कहा। एक महीने के बाद जब मृदंगम तैयार हो गया, तो मेरे पिता ने उसे जाँचा और कहा, नहीं, यह अभी भी उसके जैसा नहीं है। ये परीक्षण दो-तीन बार हुए। घर पर हम उस मुट्टु को 'पलानी मुट्टु' कहने लगे। परलांदू ने बहुत कोशिश की, लेकिन मेरे पिता सन्तुष्ट नहीं हुए। एक दिन, बम्बई रवाना होने से ठीक पहले, उन्होंने परलांदू पर चिल्लाते हुए कहा कि अगर वह उनके मनमुताबिक़ काम नहीं कर पा रहे तो उन्हें एक अच्छा मृदंगम कारीगर कैसे माना जा सकता है। तो, परलांदू ने उनसे कहा कि जब तक वह वापस आएँगे, नया मुट्टु तैयार हो जाएगा, क्योंकि उन्हें बहुत अच्छी खाल मिलनेवाली है। जब मेरे पिता बम्बई से लौटे तब तक परलांदू ने उनका मृदंगम तैयार करके रखा हुआ था, पाँच-छह और बनाए थे। जब भी मेरे पिता अपनी यात्राओं से वापस आते, तो उन्हें चार या पाँच मृदंगम तैयार मिलते थे। उन्होंने उन सभी को परखा और पलानी मुट्टु वाले मृदंगम के बारे में पूछा। उन्होंने उसे भी जाँचा और कहा, यह अब भी पलानी जैसा नहीं है। अब, परलांदू ने तीख़ा जवाब दिया। अपने मुँह पर हाथ धरते हुए उन्होंने कहा, "अय्या, मैं एक बात कहूँगा, आप बुरा मत मानिएगा। बात तो उनके हाथों में है।"'

एक चमत्कारिक और निर्दोष टोप्पी की खोज ने मणि अय्यर को हिरण और छिपकली की खाल पर प्रयोग करने के लिए भी प्रेरित किया। ये सभी प्रयास विफल रहे।

6

थाप का चाम

दुनिया-भर में, और यहाँ तक कि अनेक भारतीयों में भी एक आम धारणा प्रचलित है कि हिन्दू गौ-मांस नहीं खाते हैं। हालाँकि, इस बात के प्रमाण हैं कि वैदिक काल में और उसके बाद भी गौ-मांस का भक्षण होता था, ब्राह्मण भी खाते थे। बहुत-से हिन्दुओं में गौ-मांस भक्षण अब भी जारी है, ख़ासकर दलित समुदायों के बीच, लेकिन यह केवल उन्हीं तक सीमित नहीं है। इसके अलावा, भारत दुनिया के शीर्ष पाँच गौ-मांस निर्यातकों में शामिल है। गाय एक पवित्र पशु है और इसका वध नहीं किया जा सकता, यह एक आधुनिक ब्राह्मणवादी अवधारणा है, ज़रूरी नहीं कि बड़ी आबादी इससे इत्तिफ़ाक़ रखती हो। लेकिन ब्राह्मण जातियों ने जिनका नीतियों और सांस्कृतिक नियमों के निर्माण पर अपनी संख्या के मुक़ाबले कहीं ज़्यादा प्रभाव था, इस असत्य को सार्वभौमिक रूप से धार्मिक रूप देकर स्थापित कर दिया। इस हद तक कि भारत के संविधान में भी इसे जगह मिल गई। हालाँकि यह प्रावधान केवल नीति निर्देशक नियमों के तहत है, जिसका अर्थ है कि यह किसी भी अदालत द्वारा बलपूर्वक लागू नहीं किया जा सकता है, फिर भी गाय का विशेष उल्लेख तो है ही। और, पिछले कुछ वर्षों में कई राज्य सरकारों ने गौ-हत्या पर प्रतिबन्ध लगाने या इसे नियमित करनेवाले क़ानून बनाए हैं।

संविधान के अनुच्छेद 48 में लिखा है, 'राज्य, कृषि और पशुपालन को आधुनिक और वैज्ञानिक पद्धतियों के आधार पर संगठित करने का प्रयास करेगा और ख़ास तौर पर गायों और बछड़ों तथा अन्य दुधारू और भारवाहक पशुओं

की नस्लों के परिरक्षण और सुधार के लिए और उनके वध का प्रतिषेध करने के लिए क़दम उठाएगा।'

एक पारम्परिक पलक्कड़ ब्राह्मण परिवार में जन्मे, पालघाट मणि अय्यर के ऊपर एक दौर, एक विरोधाभास से जूझते गुज़रा : एक वाद्य-यंत्र जिसके लिए तीन पशुओं की जान लेनी पड़ती है, विशेष तौर पर पवित्र गाय की भी, वही वाद्य उनका जीवन है। हालाँकि, अय्यर का मानना था कि मृदंगम एक वेदवाद्यम (एक वैदिक वाद्य) है, लेकिन उन्होंने अपने आपसे पूछा कि क्या इसे बनाने के लिए गाय को मारना सही है! उन्होंने सोचा, क्या यह पाप नहीं है? इस नैतिक दुविधा के समाधान की तलाश में उन्होंने कांची मठ के शंकराचार्य से सम्पर्क करने का निर्णय लिया। शंकराचार्य को हर भक्त महापेरियावा (सर्वश्रेष्ठ बुज़ुर्ग) के रूप में सम्मान देता था। लेकिन अय्यर हिचकिचाए : क्या महापुरोहित से इस तरह का प्रश्न पूछना उचित है? उन्हें संशय हुआ। उन्होंने शंकराचार्य के बजाय सी. राजगोपालाचारी से बात करने का निर्णय लिया। राजाजी को महात्मा गांधी अपना विवेक-रक्षक मानते थे। दोस्तों के माध्यम से वे राजगोपालाचारी तक पहुँचे और उनसे अपना प्रश्न पूछा।

राजाजी ने अपने व्यवहार के अनुरूप उन्हें एक कहावत का उद्धरण देते हुए व्यावहारिक उत्तर दिया, 'किसी नदी के उद्गम या किसी संत के इतिहास की तलाश मत करें।' दूसरे शब्दों में कहें तो राजाजी ने मणि अय्यर को सलाह दी कि कठिन प्रश्नों के उत्तर न खोजें। कितना आसान समाधान था! एक कारीगर, कलाकार के लिए मध्यस्थ की भूमिका निभाता है, उद्गम को छिपाता है और कलाकार को आश्वस्ति प्रदान करता है।

गाय को कलाकार की दृष्टि से दूर कर दिया जाता है। चूँकि, वध और खाल उधेड़ने जैसी क्रियाएँ उनकी मौजूदगी में नहीं होती हैं, इसलिए वह इस तरह पेश आ सकता है कि ऐसा कुछ नहीं हुआ है। गाय और ब्राह्मण के बीच दूरी बनाए रखने के लिए कारीगर दहलीज़ पर खड़ा रहता है, ब्राह्मण को उसकी 'पवित्रता' बनाए रखने में मदद करता हुआ। तो, कारीगर वाद्यवादक के लिए बेहद महत्त्वपूर्ण है, फिर भी कलाकारों की भूमिका कुछ ऐसी होती है कि वे कारीगर को 'प्रदूषित' बनाए रखते हैं, उनसे भेदभाव करते हैं। रक्त को निकालने के बाद खाल को साफ़ किया जाता है और उसको इच्छित आकार में काटा जाता है। इसके बाद इसे सुखाया जाता है। इसके बाद ही कलाकार के पास इसे ले जाया जाता है। कारीगर का असाध्य परिश्रम इसे एक संसाधन, एक निर्जीव घटक में बदल देता है। मैंने

कलाकारों को यह कहते भी सुना है कि यह पशु स्वयं प्रार्थना करता है कि उनकी खाल का उपयोग इस पवित्र वाद्य-यंत्र के लिए किया जाए। ऐसा कहकर वे इसके उपयोग को उचित ठहराते हैं। कारीगर रविकुमार के लिए खाल निर्जीव नहीं है, उसमें ही तो जीवन है। चूँकि यह श्रुति के माध्यम से जीवन्त हो जाती है इसलिए इसके साथ कोई नकारात्मकता नहीं जुड़ी है। लेकिन उन्होंने या तो इस कठोर सत्य को स्वीकार नहीं किया है, या इस सच को बोलना उचित नहीं समझा, कि आख़िर वह और उसके जैसे अन्य कारीगर ही तो मृत खाल को जीवन प्रदान करते हैं। मुझे हस्तक्षेप करना पड़ा और उन्हें यह याद दिलाना पड़ा।

रवि कुमार

बहरहाल, विडम्बना कारीगर का पीछा नहीं छोड़ती, भले ही कलाकार इसे न देख पाते हों। जैसा कि एक कारीगर ने मुझसे कहा, 'हम बकरियों और गायों के बारे में बात करते हैं। अधिकतर कलाकार ब्राह्मण हैं। उन्हें चमड़े की गंध नहीं भाती और हम इस चमड़े को किस तरह से तैयार करते हैं, वे इसके बारे में कुछ नहीं जानते। लेकिन वाद्य-यंत्र को अपने पूजा-घर में स्थान देते हैं। कारीगर को वह सम्मान नहीं दिया जाता है।' एक और ने कहा, 'जब मैं मृदंगम पर काम करता हूँ, तो इसे थामने के लिए अपने पैरों का उपयोग करता हूँ। लेकिन आप उसी मृदंगम

को अपने कमरे के अन्दर ले जाते हैं और उसकी पूजा करते हैं।' (ब्राह्मणवादी वैश्विक नज़रिये में पैरों को भी प्रदूषण का स्रोत माना जाता है।)

बेदाग़ छवि बनाए रखने के लिए, कलाकारों को ख़ुद को और अपने श्रोताओं को इन वास्तविकताओं से दूर रखना होता है। संगीत सभाओं के रूढ़िवादी श्रोताओं को बूचड़खाने की भनक तक नहीं लगनी चाहिए।

कारीगर सुन्दर (बदला हुआ नाम) के साथ मेरी बातचीत के छोटे-छोटे अंशों को देखें, कारीगर कैसा भय और घृणा महसूस करते हैं—यह साफ़ समझ में आएगा।

सुन्दर : कारीगर का काम बड़ा जोखिम-भरा है। वे (कलाकार) क्या कहेंगे? क्या वे लोगों को बताएँगे कि हम रक्त और गन्दगी में काम करते हैं? वे सभा में ऐसी बातें कैसे कह सकते हैं? इससे तो लोगों को मृदंगम और तबले से डर लगने लगेगा। उन्हें यह कितना भयानक लगेगा कि कलाकार इस ढंग से तैयार किए गए वाद्य-यंत्रों को बजा रहे हैं।

कृष्णा : वे भला क्यों डरने लगे?

सुन्दर : लोग इससे डरते हैं। अन्तिम संस्कार के समय मोलम (तालवाद्य कलाकारों का समूह) होता है, है न? लोग इसे उसी नज़रिये से देखते हैं और चमड़ा मढ़े हुए किसी भी वाद्य-यंत्र के साथ पूर्वग्रह जुड़ा होता है।

[...]

कृष्णा : जैसा कि आपने कहा, हम मंच से यह नहीं कह सकते कि यह वाद्य-यंत्र रक्त से निकलकर आया है।

सुन्दर : (इशारा करते हैं) आप नहीं कह सकते!

कृष्णा : तो क्या इसे छुपाना होगा?

सुन्दर : हाँ।

कृष्णा : तो, आपको छिपकर रहना होगा?

सुन्दर : (लाचारी का इशारा करते हुए हँसते हैं)

कृष्णा : आप सामने नहीं आ सकते।

सुन्दर : जी, सर। हम यह नहीं कह सकते कि यह रक्त से सनी हुई खाल से बना है। कि इसे हमने बनाया है। उन्हें यह जानने की ज़रूरत नहीं कि हमने खाल पर कील ठोंकी और यह सब बनाया। श्रोताओं को यह सब जानने की ज़रूरत नहीं है। लोग जानना नहीं चाहते हैं। क्योंकि यह रेडीमेड है, लोग उसे ही देखते हैं।

कृष्णा : जैसे यह कोई जादू है?

[...]

सुन्दर : लोग धान की फ़सल को कहाँ देखते हैं, वे तो घर में आनेवाले चावल को देखते हैं। बस, यह भी कुछ ऐसा ही है।

कृष्णा : शाबाश! आपने अपनी बात को बड़ी ख़ूबसूरती से रखा है। शानदार ढंग से। लेकिन फ़र्क़ यह है कि आपके काम को लेकर उनके मन में एक गन्दी छवि है।

सुन्दर : बिलकुल सही। केवल गन्दी छवि ही नहीं है, उन्हें डर भी लगता है...अन्तिम उत्पाद जो हाथ में आता है वह बिलकुल साफ़-सुथरा होता है, लेकिन उन्हें अभी भी उस...उस ख़ून का डर सताता है।

जब मैंने मोहन (बदला हुआ नाम) से पूछा कि क्या ये हालात बदलेंगे, तो उन्होंने कहा, 'अगर बदलना ही होता तो उन दिनों के लोग, मणि सर, मूर्ति सर और उस दौर के और भी लोगों को इसे बदल देना चाहिए था। आज के कलाकार इसे नहीं बदलेंगे, और अगली पीढ़ी कभी बदलाव लाने के लिए कुछ करेगी, इसमें सन्देह है।'

मणि अय्यर ने एक बार जिस आस्तित्विक संकट का सामना किया, उसका कोई कारण रहा होगा। परलांदू के चचेरे भाई अलकट्टन खाल चुनने के विशेषज्ञ माने जाते थे और बहुत अच्छे वारु बनाते थे। वास्तव में, अलकट्टन और परलांदू का आपस में क्या रिश्ता है—मैं समझ नहीं पाया। ऐसी दुविधा में अंग्रेज़ी का 'कज़न' शब्द बचाव में खड़ा हो जाता है। अय्यर ने अलकट्टन को काम पर रखा। उन्होंने कहा कि उन्हें गाय की खाल बहुत अच्छी क़िस्म की चाहिए। गुणवत्ता को लेकर वह कोई समझौता नहीं करना चाहते थे, क़ीमत उनके लिए मायने नहीं रखती थी। अलकट्टन ने कहा कि उसकी क़ीमत सौ रुपये होगी। अय्यर ने उन्हें वह रक़म तुरन्त पेशगी दे दी और अपराह्न तीन-चार बजे के क़रीब एक रेस्टोरेंट के लिए

निकल गए। जब वह वापस लौटे तो उन्होंने अलकट्टन को एक गाय के साथ अपने घर के सामने खड़ा पाया। अय्यर चौंके, कुछ कहने की स्थिति में ही नहीं थे। अलकट्टन ने उन्हें बताया कि इस गाय की चमड़ी बहुत अच्छी है, लेकिन विक्रेता को इसके 120 रुपये चाहिए थे, और इसलिए वह लेन-देन पूरा करने से पहले चाहते थे कि अय्यर ख़ुद परख लें। अय्यर स्तब्ध थे। पहली बार ऐसा हुआ होगा कि गौ-वध के बारे में उन्हें ख़ुद निर्णय लेना था, और एक ऐसी बात की ज़िम्मेदारी लेनी थी, जो अब तक दबी-छिपी थी। उन्होंने अलकट्टन को भगाया और गाय को भी अपने साथ लेकर जाने को कहा। अय्यर के जीवन की यह घटना एक सार्वभौमिक परिस्थिति है—मुझे यक़ीन है कि कोई भी मृदंगम कलाकार अपने आपको ऐसी स्थिति में नहीं देखना चाहेगा। जहाँ तक कलाकारों की बात है, उनके लिए खाल सीधे स्वर्ग से गिरती है।

सेल्वाराज ने मुझे बताया था कि मणि अय्यर गाय को देखकर बता सकते थे कि उसकी खाल मृदंगम के लिए उपयुक्त है या नहीं। गायें उनके घर के सामने लाई जाती थीं, अय्यर अपने घर की पहली मंज़िल से उन्हें देखते और दाम को लेकर बातचीत करते या फिर गाय की गुणवत्ता के आधार पर विक्रेता को विनम्रतापूर्वक जाने के लिए कह देते। राजामणि ने इस कहानी का खंडन करते हुए बताया कि अय्यर केवल एक ही बार इस तरह की दुविधा में फँसे थे, जब अलकट्टन उनके दरवाज़े पर गाय लेकर आ गया था! फिर भी, यह ग़लत नहीं है कि अय्यर खाल, उसके स्वरूप और गुणवत्ता को जानने में बहुत रुचि रखते थे। और, सेल्वाराज के अनुसार, वह गाय की खाल को लेकर बहुत अधिक गम्भीर थे। उनकी पसन्द सफ़ेद खाल थी।

यह तो स्पष्ट है कि मणि अय्यर और पलानी दोनों ने ही यह समझने की कोशिश की कि कारीगर खाल को किस तरह से चुनते हैं। लेकिन अभी भी वे उन्हीं खालों को देखते थे जिन्हें कारीगर साफ़ कर चुके होते थे। उन्होंने अपने मृदंगम के कमरों में बड़ी मात्रा में तैयार की हुई खालों को जमा करके रखना शुरू कर दिया था। कहने की ज़रूरत नहीं, ऐसा सिर्फ़ विशिष्ट और विलक्षण ध्वनि की चाह में किया जाता था। यह वाद्य-यंत्र को लेकर उनका जुनून था।

हालाँकि, मृदंगम कलाकार इस बात से इनकार करते हैं कि मणि अय्यर या पलानी को खाल के चयन की जानकारी थी या उन्होंने इसके बारे में कुछ सीखा था। जैसा कि दोराई ने कहा, 'केवल कारीगर ही जानता है कि किस प्रकार की खाल

चुननी है। कब और कहाँ, यह केवल मृदंगम बनानेवाला जानता है, बजानेवाला नहीं। कारीगर हमें तुरन्त बता सकते हैं कि कौन-सी खाल वलंदलाई में लगेगी और कौन-सी टोप्पी के लिए इस्तेमाल की जा सकती है। मुनुसामी और वेंकटेसन इसके विशेषज्ञ थे।' जब शंकरन से पूछा गया कि क्या पलानी खाल का चुनाव करते थे—तो उनका दो-टूक उत्तर था, 'यह काम हम नहीं कर सकते। लेकिन वे (पलानी वग़ैरह) अनुभव से जानते थे कि कौन-सी खाल काम की है और कुछ हद तक वे इस बारे में सुझाव भी देते थे। तंजावुर के लोग (कारीगर) इसके अच्छे जानकार थे।'

सुसइनाथन के पिता एस. गैब्रिएल मुझे तंजावुर में उस स्थान पर ले गए जहाँ गायों का वध किया जाता है। एक बस डिपो—सीआरसी शेड के पास से गुज़रते हुए हम धीरे-धीरे घनी आबादी वाले इलाक़ों से दूर होते जा रहे थे। एक छोटी सड़क और भी छोटी-छोटी गलियों की ओर ले जा रही थी। यहाँ घर अब झोंपड़ियों में बदल रहे थे। हम धान के खेतों से घिरते जा रहे थे, लेकिन फिर हम खेत छोड़कर खुली जगह पर आ पहुँचे जहाँ विलायती बबूल के पेड़ बहुतायत में थे।

सुसइनाथन आमतौर पर इस तरह की यात्रा पर नहीं निकलते हैं। उनके पिता सभी आवश्यक काम करते हैं, जैसे सफ़ाई करना, काटना और सुखाना, और अन्त में बालों पर राख लगाकर ब्लेड से उन्हें हटाना और फिर साफ़ करना। वह सुसइनाथन को तैयार थट्टु भेजते हैं। व्यवसाय के इस हिस्से में और भी कई लोग जुड़े हुए हैं, जिनमें अधिकतर तंजावुर कारीगरों के रिश्तेदार हैं, वे खाल को उपयोग के योग्य बनाकर चेन्नै भेजते हैं। गाय की एक अच्छी खाल की क़ीमत लगभग 3,000 रुपये है, लेकिन मौसम के अनुसार क़ीमत ऊपर-नीचे होती रहती है। बारिश के दिनों में खाल मिल पाना काफ़ी मुश्किल होता है।

'यहाँ से मुड़िए,' गैब्रियल चिल्लाए। ऐसा लग रहा था कि हम रास्ता भटक गए हैं। मैंने देखा कि सड़क के दूसरी ओर एक बहुत लम्बा-चौड़ा एस्बेस्टस शेड था। शेड भी नहीं कह सकते, बस बाँस के चार खम्भों पर एक छत थी। अन्दर एक लकड़ी की मेज़ थी, छत से कुछ रस्सियाँ लटक रही थीं, और कुछ नहीं था। गैब्रिएल ने पूछा, 'कल रविवार है न? वे कल काटेंगे। हर रविवार को वे यह काम करते हैं। मैं आता हूँ और बहुत ध्यान से ख़रीदता हूँ क्योंकि हमें पतली खाल की ज़रूरत होती है। जब भी सुसइनाथन मुझे अपनी ज़रूरत बताता है, मैं आकर ख़रीद लेता हूँ।'

सुसइनाथन ने जोड़ा, 'मेरे पिता खाल को सुखाते हैं और दोपहर 1 या 2 बजे घर लाते हैं, थट्टु काटने के लिए। घर लाने के बाद खाल पर विभूति (राख) मली जाती है और बाल हटाए जाते हैं। उसके बाद, वे अलग-अलग तरह के थट्टु जैसे मोटा, मध्यम थट्टु, मोटा-पतला काटते हैं और मुझे भेजते हैं।'

तंजावुर कारीगरों को अपने ज़िले की गायों की गुणवत्ता पर ही भरोसा है, वे कहीं और से नहीं ख़रीदते। वे दावा करते हैं कि यहाँ की खाल सर्वश्रेष्ठ है और मृदंगम के लिए सर्वथा उपयुक्त। मुरुगानन्दम या बालागुरु जैसे दूसरे कारीगर तंजावुर वालों द्वारा अपनी गायों की खाल पर लगाई गई इस बढ़ौती का मज़ाक़ उड़ाते हैं। मुरुगानन्दम जहाँ अम्बुर से अपने लिए खाल ख़रीदते हैं, तो बालागुरु आन्ध्र सीमा के क़रीब चेन्नै के उत्तर में गुमुदिपुंडी से। रविकुमार गुमुदिपुंडी से बहुत दूर नहीं रहते हैं, पर वह नायडुपेट्टई और कालहस्ती से खाल ख़रीदते हैं। उनकी भैंस की खाल तिरुपति, रेनिगुंटा या चूलाई से आती है।

खाल को लेकर बनाने और बजानेवालों दोनों की ही एक सार्वभौमिक शिकायत रहती है। यह शिकायत है आजकल की गायों की गिरती सेहत को लेकर। उन्होंने शिकायत की कि वे प्लास्टिक और हर तरह का कचरा खाती हैं और इससे उनकी खाल की गुणवत्ता पर असर पड़ रहा है। करइकुडि मणि ने कहा, 'चूँकि ये जानवर सिर्फ़ पोस्टर खाते हैं, इसलिए खाल और मृदंगम में जान नहीं होती।' कैसी विडम्बना है!

तंजावुर की गायों के बारे में वास्तव में क्या अनोखा है यह कहना मुश्किल है, लेकिन इस इलाक़े के कारीगरों और कलाकारों में इन गायों की खाल की उत्कृष्टता के प्रति विश्वास बड़ा पुख़्ता है। राजमणिक्कम जैसे उस्तादों की पसन्द तय थी। अगर कोई चीज़ उनकी उम्मीदों पर खरी नहीं उतरी, तो वह उसे सिरे से ख़ारिज कर देते थे। औसत दर्जे की खाल के साथ आगे बढ़ने का प्रश्न ही नहीं उठता था।

बैंगलोर के एक मृदंगम कारीगर पी. कृष्ण कुमार का पलक्कड़ ज़िले के मृदंगम कारीगरों के पेरुवेम्बा परिवार से ताल्लुक़ है। इस मामले में उन्होंने एक अलग विचार दिया : 'केरल और तमिलनाडु की गायों की खाल में अन्तर होता है। तंजावुर में गाय की खाल वज़नदार होती है। केरल में गाय को कड़ी धूप में चरने दिया जाता है इसलिए उनकी खाल में चर्बी कम होती है।'

यह एक क्षेत्रीय लड़ाई है और प्रत्येक कारीगर का इस बारे में अपना तर्क है कि किसी ख़ास जगह की खाल ही क्यों अच्छी है। बैंगलोर में मृदंगम कारीगर तमिलनाडु, केरल या आन्ध्र प्रदेश से खाल लेते हैं। जब पूछा गया कि कर्नाटक से

कृष्ण कुमार के साथ लेखक की बातचीत

क्यों नहीं, तो उन्होंने कहा कि अन्य क्षेत्रों की गायें अधिक स्वस्थ होती हैं, क्योंकि उनके लिए चरने की भूमि अधिक होती है। बैंगलोर को लेकर एक अन्य व्यावहारिक समस्या खाल को सुखाने के लिए सुविधाजनक स्थान की कमी भी है। इसलिए कुमार जैसे लोगों को खाल के गट्ठे ढोकर बार-बार इस शहर की यात्राएँ करनी पड़ती हैं। बैंगलोर के एक अन्य मृदंगम कारीगर श्रीनिवास अनन्तरामैया ने कहा, 'एक समय, बकरी की खाल (जिसे वे कन्नड़ में मेके चर्म कहते हैं) बैंगलोर के यशवन्तपुर में उपलब्ध थी, जहाँ खाल को फैलाने, कील ठोंकने और बाक़ी ज़रूरी काम करने के लिए जगह भी थी।'

वलंदलाई मृदंगम का प्रभावी और मुखर पक्ष है। टोप्पी उसका सहायक पक्ष है, जैसे तबले के लिए डग्गा होता है। वलंदलाई को ही उस गायक या वादक कलाकार के स्वरों के साथ समस्वरित किया जाता है, जिसकी संगत मृदंगम कलाकार कर रहा होता है। या एकल मृदंगमवादन की स्थिति में मृदंगम कलाकार द्वारा चुने गए विशिष्ट स्वराघात से भी वलंदलाई को ही मिलाया जाता है। इसीलिए वलंदलाई बनाते समय बेहद बारीकियों का ध्यान रखना होता है, बहुत व्यवस्थित ढंग से तैयारियाँ करनी पड़ती हैं। सावधानीपूर्वक सुनना और शारीरिक प्रयास करना यानी

बहुत पेचीदा काम होता है। यदि एक चीज़ भी ग़लत हो जाए तो समझ लीजिए मुट्टु कूड़ेदान में जाएगा।

मृदंगम के इस दाहिने सिरे पर खाल की तीन परतें होती हैं। प्रत्येक की अपनी अलग उपयोगिता होती है। सबसे नीचे वाली आमतौर पर गाय की खाल होती है और इसे ओक्करारा थट्टु कहा जाता है। इसका अर्थ है 'वह जिस पर बैठता है।' यह परत लकड़ी पर बैंठती है, और दो संगीतात्मक रूप से क्रियाशील थट्टु उसके ऊपर बिठाए जाते हैं। ओक्करारा थट्टु की भूमिका लकड़ी के फ्रेम और दूसरे थट्टुओं के बीच एक कुशन बनना है। इसकी सुर सम्बन्धी भूमिका नहीं होती। नवनीतम ने बताया, 'हम इसके लिए किसी भी खाल का उपयोग कर सकते हैं। बकरी की खाल की दो परतें या गाय की खाल की एक परत का उपयोग कर सकते हैं। हम भैंस की खाल भी लगा सकते हैं। इसे बस चिकना और मुलायम होना चाहिए।'

बीच में बकरी की खाल की परत होती है। इसे कोट्टु थट्टु कहा जाता है। कोट्टु का अर्थ है 'खटखटाना' (जैसे किसी को सिर पर थपथपाना), लेकिन इसे ताल वाद्य पर थाप देने के सन्दर्भ में भी उपयोग किया जाता है। इस सन्दर्भ में यह शब्द सम्भवत: उस ध्वनि को भी इंगित करता है जो थट्टु के केन्द्र पर तर्जनी के साथ एक विशेष प्रकार का प्रहार करने से आती है। मैं इसे केवल इस तरह समझा सकता हूँ कि यह एक मन्द, स्थिर 'टक' की ध्वनि है, जैसे किसी लकड़ी के दरवाज़े पर दस्तक देने से निकलती है।

जैसा कि हमने अम्बुर में देखा, यह खाल बकरी की कशेरुकाओं के दोनों ओर से काटी जा सकती है। यह एक ऐसा क्षेत्र है जिससे मोत्था-मेलिसु खाल मिलने की सम्भावना नहीं होती। कारीगर इसे 'सम थट्टु' कहते हैं, जिसका अर्थ है कि इसका नाप (गेज) सभी जगह समान होता है। वलंदलाई के लिए थट्टु को सम थट्टु होना चाहिए, क्योंकि गेज में ज़रा भी बदलाव इसके एक निर्दिष्ट स्वरमान पर सामंजस्य को प्रभावित करेगा। दूसरे शब्दों में, मुट्टु के हर हिस्से को एक सही स्वरमान (पिच) पर संरेखित होना चाहिए। और इसी कारण सबसे ऊपर लगाई जानेवाली गौ-चर्म की झिल्ली भी एक सम थट्टु होनी चाहिए। वलंदलाई मुट्टु के किसी भाग पर स्वर जब वांछित स्वरमान से ऊँचा होता है तो इसे इक्कु कहा जाता है और जब यह कम होता है तो इसे टग्गु कहते हैं। यह 'इक्कु-टग्गु' इतना महत्त्वपूर्ण होता है कि कारीगर मृदंगम-निर्माण के हर चरण में इसका ध्यान रखता है। सबसे ऊपर लगनेवाली गाय की खाल की अन्तिम परत 'वेट्टु थट्टु' कहलाती है। वेट्टु का अर्थ है 'काटना'

और ठीक यही किया जाता है। यह एक वलयाकार परत होती है। इस थट्टु के बीच में एक घेरा इस प्रकार काटा जाता है कि नीचे का कोट्टु थट्टु सामने आ जाता है।

अगर गाय की खाल बड़ी और अच्छी गुणवत्ता वाली हो तो कारीगर को उससे लगभग बीस सम थट्टु प्राप्त होते हैं। दस मोटे और दस मध्यम मोटाई के। दूसरा सेट कशेरुकाओं से थोड़ा दूर काटना होता है, और इस प्रकार यह खाल केवल मध्यम मोटाई की होगी। इन सभी थट्टुओं का उपयोग वलंदलाई के लिए किया जा सकता है। कारीगर गाय के अन्य भागों से और बीस थट्टु काट सकता है जिनमें से ज़्यादातर के मोत्था-मेलिसु होने की सम्भावना होगी। इन्हें वह ओक्करारा थट्टु बनाने के लिए इस्तेमाल करेगा। कभी-कभी वह असमान मोटाई की क्षतिपूर्ति करने के लिए ओक्करारा थट्टु के लिए दो परतों का उपयोग भी कर सकता है। मोत्था-मेलिसु खाल का उपयोग विद्यार्थियों, मृदंगम स्कूलों और दुकानों के लिए बनाए जानेवाले मृदंगमों में वेट्टु थट्टु के रूप में भी किया जाता है, क्योंकि ये ग्राहक वाद्य-यंत्र के स्वरमान को बारीकी से ट्यून करने के बारे में विशेष आग्रही नहीं होते।

कुछ कारीगरों का दावा है कि सबसे अच्छा थट्टु गाय के गले की लटकनेवाली खाल से मिलता है। मृदंगम कारीगरों के हर समुदाय का अपना मूल्यांकन होता है कि किसी पशु की खाल में सबसे अच्छा थट्टु कहाँ मिलेगा। इसका सार्वभौमिक रूप से मान्य कोई सिद्धान्त नहीं है। कृष्ण कुमार इस बात को लेकर विशेष आग्रही थे कि उच्चतम स्वरमान (स्त्री स्वर) के लिए जब मृदंगम के थट्टु की खाल चुनना हो तो वह गाय के गर्दन वाले हिस्से से ही निकाली जाए। लेकिन मन्द्र स्वरमान के लिए, पीठ के ऊपरी हिस्से और कन्धे का हिस्सा बेहतर होता है। बस, केवल टोप्पी मुट्टु में इस्तेमाल होनेवाले बकरी के अल्लु थोल पर ही कोई मतभेद नहीं है।

खाल के चयन में एक महत्त्वपूर्ण मुद्दा यह है कि जब तक कारीगर इसमें से बाल नहीं हटा लेता, तब तक वह इसकी गुणवत्ता के बारे में सुनिश्चित नहीं हो सकता, भले ही उसने कितना ही अच्छा अनुमान क्यों न लगाया हो। कभी-कभी बाल हटाने के बाद त्वचा बहुत महीन हो जाती है। खाल को देखकर और छूकर चुना जाता है। यहाँ तक कि मोत्था-मेलिसु को भी केवल स्पर्श से पहचाना जाता है। मृदंगम कलाकारों को इस प्रक्रिया के बारे में कोई जानकारी नहीं है, लगभग वे नहीं जानते कि एक समान प्रतीत होनेवाली खालों के बीच अन्तर करने के लिए कैसी विशिष्ट संवेदी तीक्ष्णता की आवश्यकता होती है। यह एक ऐसी क्षमता है जो केवल अनुभव से, प्रशिक्षण से और दिग्गजों को काम करते हुए देखकर आती है।

सुसइनाथन ने बकरी और गाय के थट्टुओं को पहले ही पानी की एक बाल्टी में लगभग एक घंटे के लिए भिगो दिया था, और उनके सामने मृदंगम आराम से अपनी टोप्पी मुट्टु पर जम गया था। इसके बाद उन्होंने पोइवारु, या नक़ली वारु को लकड़ी के फ्रेम के किनारे पिन्नल के नीचे लटके हुए टोप्पी मुट्टु के हिस्से से जोड़ दिया। सुसइनाथन ने वेट्टु थट्टु पर एक छोटा गोलाकार छेद बनाया जैसा उन्होंने टोप्पी मुट्टु में भैंस की खाल के साथ किया था। फिर उन्होंने गाय (ओक्करारा थट्टु), बकरी (कोट्टु थट्टु) और गाय (वेट्टु थट्टु) की—यानी तीन झिल्लियों को लकड़ी के खोल के वलंदलाई हिस्से पर रखा। फिर पेचिस लिया और तीनों थट्टुओं को खींचा, ताकि वे फैल जाएँ। उन्हें उसी खिंचाव के साथ थामकर उन्होंने उनमें चार कन्नु डाले और थंगुवारु को ठीक वैसे ही बाँध दिया, जैसे टोप्पी मुट्टु के समय बाँधा था। फिर पोइवारु के लिए आठ और कन्नु जोड़े गए।

चूँकि, यह मृदंगम का वलंदलाई हिस्सा है, इसलिए कारीगर मुट्टु के चारों ओर समान खिंचाव बनाए रखने को लेकर अतिरिक्त सावधानी बरतते हैं, और ध्यान रखते हैं कि झिल्लियों को एक समान बल लगाकर खींचा जाए, नहीं तो इक्कु-टग्गु की समस्या खड़ी हो सकती है।

सुसइनाथन ने पोइवारु को खींचा और थंगुवारु को हटा दिया। अब हम चमड़े की बद्धियों के पाँचवें रूप को देखते हैं, यह है मलकुवारु। चूँकि, गाय और बकरी की खाल नरम और पतली होती है और पोइवारु पार्श्व से बहुत कड़ी होती है, इसलिए वलंदलाई की परत को फटने से बचाने के लिए पीछे से आधार देना ज़रूरी होता है। पोइवारु के फन्दे लम्बवत डाले जाते हैं, जिसका अर्थ है कि यदि बहुत अधिक खिंचाव पड़ेगा, तो खाल फट जाएगी। इसलिए, एक वारु को क्षैतिज रूप से भी जोड़ा जाता है, जिसे पोइवारु कन्नुओं के अन्दर और बाहर बुना जाता है। यह भार झेलनेवाला वारु होता है जो लम्बवत पड़नेवाले दबाव को सहन कर लेता है।

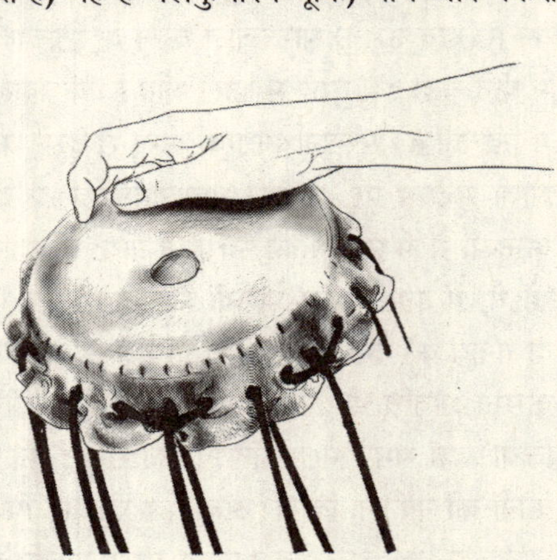

मृदंगम बनाने का सबसे श्रमसाध्य हिस्सा वलंदलाई के लिए पोइवारु पिडि बनाना है। काम शुरू करने से पहले सुसइनाथन ने टोप्पी को जाँचा कि वह फ्रेम पर ठीक से बैठी है या नहीं, कहीं ऐसा तो नहीं कि दूसरी तरफ़ काम करते समय वह अपनी जगह से हिल गई हो। उन्होंने मुट्टु के किनारों पर बस इतनी ज़ोर से ठकठकाया कि लकड़ी की आवाज़ सुनाई दे। इससे यह तय हो गया कि मुट्टु को जहाँ होना चाहिए, वहीं है। टोप्पी के लिए पोइवारु पिडि के सिर्फ़ दो घेरे थे, क्योंकि वहाँ स्वरमान को नहीं जाँचना था। अपने हाथ में एक छोटे से हुक के साथ, सुसइनाथन ने वारु को झटके से खींचना शुरू किया, अपने पैरों से मृदंगम को धक्का दिया और फिर अगले वारु की ओर बढ़ गए।

खींचो-धकेलो-पकड़ो-खींचो
खींचो-धकेलो-पकड़ो-खींचो
खींचो-धकेलो-पकड़ो-खींचो
खींचो-धकेलो-पकड़ो-खींचो

हर बार जब सुसइनाथन एक कन्नु से निकलनेवाले वारु को खींचते, उनका एक सहायक स्वरमान को परखने के लिए कन्नु पर थाप देता। ख़ुद उनके लिए ऐसा कर पाना बहुत कठिन होता।

आमने-सामनेवाले कन्नु एक-दूसरे के स्वरमान पर प्रतिक्रिया देते हैं। एक कन्नु का खिंचाव उसके सामनेवाले कन्नु के खिंचाव के बराबर होता है क्योंकि वारुओं में फंदे कुछ इस तरह से डाले जाते हैं कि खाल एकरेखीय यानी लम्बाई की दिशा में खिंचती है। सुसइनाथन एक कन्नु से दूसरे कन्नु की ओर बढ़ते रहे, और उनका साथी मृदंगम पर लगातार थाप देता रहा। उन्होंने यह सुनिश्चित किया कि बारह कन्नुओं में से प्रत्येक का स्वरमान प्राय: बराबर हो। सुसइनाथन जैसे-जैसे आगे बढ़ रहे थे, मैं उनकी मांस-पेशियों के तनाव, उनकी साँसों के भारीपन और उनके चेहरे के तनाव को देख सकता था। प्रत्येक आवर्तन के बाद, झिल्लियों से निकलनेवाली कम्पन आवृत्ति भी तेज़ी से बढ़ रही थी। ऐसे दो चक्र पूरे करने के बाद उन्होंने विराम लिया। इस समय में उन्होंने पिन्नल सट्टई को पानी से बाहर निकाला और उसके कोनों को नुकीला किया। अब फिर पोइवारु पिडि का काम चालू हुआ और अगले चार चक्र तक चला। इस जगह पर मुट्टु की कम्पन-आवृत्ति किसी भी कर्नाटिक गायिका (षड्ज से निषाद) की तुलना में बहुत अधिक थी। जब मैंने पोइवारु पिडि वाले चरण के अन्त में मुट्टु से निकलनेवाली ध्वनि के स्वरमान को जाँचा तो यह

तार सप्तक के मध्यन पर था। मुझे नहीं लगता कि स्वरों की इतनी पहुँच उच्चतम स्वरों में गानेवालों की भी होती होगी। आपको आश्चर्य हो सकता है कि खाल पर इतना खिंचाव या तनाव देना क्यों ज़रूरी है। यह अगले अध्याय में स्पष्ट हो जाएगा। वारु अब तक धातु की छड़ की तरह सख़्त हो चुकी थी, और सुसइनाथन उसे खींचने के लिए अपना पूरा दम लगा रहे थे। वारु को पकड़ने के लिए उन्हें पेचकस का इस्तेमाल करना पड़ा। वह बुरी तरह थक गए थे।

ealous master of traditional skill

MADRAS.

It is a skill that is five generations old. The Christian families of Thanjavur who have inherited the skill are known for their expertise in the field of making and maintaining the mridangam. It requires technical skill and musical knowledge to tune this instrument and make the pitch sustain. The survivor of the present generation who has preserved this tradition, Sebastian Anthony (affectionately called "Setty") who is 73 was overwhelmed by the honour done to him by the Classical Musicians Forum in Madras last week. This was one of his few trips to Madras from Thanjavur, his native place, where he runs this industry along with his brothers' sons, who too have mastered the techeique.

Perfect adjustment: Sebastian Anthony's brother Fernandez was an expert whose services used to be greatly appreciated, among others, by Palghat Mani Iyer. All the silk upper garments and other gifts like perfumes, presented to Mani Iyer by admirers, were invariably handed over to the Fernandez family. (Mani Iyer wore only khadi) Mani Iyer had even purchased a valuable piece of agricultural land in the rice bowl of south India and given it to the family.

The most important attention to be paid in this Laya Vadya is the tightening of the braces and stiffening of the layers of animal skin on either side of the shell. Sruti tuning (for varying pitches) is also a vital factor. The player has to get the Vadya in trim condition after every four or five concerts. Adjustments made by "Setty" were perfect and hence his services were being sought by players.

The tuning depends on several aspects including the climate. Setty's forbears had attended to the repairing of mridangams of Narayanaswami Appa, Pakkiriya Pillai, Azhaganambi and other veterans. Setty has done work for the legendary Dakshinamurthy Pillai (who had given him the short name), Ramadas Rao, Palani Subramaniam Pillai, Kuttalam Sivavadivelu, Thanjavur Vaidyanatha Aiyar and Palghat Mani over a period of 60 years.

Scientist's interest: Sir C. V. Raman who had been researching on sound and light was deeply interested in the melody produced by this simple but effective medium by a gentle touch and studied its intricacies with the help of Sebastian Anthony. He observed its method of manufacture, the quality and nature of animal skins used and how they were processed. The great scientist was particularly keen to know the effect of the "black" patch "fixed" on the right side of the instrument.

An interesting incident was recalled by the artisan. Years ago, a celebrity arranged the marriage of a friend's daughter. Prior to the commencement of the music concert at the wedding the celebrity tried to handle the mridangam but Sebastian Anthony who was taking care of the vadya on behalf of the player, did not allow him even to touch it. The former wondered at his zeal to keep it safe. Setty later was informed that the person who desired to see the instrument was MGR.

Taking notice of the award of Rs. 1,000 given by the Forum to him and hearing about his technical skill, the Eyal Isai Nataka Mandram proposes to depute two students to get trained by him; It will incidentally provide Setty a regular monthly income.—Staff Reporter

Sebastian Anthony tuning the mridangam.

एंटनी के बारे में अख़बार में प्रकाशित लेख

कारीगर बताते हैं कि एंटनी पोइवारु पिडि के उस्ताद थे। वह बड़े बलशाली थे। उनके पोते सोवरिअर ने बताया 'लकड़ी के खोल और वारु के बीच की जगह में एक बारीक-सी लकड़ी भी नहीं जा सकती थी। उनके हाथ बड़े मज़बूत थे। पचासी साल की उम्र में भी, जब वह मेरा हाथ पकड़ लेते, तो उनकी पकड़ को छुड़ाना मुश्किल होता था।' एंटनी के भतीजे सेल्वाराज ने भी उनकी पोइवारु पिडि की बहुत प्रशंसा की, हालाँकि उन्होंने उनके बाक़ी के काम के बारे में ज़्यादा चर्चा नहीं की।

पोइवारु पिडि बन गई थी, सुसइनाथन ने अपना रबर मार्कर निकाला और सोलह कन्नुओं के लिए सटीक चिह्न लगाए। सोलह कन्नुओं में से प्रत्येक के बीच एक कन्नु का निशान लगाने के बजाय जैसा कि टोप्पी के लिए किया था, यहाँ उन्होंने दो निशान भी लगाए। माप पहले की ही तरह आँखों से ले लिया। तो, वलंदलाई में पिन्नल के लिए अड़तालीस कन्नु होंगे, जबकि टोप्पी में बत्तीस हैं। सुसइनाथन अड़तालीस कन्नु बनाने लगे। पिन्नल प्रक्रिया टोप्पी मुट्टु बनाने जैसी ही थी। हालाँकि, कुछ कारीगर वलंदलाई की तरफ़ दो उल सट्टियों का इस्तेमाल कर सकते हैं। जैसे-जैसे मुट्टु पुराना होता जाता है, पिन्नल किनारों से फिसलने लगता है और फ्रेम से गिर जाता है। ऐसा कहा जाता है कि दो उल सट्टि इसे कुछ हद तक रोककर रखती हैं, जिससे इसे मज़बूत पकड़ मिलती है और यह लम्बे समय तक सीधा रहता है।

वलंदलाई मुट्टु को सूखने में आमतौर पर अधिक समय लगता है। ऐसा इसलिए क्योंकि लकड़ी के खोल के दोनों किनारे अब बन्द हो गए हैं। हवा बहुत कम आ-जा सकती है, इसलिए सूखने की गति धीमी होती है, विशेष रूप से पिन्नल वाले हिस्से के आसपास, जहाँ भैंस की खाल की कई बद्धियाँ एक साथ गुँथी होती हैं।

चोटी गूँथने की एक और तकनीक हुआ करती थी जिसका अब कोई उपयोग नहीं करता। पहले, वलंदलाई के लिए गाय की खाल से चोटी गूँथी जाती थी, न कि भैंस की खाल से। उस समय, विशेष रूप से पेरुवेम्बा के कारीगर 'मदक्कु सट्टई' प्रक्रिया अपनाते थे। चूँकि, गाय की खाल नरम और अधिक मुलायम होती है, इसलिए कारीगर वारु की एक चौड़ी पट्टी लेता था, इसे लम्बाई में दो भागों में इस तरह मोड़ता था कि अन्दर का नरम हिस्सा बाहर की तरफ़ रहे। इससे वारु चिकनी हो जाती थी और कन्नु से होते हुए चोटी बनाना आसान हो जाता था। जब भैंस की सट्टई कन्नु से होकर गुज़रती है तो उसका एक किनारा खुरदरा और दूसरा मुलायम होता है। इस वजह से यह कभी-कभी अटक जाता है और इसे पेचिस की मदद से बाहर निकालना पड़ता है। ऐसा मदक्कु सट्टई के साथ नहीं होता। हालाँकि, तह को नीचे रोके रखना कठिन था। यह खुल जाता था। कारीगर को सट्टई को लगातार गीला करना पड़ता था और उसे बार-बार मोड़ना पड़ता था। यह अधिक श्रमसाध्य प्रक्रिया थी, और इसीलिए कारीगरों ने इसे छोड़ दिया। केरल के कारीगरों का कहना है कि मदक्कु सट्टई में एक चाक्षुष सौन्दर्य था जिसकी

तुलना अब की सट्टई से नहीं की जा सकती। जॉनसन ने भी यह जानकारी दी कि यह तकनीक एक समय में तंजावुर में प्रचलित थी।

कारीगर शरारत भी कर सकते हैं। सेल्वाराज ने एक बार कोट्टु थट्टु के लिए बकरी की खाल के बजाय सुअर की खाल का इस्तेमाल करने का फ़ैसला किया और मणि अय्यर को नहीं बताया। वह अच्छी तरह जानते थे कि अय्यर इस खाल को मंज़ूर नहीं करेंगे। जब मणि अय्यर ने मृदंगम को जाँचा, तो उन्हें अजीब-सी ध्वनि सुनाई दी, वह समझ नहीं पाए कि ऐसा क्यों हो रहा है। जब उन्होंने ध्यान से देखा तो उन्हें खाल विचित्र लगी। और तब सेल्वाराज ने शरारती हँसी हँसते हुए उन्हें बताया कि यह सुअर की चमड़ी है। मैंने यह भी सुना है कि अन्य कारीगरों और कलाकारों ने मिलकर साँप और बिल्ली की खालों के साथ भी प्रयोग किए हैं!

खाल का धन्धा करना आसान नहीं है। सब कुछ कारीगरों के विरुद्ध ही जाता है। उनकी जाति, आर्थिक स्थिति और सामाजिक स्थिति के भी। लोग पसन्द नहीं करते कि उनके इलाक़े में इधर-उधर खाल के टुकड़े बिखरे रहें, इससे उनके इलाक़े को कम करके आँका जाता है। काम की गन्दगी की शिकायत करना परोक्ष रूप से उनकी जाति पर उँगली उठाने जैसा ही होता है। सोवरिअर की पत्नी शारदा ने मुझे बताया कि मायलापुर के अधिकांश ब्राह्मण मृदंगम कलाकारों को उनकी उपस्थिति से कोई समस्या नहीं होती। ग़ैर-ब्राह्मण हिन्दू मध्यवर्ग उन्हें तकलीफ़ देता है। ऐसा इसलिए भी हो सकता है क्योंकि कारीगरों के घर और दुकानें आमतौर पर सामाजिक रूप से मध्यवर्ग की ग़ैर-ब्राह्मण जातियों के लोगों के घरों से सटी हुई होती हैं। उनके और कारीगरों के बीच छोटी-छोटी जगहें साझा की जाती हैं और उन्हें खाल की गंध से परेशानी होती है। अगर यहाँ रह रहे मृदंगम कारीगरों को हटा दिया जाता है, तो इन शिकायतकर्ताओं को कोई नुक़सान नहीं होगा, लेकिन मृदंगम कलाकारों के लिए ये कारीगर अपरिहार्य हैं और उनका आसपास होना भी बेहद ज़रूरी है।

पीटर (बदला हुआ नाम) ने दुख जताया कि समाज अभी भी उनके साथ भेदभाव करता है और उन्हें किराए पर जगह मिलना मुश्किल होता है। मकान मालिक नहीं चाहते कि उनके परिसर में चमड़े का काम किया जाए। अक्सर मकान मालिकों के छोटे-छोटे, आपस में सटे हुए कई घर और कई दुकानें होती हैं, वे कारीगर को जगह देकर कोई जोखिम मोल नहीं लेना चाहते।

हालाँकि, अतीत में कारीगरों ने अपने काम को बड़े अच्छे ढंग से प्रबन्धित किया था, यहाँ तक कि शहरों में भी। अयनवरम में वरदन के घर के पास बाड़ लगी हुई कुछ खुली जगह थी। सड़कें सँकरी थीं, और मैंने अपनी कार को बड़ी मुश्किल से पार्क किया, यह सुनिश्चित करते हुए कि मेरा वाहन दीवार से सटा रहे। वरदन ने याद किया, 'देखिए, जहाँ आपने अपनी कार खड़ी की है, वहाँ हम बकरी की खाल को फैलाकर कीलें गाड़ते थे। लेकिन अब वे दिन नहीं रहे। उस परिसर में एक बड़ा तालाब था। हम खालों को उसमें भिगोते थे और रात-भर वहीं छोड़ देते थे। हमने तो भैंस की खाल के वारु भी वहाँ बनाए और अपनी गोद में रखकर थट्टु काटकर यहाँ सुखाए हैं। मैंने वहाँ पूरे-पूरे मृदंगम बनाए हैं।'

शुरुआती दिनों में, कुछ मृदंगम कलाकारों ने, जिनके पास मद्रास में थोड़े बड़े घर थे, काम करने के लिए जगह दी थी। मसलन, मद्रास कण्णन के घर के पीछे के बगीचे में वेंकटेसन खाल को सुखाते थे। कण्णन ने कहा, 'मैं उसे दिन में तीन बार खाना देता था।'

मद्रास कण्णन ब्राह्मण नहीं थे। जिन कुछ ब्राह्मणों ने अपने घरों में चमड़े का काम करने की अनुमति दी थी, वे भी इन दृश्यों और गंध के अभ्यस्त हो गए थे। मेल्गीस ने 1978 में शादी की और वे मद्रास जाना चाहते थे। कृष्णमूर्ति अय्यर पश्चिम माम्बलम में रहते थे। वह टी. नगर की कृष्ण गण सभा में संगीत के शिक्षक थे। उन्होंने अविवाहित मृदंगम कलाकार तंजावुर रामदास को अपने घर में रखा था। मेल्गीस, कृष्णमूर्ति अय्यर के घर जाते थे और रामदास के मृदंगमों पर काम करते थे। चूँकि, रामदास अपने तंजावुर के दिनों से मेल्गीस को जानते थे, इसलिए उन्होंने कुछ महीनों के लिए उन्हें अपने यहाँ रहने दिया। बाद में उन्होंने अपने लिए जगह ढूँढ़ ली। इस समय और बाद में भी जब मेल्गीस कुछ ही दूरी पर अपने किराए के घर में चले गए, तो उन्होंने कृष्णमूर्ति परिवार के लिए एक तरह से सुरक्षा गार्ड बनकर मदद की। अक्सर, वह देर रात तक उनके घर पर रहते थे और उनके परिवार बकरी की खाल से जुड़े काम करते थे। क्या कृष्णमूर्ति अय्यर को उसमें गंध से परेशानी नहीं थी? मेल्गीस ने कहा, 'शुरुआत में वह परेशानी खड़ी करते थे, लेकिन चूँकि हम वहाँ नियमित रूप से काम कर रहे थे, इसलिए फिर उन्हें इसकी आदत हो गई थी। हम भी इस बात को ध्यान में रखकर काम करते थे। हम चूलाई में खाल को सुखाते-साफ़ करते थे और फिर यहाँ लेकर आते थे। हम यहाँ पर केवल थट्टु वग़ैरह काटते थे। लेकिन एक बार हमने यहाँ खाल

पर कीलें ठोकीं और यहाँ तक कि रामदास ने भी इसमें हाथ आज़माया। उस समय हम बड़ौदा स्ट्रीट पर कई लोगों को जानते थे। वे यह पूछने के लिए आए कि हम क्या कर रहे हैं।' कृष्णमूर्ति और रामदास उन गिने-चुने ब्राह्मणों में से थे जिन्हें इस बात की चिन्ता नहीं थी कि पड़ोसी क्या कहेंगे। रामदास जैसे मृदंगम कलाकारों के सामने जगह की कमी से लड़ना एक चुनौती थी और वे उच्च गुणवत्ता वाला काम भी चाहते थे। इस गूढ़ पहेली ने जाति की सीमाओं का उल्लंघन किया।

आरोग्यमेरी ने याद करते हुए कहा, 'जब तक हम किराए के घर में रहे, काम करना हमेशा मुश्किल रहा। खाल को साफ़ करके धूप में सुखाना होता है। एक बार जब हम सामग्री ख़रीद लेते हैं, तो हमें धूप और बारिश की चिन्ता करनी पड़ती है। अगर बारिश होती है, तो खाल भीग जाती है और बेकार हो जाती है। आप जानते हैं कि उन्होंने कितना कष्ट सहा है। वह इन सब के बारे में कभी बात नहीं करते।' मेल्गीस ने जोड़ा, 'बारिश के दौरान हम नई खाल नहीं ख़रीदते हैं।' उनकी पत्नी ने बात आगे बढ़ाई, 'भले ही वे दाम कम कर दें, हम नहीं ख़रीदते।'

मेल्गीस अपनी पत्नी आरोग्यमेरी के साथ जिनका निधन 2021 में हुआ

वह जैसे-तैसे अपने मकान मालिक को अपने काम के स्वरूप के बारे में पहले ही समझा देते थे, इसलिए मेल्गीस अपनी कठिनाइयों को कुछ हल्का कर लेते थे। लेकिन आरोग्यमेरी बात को ख़त्म नहीं करना चाहती थीं, 'हमें इस बात का भी ख़याल रखना होता था कि जब हम खाल सुखाने के लिए बाहर रखते हैं तो कुत्ते उठाकर न ले जाएँ। आप समझ रहे हैं न?'

ब्रिटो की अपनी समस्या है। वह मदुरै की अन्दरूनी गलियों में काम करते हैं, और अधिकारियों द्वारा उनकी दुकान पर इस सन्देह में छापा मारा गया कि वह हिरण और बाघ की खाल का कारोबार कर रहे हैं। 'मेरे लिए समस्या इसलिए खड़ी हुई क्योंकि शिकायत करनेवाले मुझे पसन्द नहीं करते थे। उन्होंने शिकायत की कि मैं हिरण और बाघ की खाल की तस्करी करता हूँ। मेरी दुकान पर वन अधिकारियों ने छापा मारा था। मैंने उन्हें वह सब कुछ दिखाया जो मेरे पास था, और उनसे यहाँ और घर की हर चीज़ का वीडियो बनाने को कहा। जब पुलिस अधिकारी घर आए तो मेरी पत्नी बहुत डर गई थी। मैंने उन्हें भिगोकर रखी हुई खालें भी दिखाईं। अधिकारी गंध को सहन नहीं कर सके और उसे दबाने के लिए उन्हें सिगरेट पीनी पड़ी। उन्होंने मुझसे पूछा कि मैं ऐसी परिस्थितियों में काम कैसे कर पाता हूँ। मैंने कहा मुझे आदत हो गई है। लेकिन मेरी बात पर उन्हें यक़ीन नहीं हो रहा था। उन्होंने ही मुझे ज़ोर देकर कहा कि मैं अपने सभी पुरस्कारों और अख़बार की कतरनों को अपनी दुकान में सजाकर रखूँ। द *हिन्दू* अख़बार ने मदुरै की विशेषताओं का उल्लेख करते हुए एक आलेख छापा था जिसमें चमेली के फूलों और जल्लीकट्टू के साथ मेरी दुकान को भी एक लैंडमार्क के रूप में चुना गया था। मैंने कलई पनपट्टु थुराई (तमिलनाडु सरकार के संस्कृति विभाग) से एक प्रमाणपत्र माँगा था क्योंकि मुझे अक्सर ऐसे छापों का निशाना बनाया जाता था। उन्होंने मुझे पुलिस के पास जाकर इसे लेने की सलाह दी। मैंने उनसे पूछा, "पुलिस को इस शिल्प के बारे में कैसे पता होगा? मैं जो कर रहा हूँ उसके बारे में आप अधिक जानते हैं। यदि आप मेरी दुकान का निरीक्षण करके इसे प्रमाणित कर दें, तो बड़ी मदद मिलेगी। अक्सर, मेरे चमड़े के माल को रोक दिया जाता है और निरीक्षण के लिए ले जाया जाता है। निरीक्षण करने के बाद वे इसे वापस कर देते हैं, लेकिन यह बेवजह की परेशानी है और आपके प्रमाणपत्र से मुझे मदद मिल जाएगी।" मैंने उन्हें यह समझाया लेकिन उन्होंने ध्यान नहीं दिया। वहाँ जाओ तो हम नहीं, कलाकार ही पहचाने जाते हैं। उन्होंने मुझे यह भी कहा कि हम

(मृदंगम कारीगर) सदस्यता कार्ड के पात्र नहीं हैं क्योंकि वह केवल कलाकारों के लिए होता है। जब मेरे पिता साठ साल के हुए तो हमने उनके ज़रिये पेंशन के लिए आवेदन किया। लेकिन उन्होंने आवेदन को यह कहते हुए ख़ारिज कर दिया कि कारीगर इसके पात्र नहीं हैं।'

चेन्नै जाकर वहाँ रहने के दशकों बाद मेल्गीस वापस अपने घर में रहने लगे। वह अपनी कमाई से न तो ज़मीन ख़रीद सकते थे, न घर ही बना सकते थे। उन्होंने जो कुछ भी कमाया उससे घर का खर्च और बच्चों की पढ़ाई का ख़र्च ही निकला। उनका बेटा अब कैनन में काम करता है, एक बेटी ने पैथोलॉजी की पढ़ाई की है और दूसरी एक एक्सपोर्ट कम्पनी में काम करती है। वह उस घर में जिसके अब वह मालिक हैं पैसा लगाने में इसीलिए सक्षम हुए कि उनकी सास और साले ने इसमें उनकी मदद की। अपना घर होने से उनके बहुत-से काम आसान हो गए। लेकिन, अपने चचेरे भाइयों और प्रतिस्पर्धियों की तरह मेल्गीस की अपनी दुकान नहीं है। वह अभी भी आई. सिवकुमार, नेवेली वेंकटेश और जे. वैद्यनाथन जैसे मृदंगम कलाकारों के घरों के चक्कर लगाते हैं। और, इसका मतलब है कि खाल का अधिकांश काम घर पर और घर की छत पर किया जाता है। आरोग्यमेरी ने कहा, 'जब अपना घर हुआ तो अब हम खालों को निश्चिन्त और बेख़ौफ़ होकर छत पर सुखा सकते हैं।'

ऐसा नहीं है कि जिनके पास दुकान है, उनके लिए काम करना आसान है। मायलापुर के सभी कारीगर विवेकानन्द कॉलेज के बाहर फ़ुटपाथ पर बैठकर वारु पर कील ठोंकते हैं, क्योंकि उस भीड़भाड़ वाले इलाक़े में कोई और जगह है ही नहीं। उन्हें लगातार पुलिस को ख़ुश रखना होता है ताकि वे उन्हें परेशान न करें। और फिर, रामकृष्ण मिशन के स्वामी जी हैं जो कॉलेज के बाहर खालों को सूखते हुए नहीं देखना चाहते हैं। स्वामी जी भी कॉलेज का एक हिस्सा हैं। जब कारीगरों को पता चलता है कि वह इस तरफ़ आ रहे हैं, तो जल्दी से अपनी सब चीज़ों को हटा देते हैं। उन्हें बस खाल पर काम करने की एक ऐसी जगह चाहिए जहाँ उन्हें कोई परेशान न करे, लेकिन शहर में ऐसा कोई ठिकाना नहीं है। कारीगर उम्मीद लगाए बैठे हैं कि सरकार उनकी दुर्दशा पर ध्यान देगी और कुछ करेगी, लेकिन कोई मदद नहीं मिल रही है। कई कारीगर इस बात को समझते हैं कि अपनी इस समस्या के समाधान के लिए उन्हें संगठित होने की ज़रूरत है, लेकिन वे स्वीकार करते हैं कि उनकी एकता दूर की कौड़ी है।

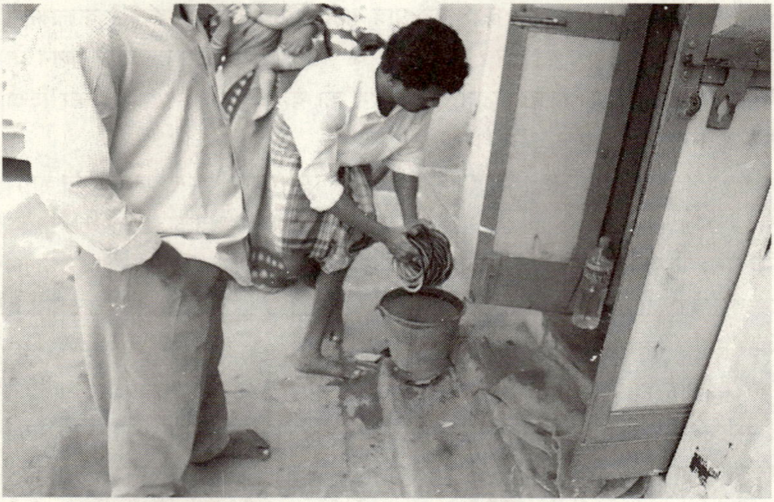

एस. आनन्द

पानी की बाल्टी में से वारु का रोल निकालते हुए आरोग्यम

भैंस की खाल से वारु बनाना भी एक चरणबद्ध प्रक्रिया है। कारीगर के घर या दुकान में भैंस की खाल के मध्य भाग को पंखे के नीचे सुखाने के बाद उसे फिर से रात-भर के लिए पानी की बाल्टी में भिगोकर रखा जाता है। अगले दिन, कारीगर सुबह जल्दी जागता है और खाल में से अँगूठे की चौड़ाई जितनी वारु की लम्बी पट्टियाँ काटना शुरू करता है। यह एक जटिल प्रक्रिया है जिसमें तीन से चार घंटे लगते हैं। कारीगर पहले से ही जानता है कि वारु निकालने के बाद कशेरुकाओं से दूर की जो खाल है वह मोत्था-मेलिसु होगी, इसलिए केवल पिन्नल वारु के काम आएगी। बाक़ी की खाल का उपयोग आख़िरी वारु के रूप में किया जाएगा जो मृदंगम के दोनों हिस्सों को एक साथ बाँधती है।

कारीगरों के मुताबिक़ एक भैंस की खाल से उन्हें औसतन दस से ग्यारह बागम वारु मिल जाती है। लम्बी बद्धियों को काटकर तराशने के बाद इन्हें फिर से पानी में डुबोया जाता है। अगले दिन वारु को पानी से निकाला जाता है, जितना अधिक सम्भव हो, खींचा जाता है और फिर उसके दोनों सिरों पर फ़र्श पर कील से ठोंका जाता है और दिन-भर के लिए धूप में सूखने के लिए छोड़ दिया जाता है। अगले दिन तक वारु थोड़ी और लम्बी हो जाती है। इतना होने के बाद ही कारीगर वारु में से जव्वु को हटाता है और उसका खुरदरापन दूर करता है। इसके बाद इसे बाँधकर

रख दिया जाता है, अब ये वारु उपयोग के लिए तैयार है। हालाँकि, पुराने ज़माने के कारीगर इतने पर ही नहीं रुकते थे। इतना करने के बाद वे वारु को मलाई वाले दही के डिब्बे में डालकर रखते थे, या दही को वारु पर लगाकर एक दिन के लिए अलग रख देते थे। इसके बाद अरंडी के तेल को बहुत अच्छे से इन वारु पर चुपड़ा जाता था। बिलकुल वैसे ही, जैसे हम लकड़ी के फ़र्नीचर को दीमक से या ख़राब होने से बचाने के लिए वार्निश करते हैं। वह कहते थे कि इससे वारु को अतिरिक्त सुरक्षा मिल जाती है, ये मज़बूत हो जाती हैं और लम्बे समय तक टिकी रहती हैं। लेकिन, अब ये बीते दौर की बातें हैं। अत्यावश्यकता और तात्कालिकता आज के बीजमंत्र बन गए हैं, इस कारण, इन प्रथाओं को छोड़ दिया गया है और इन्हें केवल अतीत की यादों में दोहराया जाता है। मूर्ति याद करते हैं, 'वह वारु को नरम बनाने के लिए उसे दही में भिगोकर छत से लटका देते थे।'

अब तक मृदंगम के दोनों सिरे, यानी दोनों मुट्टु अलग-अलग थे। अब उन्हें एक साथ जोड़ने का समय आ गया है। वलंदलाई मुट्टु के सूखते ही कारीगर लकड़ी के खोल से मल्कुवारु, पोइवारु और दोनों मुट्टु हटा देता है।

मृदंगम-निर्माण के इस हिस्से को मायलापुर में काम कर रहे एंटनी के कई पोतों में से एक सुरेन्द्र ने दिखाया था। आइए, जल्दी से पिछली बातों को दोहरा लेते हैं—वलंदलाई पर अड़तालीस और टोप्पी पर बत्तीस कन्नु होते हैं। हमें अब कुछ सरल गणित करना होगा। आख़िरी वारु जो दोनों मुट्टु को आपस में जोड़े रखता है उसे प्रत्येक हिस्से के सोलह कन्नु से होते हुए पिरोया जाएगा तो दोनों हिस्सों में प्रत्येक बद्धी के बीच का अन्तर क्या होगा?

वलंदलाई : पिन्नल सट्टई अड़तालीस कन्नुओं से गुज़रती है, तो, वारु हर तीसरे कन्नु से गुज़रेगा।

टोप्पी : पिन्नल सट्टई बत्तीस कन्नुओं से गुज़रती है तो, वारु हर दूसरे कन्नु से गुज़रेगा।

सुरेन्द्र के हाथ में वलंदलाई थी। उन्होंने मुट्टु के किनारों पर पिन्नल से बाहर लटक रहे अतिरिक्त चमड़े को काट दिया। फिर, बड़ी सावधानी से मुट्टु को उलटा किया और यह सुनिश्चित किया कि ओक्करारा और कोट्टु थट्टु एक साथ न चिपकें। सुरेन्द्र ने कोट्टु थट्टु को बचाए रखने के लिए चमड़े के एक छोटे से

टुकड़े को दोनों के बीच की जगह में सरका दिया और फिर ओक्करारा को एक पतली पट्टी में काटा, इसका व्यास लकड़ी के खोल के हाशिये जितना चौड़ा था। यदि यह परत वाद्य को बजानेवाली सतह के नीचे तक फैल जाए, तो यह वलंदलाई की ध्वनि को दबा देगी। अरंडी के तेल का एक बार फिर उपयोग किया गया। यही एकमात्र द्रव है, जिसे इस प्रक्रिया में स्नेहक के रूप में इस्तेमाल किया जाता है। सुरेन्द्र ने टोप्पी वाले हिस्से के लकड़ी के किनारे पर तेल लगाया ताकि खाल लकड़ी से न चिपके। यदि यह चिपक जाती है तो टोप्पी की ध्वनि, जो एक दीर्घ प्रतिध्वनि वाली होनी चाहिए, दब जाती है। कभी-कभी, विशेष रूप से मानसून के दौरान, अरंडी का तेल लगाने के बावजूद खाल लकड़ी से चिपक जाती है। इस समस्या का समाधान लकड़ी और मुट्टु के बीच की दरार में अरंडी का तेल टपका कर और मुट्टु को ढीला करने के लिए पिन्नल के नीचे लकड़ी का एक टुकड़ा रखकर, इसे ज़ोर से ठोककर किया जाता है।

अब, थंगुवारु का काम फिर से शुरू हुआ। यह अन्तिम बार है। सुरेन्द्र ने टोप्पी और वलंदलाई पिन्नल में चार बराबरी की दूरी वाले कन्नु पर फंदे डाले, और यह सुनिश्चित किया कि प्रत्येक पर खिंचाव समान रहे। फिर उन्होंने असली वारु को लगाया जो दोनों झिल्लियों को स्थायी रूप से जोड़े रखेगी। उन्होंने अपने दोनों पैरों के बीच मृदंगम को फँसाया और घुमा-घुमाकर वारु को कसना, साथ-साथ थंगुवारु को निकालना शुरू किया और इस तरह अन्त में मृदंगम की बजाए जानेवाली दोनों सतहों को आपस में जोड़ दिया।

काम करते-करते ही सुरेन्द्र ने मुझे बताया कि ज़िद्दी ग्राहक तीन तरह के होते हैं—एक वे जो पुरानी परम्परा को माननेवाले होते हैं और किसी ख़ास तरह का ही मृदंगम पसन्द करते हैं, अन्य तरह के ग्राहक कारीगर को बहुत परेशान करते हैं और उनसे दोगुना काम करवाते हैं क्योंकि यह उनकी आदत होती है (लेकिन बहुत अच्छा पैसा भी देते हैं और इसलिए उनके नखरे सह लिए जाते हैं), और तीसरे तरह के वे होते हैं जो कारीगर की कोई बात सुनने को राज़ी नहीं होते, चाहते हैं कि सब कुछ उन्हीं की मर्ज़ी से हो।

इस बीच सुरेन्द्र वारु को कस भी रहे थे और यह सुनिश्चित कर रहे थे कि मुट्टु अच्छी तरह से बैठे हों और दोनों तरफ़ का सन्तुलन बना रहे। अन्त में, वारु को वारु के फन्दों के अन्दर और आसपास जोड़ते हुए टोप्पी मुट्टु की तरफ़ से बाँध दिया गया।

ऋत्विक राजा

एक साथ काम करते कृष्णमूर्ति और सोवरिअर

सुरेन्द्र को अब यह सुनिश्चित करना था कि वलंदलाई लकड़ी की फ्रेम पर अच्छी तरह से रखी गई हो। इसके लिए, उन्होंने वारु को हाथों की कसी हुई पकड़ और पैरों की मज़बूत जकड़ के सहारे हुक से कस दिया। फिर उन्होंने चिकने पत्थर से मुट्टु के किनारे पर चोट मारी। यह उन्होंने मृदंगम के सब तरफ़ किया, जब तक कि वह सन्तुष्ट नहीं हो गए कि यह बहुत अच्छे ढंग से कस गया है और मुट्टु पूरी तरह से और समान रूप से लकड़ी पर बैठ गया है। वास्तव में वह लकड़ी से निकलनेवाली आवाज़ पर ध्यान दे रहे थे। यदि गोलाकार मुट्टु में किसी जगह से अपेक्षित आवाज़ नहीं मिल रही हो, तो इसका मतलब है कि वारु को उसी दिशा में कुछ और खींचना होगा, और मुट्टु को कुछ और ठोंकना होगा। यह प्रक्रिया यह भी सुनिश्चित करती है कि मुट्टु असमान न हो।

जब वलंदलाई पर काम किया जा रहा हो तो टोप्पी मुट्टु को खोल के वज़न से नीचे खींचने का लाभ मिलता है। इससे टोप्पी फ्रेम पर सही मायने में किसी टोपी की तरह सटीक ढंग से बैठ जाती है। बहरहाल, सुरेन्द्र ने मृदंगम को उलटकर देखा कि सब कुछ ठीक है या नहीं। दो मुट्टुओं को उनके अन्तिम आसन में रखने और उन्हें मज़बूती से ज़माने की प्रक्रिया को 'पडिपरकरडु' कहा जाता है यानी यह सुनिश्चित करना कि यह अब स्थायी तौर पर व्यवस्थित हो गया है।

जैसा कि आपको याद ही होगा, टोप्पी की तरफ़ भैंस की खाल और वलंदलाई की तरफ़ गाय के वेट्टु थट्टु के बीच में पहले से ही एक छोटा-सा छेद रखा गया है, जिससे नीचे की परत को कुछ खुलापन मिलता है। इसे बढ़ाना होगा। खाल से जुड़े अन्तिम काम के तौर पर, सुरेन्द्र ने एक कम्पास की मदद से एक वृत्त को चिह्नित किया। यह टोप्पी की आधे से अधिक परिधि को घेर रहा था। फिर उन्होंने उस निशान के आधार पर भैंस की दो खालें काटीं। अब, टोप्पी की तरफ़ बकरी

साभार : सोवरिअर

कायरू खींचते हुए अरुलराज

का अल्लु थोल टोप्पी के बीच का एक बहुत बड़ा हिस्सा था, जबकि भैंस की खाल की दो परतें उसके चारों ओर एक चक्र के रूप में थीं। वलंदलाई की तरफ़ कोट्टु थट्टु को बड़ा बनाया गया और वेट्टु थट्टु को सँकरा और गोलाकार बनाया गया। इसी चरण में आकर उन्होंने टोप्पी मुट्टु के किनारों पर भैंस की खाल के बचे-खुचे बालों को साफ़ किया।

इस प्रक्रिया में पिछले एक दशक में एक संशोधन किया गया है। एक वारु या क़ायरु के साथ दोनों मुट्टुओं को एक साथ जोड़ने के बजाय, कारीगर नट-एंड-बोल्ट सिस्टम का उपयोग करके प्रत्येक मुट्टु को कट्टई पर अलग से कसते हैं। इससे मुट्टु को बदलना आसान हो जाता है। इसका मतलब यह भी है कि कलाकार केवल मुट्टु को बदलकर विविध स्वरमानों को प्राप्त कर सकता है। इस पद्धति को ढोलक या ढोलकी से लिया गया है। इससे ध्वनि प्रभावित होती है या नहीं, इस पर अलग-अलग मत हैं। एक पक्ष ज़ोरदार दावा करता है कि अन्तर पड़ता है, जबकि दूसरा कहता है कि ऐसा नहीं है, ये केवल लोगों के दिमाग़ की उपज है।

सुमेश नारायणन

वारु के ज़रिये कसे हुए टोप्पी और वलंदलाई मुट्टु

सुरेन्द्र का काम समापन की ओर था, तब मैंने पूछा कि उनका काम कला है या सिर्फ़ श्रम।

'जब हम काम करना शुरू करते हैं, तो यह पैसे कमाने के लिए किया जानेवाला श्रम ही होता है, लेकिन जैसे-जैसे हम आगे बढ़ते हैं और लोग हमारे काम की सराहना करते हैं, तो यह कला बन जाता है।'

एक सवाल है जो मैंने हर कारीगर से पूछा, वह यह कि एक वलंदलाई मुट्टु की उम्र क्या होती है? सबके उत्तर अलग-अलग थे। किसी ने दो साल कहा तो किसी ने चार साल। एक कारीगर ने दावा किया कि वह एक ऐसे कलाकार को जानता है जिसका मुट्टु तीस साल से भी अधिक समय तक चला था। खाल की उम्र को लेकर रवि कुमार ने अपने विचार को विस्तार देते हुए एक सिद्धान्त दिया, 'गाय का जीवन और उनकी आयु मुट्टु में निहित होती है। कल्पना कीजिए कि एक गाय तीस साल तक जीवित रहती है, और आपने उसे मुट्टु बनाने के लिए मार डाला। वह मुट्टु तब तक जीवित रहेगा जब तक वह गाय जीवित रहती।'

पिछले वर्षों में एक और मामूली बदलाव आया है। एक समय में खाल खरीदने से लेकर पडिपरकरडु तक सब कुछ कारीगर ही करते थे। लेकिन अब कुछ हद तक खाल का कुछ काम बाहर से करवा लिया जाता है। कई कारीगर स्किन डीलर्स से रेडीमेड खाल ख़रीद लेते हैं। इस तरह अपरिष्कृत खाल का काम दूसरे समूह के पास चला गया है। कभी-कभी, प्रशिक्षुओं और नौसिखियों को शुरुआत में यह काम करना पड़ता है। इसके कारण अब समाज में कारीगरों की गतिशीलता बढ़ी है। यहाँ तक कि खाल आपूर्तिकर्ताओं के काम में भी कुछ बदलाव आया है। अम्बुर के कुमार अब वाद्य-यंत्रों के निर्माण में अधिक रुचि ले रहे हैं। यह उनके सामाजिक स्तर पर ऊँचा उठने का पहला चरण है। उन्हें उम्मीद है कि उनके बेटे के मृदंगम बनाने के क्षेत्र में प्रवेश करने के साथ ही वे लोग और ऊपर बढ़ सकते हैं। आख़िरकार मृदंगम एक शास्त्रीय वाद्य है, ब्राह्मण का वाद्य है। वह दिन दूर नहीं जब उनका बेटा चर्म का व्यापार पूरी तरह से छोड़कर मृदंगम कारीगर बन जाएगा। सामाजिक-सांस्कृतिक सोपान पर कुमार की वर्तमान स्थिति पर कोई और आ जाएगा।

'आख़िरकार, यह एक पवित्र पेशा है। मृदंगम स्वयं ही हमें सम्मान दिलाता है। यह दिव्य वाद्य है। यही वजह है कि वे हमारा सम्मान करते हैं,' सुन्दर (बदला हुआ नाम) ने कहा। तो क्या आप यह कह रहे हैं कि सम्मान इसलिए नहीं है क्योंकि आप ब्राह्मणों के लिए काम करते हैं, मैंने पूछा। 'लेकिन, ब्राह्मण भी भगवान हैं और मृदंगम भी भगवान है। दोनों पवित्र हैं।'

हम दोनों हँस पड़े।

7

लावा से लैब तक

तमिलनाडु में किसी भी ब्राह्मण परिवार के विवाह समारोह में, या कहें ऐसे किसी भी पारम्परिक सामाजिक समारोह में, जिसमें भोजन का प्रावधान हो, भोजन कक्ष के निकास द्वार के क़रीब एक अव्यवस्थित ढंग से सजी हुई ट्रे में वेत्तालाईपक्कु (पान के बीड़े और सुपारी, एक पाचक) अवश्य रखा जाता है। इसके बिना आवभगत अधूरी रहती है। इसे बहुत ही शुभ माना जाता है। मुझे ऐसे कई अवसर याद हैं, जब मैंने अपने रिश्तेदारों को मुँह में वेत्तालाईपक्कु ठूँसकर राजनीति, क्रिकेट या और भी विषयों पर गपशप करते हुए देखा है। सामनेवाले पर पानी की पीक न उड़े इस एहतियात में वे बड़ी अजीब आवाज़ में बात करते हैं। पान, चूना, कत्था और सुपारी के मिश्रण को कामोद्दीपक भी माना जाता है। शायद इसलिए कि यह होंठों को गहरा लाल रँग देता है और इस रंग को उत्तेजित करनेवाला माना जाता है। पुरानी तमिल फ़िल्मों में 'सुहागरात' के दृश्य होते थे, जिनमें दूल्हा और दुल्हन एक ही वेत्तालाईपक्कु को साझा करते थे।

उत्तर भारत में मिलनेवाले पान में तरह-तरह की चटनी और ख़ुशबूदार मसाले डाले जाते हैं। यहाँ तक कि यहाँ का सादा पान भी कम मसालेदार नहीं होता। हर इलाक़े के पान के पत्ते का अलग स्वाद होता है। वाराणसी के पान का पत्ता मुलायम होता है और मुँह में रखते ही घुल जाता है, जबकि कलकत्ता का पान थोड़ा मोटा होता है। दक्षिणी कुम्भकोणम का पत्ता अपने बड़े आकार, गहरे हरे रंग और तीख़े स्वाद के लिए जाना जाता है।

मेरे घर पर जब सुपारी डालकर पान तैयार हो रहा होता था, तब हमारे कई बुज़ुर्ग रिश्तेदार पान के पत्ते का एक और टुकड़ा रखवाते थे, और वेत्तालाईपक्कु वाले ट्रे में रखे एक गोल डिब्बे की ओर इशारा करते थे। यह सुनाम्बु यानी बुझे हुए चूने का डिब्बा होता था, जिसे कोई भी उसका नाम लेकर नहीं माँगता था। सुनाम्बु हमेशा नम रहता है और इसे पान के पत्ते की भीतरी तरफ़ लगाया जाता है।

बुझा हुआ चूना बड़ा मज़ेदार पदार्थ है। अपने प्राकृतिक रूप में यह कैल्शियम कार्बोनेट ($CaCO_3$, चूना पत्थर) होता है, जो चूना पत्थर या पथरीली चट्टानों में पाया जाता है। जब चूना पत्थर को गर्म किया जाता है, तो इसमें से कार्बन डाइऑक्साइड (CO_2) गैस निकलती है और यह कैल्शियम ऑक्साइड (CaO, अनबुझा चूना) में बदल जाता है। यह कठोर और सूखा होता है और अधिक उपयोग का नहीं रहता। लेकिन एक बार इसमें पानी मिलाने के बाद CaO कैल्शियम हाइड्रॉक्साइड ($Ca[OH]_2$, बुझा हुआ चूना) में बदल जाता है। इसे ही हम सुनाम्बु कहते हैं।

आख़िर, मैं यहाँ बुझे हुए चूने के बारे में इतना क्यों बता रहा हूँ? क्योंकि, अविश्वसनीय रूप से, यह खाद्य सामग्री—सुनाम्बु—चमड़ा उद्योग में एक महत्त्वपूर्ण भूमिका निभाती है और इसका उपयोग 'लाइमिंग' नामक प्रक्रिया में किया जाता है। मृदंगम कारीगरों द्वारा इस तकनीक का उपयोग सुनाम्बु थट्टु बनाने के लिए भी किया जाता है।

जब मैंने पहली बार इस तकनीक के बारे में सुना, तो मुझे लगा था कि यह खाल को महीन करने का कोई तरीक़ा है ताकि उसका अनुनाद बढ़ाया जा सके। लेकिन जब मैंने कारीगरों से पूछा तो उन्होंने कहा, 'नहीं, यह खाल के वज़न या कड़ेपन को कम करता है।' मैंने कई कारीगरों से पूछा, लेकिन अन्तर नहीं समझ पाया। मेरे भीतर के शैक्षिक अहंकार ने भी ज़ोर मारा। मैंने सोचा कि अनुभवी कारीगरों को अनुभव से यह पता तो था कि वे क्या कर रहे हैं, पर उनके पास रासायनिक परिवर्तनों को समझने का ज्ञान नहीं था। वे जिस बारे में बात कर रहे थे, उसे सत्यापित करने के लिए मुझे एक हार्वर्ड वैज्ञानिक की आवश्यकता थी। यह ज्ञान जिस ऑपरेटिंग सिस्टम से आ रहा था, वह मेरी समझ से परे था क्योंकि मैं अलग ऑपरेटिंग सिस्टम के साथ बड़ा हुआ था।

लेकिन, पहले मैं आपको सुनाम्बु थोल के बारे में बता दूँ। बकरी की ताज़ा उतरी हुई खाल से मांस और चर्बी हटाने के बाद कारीगर अन्दर के हिस्से पर ढेर सारे सुनाम्बु का लेप लगाता है। फिर वह इसे लपेटता है और कुछ दिनों के लिए पानी

में छोड़ देता है। जॉनसन ने बताया, 'तीसरे दिन, जब इसे बाहर निकाला जाता है, तो इससे निकलनेवाली दुर्गन्ध को सहन करना इनसान के बस की बात नहीं होती। हम खाल को अपने हाथों से धोकर इस तरह साफ़ करते हैं, जैसे शर्ट को करते हैं। फिर उसे सूखने के लिए छोड़ देते हैं। सुनाम्बु इस खाल के अन्दर की कठोरता निकाल देता है। जब यह धूप में अच्छी तरह से सूख जाती है, तो इसे लपेटना आसान हो जाता है। फिर हम इसे स्टोर कर लेते हैं और जब ज़रूरत हो इस्तेमाल करते हैं। लाइमिंग प्रक्रिया से खाल के बालों को हटाना भी आसान हो जाता है।

सुनाम्बु उपचार को आमतौर पर वलंदलाई वाले हिस्से पर लगनेवाले कोटटु थट्टु के लिए आरक्षित रखा जाता है। इसी तरफ़ की गाय की खाल और टोप्पी की तरफ़ की भैंस और बकरी की खाल का उपचार नहीं किया जाता है। अनुपचारित खाल को पच्चा थोल (कच्ची खाल) के रूप में जाना जाता है।

सुनाम्बु वास्तव में खाल पर क्या प्रतिक्रिया करता है। खाल में 64 प्रतिशत पानी, लगभग 33 प्रतिशत प्रोटीन, और बाक़ी खनिज लवण, वसा, रंजक आदि होते हैं। प्रोटीन घटक संरचनात्मक प्रोटीन[1] (29 प्रतिशत कोलेजन, 2 प्रतिशत केराटिन और 0.3 प्रतिशत इलास्टिन) और ग़ैर-संरचनात्मक प्रोटीन[2] (एल्ब्यूमिन या ग्लोब्यूलिन 1 प्रतिशत और म्यूसिन 0.7 प्रतिशत) से बना होता है। लाइमिंग प्रक्रिया कुछ संरचनात्मक प्रोटीन जैसे केराटिन, और सभी ग़ैर-संरचनात्मक प्रोटीन जैसे एल्ब्यूमिन, ग्लोब्यूलिन, म्यूसिन और म्यूकोइड्स को गलाने और हटाने में सहायता करती है। ये ग़ैर-संरचनात्मक प्रोटीन गोंद जैसी सामग्री में परिवर्तित हो जाते हैं, और सूखने पर खाल को सख़्त कर देते हैं। चूना इन प्रोटीनों को हटाने में मदद करता है, जिससे खाल कोमल और नरम बन जाती है। कोलेजन एक संरचनात्मक प्रोटीन है जो अत्यधिक तन्य क्षमता के घुलनशील फाइबर में संयोजित होता है। लाइमिंग, इंटरमॉलिक्युलर कोलेजन इंटरेक्शन को कमज़ोर करता है, और पानी का प्रवाह कोलेजन के फाइबर के जाल को ढीला कर देता है और इसे फुला देता है, जिससे खाल पर काम करना आसान हो जाता है। चमड़ा उद्योग में यही प्रक्रिया वर्ण रंजकों को खाल में आसानी से अवशोषित हो जाने देती है।

---

1. वे प्रोटीन जिनसे किसी अंग का ढाँचा बनता है यानी आकार और शक्ति मिलती है, जैसे कीराटिन बालों को आकार देता है।
2. ग़ैर-संरचनात्मक प्रोटीन ढाँचा प्रदान करनेवाले प्रोटीन से भिन्न कार्य करते हैं। उदाहरण के लिए, एंजाइम्स : यदि आप दूध पीते हैं तो लैक्टेस एंजाइम्स इसे पचाने में मदद करता है। या फिर हीमोग्लोबिन जो ऑक्सीजन के अवशोषण में सहायक होता है।

जॉनसन से जब मैंने पूछा कि क्या लाइमिंग के बाद खाल पतली हो जाती है, तो उन्होंने एक अजीब अनुभव बताया। उन्होंने कहा, 'कभी-कभी सुनाम्बु प्रक्रिया के बाद खाल मोटी भी हो जाती है; यह खाल की प्रकृति पर निर्भर करता है।'

मृदंगम-निर्माण के क्षेत्र में सुनाम्बु थोल को हेय दृष्टि से देखा जाता है, विशेष रूप से पुराने दौर के लोगों के बीच। और इससे भी अधिक तंजावुर कारीगरों के बीच। जब मैं तंजावुर कारीगरों के साथ बातचीत करते हुए, अप्पर स्वामी कोइल स्ट्रीट की छोटी-छोटी गलियों में टहलता था, तो हर बार जब मैं पूछता कि क्या वे सुनाम्बु थोल का उपयोग करते हैं, तो वे रुखाई से जवाब देते, 'नहीं, सिर्फ़ पच्चा थोल।' मानो मैंने कुछ अपमानजनक बात कह दी हो। उनके विचार में, जो कारीगर मुख्य रूप से सुनाम्बु थोल के साथ काम करता है, वह कमतर है, वह प्रतिबद्ध कारीगर नहीं है और जो मृदंगम कलाकार इस तरह के वाद्य-यंत्र को बजाता है, वह पर्याप्त प्रयास नहीं करना चाहता और बस अधिक से अधिक आवाज़ चाहता है। तथ्य यह है कि सुनाम्बु थोल वलंदलाई के डेसिबल को बढ़ाने में मदद करता है और मृदंगम के स्वर को अधिक तेज़ बनाता है। लेकिन इन्हें सार्वभौमिक रूप से संवर्द्धन के रूप में नहीं देखा जाता है।

सोचने पर मुझे अहसास हुआ कि सुनाम्बु थोल के ख़िलाफ़ यह पक्षपाती सोच कर्नाटिक संगीत के अन्दरूनी हिस्सों में गहरे बैठे एक रवैये से अलग नहीं है। उस गायिका को जिसे केवल यह बताया जाता है कि उसकी आवाज़ बहुत अच्छी है, या एक वायलिनवादक को, जिसकी एक निपुण वादक के रूप में सराहना की जाती है, पता है कि ये सराहना ऊपरी है, और इसमें तंज छिपा हुआ है। दरअसल इन प्रशंसाओं का उद्‌देश्य उनकी साधना की कमी या पर्याप्त संगीतात्मकता और गहराई न होने की ओर इशारा करना है। इसी तरह मृदंगम कलाकार तब अप्रसन्न होते हैं जब उन्हें बताया जाता है कि उनका वाद्य बहुत सुरीला है। संगीत की गहरी समझ और व्यावहारिक कलात्मकता को साबित करने के लिए संगीतकार वाद्य के सुरों की तीव्रता को दबाते हैं, घटाते हैं या यहाँ तक कि कुछ मामलों में तो लगभग समाप्त करना पसन्द करते हैं। इसका एक उदाहरण उत्कृष्ट मृदंगम कलाकार पालघाट रघु ही थे। उन्होंने लयबद्ध मोर्चे से कर्नाटिक संगीत तक पहुँचने की एक मौलिक अवधारणा विकसित की थी। लेकिन अपने करियर के अन्तिम कुछ दशकों में उन्होंने अपने वाद्य की लय को इस तरह से समायोजित किया कि सुरों की हार्मोनिकता बहुत कम रह गई। उन्होंने अपनी वलंदलाई से प्रतिध्वनि यानी अनुनाद

को लगभग समाप्त कर दिया। रघु यह साबित करने की कोशिश कर रहे थे कि उनका अपना परिश्रम और बौद्धिक प्रतिभा मायने रखती है, न कि उनके मृदंगम का प्रखर स्वर, अधिक अनुनाद या उसका सुरीलापन।

कर्नाटिक संगीत की यह एक विशेषता है कि सांगीतिक प्रस्तुति को ऊर्जावान बनाने के लिए किए गए किसी भी उपाय को दिखावा और सतही माना जाता है। सुनाम्बु थोल को आसान तरीक़ा माना जाता है—एक ऐसा आवरण जो संगीत की समझ और गणितीय जटिलता की कमी को छुपाता है। संशोधित और असंशोधित खाल की इस ऊहापोह के पीछे 'शुद्धता' की प्राचीन चिन्ता है। सुनाम्बु थोल की तुलना में पच्चा थोल को अधिक शुद्ध, अधिक मौलिक माना जाता है। जो मृदंगम कलाकार खाल की ख़रीद-फ़रोख़्त को लेकर कभी भी विस्तार से चर्चा नहीं करते हैं, वे ही पच्चा थोल की श्रेष्ठता की घोषणा करने में सबसे आगे रहते हैं। शुद्धता वास्तव में घूम-फिरकर वहीं आ पहुँची है।

सुनाम्बु थोल का आज व्यापक रूप से उपयोग किया जाता है, संगीत समारोहों में मृदंगम बजाने वाले कलाकार भी इसका उपयोग करते हैं और भरतनाट्यम प्रदर्शन के लिए बजाने वाले वादक भी। जब हम निर्माताओं से इस प्रवृत्ति के बारे में बात करते हैं, तो वे कलाकारों पर उँगली उठा देते हैं। वे इस प्रवृत्ति की आलोचना करते हैं। उनके हिसाब से यह प्रवृत्ति कलाकार के काम की गहनता को घटाती है, परिणामस्वरूप उनकी अपनी कलात्मक सन्तुष्टि भी घटती है। नवनीतम ने यहाँ तक कहा कि 'हमारे लिए तो ध्वनि (कच्ची यानी अपरिष्कृत खाल से निकलने वाली) काफ़ी अच्छी है। लेकिन यह वादकों के लिए पर्याप्त नहीं होती।' हालाँकि, हर कोई इस बात से सहमत है कि सुनाम्बु थोल का उपयोग करने वाले मुट्टु लम्बे समय तक नहीं टिकते हैं। ब्रिटो ने उन्हें 'यूज़ एंड थ्रो' बताया।

इस बहस का एक और पहलू है : लिंग (स्त्री-पुरुष का भेद)। कुछ कलाकारों का तर्क है कि सुनाम्बु थोल अधिक तीव्र स्वरों, यानी महिला गायकों के लिए बेहतर काम करता है, जबकि प्राकृतिक अपरिष्कृत खाल पुरुष स्वरों के लिए आदर्श है। इससे मृदंगम कलाकारों के बीच एक वर्गीकरण हो गया है : एक वे संगतकार जो मुख्य रूप से पुरुष कलाकारों के साथ संगत रखते हैं और दूसरी तरफ़ वे जो अक्सर गायिकाओं के साथ मंच साझा करते हैं। कहने की ज़रूरत नहीं है कि बाद वालों को निम्न श्रेणी में रखा जाता है। एक पुरुष गायक को केवल उसके लिंग के आधार पर उच्च ज्ञान-सम्पन्न माना जाता है। पुरुष आधार है, वह मानक जिसके

द्वारा संगीत का मूल्यांकन किया जाता है। गायिकाओं से अपेक्षा की जाती है कि वे इस मानक तक पहुँचने के लिए कड़ा परिश्रम करें। यह भेदभाव मृदंगम के लिए इस्तेमाल की जाने वाली खाल तक पहुँच जाता है। यह सच है कि तीव्र स्वरों के लिए चुने गए पच्चा थोल निम्न स्वरों के लिए इस्तेमाल किए जाने वाले थोल की तुलना में पतले होते हैं। इस मोटाई को भी कठिन परिश्रम और प्रतिबद्धता का संकेत माना जाता है। सुनाम्बु थोल भेदभाव को बदतर ही बनाता है—हल्की-फुल्की स्त्री (सुनाम्बु थोल) बनाम मज़बूत पुरुष (पच्चा थोल)।

एक सामान्य तर्क, जिसका मैंने भी लम्बे समय तक समर्थन किया है, वह यह है कि सुनाम्बु थोल एक कर्णवेधी ध्वनि पैदा करता है जो मृदंगम के लिए उपयुक्त नहीं है। वादक इससे निकलनेवाली ध्वनि की विकृति की ओर ध्यान आकर्षित करते हैं, और कहते हैं कि यह स्वरमान की शुद्धता को प्रभावित करती है। लेकिन यह तथाकथित मृदंगम ध्वनि केवल एक धारणा है जिसके हम अभ्यस्त हैं, और जो स्वयं विशेष रूप से पालघाट मणि अय्यर और उनके वंशजों से प्रभावित है। इसलिए, मैं अब अपनी संवेदनात्मक आपत्तियों के बारे में संशयरहित नहीं हूँ। मैंने ग़ैर-सुनाम्बु थोल मृदंगम में कई प्रकार की विकृतियों के बारे में सुना है, पर लोग उनका उतना मुखर विरोध नहीं करते हैं। मैं सोचता हूँ कि क्या इस ना-पसन्दगी की जड़ों में कहीं मर्दानगी का वह बोध तो गहरे तक नहीं समाया हुआ है, जो अपनी उच्चतर योग्यता को प्रमाणित करने के लिए एक विशिष्ट तरह के कठोर बरताव की माँग करता है।

उमयलपुरम शिवरामन, हालाँकि पालघाट मणि अय्यर के विद्यार्थी हैं, पर उन्होंने सुनाम्बु थोल के विरोध में चल रही इस बहस का मुक़ाबला करने के लिए एक मुद्दा बना लिया है। जॉनसन, जो लगभग बाईस वर्षों से शिवरामन के लिए मृदंगम बना रहे हैं, ने बताया कि कैसे कलाकार सुनाम्बु थोल की ओर लौटे। 'वह अधिक, और अधिक ध्वनि की माँग करते रहे। वह रिंकारम (स्पष्ट रूप से सुनाई देनेवाला संनाद (हार्मोनिक्स) जो प्रतिध्वनि के रूप में बना रहता है) को सुनना चाहते थे। उन्होंने मुझसे यह कहा, "तुम चाहो तो काग़ज़ से मुट्टु बना सकते हो, मुझे कोई फ़र्क़ नहीं पड़ता।" इसलिए मैंने एक मुट्टु सुनाम्बु थोल से बनाने का फ़ैसला किया। तब उनके पिता भी जीवित थे। उनके पुराने घर में एक कुआँ था, और चूँकि वह स्थान हवादार था, मैंने वहीं बैठकर काम किया। जब उन्होंने ध्वनि को जाँचा-परखा, तो लगा कि उन्हें यह अच्छा लगा। और तब से, वह सुनाम्बु

थोल के साथ ही बने रहे। लेकिन वह अभी भी अधिक से अधिक ध्वनि की माँग करते रहते हैं!'

शिवरामन का भी इरादा पक्का था : 'मुझे अनुनाद चाहिए। यह वाद्य-यंत्र नाद से सम्बन्धित है। यह कोई टाइम मार्कर (समयसूचक यंत्र) नहीं है।' उन्होंने इसका एक और फ़ायदा ढूँढ़ लिया। क्या आपको मेरे सहकर्मी की घटना याद है जिन्हें सिडनी हवाई अड्डे पर कस्टम को पार करने के लिए संघर्ष करना पड़ा था? तो, शिवरामन ने कहा कि सुनाम्बु इस मुश्किल को आसान बनाता है। 'जब नादम अच्छा है और यदि यात्रा सम्बन्धी सुविधाएँ मिल रही हों, तो इसमें क्या ख़राबी है?'

जबकि कुछ लोग सीधे तौर पर कहते हैं कि सुनाम्बु थोल पर काम करना आसान है। जॉनसन बारीकी बताते हैं, 'यह एक कौशल है। आप वारु को बहुत अधिक कस नहीं सकते क्योंकि तब यह गाँवों की बूढ़ी महिलाओं के लटकते कानों की तरह हो जाएगा।' जॉनसन अब भी शिवरामन को सन्तुष्ट करने की कोशिश कर रहे हैं। 'तमाम परीक्षणों ने यह साबित कर दिया है कि उनके वाद्य में अधिकतम हार्मोनिक अनुनाद है, फिर भी वह और अधिक चाहते हैं!' जॉनसन ने कहा। शिवरामन अब एक क़दम और आगे बढ़ गए हैं। उन्होंने दृश्य से गाय की खाल को पूरी तरह से हटा दिया है। उनके कोट्टु थट्टु और वेट्टु थट्टु दोनों बकरी की खाल से बने होते हैं और दोनों सुनाम्बु थोल हैं। यही कारण है कि उनके कोट्टु थट्टु का रंग चमकीला सफ़ेद होता है। वाद्य-यंत्र से गाय की खाल को हटाए जाने के पीछे ब्राह्मणों के गाय के प्रति जुनून का कितना सम्बन्ध है, इसका अन्दाज़ लगा पाना बेहद कठिन है।

यह बहुत सम्भव है कि इस सुनाम्बु थोल का मामला चमड़ा उद्योग को देखकर सामने आया हो। चूँकि, दोनों उद्योगों में काम करनेवाले समुदाय समान ही थे, इसलिए ज्ञान को साझा किया गया। लेकिन यह प्रयोग शुरू कब हुआ? इसका कोई स्पष्ट उत्तर नहीं है। मृदंगम कारीगरों से हम सुनते हैं कि सुनाम्बु थोल ने तमिल सिनेमा के माध्यम से कर्नाटक संगीत में अपना रास्ता बनाया। वहाँ यह पहले से ही चलन में था। मुरुगानन्दम ने बताया, 'कृष्णमूर्ति ने इसे चीनाकुट्टी के लिए बनाया था और इसका इस्तेमाल फ़िल्म रिकॉर्डिंग के लिए किया गया था।' नवनीतम का भी लगभग, यही मत था, 'यह केवल रिकॉर्डिंग में इस्तेमाल किया गया था, संगीत के मंचीय कार्यक्रमों में नहीं। फिर दूसरों ने इसका इस्तेमाल करना शुरू किया।' रविकुमार का एक और दिलचस्प अवलोकन था : 'कृष्णमूर्ति के क्लाइंट सुगम संगीत के क्षेत्र (सिनेमा) के लोग थे। उन्होंने तबले पर भी ख़ूब काम

किया।' तबले के लिए इस्तेमाल की जानेवाली खाल सुनाम्बु थोल होती है। रविकुमार बता रहे थे कि कृष्णमूर्ति ने उसी तकनीक को मृदंगम में दोहराया। ब्रिटो भी उसी तर्ज पर सोचते हैं। लेकिन उनका मानना था कि एंटनी ने यह प्रयोग पहले किया। वह फ़िल्म उद्योग के लिए तबला और मृदंगम बनाते थे। 'उन्होंने मृदंगम बनाने में तबला तकनीक का इस्तेमाल किया।' लेकिन मेल्गीस ने यह कहकर इसका विरोध किया कि सुनाम्बु हमेशा मद्रास मुट्टु का पर्याय रहा है।

लेकिन, हम यह नहीं जानते हैं कि मद्रास में रहनेवाले मृदंगम कलाकारों की पुरानी पीढ़ी, जैसे कि वेणु नायकर और मद्रास कण्णन, सुनाम्बु थोल का इस्तेमाल करते थे या नहीं। हालाँकि, कण्णन ने ख़ुद इसके बारे में मुझसे कुछ नहीं कहा, लेकिन कुछ मृदंगम कलाकारों को लगता है कि वे सुनाम्बु थोल बजाते थे। मद्रास मेकर्स के बारे में तथ्य यह है कि उन्होंने कई उद्योगों, सिनेमा, कर्नाटिक संगीत और अन्य संगीत शैलियों में भी अपनी पहुँच बनाई। इसका अर्थ है कि मुनुसामी के बाद से ही वे लोग ढोलक, ढोलकी, तबला, बेस तबला या कर्नाटक तबला, और शायद परई और पम्बई जैसे अन्य वाद्य-यंत्रों पर भी काम कर रहे थे। तंजावुर के कीतूकारा स्ट्रीट वाले कारीगरों की तुलना में उनकी पहुँच व्यापक थी।

अरुलराज ने पलानी सुब्रमण्या पिल्लै के मृदंगम के बारे में कुछ ऐसा कहा जो निश्चित रूप से उनके अनुयायियों की त्योरियाँ चढ़ा देगा।' पलानी ने सुनाम्बु थोल का इस्तेमाल किया, लेकिन तब और अब के सुनाम्बु थोल में अन्तर है। उन दिनों, मुट्टु का काम शुरू करने से ठीक पहले, हम सुनाम्बु लगाते थे और उसे सिर्फ़ एक घंटे के लिए पानी में भिगोते थे।' दूसरे शब्दों में, बकरी की खाल पर प्रभाव सीमित था, जिसका अर्थ था कि कैल्शियम हाइड्रॉक्साइड ने चमड़े से सभी प्रोटीन नहीं हटाए होंगे और खाल में कड़ापन बाक़ी रहा होगा। लेकिन यह तथ्य कि पलानी ने सुनाम्बु थोल के नये-पुराने किसी भी अवतार का इस्तेमाल किया होगा—यह उनके क़द की गिरावट की वजह से विवाद का विषय बन सकता है जिसके पीछे इस प्रक्रिया से जुड़े पूर्वग्रह हैं। मणि अय्यर की बढ़ती छवि के ख़तरे के बीच पलानी खेमा इसे चुपचाप सहन नहीं करेगा।

स्वयं पलानी का मृदंगम को लेकर एक बहुत ही ग़ैर-पारम्परिक दृष्टिकोण था। उनका ज़ोर वलंदलाई की तुलना में टोप्पी पर कहीं अधिक था। 'उनके लिए टोप्पी का परफ़ेक्ट होना ज़रूरी था। वलंदलाई औसत हो सकती है, लेकिन टोप्पी को बिलकुल सही होना चाहिए,' शंकरन ने कहा। मैं फिर दोहराता हूँ—ऐसा सामान्य

तौर पर नहीं होता है—अधिकतर मृदंगम कलाकार एक शानदार वलंदलाई तो चाहते हैं, लेकिन टोप्पी पर अधिक ध्यान नहीं देते हैं। अरुलराज को याद आया, 'यह सब उनकी गुमकी का खेल था। वह वलंदलाई पर धीरे-से थाप देते थे।' इस बदलाव का पलानी की वादन-शैली और लोगों की धारणा पर बड़ा प्रभाव पड़ा। दुर्भाग्य से, इसके कारण लोगों ने पलानी की कला को हीन दृष्टि से देखना शुरू कर दिया। उनके घोर प्रशंसकों सहित अधिकतर लोग उनकी टोप्पी के बारे में ही चर्चा करते थे, जो बेशक लाजवाब थी। उनके बुद्धि-कौशल और वलंदलाई के पराक्रम को भुला ही दिया गया।

गुरुवयुर दोरई ने याद किया, 'मैंने बारीकी से देखा है कि मेरे गुरु टोप्पी पर किस तरह काम करते थे। और ऐसा करके ही मैंने वह रहस्य जाना। वलंदलाई की ही तरह टोप्पी का भी सन्तुलन साधा जाता था।' यह कहते हुए अरुलराज को थिरुवैयारू की एक घटना याद आ गई, 'उस शाम पलानी का सेम्मनगुडी श्रीनिवासियर के साथ संगीत का एक कार्यक्रम था। लगभग 4 बजे मेरे पिता, शेट्टी ने कवर खोलकर उन्हें मृदंगम दिखाया। वलंदलाई पहले से ही सेम्मनगुडी के स्वर-सन्तुलन (टोनिक) के अनुरूप थी। फिर, पलानी ने टोप्पी को परखना शुरू किया।' मैं यहाँ पर बात को विराम देना चाहता हूँ, ताकि आपको कुछ और समझा सकूँ।

मृदंगम वादक बकरी की खाल वाली टोप्पी को गीला करने के बाद मध्य भाग पर सूजी का लेप लगाते हैं। यह टोप्पी को एक गहन-गम्भीर स्वर देता है। लगाए जानेवाले पानी और लेप की मात्रा इस पर निर्भर करती है कि कलाकार को किस गहराई की ध्वनि की आवश्यकता है। जैसे-जैसे कार्यक्रम आगे बढ़ता जाता है, कलाकार को खाल को गीला रखना पड़ता है और अधिक लेप भी लगाना पड़ता है क्योंकि यह लेप सूखकर झरता जाता है। यह वलंदलाई के साथ टोप्पी के श्रवण-वैषम्य (सोनिक कंट्रास्ट) को बनाए रखता है। वलंदलाई और टोप्पी के बीच का सन्तुलन मृदंगम में विविध श्रव्य वर्ण जोड़ता है। करइकुडि मणि ने मृदंगम के दोनों पक्षों को इस तरह एक साथ आने को 'डिस्ट्रिब्यूशन ऑफ़ द लेफ़्ट' कहा, जो बाईं ओर की टोप्पी की ध्वनि का दाईं ओर के वलंदलाई के साथ मिलन है।

कलाकार, सूजी का उपयोग करने से पहले पके हुए चावल के साथ राख मिलाया करते थे, और कभी-कभी गेहूँ के आटे का भी उपयोग करते थे। 'राख वाला मिश्रण अद्भुत था। उस जैसी ध्वनि पाई ही नहीं जा सकती। लेकिन, यह राख सूखने के बाद इधर-उधर बिखरने लगती थी और गन्दगी फैल जाती थी,' वी. कमलाकर राव ने बताया। मृदंगम कलाकारों ने अब सूजी का उपयोग भी बन्द

कर दिया है। अब वे तरह-तरह के सीलक यानी चिपकानेवाले पदार्थ आज़माने लगे हैं। आज सबसे पसन्दीदा है अत्याधुनिक प्लास्टिक फ़र्मिट। कैसी स्वादिष्ट विडम्बना है कि एक कला रूप और कलाकारों का एक समूह, जो पारम्परिक शुचिता पर गर्व करता है, आमतौर पर शौचालयों में इस्तेमाल होनेवाले गोंद का उपयोग कर रहा है!

एस. आनन्द

सड़क पर सूखते हुए मुट्टु, जहाँ साइनबोर्ड पर लिखा है, 'कृष्णा प्लम्बिंग सेनिटरी वर्क्स'

उस दिन थिरुवैयारू में पलानी ने टोप्पी पर सूजी का लेप लगाया, उसे जाँचा और फिर जो किया वह अकल्पनीय था। उन्होंने एंटनी से टोप्पी की तरफ़ वारु को खींचने के लिए कहा। ऐसा करने के लिए मृदंगम को फ़र्श पर रखना था, वलंदलाई वाला हिस्सा नीचे की तरफ़ करते हुए। ऐसा कभी नहीं किया जाता, क्योंकि टोप्पी वाले हिस्से के खिंचाव में थोड़ा-सा भी बदलाव वलंदलाई वाले हिस्से के सुरीलेपन पर असर डालता है। यहाँ तक कि दो मुट्टु बनाने के शुरुआती चरण में भी कारीगर टोप्पी की वारु पिडि की अधिक चिन्ता नहीं करते हैं। लेकिन, पलानी ने टोप्पी को एक काल्पनिक स्वरमान (पिच) पर ट्यून किया। मैं भले ही इसे 'काल्पनिक' कह रहा हूँ, लेकिन अरुलराज और कई अन्य लोग पूरे विश्वास के साथ कहते हैं कि उन्होंने उसे सही-सही स्वरमान पर मिलाया था—टोनिक की ठीक आधी आवृत्ति पर। मेरे लिए तो भरोसा कर पाना ज़रा कठिन ही है, क्योंकि टोप्पी का अपना कोई

सुरीलापन नहीं होता है और उस पर किसी भी वास्तविक पिच की पहचान करना असम्भव है। फिर भी, पलानी ने इसे वलंदलाई की स्वर-संगति (टोनैलिटी) के लिए ज़रूरी ध्वनिक-प्रतिरूप के अनुसार तीव्र, मन्द्र, प्रसारी और निरन्तर स्वर में ट्यून किया होगा। यह पलानी की आन्तरिक संवेदनशीलता थी। यदि उनकी टोप्पी की थाप से विशेष तरह की तीव्र, लचकदार, दीर्घ ध्वनि निकलती है, तो इसका अर्थ यह है कि उन्होंने वह पूर्णता हासिल कर ली जो उनकी कल्पना और दिमाग़ में थी। गुरुवयुर दोरई और उनके शिष्य बाबू ने इसे 'धोम्म्म्म्म' ध्वनि कहा—मृदंगम से अकस्मात निकले 'धोम' से बिलकुल अलग। टोप्पी की तरफ़ वारु को समायोजित करने से वलंदलाई का स्वरमान प्रभावित होता, लेकिन एंटनी ने इसकी कमी को पूरा करने के लिए उस तरफ़ के वारु को कसकर ठीक किया। टोप्पी की आवाज़ इस बात पर भी निर्भर करती है कि बकरी की खाल को मुट्टु के पीछे किस तरह से बाँधा गया है। जैसा कि शंकरन ने बताया, 'जब आप बकरी की खाल लगाते हैं तो झुर्रियाँ नहीं पड़नी चाहिए।'

अब हम उस एक ज़रूरी अजैविक तत्त्व पर आते हैं जो मृदंगम को विशिष्ट ऊर्जा और आकर्षण प्रदान करता है। और अगर हम तंजावुर परिवार के आख्यानों के अनुसार चलें, तो यह सबसे अच्छा तंजावुर के रत्तीपलयम में पाया जाता है। ऐसा लगता है कि कर्नाटक संगीत से जुड़ी सभी गतिविधियों का केन्द्र तंजावुर ही है।

यह जादुई चीज़ एक पत्थर है—किट्टनकल्लु, जिसे चित्तनकल्लु भी कहा जाता है। यह कोई साधारण पत्थर नहीं है। सेल्वाराज ने दावा किया, कि इसका औषधीय महत्त्व भी है। 'इसका उपयोग पारम्परिक चिकित्सा में करते हैं। पश्चिम माम्बलम में भी पारम्परिक दवाएँ बेचनेवाली एक दुकान है, जहाँ आप चित्तनकल्लु माँग सकते हैं। वे इसके बारे में सब जानते हैं। आँखों में गुहेरी (दर्द-भरी गाँठ) होने पर हम नीबू काटकर उसमें किट्टनकल्लु का चूर्ण डालकर उससे आँखों को सेंकते थे। गुहेरी ग़ायब हो जाती थी। हमने अपने दाँतों को भी किट्टनकल्लु और नमक के मिश्रण से साफ़ किया है।'

इससे पहले कि मैं मृदंगम में किट्टनकल्लु के उपयोग के बारे में विस्तार से चर्चा करूँ, आइए हम उस स्थान की यात्रा पर चलें जहाँ यह पाया जाता है, यानी रत्तीपलयम।

जब सेल्वाराज ने रत्तीपलयम का ज़िक्र किया, तो मैंने तंजावुर के आसपास झाड़ीदार जंगलों में कहीं एक दूरस्थ, अगम्य स्थान की कल्पना की थी। यहाँ तक कि नौजवान सुसइनाथन की बातों से भी मुझे ऐसा आभास हुआ था कि यह स्थान कहीं बहुत दूर है और वहाँ तक पहुँच पाना कठिन है। 'रत्तीपलयम में अम्मन कोइल नाम की एक छोटी-सी पहाड़ी है। वहाँ आपको किट्टनकल्लु मिल जाएगा। यह गंधर्व कोट्टई और मंगनूर के पास भी मिल जाता है...वास्तव में, पुडुकोट्टई जानेवाले रास्ते में यह मिलता है। आपको यह पत्थर वहाँ मिलेगा जहाँ काजू के ढेर सारे बाग़ हैं,' सेल्वाराज ने बताया। तंजावुर के रहनेवाले वृद्ध टी.के. मूर्ति का कहना था, 'आप इसे नदी के किनारे पा सकते हैं। उन तटों पर एक ख़ास तरह के कीट पाए जाते हैं। जहाँ ये कीट होते हैं, वहीं ये पत्थर भी मिलते हैं।' इस आख्यान में अलग-अलग लोगों ने अलग-अलग कहानियाँ जोड़ीं। करइकुडि मणि ने कहा, 'यह एक रहस्य है, पत्थर केवल वे ही लोग पहचान सकते हैं।' उनका आशय तंजावुर कारीगरों से था।

सोवरिअर ने कहा कि अम्मन मन्दिर के पास एक बरगद का पेड़ था, उसके चारों ओर ये पत्थर मिल जाते थे। एक और कारीगर ने कहा कि उन्हें वहाँ तक जाने के लिए पुलिस से अनुमति लेनी पड़ती थी। उन्होंने यह भी बताया कि पेड़ के आसपास कई साँप भी थे। मैं जितना अधिक 1980 के दशक की अलौकिक तमिल फ़िल्मों की याद दिलानेवाले अर्द्ध-रहस्यमय आख्यान को सुनता जा रहा था, उतना अधिक जिज्ञासु होता जा रहा था। मुझे स्वयं वहाँ जाकर देखना पड़ा।

जैसे ही हम रत्तीपलयम पहुँचे, सुसइनाथन ने इलाक़े का वर्णन करना शुरू कर दिया। 'हम इस तरफ़ आने से डरते थे। यहाँ कुछ लोगों ने आत्महत्या की है। आप इस सड़क को देख रहे हैं, है ना? शाम होते ही यहाँ घोर अँधेरा छा जाता था। लेकिन हमें पत्थरों के लिए यहाँ आना ही पड़ता था। इस तालाब का नाम सिंगपेरुमल कुलम है।' इस इलाक़े के विकास से जितना अचम्भित मैं था, उतना ही वह भी थे। 'बचपन में जब मैं यहाँ आया करता था, तो यहाँ टीले ही टीले दिखाई देते थे। यहाँ जंगल होता था। अब यहाँ पर बने हुए घरों को देखकर मैं हैरान हूँ, बहुत विकसित हो गया है यह इलाक़ा।' यह तो ज़ाहिर ही था कि किट्टनकल्लु की तलाश में कम ही कारीगर स्वयं रत्तीपलयम पहुँचते होंगे। लेकिन, सुसइनाथन के पिता गैब्रियल और माँ जेसिंथामेरी नियमित रूप से यहाँ आते हैं और अपने बेटे और कुछ अन्य लोगों को पत्थर पहुँचाते हैं। और, जॉनसन कुछ युवा कारीगरों को पत्थर लाने के लिए भेजते हैं।

हमने अपनी कार एक कच्ची सड़क के किनारे खड़ी कर दी। उसके किनारे कुछ इमारतें थीं। मुझे लगता है कि कीतूकारा स्ट्रीट से हमें लगभग पन्द्रह मिनट लगे थे। गैब्रियल, सुसइनाथन, मेरा विद्यार्थी विक्रम और मैं एक मन्दिर की ओर चल पड़े। गैब्रियल ने बताया कि यह एक अय्यनार मन्दिर था। अय्यनार गाँव के संरक्षक देवताओं में से एक हैं, जिन्हें सदियों से हिन्दू आव्यूह (मैट्रिक्स) में शामिल किया गया है, यही वजह है कि सोवरिअर ने इसे अम्मन मन्दिर के रूप में उल्लिखित किया। अभी भी इनमें से कई मन्दिरों में बहुत विशिष्ट अनुष्ठान और रीति-रिवाजों का पालन होता है। यहाँ, मुख्य मन्दिर के चारों ओर तीन या चार छोटे मन्दिर भी थे।

दाईं ओर एक टहनियों की बाड़ थी और कुछ दूरी पर तंजावुर की पहचान यानी धान के खेत लहलहा रहे थे। कोई टीला, कोई पहाड़ी नहीं थी। मन्दिर भी बहुत बड़ा नहीं था, लेकिन हाल ही में उसका जीर्णोद्धार किया गया था और आसमानी रंग दिया गया था। पुराने वृक्षों का एक झुरमुट था जो मन्दिर के लिए एक सुन्दर छतरी बना रहा था, बरगद का पेड़ मुझे दिखाई नहीं दे रहा था। जब हमने एक बूढ़ी औरत को वहाँ ढोर चराते हुए देखा तो, सुसइनाथन मेरे कान में फुसफुसाए, 'पहले यहाँ महिलाएँ नहीं आती थीं। लोग यहाँ अवैध शराब बनाते थे।' ओह, ज़रा ठहरिए, वहाँ एक बरगद का पेड़ है, छोटा-सा। मन्दिर के ठीक सामने। मैं जहाँ तक देख पा रहा था, खेत ही खेत दिख रहे थे। शायद पहाड़ियाँ बहुत छोटी-छोटी रही होंगी, जिन्हें खेती के लिए समतल कर दिया गया होगा।

'तब से लेकर अब तक हम यहीं से पत्थर चुनते हैं। हम उन दिनों जब पत्थर निकालने के लिए ज़मीन खोदते थे, तो बिच्छू निकलते थे,' सुसइनाथन ने कहा। एक धान के खेत को पार करते हुए हम एक झरने की ओर बढ़ने लगे। भूमि समतल थी, चारों ओर सूखी झाड़ियाँ थीं और झरने के किनारे, किसी समय तमिलनाडु का गौरव कहलानेवाले खजूर के पेड़ थे। हालाँकि, पानी वहाँ ज़्यादा नहीं था, और पास में ही बाँस की झाड़ियाँ उग आई थीं। मैं कुछ समझ पाता इससे पहले ही सुसइनाथन और गैब्रियल पत्थर उठाने लगे। उन्होंने कहा, यहाँ है, 'देखिए।' उनके क्रियाकलापों से मुझे लगभग ऐसा लगा जैसे वे पुरातत्त्वविद् हो, जिन्होंने खँडहरों की खुदाई की है।

पत्थर काले-भूरे रंग का था और उसकी दरारों और छिद्रों में मिट्टी भरी थी। नंगी आँखों से यह ठोस मैग्मा की तरह लग रहा था, और मैं ग़लत नहीं था। मेरे इस ज्ञान पर मेरे भूगोल-शिक्षक को निश्चित ही गर्व होता। जब हमने भारतीय प्रौद्योगिकी

संस्थान, मद्रास में इस पत्थर का परीक्षण किया, और बाद में एक वैज्ञानिक से भी जाँच करवाई, तो उन्होंने पुष्टि की कि यह मैफिक मूल का पत्थर था, जिसका अर्थ है कि यह पृथ्वी के अन्दरूनी हिस्सों से उठनेवाले मैग्मा के ठंडा होने से बना था। यह बात इसमें पाई जानेवाली उच्च स्तर की ओलिवाइन सामग्री से स्पष्ट हो रही थी, यानी कि पत्थर एक प्रकार का बेसाल्ट या गैब्रो था। फेरस ऑक्साइड की उपस्थिति संकेत दे रही थी कि यह अत्यधिक अपक्षय और ऑक्सीकरण से भी गुज़रा था। मुझे बताया गया कि किट्टनकल्लु फेयलाइट (94 प्रतिशत) और हर्सीनाइट (6 प्रतिशत) से बना है। कारीगर और कलाकार यदि कह रहे थे कि इस पत्थर में लोहे की मात्रा बहुत अधिक है, तो वे ग़लत नहीं थे। वूस्टाइट और फेयलाइट में लोहा (आयरन) फेरस के रूप में होता है, जबकि हर्सीनाइट में आयरन फेरस के रूप में तो होता है, लेकिन इसमें थोड़ी मात्रा में फेरिक भी होता है। (दोनों अलग-अलग ऑक्सीकरण स्थिति के आयरन होते हैं)।

जब तक सुसइनाथन को पत्थर के छोटे-छोटे टुकड़े मिल पाते, तब तक तो उनके पिता ने बड़े-बड़े टुकड़े इकट्ठे कर लिए थे। निश्चित ही पत्थर भारी भी थे। 'जब बारिश होती है, तो हमारे लिए पत्थर इकट्ठा करना आसान हो जाता है। यह पत्थर हमें वहाँ से भी मिलता था (दूसरे स्थान की ओर इशारा करते हुए), लेकिन अब नहीं मिलता।' कुछ छोटे-छोटे टीलों की ओर इशारा करते हुए उन्होंने कहा, 'देखो। ये सभी टीले टूट चुके हैं और यहाँ चारों ओर साँप और बिच्छू हैं। हमें सावधान रहना होगा।'

इन पत्थरों को इकट्ठा करना और उन्हें कीतूकारा स्ट्रीट तक लाना कोई आसान काम नहीं है। गैब्रियल, एक लम्बे, दुबले-पतले इनसान हैं, जो अपने सत्तर के दशक में चल रहे हैं तो जेसिंथामेरी भी युवा कहाँ हैं। उन दोनों ने मुझे बताया कि आसपास एक बड़ी पहाड़ी हुआ करती थी और पानी बहता था, जिससे पत्थरों को इकट्ठा करना और साफ़ करना बहुत आसान हो जाता था। अब, चट्टानों और पत्थरों को घर लाना एक लम्बी, धीमी प्रक्रिया है।

दोनों सुबह क़रीब 4.30-5.00 बजे घर से निकलते हैं, 6.00-6.30 बजे मौक़े पर पहुँचते हैं और दो घंटे तक पत्थर बटोरते हैं। 'हम उन्हें इकट्ठा करते हैं और मन्दिर के पास ढेर बनाकर रख देते हैं। दो-चार फेरियों के बाद एक टोकरी-भर पत्थर इकट्ठा हो जाते हैं। फिर मैं चाय पीते हुए विश्राम करता हूँ। साइकिल पर पत्थरों से भरी टोकरी को लादता हूँ और साइकिल को धकेलते हुए घर की ओर

निकलता हूँ। हमें रास्ते में आराम करना पड़ता है,' गैब्रियल ने समझाया। पत्थर भारी होते हैं, और पति-पत्नी दोपहर 1.00 बजे घर पहुँचते हैं। अब तक वे बुरी तरह थक चुके होते हैं।

लेकिन अभी और काम बाक़ी होता है। अब बताने की बारी जेसिंथामेरी की थी, 'घर पर मैं मिट्टी को साफ़ करने के लिए पत्थरों को दो दिनों के लिए पानी में भिगो देती हूँ। जब यह हो जाता है, तो मैं उन्हें एक दिन के लिए अलग रख देती हूँ और अगले दिन पत्थरों को कूटना शुरू करती हूँ। लोहे का मूसल और ओखली है, जिससे मैं इसका पाउडर बनाती हूँ।' उन्होंने मुझे पाउडर से भरी एक प्लास्टिक की बोतल दिखाई और कहा कि यह साढ़े पाँच किलो है। 'पाउडर बहुत महीन है। हम इसे कूटकर और फिर छानकर महीन पाउडर निकाल लेते हैं। बड़े टुकड़ों को फिर से कूटा जाता है। अगर मैं चार घंटे (सुबह 6 बजे से 10 बजे) बैठूँ तो दो मुट्ठी पाउडर बना पाऊँगी। मैं इतना ही कर पाती हूँ। इस काम के लिए कोई मशीन नहीं है। आज भी कुटाई हाथ से ही करनी पड़ती है,' उन्होंने कहा। मैं जानता हूँ किट्टनकल्लु को कूटना बहुत कठिन है, मैंने अपने हाथों से करके देखा है। सुसइनाथन ने कहा, 'जब एक मशीन का इस्तेमाल किया गया तो गियर के दाँते टूट गए। यह पत्थर स्टील जैसा है। हम छाल और अन्य चीज़ें ख़रीद सकते हैं, लेकिन यह पाउडर बनाना बहुत कठिन है। विश्वास न हो तो इसे ख़ुद करके देखें। जब आप यह काम करते हैं, तो आपकी छाती और पीठ में दर्द होता है और यहाँ तक कि पेशाब करना भी मुश्किल हो जाता है।' अजीब बात है कि पत्थर से पाउडर बनाने का काम घर की औरतें करती हैं। बहुत सम्भावना है कि ऐसा इसलिए है क्योंकि यह काम खाल से इतर है और इसलिए पुरुषों के कार्यक्षेत्र में नहीं आता है। मैंने कई मृदंगम कारीगरों के घरों में ऐसा ही पाया, भले ही वे कहीं भी रहते हों। पत्नियाँ, माताएँ और बहनें सालों से इन लगभग अटूट पत्थरों को कूटकर पाउडर बनाने का काम कर रही हैं। सुसइनाथन कहते हैं, 'मृदंगम कलाकार बड़ी आसानी से वाद्य की शिकायत कर देते हैं, केवल हम ही जानते हैं कि यह काम करना कितना कठिन है।' सही तो यह होगा कि, यहाँ 'हम' की जगह 'वे' यानी महिलाएँ कहा जाए!

मैं यहाँ एक और पुरानी प्रक्रिया के बारे में बता रहा हूँ, जो अब समाप्त हो चुकी है। सेल्वाराज ने इसे मेरे साथ साझा किया था। 'हम पाउडर में पानी मिलाते थे, उसे उबालते थे और फिर उसे छानते थे। उसके बाद ही यह इस्तेमाल के लिए तैयार होता था।'

तो, इस किट्टनकल्लु का उपयोग क्या है?

मृदंगम की बजानेवाली सतह पर एक काफ़ी बड़ा-सा काला गोल घेरा होता है, यह दर्शकों-श्रोताओं की ओर होता है। यह काला घेरा कोट्टु थट्टु की दूसरी परत यानी बकरी की खाल पर होता है। यह एक लेप से बना होता है जिसमें बारीक पिसा हुआ किट्टनकल्लु और पके हुए चावल मिलाए जाते हैं। वलंदलाई और टोप्पी मुट्टु तैयार होने और उन्हें एक साथ बाँधने का काम पूरा करने के बाद, इस लेप को लगाने का काम शुरू होता है। इसे तैयार करने का कोई सही-सही माप नहीं है, कारीगर बस अपने अनुभव से ही इसका अनुपात तय करता है। मृदंगम कारीगर कुछ चम्मच गहरे भूरे रंग के किट्टनकल्लु पाउडर और थोड़ी मात्रा में पके हुए चावल लेता है, और थोड़ा पानी मिलाता है। सबको मिलाने के बाद वह एक सख़्त गेंद जैसी आकृति बनाता है और किनारे रख देता है। इसे देखकर मुझे अपने बचपन की याद आ गई जब मैं एक नटखट बच्चा था। जब मेरी माँ इसी तरह चावल, दाल और घी के गोले बनाया करती थी, इस उम्मीद के साथ कि मैं उनमें से कुछ तो खाऊँगा। पत्थर और चावल से बने ये गोले, उन गोलों का कुछ ज़्यादा काला संस्करण दिख रहे थे, बस वे खाने योग्य नहीं थे।

मृदंगम को सीधा खड़ा करके, वलंदलाई को ऊपर की ओर करके, सुरेन्द्रन ने कोट्टु थट्टु वाले हिस्से को ब्लेड से साफ़ किया। कुछ लोग ब्लेड के बजाय चमड़े के खुरदरे टुकड़े का इस्तेमाल करते हैं। फिर उन्होंने पके हुए चावल के कुछ दानों को झिल्ली पर डाला और उन्हें अपने अँगूठे से दबाया, मसला और कोट्टु थट्टु के चारों ओर समान रूप से फैला दिया। इसे नम करने के लिए पानी की कुछ बूँदों का छिड़काव किया गया।

सुसइनाथन की प्रणाली कुछ परिष्कृत थी। उन्होंने पके हुए चावल को कपड़े के एक छोटे से टुकड़े में बाँध दिया, और पोटली को डिस्पेंसर की तरह इस्तेमाल किया। जैसे ही उन्होंने उसे झिल्ली पर दबाया, कपड़े की बुनाई से चावल निचुड़कर बाहर निकलने लगा। इसके बाद उन्होंने चावल लगे हुए इस कोट्टु थट्टु को थोड़ी देर के लिए सूखने दिया।

किट्टनकल्लु और उबले चावल के मिश्रण को 'सादम' कहा जाता है। मेरे लिए सादम मतलब केवल पका हुआ चावल था, लेकिन मृदंगम कलाकारों और कारीगरों के लिए यह एक अजीब तरह का लेप होता है। कोट्टु थट्टु पर सादम चढ़ाना एक कला है और इस काम को करना कठिन है, हालाँकि कारीगरों को

यह काम करते देखें तो भ्रम होता है कि यह बड़ा आसान है। 'सादम को केवल अँगूठे का उपयोग करके बहुत दबाव के साथ लगाना होता है। आजकल तो लोग इसे बहुत हल्के ढंग से करते हैं। यदि आप इसे अच्छी तरह से करते हैं, तो इतना थक जाएँगे कि एक सप्ताह तक कुछ नहीं कर पाएँगे', सेल्वाराज ने कहा। मूर्ति ने भी कहा कि वर्तमान पीढ़ी मृदंगम-निर्माण के इस हिस्से को हल्के में लेती है। उन्होंने सादम लगाने के लिए अन्य उँगलियों का भी उपयोग करने की प्रवृत्ति की आलोचना की। 'यह टिकेगा नहीं,' उन्होंने कहा।

सुसइनाथन ने सादम की एक छोटी-सी गेंद को एक हाथ में लेकर इसे कोट्टु थट्टु के मध्य भाग में और उसके चारों ओर एक गोलाकार गति में लगाना शुरू किया। उनका अँगूठा चल रहा रहा, लेकिन केवल बीच के हिस्से में ही सादम लगाया जा रहा था। उनके अँगूठे का सारा सादम ख़त्म होने तक उनका अँगूठा चलता रहा। बड़ी सावधानी से यह गति निरन्तर चलती

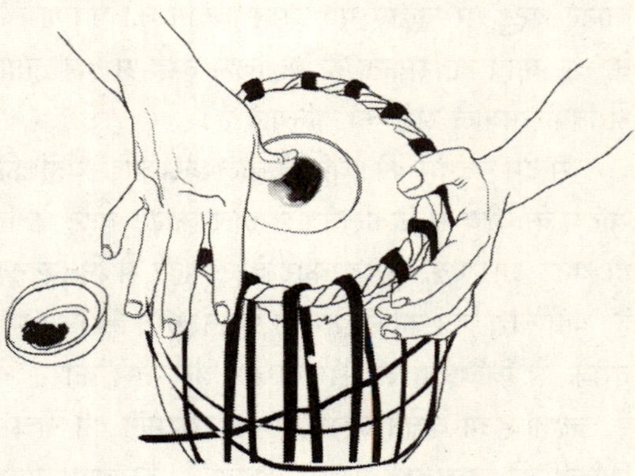

रही और सादम समान रूप से फैल गया। सुसइनाथन ने फिर सादम को एक बड़े गोल चिकने कंकड़ से रगड़ना शुरू किया ताकि लेप दब जाए और सतह पर चिपक जाए। अब बारी थी सादम की एक और छोटी गेंद की। इस बार फैलाव व्यापक था, जिसमें लगभग पूरा कोट्टु थट्टु शामिल था। वह नीचे की ओर जो दबाव बना रहे थे, उसके कारण चावल का लेप आधार से चिपक गया था। सुसइनाथन ने एक कुंद चाक़ू लिया और बड़े ही सुन्दर ढंग से इधर-उधर छितराए हुए कणों को हटा दिया। फिर से, उन्होंने बल और गति के साथ कंकड़ का उपयोग इस लेप को घिसने के लिए किया और तब तक घिसते रहे जब तक कि आश्वस्त नहीं हो गए कि सादम कसकर चिपक गया है। अब इसकी सतह पर एक हल्की चमक दिखाई देने लगी थी। वह सादम को कोट्टु थट्टु घेरे के अन्दर-बाहर लगाते रहे। पहले बीच के घेरे में फिर दूर की तरफ़। उन्होंने यह

भी सुनिश्चित किया कि कोट्टु थट्टु के गोलाकार किनारे और कुंडलाकार वेट्टु थट्टु के बीच थोड़ा फ़ासला बना रहे—कोट्टु थट्टु के किनारे पर थोड़ी-सी खाल खुली रहे।

मृदंगम की ध्वनि के लिए पके हुए चावल और किट्टनकल्लु का यह लेप महत्त्वपूर्ण है। सादम झिल्ली पर वज़न (एक अतिरिक्त भार) के रूप में कार्य करता है। यही वज़न वलंदलाई को सुरीला बनाता है। इसके बिना मृदंगम का वांछित सुरीलापन नहीं पाया जा सकता। मृदंगम की हर थाप से निकलनेवाला सुरीलापन कोट्टु थट्टु पर चढ़ाए गए इसके वज़न का परिणाम है। और, बिना किसी सन्देह के यह कहा जा सकता है कि जिस तरह से इसे लगाया जाता है, वही वलंदलाई से निकलनेवाले सुरों की बुनियाद है।

सादम मृदंगम की ध्वनि में ढोल जैसे वाद्य-यंत्रों की विशेषता जोड़ता है, क्योंकि सादम के बीच से निकलनेवाले और कोट्टु थट्टु के किनारे से निकलनेवाले स्वर, दो थट्टु और एक कुंडलाकार वेट्टु थट्टु से निकलनेवाले स्वर अलग-अलग होते हैं। यही वाद्य-यंत्र को विशिष्टता प्रदान करते हैं। फिर मृदंगम कलाकार इनमें असंख्य तरीक़े से विविधता ला सकता है। जैसे-जैसे कोट्टु थट्टु में सादम लगाया जाता है, बढ़ता हुआ वज़न वलंदलाई के स्वरमान को नीचे गिराता है। चूँकि, वारु पिडि झिल्ली को ज़बरदस्त ढंग से कसती है, इसलिए सादम लगाने से पहले वलंदलाई की ध्वनि बहुत उच्च स्वरमान पर होती है। इसे उस स्तर तक नीचे लाना पड़ता है जो उस स्वर से मेल खाता हो जिस पर महिलाएँ या पुरुष गाते हैं।

बेशक, यह सच है कि मृदंगम खोल के दोनों सिरों के मुँहों का व्यास भी उस पिच रेंज को निर्धारित करता है जिस पर किसी वाद्य-यंत्र को बजाया जा सकता है। लेकिन, इस बात पर ध्यान दिए बिना कि यह महिलाओं की आवाज़ों के लिए (विशेष तौर पर पंचम और धैवत के बीच) बनाया गया एक मृदंगम खोल है या पुरुषों के लिए (आमतौर पर षड्ज और ऋषभ के बीच), या वादकों के लिए (जो कभी-कभी गंधार या मध्यम के आसपास के मध्यवर्ती सुरों पर अपने वाद्य-यंत्र को ट्यून करते हैं), वलंदलाई को मोड़ने और इनमें से किसी स्वरमान के साथ मिलान करने के लिए वज़न लगाना नितान्त आवश्यक होता है। सादम की मात्रा भी कलाकार की पसन्द के आधार पर अलग-अलग हो सकती है।

दूसरा घटक होता है कुंडलाकार थट्टु का व्यास जो कोट्टु थट्टु को उजागर करता है। इससे भी सादम की मात्रा और वाद्य-यंत्र की ध्वनि की प्रकृति प्रभावित होती है। करइकुडि मणि ने मुझे बताया कि जब मुट्टु पुराना हो जाता है, तो वह कारीगर से कोट्टु थट्टु को और अधिक उजागर करने के लिए कहते हैं, और जहाँ सादम समाप्त होता है और वेट्टु थट्टु शुरू होता है, उनके बीच के उस छोटे से अन्तराल की चौड़ाई भी बढ़ाते हैं। वरदन ने मुझे बताया कि अगर कलाकार को अधिक ध्वनि चाहिए, तो वह कोट्टु थट्टु के ख़ाली हिस्से को बढ़ा देगा। ये सभी वे महत्त्वपूर्ण समायोजन हैं जो कारीगरों और कलाकारों ने इन सामग्रियों की प्रतिक्रिया पर नज़र रखते हुए दशकों के दौरान खोजे हैं।

जैसे-जैसे कारीगर कोट्टु थट्टु में सादम की परतें जोड़ता जाता है, वह मृदंगम के स्वरमान की पुष्टि भी करता चलता है। सेल्वाराज ने मुझे बताया, 'जैसे-जैसे हम सादम लगाते जाते हैं, पिच गिरती जाती है। इसलिए हमें अपने काम को तदनुसार समायोजित करना पड़ता है। सादम की प्रत्येक गेंद के साथ ध्वनि बदल जाती है।' इसका मतलब है कि कारीगर को स्वरमान और वाद्य-यंत्र के स्वर में होनेवाले किसी भी बदलाव के प्रति बेहद संवेदनशील और चौकस रहना होगा। वह स्वरमान में आने वाली किसी भी विसंगति को देखता है और सम्बन्धित विशिष्ट कन्नु की वारु को कसता या ढीला करता है। इसमें मल्टीटास्किंग की ज़रूरत होती है। तीन तरह से ट्यूनिंग को जाँचना होता है। एक, सादम की हर परत के साथ वलंदलाई के स्वरमान को नीचे लाना। दो, यह सुनिश्चित करना कि सभी कन्नु के स्वरमान एक जैसे हों ताकि कोई इक्कु-टग्गु न हो। साथ ही, वेट्टु थट्टु से निकलनेवाली ध्वनि और कोट्टु थट्टु से आनेवाली ध्वनि भी एक लय में होनी चाहिए।

कारीगर लगातार जाँचते-परखते हुए घेरे के पास, घेरे से दूर, यहाँ तक कि किसी विशिष्ट कन्नु के पास भी, पिन्नल के ऊपर या नीचे आघात करके और वारु के खिंचाव में बदलाव करके सादम लगाने के तरीक़े को बदलते रहते हैं। मैं यहाँ उनकी असंख्य समस्याओं और उनके समाधान के लिए खोजे गए रास्तों का उल्लेख नहीं करने जा रहा। सुसइनाथन ने पाँच अलग-अलग तरह की परिस्थितियों का वर्णन किया है, जिनमें वह अपने काम करने के तरीक़े को या तो बदलते हैं या उसे संशोधित करते हैं। मैं इसे केवल शब्दों के माध्यम से नहीं समझा सकता। लेकिन इतना स्पष्ट है कि बकरी की खाल यानी कोट्टु थट्टु सबसे मनमौजी चीज़ है, और इस पर बहुत सतर्क नज़र रखनी पड़ती है। सुसइनाथन ने कहा, 'यह सब

एस. आनन्द

वलंदलाई को जाँचते और ट्यून करते हुए जेसुदास

केवल अनुभव से सीखा जाता है।' मृदंगम को लेकर आनेवाली परेशानियों से निपटने का हर कारीगर का अपना तरीक़ा होता है।

वेट्टु थट्टु से आनेवाला बाहरी स्वर और कोट्टु थट्टु से निकलनेवाला आन्तरिक स्वर समान स्तर पर है कि नहीं, यह जाँचने के लिए मृदंगम कारीगर दो तरह की थाप लगाकर देखते हैं। पहला तरीक़ा है अपनी तर्जनी से वेट्टु थट्टु पर थपकी लगाना। संगीतवादन क्षेत्र में वेट्टु थट्टु को मिट्टु कहा जाता है, अत: 'तर्जनी से मिट्टु पर थपकी मारना' कहना उचित होगा। दूसरी थाप को चप्पु के रूप में जाना जाता है, जहाँ वादक का हाथ वलंदलाई के समानान्तर होता है और वह अपनी छोटी उँगली कोट्टु थट्टु-वेट्टु थट्टु के मिलन स्थल पर मारता है। दोनों सतहों पर समान स्वरमान बनाए रखने के लिए कारीगर वैकल्पिक रूप से मिट्टु पर आघात करता है और वलंदलाई के चारों ओर चप्पु बजाता है।

राजामणि ने समझाया, 'जैसे-जैसे सादम की परतें चढ़ाते जाएँगे, वैसे-वैसे मिट्टु और चप्पु अलग-अलग होते जाएँगे। इसलिए उन्हें इसे समायोजित करते रहना होता

है। यदि मिट्टु, चप्पु से ऊँचा है, तो वे कोट्टु थट्टु के बीच की ओर सादम लगा देंगे, लेकिन यदि मिट्टु, चप्पु से नीचा है, तो वे इसके किनारों पर सादम जोड़ेंगे।' इन सभी अनुप्रयोगों का वर्णन करने के लिए विशिष्ट शब्दावली है। बीच की ओर सादम लगाने को नाडु-सादम कहा जाता है और कोट्टु के किनारों की ओर लगाए गए सादम को ओरा-सादम कहते हैं।

इसका विज्ञान निराला ही है। यदि मिट्टु की पिच चप्पु की तुलना में ऊँची है, तो केन्द्र पर वज़न बढ़ाए जाने से कोट्टु थट्टु नीचे की ओर खिसकता है। इससे अपने आप ही कोट्टु थट्टु और वेट्टु थट्टु के बीच का अन्तर बढ़ जाता है, आन्तरिक कम्पन की आवृत्ति कम होती है, मिट्टु से आनेवाली ध्वनि की पिच नीची हो जाती है। लेकिन, जब कोट्टु थट्टु के किनारों पर सादम का लेप लगाया जाता है, तो मिट्टु का स्वरमान यानी पिच क्यों बढ़ जाता है? यह बात मुझे अब तक समझ में नहीं आई है। शायद जब किनारों पर अधिक सादम लगाया जाता है, तो यह कोट्टु थट्टु के वज़न का सन्तुलन बदल देता है, और इससे मिट्टु की पिच बढ़ जाती है!

मिट्टु का स्वरमान बढ़ाने का एक और तरीक़ा है, इसमें सादम को बीच में खुरच दिया जाता है। मूर्ति को ऐसा करना जँचता नहीं, 'यदि आप सादम को बीच से बाहर निकालते रहेंगे, तो यह बाक़ी हिस्से को ढीला कर देगा, और आगे चलकर यह गिर जाएगा।' दूसरी समस्या यह है कि इससे न्यूनता (सेंट्रल डिप्रेशन) भी हो जाती है, जिससे इसे बजाना बड़ा असहज हो जाता है। लेकिन कभी-कभी कलाकारों को ऐसा करना पड़ता है, ख़ासकर जब ऐसी स्थिति किसी संगीत समारोह से ठीक पहले या मंच पर निर्मित हो जाती है। मैंने मृदंगम कलाकारों को ग्रीन रूम या मंच पर चाक़ू से सादम को हटाते हुए देखा है।

इस सेंट्रल डिप्रेशन की समस्या को समझाने के लिए शंकरन ने एक क़िस्सा सुनाया। 'कुप्पुसामी पिल्लै टी. बालासरस्वती (प्रतिष्ठित भरतनाट्यम नृत्यांगना) के साथ संगत किया करते थे और एक प्रदर्शन के लिए मद्रास में उनके साथ थे। मुथैया पिल्लै (पलानी सुब्रमण्या पिल्लै के पिता) ने कुप्पुसामी पिल्लै से कहा कि वह शाम के प्रदर्शन के लिए उनका मृदंगम तैयार करेंगे। उन्हें यह महसूस हुआ कि मिट्टु, चप्पु से नीचा है, और वह सादम को हटाते चले गए और अन्त में बीचोबीच में एक बड़ा-सा छेद हो गया। कुप्पुसामी पिल्लै ने खिन्न और परेशान होकर कहा, "यह क्या है, सर? देखो तुमने क्या कर डाला।"'

मैं यह बताना भूल गया कि सादम का अन्तिम आकार इडली जैसा अवतल होता है, और कोट्टु थट्टु के किनारों की ओर पतला होता जाता है। अर्थात किनारों की तुलना में मध्य में सादम अधिक लगाया जाता है। यह अवतलता प्रत्येक कारीगर अपने हिसाब से तय करता है और यह उन स्वरों पर निर्भर करती है जिनसे मृदंगम को मिलाया (ट्यून किया) जा रहा है। इसके अलावा, मृदंगम कलाकार स्वर ही सही नहीं चाहता, बल्कि, उसे अपने हाथों के स्पर्श में भी यह सही महसूस होना चाहिए। कुछ वादक कम उठान पसन्द करते हैं, जबकि अन्य इडली जैसा मोटा सादम चाहते हैं। सेल्वाराज ने बताया, 'जब शेट्टी ने सादम लगाया, तो यह खुरदरा और असमान होता था, लेकिन मेरे पिता का सादम कछुए की पीठ की तरह होता था।' नतीजतन, एंटनी के सादम में मिट्टु और चप्पु के मेल न खाने की सम्भावना अधिक थी—यह हिट ऑर मिस का मामला था। शंकरन ने राजमणिक्कम के सादम का वर्णन कुछ इस प्रकार किया, 'उनका सादम एक ज़ंजीर जैसी ख़ूबसूरती से पिरोया हुआ होता था। किनारे सुन्दर होते थे और यही उनकी पहचान थी।'

कभी-कभी, सादम सतह पर तो ठीक दिखता है, लेकिन इसकी आन्तरिक परतें, खाल के क़रीब, छितरा जाती हैं, जिससे थरथराहट-भरी आवाज़ पैदा होती है। इस तरह की अस्थिर ध्वनि के लिए कलाकार और कारीगर एक अजीब शब्द का उपयोग करते हैं—वे इसे 'वेलिथि' कहते हैं। यह वह ध्वनि है जिसमें श्रोता को कई आवृत्तियाँ सुनाई देती हैं, भले ही वादक एक स्वर पर स्थिर हो। इसका सबसे अच्छा उदाहरण किसी नौसिखिया गायक की आवाज़ हो सकती है, जब बिलकुल शुरुआत में वह किसी एक स्वर पर टिके रहने का अभ्यास करता है। ऐसी आवाज़ का बेक़ाबू कम्पन ही वेलिथि होता है। मृदंगम में ऐसा होने के कई कारण हैं, जिनमें दो कारण हैं—ख़राब ढंग से सादम लगाना या सादम का खाल से अलग हो जाना। मुट्टु जितना पुराना होता जाएगा, ट्यून किए गए स्वर से नीचे उतरता जाएगा। जब मुट्टु में बहुत अधिक टूट-फूट होती है, तो वेलिथि की समस्या पैदा होती है। इसका मतलब यह है कि मुट्टु को बदलने का समय आ गया है। वेलिथि एक अपमानजनक शब्द भी है, जिसका उपयोग ऐसे किसी व्यक्ति के लिए किया जाता है जो जीवन की बारीकियों को नहीं जानता है, समझ लें कि ऐसा व्यक्ति जो उलटी-सीधी बातें करता हो। यह शब्द 'वेल्लै' धातु से आया है, जिसका अर्थ है सफ़ेद, रंगों की कमी। जिन गीतों में गम्भीरता नहीं होती,

उन्हें वेल्लैपातु भी कहा जाता है। तो यह सम्भव है कि यह संगीतमय बोलचाल ध्वनि की कमतरी की ओर इशारा करती है, एक अनावश्यक दोलन की ओर जो बेकार और सतही है।

मृदंगम से उत्पन्न होनेवाली ख़राब ध्वनि के विभिन्न रूपों को बतानेवाली कुछ और भी अभिव्यक्तियाँ हैं। 'कलसल' शब्द असमान, अशान्त यानी ऑफ़-पिच ध्वनि को सन्दर्भित करता है। दूसरा अनादरसूचक शब्द 'ताम्बलम' है। ताम्बलम ताँबे की एक बड़ी प्लेट होती है। जब यह फ़र्श पर गिरती है, तो एक कर्कश आवाज़ होती है। यह तब तक जारी रहती है जब तक कि प्लेट स्थिर नहीं हो जाती। इसी कर्ण-कटु ध्वनि को ताम्बलम ध्वनि कहते हैं।

परतों के क्रम को पूरा करने में आमतौर पर सादम की पच्चीस से चालीस छोटी गेंदें लगती हैं। राजामणि ने बताया, 'कारीगर आमतौर पर सादम की लगभग पन्द्रह गेंदें लगाने के बाद इसे थोड़ा सूखने के लिए छोड़ जाते हैं और कुछ देर बाद फिर शुरू करते हैं।' सादम जब अच्छी तरह से मढ़ जाता है तो यह बहुत सुन्दर और चमकदार दिखता है। कारीगर किनारों को अच्छी तरह से साफ़ भी कर देता है ताकि काले रंग का सादम, बकरी की खाल का सफ़ेद किनारा और वेट्टु थट्टु की गाय की खाल का बालाई या हल्का भूरा रंग दृष्टि-वैषम्य (विजुअल कंट्रास्ट) उत्पन्न कर सके।

एक बार लगाया हुआ सादम, एक से पाँच संगीत सभाओं तक चलता है। इसका समय इस बात पर निर्भर करता है कि इसे कितनी अच्छी तरह से लगाया गया है, इसके अलावा बजाने की शैली और कलाकार के हाथ का भी फ़र्क़ पड़ता है। अगर कलाकार बड़ी ताक़त से बजाता है, तो सम्भावना है कि सादम जल्द ही ढीला पड़ जाए। इसी तरह, अगर वादक के हाथों में पसीना अधिक आता है, तो भी उसे सादम जल्दी-जल्दी बदलना पड़ सकता है। हाथ का पसीना सादम में रिसकर उसे ढीला कर देता

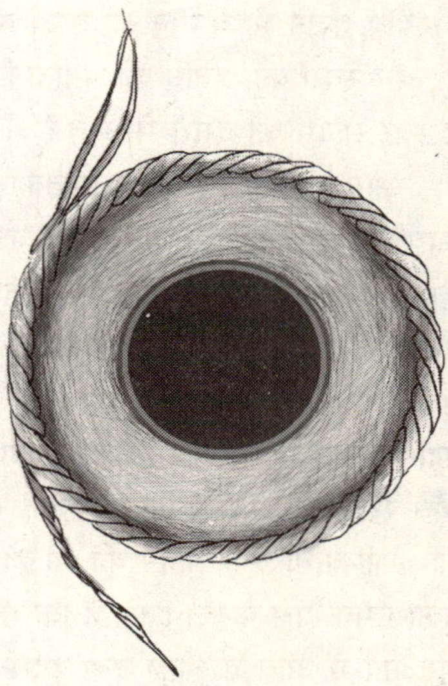

है। इससे मृदंगम की ध्वनि प्रभावित होती है। मैंने मंच पर सादम को चूर-चूर होकर मृदंगम के सामने बिखरते हुए देखा है।

पालघाट मणि अय्यर इस मामले में बेहद सतर्क रहते थे। वह हर संगीत सभा के बाद किनारों से सादम का एक हिस्सा हटा देते थे, वह इस पर एक नई परत चढ़ाना चाहते थे। वह बीच के हिस्से के बजाय, किनारों से सादम इसलिए हटाते थे क्योंकि उन्हें डर रहता था कि कहीं कारीगर बीच में ज़रा-सा सादम भरकर छुट्टी न पा ले। उन्हें पैच-वर्क स्वीकार्य नहीं था, वह पूरा सादम बदलवाते थे।

सादम के ज़रिये ध्वनि कैसे प्रतिध्वनित होती है, ब्रिटो ने इसकी बड़ी सुन्दर व्याख्या की, 'खाल पर बहुत सारे छिद्र और बाल होते हैं। यदि आप बालों को हटा देते हैं, तो छेद रह जाते हैं। वह छेद जहाँ से बाल निकलते हैं, वहीं पर भीतर जाकर सादम खाल में चिपकता है और इसी कारण सादम में दरारें भी बनती हैं। मूलतः, सादम छिद्रों से चिपक जाता है, जिससे दरारें दिखाई देती हैं। दरारों पर होनेवाले स्पन्दनों से सादम निकलता है।' उन्होंने जिन दरारों की बात की थी, उन्हें सादम की सतह पर देखा जा सकता है। ये फटी हुई शुष्क चमकदार बंजर भूमि की तरह दिखती हैं। ब्रिटो बताते हैं कि सादम की इन्हीं दरारों से ध्वनि निकलती है। सीवी रमन ने 1920 में *नेचर* में प्रकाशित अपने पेपर 'म्यूज़िकल ड्रम विद हार्मोनिक ओवरटोन्स' में सादम पर इस अवलोकन के साथ निष्कर्ष निकाला : 'केन्द्रीय वज़न भी कम्पन की ऊर्जा को बढ़ाकर संगीत के प्रभाव में सुधार करता है, और स्वरों की अवधि को बढ़ाता है।' ब्रिटो, अपने अनुभव से हमें बताते हैं कि ये स्वर सादम की दरारों से आते हैं।

आगे चलकर, क्योंकि संगीतकारों को केवल एक मृदंगम के साथ संगीत-कार्यक्रमों के लिए पूरी दुनिया की यात्रा करनी पड़ती है, कारीगरों को सादम के लिए एक नया उपाय खोजना पड़ा ताकि एक ही मृदंगम के साथ कई कार्यक्रम प्रस्तुत किए जा सकें। उन्होंने कोट्टु थट्टु से सादम को चिपकानेवाले गोंद को बदल दिया। आजकल, वे गाय की चर्बी और कुछ रसायनों से बने चिपकनेवाले पदार्थ फ़ेविकोल या वज्रम का उपयोग करते हैं। यह सादम को झिल्ली से कसकर बाँधे रखता है और संगीत-कार्यक्रम के दौरे की पूरी अवधि तक बना रहता है, जो कभी-कभी एक महीने की भी हो सकती हैं जिसमें पन्द्रह सभाएँ हों। इसका नकारात्मक पक्ष केवल इतना है कि मज़बूती से चिपकनेवाले इन पदार्थों के कारण शुरुआत में आवाज़ थोड़ी दबी हुई निकलती है। कुछ कार्यक्रमों के बाद आधार

में लगा हुआ गोंद ढीला होने लगता है और उसके बाद जो ध्वनि निकलती है वो अधिक ऊँची होती है और उसका डेसिबल भी अधिक होता है।

तंजावुर कारीगरों के अनुसार, किट्टनकल्लु के बिना सादम को नहीं बनाया जा सकता। लेकिन मद्रास, पेरुवेम्बा और आन्ध्र के कारीगर इसके लिए अपने-अपने इलाक़ों में पाए जानेवाले पत्थरों का इस्तेमाल करते हैं। मद्रास के कारीगर अपने लिए रेड हिल्स, मणिमंगलम या मराईमलाई नगर से पत्थर मँगवाते हैं। कुछ का दावा है कि रेड हिल्स के राजगोपाल, जिन्हें शास्त्रीय दक्षिण-भारतीय संगीत शैली में रेड हिल्स राजगोपाल के रूप में जाना जाता है, ने इस पत्थर को खोजा। हालाँकि, मुनुसामी और अन्य कारीगर उनके समय से पहले से शहर में रह रहे थे और काम भी कर रहे थे तो इस स्रोत के बारे में ज़रूर जानते होंगे।

पत्थरों की खोज करने के लिए पडप्पई जानेवाले पहले व्यक्ति थे मुरुगानन्दम। नवनीतम ने गर्व से कहा, 'वह (उनके पिता और परिवार के अन्य सदस्य) वहाँ के एक मन्दिर में जाते थे। उन्होंने पत्थरों को देखा और यह देखने के लिए कि क्या ये काम आ सकेंगे, कुछ पत्थर साथ ले आए। पत्थर किट्टनकल्लु के ही रंग के थे।' लेकिन पडप्पई अब पहुँच के बाहर है क्योंकि केन्द्र सरकार ने उस ज़मीन के टुकड़े को अपने क़ब्ज़े में ले लिया है जहाँ ये पत्थर मिल सकता है।

मराईमलाई नगर और मणिमंगलम बालागुरु के स्रोत हैं। पेरुवेम्बा, विजयवाड़ा, विजयनगरम या टाडा क्षेत्र के लोग हमेशा अपने इलाक़े में पाए जानेवाले पत्थरों का ही इस्तेमाल करते हैं। कहना ग़लत न होगा कि वांछित ध्वनि की तलाश में ये सभी पत्थरों की ठोकरें खा चुके हैं।

किट्टनकल्लु (तंजावुर) के साथ-साथ मैंने भारतीय प्रौद्योगिकी संस्थान, मद्रास में पेरुवेम्बा, मराईमलाई नगर, रेड हिल्स और टाडा के पत्थरों के नमूनों का भी विश्लेषण करवाया ताकि उनकी भी रासायनिक संरचना निर्धारित की जा सके। इन पत्थरों में से हर एक में लोहे (आयरन) की मात्रा अधिक थी, लेकिन टाडा के नमूने में लोहे का उच्चतम प्रतिशत (फेरस) 73.2 प्रतिशत था, बहुप्रचारित किटनकल्लु से भी कहीं अधिक, जिसमें 53.4 प्रतिशत लोहा (फेरस और कुछ मात्रा में फेरिक) था। टाडा पत्थर के अलावा, अन्य सभी नमूनों में क्वाट्र्ज़ की उपस्थिति का भी पता चला। यह असामान्य है और, इंडियाना यूनिवर्सिटी में अर्थ एंड एटमॉस्फ़ियरिक

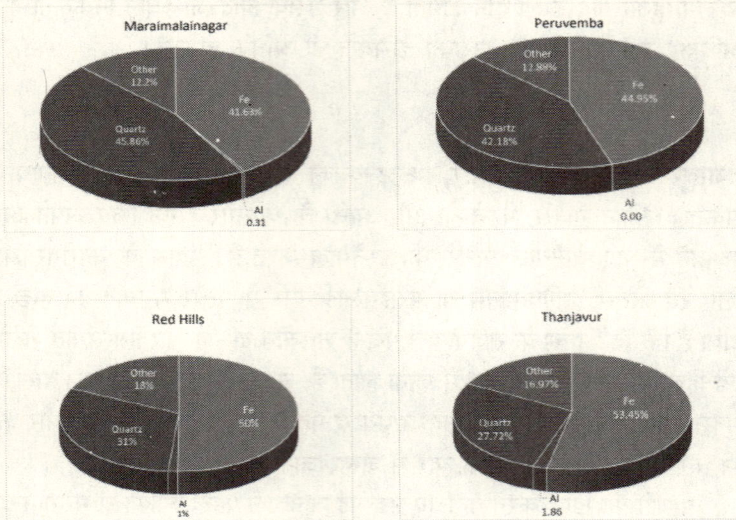

रिटवेल्ड पद्धति से एक्स-रे विकिरण कर रासायनिक संरचना जानने के लिए पत्थरों का विश्लेषण किया गया। जिन पाँच क्षेत्रों से पत्थर इकट्ठा कर मृदंगम कारीगर काम में लाते हैं, उनकी रासायनिक संरचना का तुलनात्मक स्वरूप

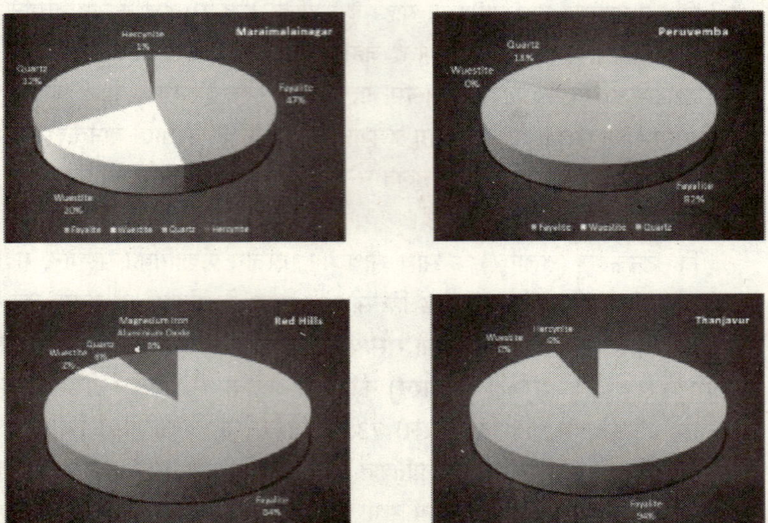

विभिन्न धातुओं (लोहा और एल्युमिनियम) और क्वाट्र्ज़ का प्रतिशत अनुपात इसी पद्धति से पता लगाया गया

साइंस के प्रोफ़ेसर जुअर्गेन स्कीबर के अनुसार, 'सामान्य परिस्थितियों में मैग्मा में ओलिविन और क्वाट्र्ज़ का सह-अस्तित्व नहीं हो सकता। अतः, क्वाट्र्ज़ की उपस्थिति ओवरप्रिंट का इशारा देती है। शायद टेक्टोनिक फ्रैक्चर्स जो हाइड्रोथर्मल फ्लूइड के रूप में क्वाट्र्ज़ से भरे हुए थे, चट्टानों से रिसे होंगे। हम यहाँ जो परिवर्तनशीलता देखते हैं, वह माफ़िक़ चट्टानों के एक ही समूह में आसानी से पाई जा सकती है, जो बाद में हाइड्रोथर्मल ओवरप्रिंट से प्रभावित हुई थी और फिर अलग-अलग गहराई तक अपक्षयित हुई होंगी।' मराईमलाई नगर (0.3 प्रतिशत), रेड हिल्स (1.3 प्रतिशत) और तंजावुर (1.9 प्रतिशत) के नमूनों में एल्युमिनियम भी मौजूद था। पेरुवेम्बा और टाडा के पत्थरों में एल्युमिनियम बिलकुल भी नहीं है।

सवाल यह है कि ये सब मृदंगम की सुरीली बनावट को कितना प्रभावित करता है? हम वास्तव में नहीं जानते। यह तर्क देना और भी कठिन है कि कोई एक सोनिक पैलेट सबसे आदर्श है। प्रत्येक पत्थर और उससे बननेवाला सादम, मृदंगम को एक विशिष्ट सौन्दर्य देता है, किसी एक का नाम नहीं लिया जा सकता। कहने की ज़रूरत नहीं है कि तंजावुर के कारीगर तो दावा करेंगे ही कि उनका पत्थर और उनका सादम सर्वोत्तम है।

सेल्वाराज ने दावा किया, 'अन्य पत्थरों से बने सादम की दस गेंदें किट्टनकल्लु सादम की एक गेंद के बराबर होती हैं।' शंकरन का मानना है कि किट्टनकल्लु सादम की दो छोटी गेंदों के प्रयोग से इसके वज़न के कारण स्वरमान यानी पिच एक सेमी-टोन से गिर जाता है।

नवनीतम रेड हिल्स पत्थर का उपयोग करते हैं, लेकिन तंजावुर परिवार से किट्टनकल्लु भी ख़रीदते हैं। उनके पास शिकायत करने को काफ़ी कुछ है, 'उनके (तंजावुर कारीगर के) रिश्तेदार पत्थर इकट्ठा करते हैं, उन्हें कूटते-पीसते हैं और पाउडर को अपनी दुकानों पर बेचते हैं। हमारे पास कुछ लोग पत्थरों का पाउडर बनाने के लिए ही हुआ करते थे। घर में हमेशा तीन-चार पेंट की बाल्टियाँ पाउडर से भरी रहती थीं। एक बाल्टी समाप्त होते ही मेरे पिता और पत्थर इकट्ठा करके लाते और उनका पाउडर बनाते थे। अब मैं तंजावुर के लोगों से पाउडर ख़रीद रहा हूँ। हम एक किलो के 700-900 रुपये देते हैं, लेकिन उसकी गुणवत्ता हमेशा अच्छी नहीं होती। वे हमें धोखा देते हैं। कभी-कभी पाउडर मोटा होता है और जब हम इसे छानते हैं तो आधा किलो पाउडर बेकार हो जाता है। वाद्य की क़ीमत में वृद्धि भी इसी वजह से है। जब हम सब काम ख़ुद ही करते थे, तब लागत कम थी। अब

जबकि इतने सारे लोग इस काम में शामिल हैं, और हर कोई अपना हिस्सा ले रहा है, तो लागत बहुत अधिक हो गई है।'

बालागुरु कहते हैं कि तंजावुर निर्माण शैली में कुछ भी अनोखा नहीं है। 'मुझे लगता है कि यह मिट्टी की विशेषता है। जो कोई भी इसका (किट्टनकल्लु) उपयोग करेगा उसे अच्छी आवाज़ मिलेगी। वहाँ का मावु (पेस्ट) ख़ास होता है। मुझे कई प्रकार के पत्थर मिलते हैं, लेकिन तंजावुर के पत्थर कुछ अलग हैं।'

इस तरह के पत्थरों के प्रतिस्थापन के लिए कई प्रयोग भी किए गए। जैसे, रेत, कुटी हुई ईंट, टैल्कम पाउडर, हल्दी पाउडर, लेकिन किसी से बात नहीं बनी। टी.वी. गोपालकृष्णन ने सबसे क्रूर ढंग से काम करवाने का प्रयास किया, जिससे कारीगरों को सचमुच ख़ून बहाना पड़ा। अरुलराज ने याद किया, 'उन्होंने मुझे एक पाउडर दिया और चले गए। जब मैंने इसे चावल के साथ मिलाया तो यह हमारे पेस्ट जैसा लगा, लेकिन यहाँ सफ़ेद रंग का था। जब मैंने एक या दो छोटी गेंदें लगाईं, तो मेरा हाथ खुरदरा हो गया और फिर मेरी त्वचा फट गई। मैंने सुसइनाथन से काम करके देखने के लिए कहा और दो राउंड होते-होते उनकी त्वचा भी फट गई। जब टीवीजी रात में वापस आए, तो जो कुछ हुआ वह मैंने उन्हें बताया, तो उन्होंने जवाब दिया, "ठीक है, इसे और मुट्टु को फेंक दो।" अरुलराज और सुसइनाथन को तो पता ही नहीं था कि उन्हें सादम के लिए हीरे की धूल दी गई थी। उन्हें तो तब अहसास हुआ जब टीवीजी ने उन्हें असलियत बताई।

मृदंगम कारीगर मृदंगम में सादम लगाने के लिए 600 से लेकर 1,000 रुपये तक वसूलते हैं। कुछ वरिष्ठ लोग उन दिनों को याद करते हैं जब इसकी लागत बहुत कम हुआ करती थी। शिवरामन ने याद करते हुए कहा, 'अज़गनम्बी पिल्लै ने केवल 6 आने (लगभग 37 पैसे) का भुगतान किया था। बाद में उन्होंने उन्हें बारह आने दिए। मेरे पिता भी उन्हें कुछ इतना ही देते थे, लेकिन मुफ़्त में सलाह भी देते थे।' शिवरामन के पिता एक डॉक्टर थे। मेल्गीस याद करते हैं कि 1970 के दशक में उन्हें सिर्फ़ 5 रुपये मिलते थे। धीरे-धीरे उनका मेहनताना बढ़कर औसतन 800 रुपये तक पहुँच गया।

सी.वी. रमन ने 1919 में मृदंगम के सांगीतिक गुणों पर महत्त्वपूर्ण प्रयोग किए। मृदंगम को वलंदलाई की तरफ़ प्रघात करने के विभिन्न तरीक़ों को देखते हुए रमन की पहली विधि 'सपाट हथेली से मृदंगम के केन्द्र पर थाप मारकर नीचे लाना और फिर इसे जल्दी से हटाना' है। वह कहते हैं कि इससे बिना किसी ओवरटोन के एक

गहरा गुंजन निकलता है। मृदंगम कलाकार अपनी तर्जनी के साथ सादम के ठीक बीच में एक ज़ोरदार थाप लगाते हैं। इससे अकस्मात एक तेज़ 'ता' ध्वनि उत्पन्न होती है। मेरे अवैज्ञानिक दिमाग़ और संगीतमय कानों के लिए, इसमें ओवरटोन की कमी है। यह ध्यान रखना ज़रूरी है कि मृदंगम की ट्यूनिंग का मतलब केवल मिट्टु और चप्पु का सुमेल है। इसमें वलंदलाई शीर्ष के बिलकुल केन्द्र में बजाई जानेवाली कोई भी थाप शामिल नहीं होती है। मृदंगमवादन तकनीकों में भी, क्वचित ही सादम का केन्द्र स्वतंत्र रूप से बजता है। वास्तव में इस बेमेल या बेसुरी थाप को उन मल्टी-टोनल हार्मोनिक ध्वनियों के व्यतिरेक के रूप में उपयोग किया जाता है, जो अन्य मृदंगम थापों से उत्पन्न होती हैं।

8

बड़ी बहस

सी. वी. रमन उस कारीगर के नाम का उल्लेख नहीं करते जिसने 1919 में उनके प्रयोगों के लिए मृदंगम तैयार किया था। यह परलांदू की पीढ़ी से पहले का कोई व्यक्ति रहा होगा। उस समय, रमन कलकत्ता में थे, इसलिए हम नहीं जानते कि जो मृदंगम उन्होंने इस्तेमाल किया वह उनके गृहनगर मद्रास से आया था या कहीं और से। क्या यह कोई युवा मुनुसामी था, जो मुनुसामी के परिवार का कोई बुज़ुर्ग था, या शायद सेवित्तन के पिता आरोग्यम? दुर्भाग्य से यह हम कभी नहीं जान पाएँगे। रमन के निष्कर्ष विज्ञान के इतिहास में अंकित रहेंगे। लेकिन, वह व्यक्ति जिसने वह उपकरण बनाया जिसने उन्हें रेत की सुन्दर क्लडनी संरचनाएँ दीं (यह किसी झिल्ली की अनुनाद प्रारूप की कल्पना करने का एक तरीक़ा है, और इसे हार्मोनिक गुणों को निर्धारित करने के लिए उपयोग किया जाता है) जिनकी मदद से उन्होंने अपनी परिकल्पना को साबित किया कि मृदंगम एक सुरीला वाद्य-यंत्र है। वह व्यक्ति गुमनामी के अँधेरे में खो गया।

रमन की मृदंगम का एक और पहलू है जिसके लिए कुछ छानबीन करनी होगी—वह यह तथ्य कि उन दिनों यह वाद्य ही कुछ हद तक अलग ढंग का होता होगा। और मद्रास या तंजावुर कारीगर के अनुसार इसकी प्रकृति कुछ अलग रही हो सकती है। बीसवीं शताब्दी की शुरुआत में सादम लगाने के बाद और स्वरमान से सम्बन्धित सभी विसंगतियों का समाधान हो जाने के बाद, मृदंगम संगीत आयोजन में उपयोग के लिए तैयार हो गया होगा। तंजावुर वैद्यनाथ अय्यर ने निश्चित रूप से

इस तरह के मृदंगम का इस्तेमाल किया होगा। 'सादम प्रतिध्वनि से ध्वनि आई,' सेल्वाराज ने समझाया। कम्पायमान झिल्लियों और वलंदलाई पर सादम के भार ने वाद्य को सुरीला बनाया और कलाकारों और श्रोताओं को वे सौन्दर्यात्मक आयाम मिले जो वे चाहते थे।

ऐसा लगता है कि तंजावुर में यह होता रहा होगा, लेकिन मद्रास के वादक और कारीगर इस पद्धति से सन्तुष्ट नहीं थे तो उन्होंने एक आसान उपाय खोजा। घास से बनी हुई झाड़ू, हर भारतीय घर में पाई जानेवाली झाड़ू जो टाइगर ग्रास (थिसानोलेना लैटिफोलिया) से बनी होती है जिसे झाड़ू घास भी कहा जाता है। मद्रास कारीगरों ने वेट्टु और कोट्टु थट्टु के बीच घास की पतली पट्टियों को डालना शुरू किया। कुंडलाकार वेट्टु थट्टु और उसके नीचे कोट्टु थट्टु आधार पर ओक्करारा थट्टु के साथ एक साथ गुँथे होते हैं। दो परतों (कोट्टु थट्टु और वेट्टु थट्टु) के बीच इन घास की पट्टियों को रखने से कारीगर को एक तीव्र, धात्विक तार से निकलनेवाले स्वर जैसी आवाज़ मिली, क्योंकि हर बार जब मृदंगम पर थाप लगाई जाती, तो इन पट्टियों में कम्पन होता था। इससे भी आश्चर्यजनक तथ्य यह था कि थाप लगाए जानेवाले स्थान के आधार पर इस नवाचार से निकलनेवाले स्वरों में विविधता थी। अब इसकी मदद से एक कोमल गूँज से लेकर एक तीखी साफ़ झंकार तक सब कुछ सम्भव था। इसका मतलब यह भी था कि मृदंगम की श्रव्य पहुँच बढ़ गई थी। याद रखें, यह माइक्रोफ़ोन से पूर्व का युग था। जब माइक्रोफ़ोन का उपयोग शुरू हुआ, तब भी मंच के सामने मृदंगम से कुछ दूरी पर केवल एक बहुदिशात्मक माइक होता था। मृदंगम की संरचना में इन छोटी-छोटी तीलियों को, जिन्हें कुच्ची कहा जाता था, जोड़ने से श्रव्य-बोध में बड़ा अन्तर आ गया। दूर तक श्रव्य उपस्थिति दर्ज कराने के साथ ही मृदंगम किसी संगीत-कार्यक्रम में और अधिक महत्त्वपूर्ण हो गया।

कमलाकर राव तब एक युवा कलाकार थे और राजमुन्दरी में रहते थे। उन्होंने मद्रास कण्णन और एस.वी.एस. नारायणन को ऑल इंडिया रेडियो के माध्यम से सुना था। उनके मुताबिक़, 'मद्रास कण्णन भी कुच्चियों वाले मृदंगम को बजाते थे। उनके मिट्टु से वही 'चोइन-चोइन-चोइन' की ध्वनि निकलती थी। बजाने की वह भी एक शैली थी। इससे लोग आकर्षित होते थे। मृदंगम पर थाप देने की उनकी कुछ विशेष तकनीक थी। जब वह बजाते तो कुच्ची हिलती थी। हमने एस.वी.एस. नारायणन को वाद्यवृंद (ऑल इंडिया रेडियो का ऑर्केस्ट्रा) में बजाते सुना है। वह बहुत मधुर हुआ करता था।'

जिस वाद्य-यंत्र में घास की ये पट्टियाँ डाली जाती हैं, उसे 'कुच्ची मृदंगम' कहा जाता है, हालाँकि त्रिची शंकरन ने दृढ़ता से कहा कि 'कुच्ची मृदंगम' या 'कुच्ची मुट्टु' जैसे नाम देना ग़लत है। उन्होंने ज़ोर देकर कहा कि ये सिर्फ़ मृदंगम हैं जिनमें कुच्चियों को डाला गया है। आमतौर पर, प्रत्येक कन्नु पर एक पतली पट्टी रखी जाती है, अर्थात् एक वलंदलाई में सोलह। लेकिन अगर पहले से ही खाल और सादम से पर्याप्त प्रतिध्वनि निकल रही हो, तो कारीगर और कलाकार इनकी संख्या को कम कर सकते हैं। पट्टियाँ कन्नु की ओर सरकाई जाती हैं। वरदन ने इस प्रक्रिया को समझाया, 'आपको घास को चार बराबर पट्टियों में विभाजित करके इसे अन्दर रखना होगा। हम ये घास गाँवों से इकट्ठा करके लाते हैं। हम पूरी घास का उपयोग करते हैं, केवल अन्त में जो पतला हिस्सा होता है उसे छोड़कर।' कमलाकर राव के अनुसार, आन्ध्र के कारीगर कभी-कभी सोलह के बजाय बत्तीस कुच्ची रखते थे, जिसका अर्थ है प्रति कन्नु दो कुच्ची!

संगीत मंचों पर कुच्ची मृदंगम के शुरुआती खोजकर्ता होने का श्रेय एक और कलाकार सी.एस. मुरुगाभूपति को भी दिया जाता है। कालिदास एक घटना बताते हैं, जो पलानी ने उनके साथ साझा की थी।—'मैंने अपने शिक्षक को यह कहते सुना है कि कुच्ची को लाने का श्रेय मुरुगाभूपति को है। एक बार दोनों एक साथ यात्रा कर रहे थे और रास्ते में उन्होंने मुरुगाभूपति से उनके मृदंगम की ध्वनि के बारे में पूछा। मुरुगाभूपति ने जवाब दिया कि उन्होंने कुछ अलग नहीं किया है। "मैंने ऐसा क्या किया है जो आपने नहीं किया?" उन्होंने पूछा। मुरुगाभूपति मेरे गुरु से पाँच या छह साल छोटे थे और मणि अय्यर से दो साल। तो उनका यह जवाब विनम्रता प्रदर्शित करने के लिहाज़ से था। लेकिन मेरे गुरु का ध्यान कुच्चियों पर गया। मदुरै रत्नम ने यह काम किया था।' तो क्या हम यह निष्कर्ष निकाल सकते हैं कि मदुरै में कुच्ची का इस्तेमाल होता था? एक बार फिर, इस नवाचार का श्रेय कलाकार को जाता है, जबकि वास्तविक काम करनेवाले और इसके बारे में सोचनेवाले का उल्लेख चलते-चलते कर दिया जाता है।

कई अन्य संगीतकारों का भी कहना है कि मुरुगाभूपति ने ही कुच्ची मृदंगम बजाने की शुरुआत की। मुझे पूरा यक़ीन नहीं है। मद्रास में प्रयुक्त होनेवाले मृदंगमों के बारे में जो कुछ भी हम सुनते हैं, उससे यह प्रतीत होता है कि यह पहले के समय से उपयोग में रहा होगा।

सेल्वाराज का मानना था कि मणि अय्यर ने पलक्कड़ में रहते हुए बिना कुच्ची वाले मृदंगम का उपयोग किया होगा। वैसे, उन वर्षों के दौरान पलक्कड़ में

समानान्तर रूप से एक कुच्ची परम्परा चल रही थी। हमें गुरुवयुर दोरई से मालूम हुआ कि 1940 के दशक की शुरुआत में भी वहाँ कुच्ची का इस्तेमाल होता था। टी.वी. गोपालकृष्णन ने मुझे और अधिक जानकारी दी, 'केरल में, कुच्ची ताड़ के पत्तों से बनती थी। कुच्ची तीन प्रकार की होती है। पहली नारियल के पेड़ से बननेवाली—तेन्नम कुच्ची। यह कड़ी होती है और इससे कर्कश ध्वनि निकलती है। दूसरी ताड़ के पत्ते वाली होती है। यहाँ (तमिलनाडु में) लोग तोडप्पुल्लु (झाड़ू घास) का इस्तेमाल करते हैं। उन दिनों, केरल के कारीगर हमारा मज़ाक़ उड़ाते थे, कहते थे कि आप मृदंगम में वह चीज़ लगाते हैं, जो झाड़ू में इस्तेमाल होती है।' वास्तव में, दक्षिणामूर्ति पिल्लै ने टिप्पणी की थी, 'हे भगवान, तोडप्पम (झाड़ू) को मृदंगम के अन्दर नहीं रखा जाना चाहिए।'

जहाँ तक मुझे पता चला है, झिल्लियों के बीच कुच्ची डालने की प्रथा मद्रास और पलक्कड़ में प्रचलित थी। यह भी निश्चित प्रतीत होता है कि 1940 के दशक में विजयनगरम पट्टी में कुच्ची मृदंगम का उपयोग किया जाता था। लगता है कि तंजावुर इस प्रवृत्ति से काफ़ी हद तक अप्रभावित रहा है। सेल्वाराज ने बताया कि तीन भाइयों में सबसे बड़े लेकिन सबसे कमज़ोर शेंगोल ने हो सकता है कुच्ची का काम किया हो, लेकिन मैं यह नहीं जानता कि किसके लिए। तंजावुर को कर्नाटिक संगीत की राजधानी माना जाता था, और कुच्ची के उपयोग को स्वीकार करने से इनकार करना निस्सन्देह एक ज़िद्दी रवैये का नतीजा था—वही 'कर्नाटिक रवैया' जिसका मैंने पहले वर्णन किया था, जहाँ इस तरह के नवाचारों को व्यर्थ दिखावे के रूप में देखा जाता है। तंजावुर में मृदंगम कलाकार केवल सादम लगी हुई सतह पर ही बजाते थे, प्रतिध्वनि बढ़ाने के लिए कोई अन्य सामग्री इस्तेमाल नहीं की जाती थी। चूँकि, सादम को बार-बार लगाना पड़ता था, सम्भावना थी कि सादम के कुछ सूखे कण वेट्टु थट्टु के निचले किनारों पर रह जाते होंगे। इससे मृदंगम में कुछ अतिरिक्त प्रतिध्वनि जुड़ जाती होगी।

तमिल सिनेमा की दुनिया में कुच्ची मृदंगम ने लम्बे समय तक राज किया। गुरुवयुर दोरई ने याद किया, 'मैंने एक बार रिकॉर्डिंग के लिए कप्पी मृदंगम (कुच्ची के समान एक अन्य विधि) साथ लिया। वज़ुवूर रमैया पिल्लै (तमिल सिनेमा के कोरियोग्राफ़र और प्रसिद्ध नृत्यगुरु) वहाँ उपस्थित थे। यह रिकॉर्डिंग मद्रास के माउंट रोड पर रेवती स्टूडियो में थी। रंगास्वामी साउंड इंजीनियर थे। मैंने मृदंगम पर थाप लगाई, और उन्होंने कहा, "यह क्या है? यह मृदंगम की तरह बिलकुल नहीं लगता

है," और मुझे दूसरा मृदंगम लाने के लिए कहा। मैं घर गया और दूसरा ले आया, और वह भी कप्पी था। मैंने जो भी बजाया, वे उसे स्वीकार नहीं कर रहे थे। फिर मैंने एक कुच्ची मृदंगम लिया और उस पर बजाया, और वह छन-छन ध्वनि सुनाई दी। उन्होंने तुरन्त कहा, 'आह, यह है मृदंगम की आवाज़।'

1950 के दशक की शुरुआत तक, मृदंगम कलाकार या तो कुच्ची मृदंगम का उपयोग करते थे या फिर सामान्य मृदंगम का। फिर एक बड़ी सफलता मिली। रचनात्मक प्रतिभा से सम्पन्न परलांदू की ओर से एक प्रेरक विचार आया कि क्यों न कुच्ची के स्थान पर किट्टनकल्लु के एकदम महीन पाउडर के बजाय थोड़े बड़े दानों का उपयोग किया जाए? जब कारीगरों ने सादम के लिए किट्टनकल्लु को संशोधित किया, तो बचे रहनेवाले छोटे-बड़े टुकड़ों को फेंक दिया जाता था। परलांदू ने सोचा कि इन्हें वेट्टु थट्टु और कोट्टु थट्टु के बीच में रखा जा सकता है। उस समय, वह मणि अय्यर के साथ काम कर रहे थे। उन्होंने एक प्रायोगिक संस्करण बनाया। अय्यर ने जब इसकी आवाज़ सुनी तो ख़ुश हो गए। इससे निकलनेवाली ध्वनि असाधारण, तेज़ और कसी हुई थी, जिसमें गम्भीरता थी, कुछ विशेष बात थी, इसमें कुच्ची की खड़खड़ाहट नहीं थी। इसने उन्हें अपने समकालीन कलाकारों पर बढ़त दिलाई। उनके विशिष्ट होने में यह घटक भी शामिल था।

कारीगर दोनों थट्टुओं के बीच की जगह में विभिन्न आकारों के दानों को रखते हैं—यह एक ऐसी प्रक्रिया है जिसके लिए बहुत अधिक सावधानी और निपुणता की आवश्यकता होती है। छोटे टुकड़ों को लकड़ी के फ़्रेम के क़रीब अन्दर की ओर धकेला जाता है, ताकि वे बाहर न गिरें। इसके बाद मध्यम आकार के टुकड़ों को डाला जाता है। इसके बाद बड़े टुकड़े खुले हुए कोट्टु थट्टु के क़रीब डाले जाते हैं। वैसे, इन्हें डालने का कोई विशेष नियम नहीं है, कारीगर अपनी इच्छा से इन्हें डाल सकता है। इन दानों को कप्पी कहा जाता है, इसलिए इसे 'कप्पी मृदंगम' कहा जाता है।

पत्थर के इन दानों को डालने की प्रक्रिया देखने लायक होती है। कारीगर कुछ कप्पियाँ उठाता है और होशियारी से उन्हें सादम पर गिरा देता है। सादम की वक्रता के कारण वे वेट्टु थट्टु के भीतरी किनारे की ओर लुढ़क जाते हैं। मृदंगम को थोड़ा-सा हिलाना पड़ता है और दाने आन्तरिक परिधि के चारों ओर समान रूप से फैल जाते हैं। फिर, मृदंगम को बस थोड़ा-सा तिरछा करके, और झिल्लियों के बीच की जगह को खोलने के लिए एक पेचकस का उपयोग करके, वह कप्पी

को इस गैप में लुढ़कने देता है। वह मृदंगम को घुमाता रहता है, सुनिश्चित करता है कि दाने समान रूप से हर जगह फैल जाएँ। हर कन्नु पर स्वर की जाँच करता है, और कप्पी के स्थान को यह सुनिश्चित करने के लिए समायोजित करता है कि कोई ढीला या जगह से बाहर न हो। कारीगर की भाषा में, वह कप्पी और मृदंगम को 'स्थापित' कर देता है।

परलांदू के नवाचार के लिए सम्पूर्ण मृदंगम-संरचना पर पुनर्विचार करने की आवश्यकता थी। चुनी गई खाल की प्रकृति और पोइवारु पिडी के विस्तार का पुनर्मूल्यांकन किया जाना था। दो झिल्लियों के बीच पत्थर के दानों को रखने का मतलब था कि समय के साथ कप्पी खाल को खरोंच देगी, उसे फाड़ भी सकती है। इससे बचने के लिए कारीगरों ने कप्पी मृदंगम के लिए मोटी खाल (बकरी और गाय दोनों) का उपयोग करने का फ़ैसला किया। राजामणि ने कहा कि खाल की चयन प्रक्रिया में केवल आदर्श खाल खोजना ही शामिल नहीं था, सभी कामों को सामंजस्य के साथ करना ज़रूरी था। 'मुझे नहीं पता कि वह (कारीगर) कैसे जान पाता है, लेकिन जानता केवल वही है। वह खालों को फड़फड़ाकर जाँचता है।' एक युवा मृदंगम कलाकार ने कहा कि दो खालों को कमोबेश समान मोटाई का होना चाहिए, या कोट्टु थट्टु (बकरी की खाल) को वेट्टु थट्टु (गाय की खाल) से ज़्यादा मोटा होना चाहिए। दूसरा रास्ता काम नहीं करेगा। सुसइनाथन ने इसे व्यावहारिक ढंग से समझाया, 'ऐसा इसलिए है क्योंकि हर बार जब हम सादम को हटाते हैं, हम खाल को खुरचते भी हैं, और इसलिए यह समय के साथ पतली हो जाती है।'

अब यह भी अनिवार्य हो गया कि पोइवारु पिडी अत्यधिक कसी हुई हो, क्योंकि दोनों थट्टुओं को अपने बीच कप्पियों को मज़बूती से पकड़कर रखना था। अगर पत्थर के टुकड़े अपनी जगह से हिल जाते तो मृदंगम की ताल बिगड़ जाती या वेलिथि की समस्या आने लगती। कलाकार अक्सर बताते हैं कि मणि अय्यर हमेशा किसी भी संगीत समारोह में कम-से-कम दो मृदंगम साथ लाते थे। स्वाभाविक है कि कप्पी को अपनाने के शुरुआती दौर में अतिरिक्त सावधानी बरतना ज़रूरी था। इस बात की आशंका हमेशा रहती थी कि कप्पी हिल सकती है या गिर सकती है और मणि अय्यर कोई जोखिम नहीं उठाना चाहते थे। उमयलपुरम के. शिवरामन ने साफ़-साफ़ कहा, 'आप कुच्ची मृदंगम पर भरोसा कर सकते हैं, पर उस पर नहीं।'

एक बहुत कसी हुई पोइवारु पिडी ने भी कारीगर का फ़ोकस बदला। मृदंगम-निर्माण में अब बहुत अधिक शारीरिक शक्ति और एक ख़ास क़िस्म की कठोरता

शामिल हो गई। जहाँ कुच्ची मृदंगम में पोइवारु पिडी के तीन या चार घेरे लगाने पड़ते थे, वहीं कप्पी मृदंगम के लिए छह या सात लगाने पड़ते थे। काम समाप्त होते तक कारीगर बुरी तरह से थक जाता था। कप्पी मृदंगम बनाने के लिए ऐसे कारीगरों की ज़रूरत थी जो इतने मज़बूत हों कि लगातार काम करने में सक्षम हों।

लेकिन पोइवारु को इस हद तक कसने से दो बातें होती हैं, पहली यह कि वलंदलाई का स्वरमान तेज़ी से बढ़ता है, कुच्ची मृदंगम की तुलना में भी बहुत अधिक। कसकर खिंची हुई खाल का मतलब है उच्च आवृत्ति। दूसरे, खाल कम लचीली होती है और ध्वनि घन होती है। बिलकुल मनुष्य की आवाज़ की तरह जब गले के आसपास सूजन चढ़ जाती है तो आवाज़ में खनक नहीं रह जाती। जब कुच्ची का उपयोग किया जाता है, तो पहली या दूसरी बार सादम चढ़ाने के बाद मृदंगम की पिच इतनी नीचे आ जाती है कि उसे स्त्री या पुरुष के स्वर के साथ ट्यून किया जा सकता है। यह कट्टई के आकार पर भी निर्भर करता है। लेकिन कप्पी मुट्टु में ऐसा नहीं होता। इसलिए, कारीगरों ने थट्टु मुरुकरडु नामक एक विधि तैयार की।

राजामणि ने बताया, 'खाल को लचीला बनाने के लिए उनकी कठोरता ख़त्म होनी चाहिए, इसलिए वे (कलाकार) अपना नया मृदंगम अपने शिष्यों को अभ्यास करने के लिए दे देते हैं।' ऊर्जा से भरे ये युवा कलाकार इसे जितना चाहें उतनी ज़ोर से मारने के लिए स्वतंत्र होते हैं, जो कुछ भी वे जानते हैं उसे बजाने का प्रयास कर सकते हैं और इस प्रक्रिया में खाल अधिक से अधिक मुलायम होती जाती है। राजामणि ने समझाया, 'उन्हें या तो अपना पाठ तैयार करने के लिए, या गायक के साथ संगत करने के लिए लगातार बहुत समय तक अभ्यास करना पड़ता है।' यह सभी के लिए उपयुक्त होता था। शिष्य अपना अभ्यास करता और गुरु का वाद्य तैयार हो जाता। जैसे-जैसे छात्र इन मृदंगमों पर अभ्यास करते जाते, सादम को कम-से-कम तीन या चार बार बदलना पड़ता। हर बार जब इसे बदला जाता, तो वाद्य का स्वरमान गिर जाता। इस तरह कम-से-कम तीन या चार बार सादम प्रतिस्थापन के बाद ही मृदंगम मंच पर बजने के लिए तैयार होता था। एक कप्पी मृदंगम को संगीत-कार्यक्रम के योग्य माने जाने में कम-से-कम तीन या चार महीने लगते थे। आज भी कुछ मृदंगम कलाकार इस कठिन प्रक्रिया का पालन करते हैं। और अगर मैं इसके बारे में सोचूँ, तो यह प्रक्रिया नये क्रिकेट बैट को खेलने के लिए तैयार करने के समान है। नये बल्ले पर अलसी का तेल लगाने के बाद उसे लकड़ी के हथौड़े से ठोंका जाता है। हथौड़े पर क्रिकेट की गेंद लगी होती है। बल्ले

का इस्तेमाल रद्द कर दी गई क्रिकेट गेंदों की पिटाई के लिए भी किया जाता है। यह प्रक्रिया लकड़ी को कसने में मदद करती है, जिससे बल्ले की उम्र बढ़ती है।

तंजावुर में मणि अय्यर के पास एक व्यक्ति था जिसका काम ही मृदंगम को तैयार करना था। राजाराम ने बताया, 'थट्टु मुरुकरडु के लिए एक गुरप्पा नामक व्यक्ति रखा गया था। वह हमेशा अभ्यास करता रहता था! (ठहाका) मेरे पिता कभी-कभी कहते थे, "गुरप्पा की तरह अभ्यास मत करो।" वह कहते थे कि सात-आठ घंटे बैठे रहने और अंधाधुंध अभ्यास करने की तुलना में स्मार्ट तरीक़े से अभ्यास करना कहीं अधिक प्रभावी होता है। "उसे देखो, दिन में ग्यारह घंटे अभ्यास करता है! पर क्या फ़ायदा?" लेकिन थट्टु को तैयार करने के लिए गुरप्पा को तो बजाना ही था।' उन्होंने इसे नाम भी दे दिया था, गुरप्पा अभ्यास। टी.के. मूर्ति को गुरप्पा के दादा अंगन्ना नायकर की विलक्षण अभ्यास-पद्धति याद आ गई। प्रत्येक अभ्यास के अन्त में वह धान का एक दाना उठाकर एक तरफ़ रख देते थे। दिन की समाप्ति पर वह गिनती करते थे कि आज उन्होंने कितनी बार अभ्यास किया।

कुच्ची और कप्पी का चलन शुरू हो जाने के बाद, घास की पट्टियों या पत्थर के दानों को डालने के बाद ही वलंदलाई के स्वरमान की जाँच की जाने लगी। निर्माण के इस भाग को शुद्धम पनराडु कहा जाता है—मृदंगम के परिमार्जन के लिए अन्तिम जाँच। किनारों से सादम को पोंछा जाता है, वारु को जाँचा जाता है, कड़ा या ढीला किया जाता है ताकि यह सुनिश्चित किया जा सके कि सभी कन्नुओं पर स्वरमान समान हो, और अगर मिट्टु और चप्पु के बीच कोई अन्तर है, तो सादम को जोड़ा या हटाया जाता है।

वास्तविक अन्तिम चरण यही होता है। वास्तव में, इसी चरण में अधिकांश मृदंगम कलाकार कारीगर के साथ बैठते हैं और वाद्य को अपने हिसाब से ट्यून करके अन्तिम रूप देते हैं। दरअसल, कारीगर भी इस बात पर ज़ोर देते हैं कि कलाकार को इस चरण में उनके साथ मौजूद रहना चाहिए। वह कहते हैं कि हर किसी के हाथ की ताक़त और अहसास अलग-अलग होता है। कारीगर जब मृदंगम पर थाप देता है तो हो सकता है कि उसे ठीक लगे लेकिन जब कलाकार बजाता है, तो उसे ठीक नहीं भी लग सकता। इसीलिए कारीगर चाहता है कि कलाकार उसके सामने बैठकर बजाए और सन्तुष्ट हो जाए।

झिल्लियों के बीच केवल कुच्ची और कप्पी ही नहीं रखी जाती थी। मृदंगम कलाकारों ने कारीगरों से पूनल/जनेऊ डालने और उसे गाय की खाल के अन्दर

साभार : के. सुसइनाथन

पालघाट रघु मृदंगम को परखते हुए और उन्हें देखते हुए युवा सुसइनाथन

गोंद के साथ चिपकाने के लिए कहने से भी गुरेज नहीं किया। तानपूरे के तार भी आजमाए जा चुके थे। और कटे हुए क्रेडिट कार्ड भी।

'मेरे चाचा (एंटनी) की कार्यशैली ज़बरदस्त थी, उनका शरीर भी ऐसा ही मज़बूत था। वह चार आदमियों का काम अकेले निपटा लेते थे। मैं भी उनके जैसा ही हूँ,' सेल्वाराज ने गर्व से कहा। हालाँकि उन्होंने अपने चाचा के सादम की अधिक चर्चा नहीं की, उसे 'अपरिष्कृत' कहा, लेकिन उनके शारीरिक श्रम और क्षमताओं की बहुत तारीफ़ की। अरुलराज ने भी अपने पिता की वारु बनाने की क्षमताओं की सराहना करते हुए कहा, 'पिता का वारु की चोटियाँ गूँथना मुझे याद है। जहाँ चोटी समाप्त होती है वहाँ एक गाँठ लगाई जाती है। कभी-कभी हमें सादम लगाकर एक बार फिर वारु को खींचना पड़ता है। लेकिन गाँठ जगह से हिलती नहीं है। वारु को इतना कसकर खींचा जाता था कि उसे ढीला करना असम्भव था। जिस वारु को शेट्टी ने कस दिया हो उसे हाथी भी ढीला नहीं कर सकता था।'

कई कारीगरों और कलाकारों की बातचीत से यह स्पष्ट था कि मृदंगम-निर्माण की प्रक्रिया में शामिल शारीरिक बल की बहुत बातें की जाती हैं। चाहे जो हो, कलाकार की वारु सम्बन्धी माँगों को पूरा करने में सक्षम होने से जुड़ा सम्मान कारीगर की शक्ति और काम के प्रति गम्भीरता के संकेत के रूप में देखा जाता था (और अभी भी देखा जाता है)। यह शारीरिक बल सम्मान में रूपान्तरित होता

है और इसलिए सामाजिक प्रतिष्ठा भी हासिल होती है। मर्दाना शारीरिक बल (जो कभी-कभी ब्राह्मण कलाकारों में कम पड़ता है) और क्षमता का संयोजन व्यक्ति की योग्यता साबित करने के लिए पर्याप्त होता है। साथ ही, पोइवारु पिडी का हर अतिरिक्त घेरा कलाकार को यह महसूस कराता है कि वह अधिक विशिष्ट है और वाद्य का जानकार है।

मैं क़तई यह नहीं कह रहा हूँ कि वाद्य को सुर में मिलाने के लिए निपुणता चाहिए, या इसे सही ढंग से ट्यून करने में पोइवारु पिडी की भूमिका महत्त्वपूर्ण नहीं होती है। लेकिन कारीगरों और कलाकारों से बातचीत के बाद मेरी समझ में यह आया है कि इस काम में प्रतिद्वन्द्विता और पुरुषोचित शान भी काम करती है। वारु को खींचने के लिए उन्हें अपने पूरे शरीर का बल नहीं लगाना है, फिर भी कई मृदंगम कलाकार अहंकार के साथ बोलते हैं कि उन्हें बहुत मज़बूत पोइवारु पिडी चाहिए। उनकी इस माँग को एक बलशाली कारीगर द्वारा सुना जाना और जैसा वे कहते हैं वैसा करके देना, इसे मर्दानगी की निशानी माना जाता है।

राजमणिक्कम के काम करने के तरीक़ों में शारीरिक बल कम लगता है और इसके लिए उन्हें अपने परिवार के भीतर ही आलोचना का शिकार होना पड़ा होगा। 'उनका काम बहुत साफ़-सुथरा था, और वह एक होशियार कारीगर थे, उन्हें कुशलता से काम करने की आदत थी। वह अपने शरीर को ज़्यादा तनाव नहीं देते थे। खाल का चयन और काम में इस्तेमाल होनेवाली सामग्री के चयन में उन्हें महारत हासिल थी। यही उनकी शक्ति थी। वह बहुत बलशाली नहीं थे। न्यूनतम प्रयास में वह बेहतरीन काम करके दिखाते थे।' मेल्गीस ने कहा था। यद्यपि सुनने में यह प्रशंसा प्रतीत हो रही थी, लेकिन बार-बार शारीरिक बल की कमी के उल्लेख से मुझे लगा कि उनके काम का मूल्यांकन कुछ अलग ही तरीक़े से किया जाता था।

निश्चय ही इस सबके मूल में जाति की संस्था काम करती है। यह शक्ति का बौद्धिक, भावनात्मक, मनोवैज्ञानिक और शारीरिक प्रतिपादन है। इस मामले में एक समुदाय जो अपनी शारीरिक क्षमता को कम आँकता है, वह दूसरे समुदाय के व्यक्ति को शारीरिक श्रम करने का निर्देश देकर शक्ति हासिल करता है। इसमें कलाकार समुदाय के मन में एक भावना गहरे समाई रहती है कि उनका अपना काम इस लौकिक काम से कहीं ऊपर और श्रेष्ठ है। वे सोचते हैं कि वे लोग शारीरिक रूप से सक्षम लोगों को नियंत्रित करने और अपनी शर्तों पर काम करवाने में सक्षम हैं, और यह भी कि कारीगर की प्रतिभा उसके शारीरिक प्रयासों पर निर्भर करती है।

इसे कारीगर का स्वेच्छा से किया गया योगदान बताया जाता है, कि देखो, ये लोग (कारीगर) मणि अय्यर या पलानी जैसे लोगों के साथ जुड़ने में सक्षम हैं! शायद कई वादकों ने सचेत रूप से इस तरह से नहीं सोचा होगा, लेकिन यह अभी भी कलाकार-कारीगर समीकरण के तंत्र को स्वीकार नहीं करने का बहाना ही माना जाएगा।

माइकल (बदला हुआ नाम) पोइवारु पिडी को लेकर कारीगरों का जीवन नरक बनानेवाले कलाकारों को लेकर एक मज़ाक़ करते हैं, 'वे सभी कलाकार जो हमसे और अधिक मेहनत करने को कहते थे जिसके कारण हमारे कूल्हों और घुटनों के टूटने की नौबत आ गई, शुक्र है वे सभी मर चुके हैं। (हाथ जोड़कर ऊपर की ओर देखते हैं)। वे हमें वारु पिडी के नाम पर मार ही डालते। ज़रा-सा भी फ़र्क़ होता तो वे उसे स्वीकार नहीं करते थे। वे अपनी पत्नी को बुलाते और कहते, "इसे थोड़ी चाय पिलाओ" या "इसे थोड़ा पानी दो।" बस थोड़ा और काम करवाने के लिए। चाय या पानी पीने के बाद हमें तत्काल थोड़ी ऊर्जा मिल जाती थी और हम तृप्त महसूस करते और पिछली मेहनत को भूल जाते और इस सच को भी भूल जाते कि आख़िर इतना कठिन परिश्रम वे ही तो हमसे करवा रहे हैं। हम अपने आपसे कहते कि हमको वारु पिडी की विसंगति को ठीक करना है, बस।' हालाँकि, माइकल ने यह बात नहीं कही, लेकिन मैं सोचता रहा कि उस 'कृपा' से प्राप्त भावनात्मक सन्तुष्टि से उन्हें कितनी अस्थायी राहत मिलती होगी। यह कि इतने बड़े कलाकार को उनकी थकान की फ़िक्र है और वह उन्हें राहत देने की कोशिश कर रहा है।

लगभग पूरा तंजावुर परिवार अपनी विशिष्ट पोइवारु पिडी को लेकर गर्व महसूस करता है। टी.वी. गोपालकृष्णन ने हमारी बातचीत में यही कहा था। यहाँ इस बात को याद करना ठीक होगा कि इस जालिम पोइवारु पिडी की अनिवार्यता परलांदू के कप्पी मुट्टु से ही उपजी थी। पोइवारु को कैसे कसा जाता है, मुझे यह दिखाने के लिए सुसइनाथन ने जिस पोइवारु पिडी को कसा था वह भी कप्पी मुट्टु के लिए ही थी। इसीलिए वह घेरे पर घेरे बनाते जा रहे थे, और अपनी बात साबित करने के लिए वह मेरे सामने एक अतिरिक्त घेरा भी बना रहे थे।

पोइवारु पिडी का महत्त्व बढ़ने से कुच्ची और कप्पी—घास की पट्टी और पत्थर के टुकड़ों के बीच ऊँच-नीच का एक पदानुक्रम बन गया। हम कुछ अचेतन रूप से भेदभावपूर्ण और लिंग से जुड़े सौन्दर्य सम्बन्धी मूल्यांकनों पर एक बार फिर से

विचार करेंगे, वही जो सुनाम्बु थट्टु के मामले में सामने आए थे। प्रत्येक कुच्ची मृदंगम कारीगर आपको बताएगा कि उनके मृदंगमों को बनाने के लिए बहुत अधिक शारीरिक परिश्रम नहीं करना पड़ता, अधिक बल नहीं लगाना पड़ता। ऐसा नहीं है कि इसमें मेहनत नहीं करनी पड़ती, बस इतना ही कि इन्हें तुलनात्मक रूप से कम परिश्रम करना पड़ता है। पूरा जीवन लगाकर वरदन ने कुच्ची मृदंगम में विशेषज्ञता हासिल की है। 'जो व्यक्ति कप्पी मृदंगम पर काम करता है, उसे (शारीरिक रूप से) कड़ी मेहनत करनी पड़ती है, मोटी खाल का उपयोग करना पड़ता है, जब वह पहली बार इसे रखता है तो वेट्टु थट्टु को बहुत ज़ोर से खींचता है, पोइवारु को कसता है, अड़तालीस कन्नु बनाता है और चोटी गूँथते समय यह सुनिश्चित करता है कि यह इतनी कसी हुई हो कि कप्पी अन्दर बनी रहे। कुच्ची के लिए हमें यह सब करने की ज़रूरत नहीं पड़ती। हम इसे थोड़ा ढीला छोड़ देते हैं। तभी आपको चोइन-चोइन-चोइन ध्वनि मिलती है। कप्पी मुट्टु की ध्वनि गोनागोनागोना होती है। अगर आप कुच्ची मुट्टु को बहुत ज़्यादा खींचते हैं, तो आवाज़ दब जाती है। जब यह ढीला हो जाता है, तो वह जिलुजिलुप्पु हो जाता है!' साक्षात्कार के दौरान एक समय वरदन ने कप्पी की आवाज़ को 'धिम्मा' बताया था। यह तो स्पष्ट है कि बनाने की विधि में अन्तर का सम्बन्ध वाद्य से निकलनेवाली उस ध्वनि से है, जिसकी कलाकार को सबसे ज़्यादा अपेक्षा रहती है। लेकिन अगर हम कप्पी मृदंगम से निकलनेवाली ध्वनि को ऊँचा स्थान देते हैं तो इसे देखने का नज़रिया बदल जाता है। और कप्पी का यह ऊँचा क़द इस तथ्य से भी जुड़ा है कि मृदंगम कलाकार आमतौर पर गायिकाओं के लिए कुच्ची मृदंगम और पुरुष गायकों के लिए कप्पी मृदंगम का उपयोग करते हैं।

'जो ख़ासियत आपको एक कप्पी में मिलती है, वह कुच्ची में कभी नहीं मिलेगी,' राजामणि ने कहा। असल कर्नाटिक मंडली में, 'चोइन-चोइन-चोइन' की ध्वनि की तारीफ़ नहीं होती। यह हल्केपन, आसानी, अगम्भीरता और प्रयास की कमी को इंगित करती है। कहीं न कहीं एक निहितार्थ यह भी है कि कुच्ची मृदंगम से अच्छी ध्वनि कोई भी निकाल सकता है, लेकिन कप्पी मृदंगम से उत्कृष्ट ध्वनि असली वादक ही निकाल पाता है। बड़े मृदंगम कलाकार गर्व के साथ बताते हैं कि वे कुच्ची से कप्पी तक कैसे पहुँचे। करइकुडि मणि ने कहा, '1965 से 1976 के बीच राजमणिक्कम मणि अय्यर के लिए काम करता था। वह अपनी मर्ज़ी से मेरे पास आया और बोला कि वह मेरे लिए एक कट्टई पर काम करेगा। वह आइस हाउस के पास रहता था। मैंने एक मृदंगम दे दिया, लेकिन उसने ज़ोर देकर कहा

कि मुझे केवल कप्पी ही बजाना चाहिए। उन दिनों, मैं कप्पी या कुच्ची के बारे में ज़्यादा नहीं जानता था, लेकिन निश्चित रूप से, मैं मणि अय्यर की मृदंगम की ध्वनि को जानता था। जब मैंने कप्पी मृदंगम बजाया तो मैंने अन्तर महसूस किया। स्पष्टता कहीं अधिक थी। कप्पी मृदंगम में यंत्र के अन्दर से एक प्रतिध्वनि निकलती है। एक बार जब हम इसका अनुभव कर लेते हैं, तो हमें कलात्मकता में नये अवसर मिलते हैं।'

जो लोग कप्पी से कुच्ची की ओर गए हैं, उन्हें यह समझाने के लिए संघर्ष करना पड़ा कि आख़िर उन्होंने ऐसा क्यों किया। कुछ लोग दोष पेशे की माँग पर मढ़ देते हैं, उनका कहना है कि लगातार कई संगीत आयोजन होते रहते हैं। दो आयोजनों के बीच पर्याप्त अन्तराल न होने से कप्पी मृदंगम की देखरेख कर पाना सम्भव नहीं हो पाता।

राजाराम ने भी उस समय को याद किया जब मणि अय्यर को पता चला कि उनके प्रमुख शिष्य, पालघाट रघु कुच्ची मृदंगम का उपयोग कर रहे हैं। 'पलक्कड़ महोत्सव के दौरान, रघु मामा एक कुच्ची मृदंगम लाए थे। मेरे पिता ने उन्हें बुलाया और पूछा कि वह किस मृदंगम का उपयोग कर रहे हैं। वह तब तक जान गए थे कि रघु ने कुच्ची मृदंगम का उपयोग करना शुरू कर दिया है। रघु ने कहा कि वह अपना मृदंगम लाए हैं। मेरे पिता ने दिखाने के लिए कहा। जब उन्होंने देखा कि यह कुच्ची है, तो उन्होंने रघु से कहा, 'तुमको इसकी ज़रूरत नहीं है।' रघु मामा कुच्ची मृदंगम पर इसलिए लौट आए थे क्योंकि तंजावुर मृदंगम की साज़-सँभाल महँगी थी।'

यह भी एक मुद्दा है जिसकी अक्सर बात होती है। 'तंजावुर कारीगरी से बनी कप्पी मृदंगम की साज़-सँभाल करना बहुत महँगा पड़ता है। किसी नटखट बच्चे को सँभालने में जितने धैर्य की ज़रूरत होती है, उतनी ही इसमें भी होती है।' करइकुडि मणि ने कहा। इसमें कोई सन्देह नहीं है कि कप्पी मृदंगम में जितनी विविधताएँ पेश आती हैं, उनके कारण इसकी लगातार निगरानी करनी पड़ती है। लेकिन क्या ये बातें उसे बेहतर, उच्च गुणवत्ता वाला बनाती हैं? निष्कर्ष यह है कि जो लोग कुच्ची मृदंगम बजाते हैं उन्हें इतनी सारी चिन्ताएँ करने की आवश्यकता नहीं होती। दूसरे शब्दों में, उन्हें अपने वाद्य की देखरेख में कम प्रयास करने पड़ते हैं।

यह एक ऐसी धारणा है जिससे शिवरामन मुखर रूप से असहमत हैं। 'बिलकुल नहीं! सब एक जैसे ही हैं, लोग जान-बूझकर ऐसा कहते हैं (कुच्ची मृदंगम की छवि को ख़राब करने के लिए),' उन्होंने कहा।

आइए, अब हम देखें कि यह भेदभाव किस प्रकार पुरुषोचित और स्त्रियोचित के लैंगिक पक्षपात से जुड़ा है। कप्पी को उसकी ध्वनि देनेवाली दोनों प्रक्रियाएँ मर्दानगी से भरी हैं। जब भी कप्पी मृदंगम की ध्वनि की चर्चा होती है, तो इसके भारीपन, गोलाई और प्रतिध्वनि वाली घंटी जैसी आवाज़ की बात होती है। इसके लिए कुछ लोग 'गम्भीरम' या 'राजसी' शब्द का प्रयोग करते हैं। इन चर्चाओं में कप्पी को सम्मानजनक और पारम्परिक बताया जाता है, जबकि कुच्ची को हल्का-फुल्का। करइकुडि मणि ने तो यहाँ तक कहा, 'कप्पी साड़ी पहनी महिला की तरह है, जबकि कुच्ची जींस पहननेवाली महिला की तरह है। ग़लत नहीं है, लेकिन अन्तर है।' यहाँ तक कि कुच्ची मृदंगम बजानेवाले भी इससे सहमत हैं और इसके लिए वे गायकों और श्रोताओं को दोष देते हैं जिनकी वजह से वे कप्पी नहीं बजा पा रहे हैं। कुच्ची से निकलनेवाली तबले जैसी ध्वनि को सतही सौन्दर्य के रूप में देखा जाता है, जबकि कप्पी की ध्वनि को वज़नी, थिर और आन्तरिक शक्ति से युक्त अधिक वज़नदार माना जाता है। कहने की आवश्यकता नहीं है कि कुच्ची को महिला छवि से जोड़ा जाता है और कप्पी को पुरुष छवि के साथ। नतीजतन, कई कलाकारों और कारीगरों का तर्क है कि महिला गायकों के लिए कुच्ची का उपयोग करना ठीक है, लेकिन पुरुषों के लिए तो कप्पी ही होनी चाहिए।

टी.के. मूर्ति को गर्व था कि वह उस जाल में नहीं फँसे। वह एम.एस. सुब्बुलक्ष्मी के लिए नियमित रूप से मृदंगम बजाते थे। उन्होंने ज़ोर देकर कहा कि इस गायिका के साथ उन्होंने हमेशा कप्पी मृदंगम का ही उपयोग किया भले ही उनका स्वर कितना भी ऊँचा क्यों न रहा हो। यह बेहद दिलचस्प है, क्योंकि यह बात एक ऐसा व्यक्ति कह रहा है जो महिलाओं के साथ मंच साझा करने से कभी नहीं झिझका (जैसा कि उनके कई समकालीनों ने किया था), फिर भी वह इस बात पर गर्व महसूस करते हैं कि उन्होंने मर्दानगी और मज़बूती की मुहर मानी जानेवाली अपनी कप्पी को नहीं छोड़ा।

कुच्ची के मोह में पड़ने को पारम्परिकता और शुद्धता को त्यागने और व्यावसायिक होने जैसा माना जाता है। और अगर हम इसे लिंग से जोड़ दें, तो सब कुछ साफ़-साफ़ समझ में आ जाता है। मृदंगम कलाकार जब अकेले में बात कर रहे होते हैं तो उन्हें कहते हुए सुना जा सकता है कि गायिकाओं के साथ संगत करने में बहुत अधिक मेहनत करने की आवश्यकता नहीं पड़ती। उनके साथ हल्की-फुल्की थापों से काम चल जाता है। आपस में वे ऐसी संगीत सभाओं को इस तरह बताते हैं,

जिनमें प्रेस किए हुए कुर्ते की क्रीज़ बरक़रार रहती है। कुच्ची की आवाज़ किसी-न-किसी तरह से इस तरह के अनुभव से जुड़ी होती है।

इस सबका परिणाम यह होता है कि भले ही मृदंगम कलाकार किसी संगीत-कार्यक्रम में बड़ी मेहनत से प्रदर्शन कर रहा हो, लेकिन कुच्ची की ध्वनि श्रोता को उसके प्रयासों को पहचानने में अड़चन डालती है। एक समय में वेल्लोर रामभद्रन सम्भवत: इस क्षेत्र के सबसे व्यस्त मृदंगम कलाकार थे। वह पुरानी रूढ़िवादी परम्परा को माननेवाले थे और मंच पर महिलाओं के साथ संगत नहीं करते थे। कर्नाटिक संगीतकार को मिलनेवाला सर्वोच्च सम्मान 'संगीत कलानिधि' प्राप्त करने के बाद ही वह महिला कलाकारों के साथ संगत के लिए तैयार हुए। दिलचस्प बात यह है कि पुरस्कार प्राप्त करने के बाद, वह महिलाओं के साथ मंच साझा करने में काफ़ी सुरक्षित महसूस कर रहे थे। तब तक, उन्हें शायद डर था कि उनके समकालीन उन्हें नीचा और कम योग्य मानेंगे। लेकिन उनकी वादन-शैली बड़ी कोमल, सरल और संयत थी—और वे कुच्ची मृदंगम बजाते थे। स्पष्टत: यह एक बौद्धिक दुर्घटना थी। उनका वादन पुरुषों द्वारा निर्मित विचार के अनुरूप यानी गम्भीरता लिये हुए नहीं था, उनके वादन में चंचलता थी। उनके साथी वास्तव में उनका सम्मान नहीं करते थे। संगीत कलानिधि सम्मान पाने के बावजूद, रामभद्रन की मृत्यु एक गुमनाम नायक के रूप में हुई।

हम यह भी पाते हैं कि कुच्ची मृदंगम का प्रयोग करनेवाले कई मृदंगम कलाकार एक आक्रामक और गणितीय शैली में बजाकर अपनी मर्दाना संगीतात्मकता को व्यक्त करते हैं। नज़ाकत और मद्धम होने की सम्भावना लगभग न के बराबर होती है। क्या वे अनजाने में ही इस अघोषित लेकिन स्वीकृत धारणा को बढ़ावा देते हैं कि कुच्ची मृदंगम जनाना है?

इन दिनों कर्नाटिक संगीत में पुरुषों की अपेक्षा महिला गायिकाओं की संख्या अधिक है। इसका अर्थ यह भी है कि अधिकतर मृदंगम कलाकार जो आज सक्रिय हैं, कप्पी के बजाय कुच्ची मृदंगम बजाते हैं, फिर भी श्रेष्ठता का यह पदानुक्रम बना हुआ है। कप्पी के समर्थकों का तर्क है कि वे जो बजाते हैं उसमें अधिक स्पष्टता होती है, अधिक पूर्णता होती है, ध्वनि के आकर्षक पर्दे के पीछे छिपने की गुंजाइश नहीं होती। जवाब में यह तर्क दिया जाता है कि कुच्ची में अधिक सूक्ष्मता, कोमलता और मिठास के साथ थाप देने की गुंजाइश होती है, और इसकी ध्वनि में एकरूपता होती है।

यहाँ तक कि जब मैं, दोनों प्रारूपों की उन विशिष्टताओं का वर्णन करता हूँ जो उनकी ख़ूबियों को सामने लाते हैं तो भी लैंगिक भेदभाव दिखाई दे ही जाता है। कप्पी मृदंगम को बजानेवाले एक मृदंगम कलाकार ने अहंकार से भरकर कहा, 'कप्पी मृदंगम को बजाना बहुत कठिन है, लेकिन अगर कुछ लोग कहते हैं कि उन्हें कुच्ची ही पसन्द है, तो हम क्या कह सकते हैं?'

मर्दानगी जताने के इस खेल में कप्पी मृदंगम बनानेवाले आत्मसन्तुष्ट हैं। यह मर्दानगी जाति और वर्गों के आधार पर फैली हुई है। कई लोग स्पष्ट रूप से कहते हैं कि कप्पी ही असली मृदंगम है, और इसमें महारत हासिल करना किसी कारीगर के विकास का उच्चतम बिन्दु है। कुच्ची मृदंगम कोई भी बना सकता है, लेकिन कप्पी केवल 'हम' ही बना सकते हैं। कप्पी मृदंगम परलांदू ने बनाया, इसलिए यह परम्परा तंजावुर कारीगरों की मानी जाती है। पीटर (बदला हुआ नाम) ने कहा, 'तंजावुर वर्क का मतलब है कप्पी मुट्टु। हम सादम पर घंटों काम करते हैं, वे नहीं करते।' तंजावुर के कारीगर अक्सर व्यंग्य करते हैं कि मद्रास कारीगर केवल कुच्ची मुट्टु का उपयोग करते हैं। तंजावुर परिवार का मानना है कि वे किसी भी प्रकार का मृदंगम बना सकते हैं, जबकि मद्रास कारीगर केवल कुच्ची पर ही अच्छा काम कर सकते हैं। हैरानी की बात है कि सभी कारीगर, जिनमें तंजावुर के कारीगर भी शामिल हैं, आज कप्पी की तुलना में कुच्ची ही अधिक संख्या में बना रहे हैं।

यदि कोई कारीगर कुच्ची और सुनाम्बु थोल के साथ काम करता है, तो यह पूर्वग्रह और भी बदतर हो जाता है—कहा जाता है कि नि:सन्देह कारीगरी अच्छी है, लेकिन वह ऐसा व्यक्ति नहीं है जिसका सम्मान किया जाए या उसके गुण गाए जाएँ। और, मोटे तौर पर, मद्रास मुट्टु ही इस तरह के काम से जुड़ा है। सच तो यह है कि इन दिनों तंजावुर और मद्रास मुट्टुओं में बहुत कम फ़र्क़ रह गया है। सभी लोग सुनाम्बु थोल और कुच्ची के साथ काम करते हैं, हालाँकि वे कप्पी मृदंगम भी बनाते हैं और पच्चा थोल का उपयोग भी करते हैं। मैं विचार करता हूँ कि क्या अब भी प्रशंसित तंजावुर कारीगरी में कुछ विशेष बचा है। अब इस तरह का काम करनेवाले बहुत कम हैं, और ऐसे मृदंगम का उपयोग करनेवाले कलाकार भी कम ही हैं। बेशक, यह एक सम्भ्रान्त विकल्प बनकर रह गया है जिसका अर्थ यह है कि, शायद ही कोई कप्पी मृदंगम की कथित श्रेष्ठता पर सवाल उठाए, भले ही वह कुच्ची इस्तेमाल करता हो। मद्रास मुट्टु बाज़ार पर हावी है, लेकिन तंजावुर मुट्टु एक अभीप्सित सम्पूर्णता है।

बालागुरु ने अब सुनाम्बु थोल के आधिपत्य की बात कही, 'आज नब्बे प्रतिशत लोग इसका उपयोग करते हैं। इसका कारण यह है कि आपको जावु (खाल के ठीक नीचे मांस की परत) को शारीरिक मेहनत करके उतारने की आवश्यकता नहीं पड़ती। यह आसान है।' और फिर उन्होंने बड़ी ही दिलचस्प बात कही, 'कप्पी मुट्टु का उपयोग करनेवालों के लिए, खाल और ध्वनि के बीच कोई सम्बन्ध नहीं होता। ऐसा मेरा सोचना है। यह केवल सादम, मुट्टु और मुँह की चौड़ाई पर निर्भर करता है।' सच कहा जाए तो तंजावुर कारीगरों की अन्य समुदाय के कारीगरों ने खिल्ली ही उड़ाई है। वे कहा करते थे कि कोट्टु थट्टु का बहुत बड़ा हिस्सा सामने लाने के लिए वेट्टु थट्टु को इतना चौड़ा काटने के बावजूद और ट्रक भरकर सादम लगाने के बाद भी तंजावुर मृदंगम से पर्याप्त ध्वनि नहीं निकलती। जब मुरुगाभूपति ने करइकुडि मणि का मृदंगम बजाया, जिसे तंजावुर कारीगर द्वारा बनाया गया था, तो उन्होंने स्पष्ट रूप से कहा, 'मैंने मृदंगम माँगा था, तुमने मुझे पत्थर थमा दिया।' करइकुडि मणि ने इसे अपनी मेहनत के प्रति व्यक्त किया गया आभार समझा। लेकिन मैं सोचता हूँ कि शायद मुरुगाभूपति की टिप्पणी मज़ाक़ थी।

लेकिन मणि अय्यर जैसे लोग मद्रासी कारीगरों के मृदंगम प्रयोग नहीं करते थे। उन्हें सब कुछ तंजावुर का ही चाहिए था—चमड़ा, पत्थर और बनानेवाला भी। दूसरी तरफ़ मद्रास कण्णन थे जो कुच्ची मुट्टु पर बजाते थे, कभी-कभी मद्रास कारीगरों द्वारा बनाया गया सुनाम्बु थोल भी हो सकता था। उनका मानना था कि कप्पी का गुणगान अनावश्यक था, 'आप कप्पी या कुच्ची किसी से भी मृदंगम बना सकते हैं, इसमें कोई अन्तर नहीं है। लगता है पालघाट मणि अय्यर को यह बात समझ नहीं आई,' उन्होंने नाख़ुशी से कहा।

तंजावुर परिवार के भीतर भी, कम-से-कम एक पीढ़ी पहले तक, इस आधार पर श्रेष्ठता का एक पदानुक्रम था कि परिवार के सदस्य कुच्ची मृदंगम अधिक बनाते हैं या कप्पी! परलांदू और सेल्वाराज जैसे लोग कप्पी के श्रेष्ठि कहलाते हैं और मणि अय्यर कुल से मान्यता पाते हैं। राजमणिक्कम कहीं बीच में हैं, जबकि इस उद्योग के वर्तमान शासक एंटनी और उनके परिवार को कुच्ची वाला माना जाता है।

अब आता है कहानी में एक मोड़। एंटनी ने पलानी सुब्रमण्या पिल्लै के लिए बहुत सारे मृदंगम बनाए। जब मैंने एंटनी के बेटे अरुलराज से बात की तो उन्होंने कहा कि पलानी कुच्ची मृदंगम बजाते थे। उन्होंने यह भी स्पष्ट किया कि सामान्य झाड़ू घास की कुच्ची का उपयोग करने के बजाय, पलानी ने टूथपिक का उपयोग

किया। शंकरन ने इसका विरोध करते हुए कहा, 'पलानी सर टूथपिक्स से भरा एक कंटेनर साथ रखते थे। लेकिन मुझे नहीं लगता कि उन्होंने कभी इसका इस्तेमाल किया, शायद आपात स्थिति के दौरान एक अस्थायी समाधान के रूप में कभी किया हो तो बात अलग है।'

सेल्वाराज क़तई सहमत नहीं थे, क्योंकि उन्होंने यह कहकर पलानी की आलोचना की, 'अगर हम कुच्ची रखेंगे तो ही पलानी के मृदंगम से ध्वनि निकलेगी।' उनका मानना है कि पलानी ने कुच्ची मृदंगम का इस्तेमाल किया था। अरुलराज ने भी मणि अय्यर और पलानी के मृदंगम की तुलना की, 'पलानी बहुत अधिक ध्वनि चाहते थे, मणि अय्यर नहीं, इसलिए (अय्यर का मृदंगम बनाना) यह एक चुनौती थी।' उन्होंने पलानी के बारे में एक शानदार बात कही, 'पलानी कहते थे कि अगर कोई मक्खी सादम पर बैठे और उड़ जाए, तो उसकी भी ध्वनि निकलनी चाहिए।'

लेकिन यहाँ समस्या है। पलानी के छात्र साफ़-साफ़ कहते हैं कि उन्होंने कभी भी कुच्ची मृदंगम का प्रयोग नहीं किया। कालिदास ने कहा, 'पलानी केवल कप्पी बजाते थे, कुच्ची नहीं।' शंकरन और दोरई ने भी इसकी पुष्टि की।

मैं उलझन में था। कारीगर और कलाकार दो बिलकुल विपरीत बातें कह रहे थे। मैं किस पर भरोसा करूँ? लेकिन, कमलाकर राव को याद है जब पलानी सुब्रमण्या पिल्लै ने कुच्ची मृदंगम बजाया था।

बाद में, शंकरन ने भी स्वीकार किया कि बहुत थोड़े से समय के लिए पलानी ने कुच्ची मृदंगम बजाया था। दोरई ने भी टूथपिक्स के साथ पलानी द्वारा किए गए प्रयोग के बारे में सुना था, लेकिन उन्हें सन्देह था कि उन्होंने वास्तव में कभी कुच्ची मृदंगम का इस्तेमाल किया था या नहीं। उन्हें केवल एक अवसर याद था जब उन्होंने अपने गुरु को अपना कुच्ची मृदंगम दिया था। उमयलपुरम शिवरामन को यक़ीन था कि पलानी कुच्ची और कप्पी दोनों तरह के मृदंगम बजाते थे। यह बहुत सम्भव है कि पलानी के शिष्यों ने अपने गुरु द्वारा कुच्ची मृदंगम के उपयोग (भले ही सीमित समय के लिए) को अपनी स्मृति से मिटा दिया हो।

लेकिन कप्पी मृदंगम के आने के बाद से जो सबसे बड़ा बदलाव आया वह उसके बजाने की पद्धति और उसकी सौन्दर्यात्मक कल्पना में था। सदी की शुरुआत के मृदंगम कलाकारों के बारे में मौखिक इतिहास और उपाख्यान हमेशा दो थापों के

आसपास घूमते थे, चप्पु और अरचप्पु (चप्पु का एक रूप)। अज़गनम्बी पिल्लै, दक्षिणामूर्ति पिल्लै, रामदास राव और अलापदी नटेसा अय्यर जैसे कलाकार इन थापों के लिए जाने जाते थे। मैंने कई वरिष्ठ कलाकारों को इस बारे में बोलते सुना है। दोनों तरह की थापों में सादम क्षेत्र का एक न एक हिस्सा शामिल होता था। इसका मतलब यह था कि वेट्टु थट्टु पर मिट्टु से निकलनेवाली ध्वनि केन्द्र में नहीं थी। सादम और दो थट्टुओं का मिलन-स्थल ही वादन का प्रमुख हिस्सा होता था। कुच्ची मृदंगम में इस मिलन-स्थल पर बजाने से घास की पट्टियों में कम्पन होता है और झनझनाहट के साथ ध्वनि पैदा होती है। कप्पी में यह स्थिति बदल गई, जिसने मिट्टु में भारीपन ला दिया।

मिट्टु के नीचे कप्पी लगाए जाने से मिट्टु सख़्त हो गया और उसमें से भारी ध्वनि निकलने लगी। इसने वाद्य-यंत्र के ध्वनिक आशय (acoustic intent) को स्थानान्तरित कर दिया, और वादक का ध्यान भी चप्पु-आधारित शैली से मिट्टु-प्रधान शैली की ओर चला गया। मणि अय्यर के वादन में यह स्पष्ट दिखता है। कप्पी के आगमन के साथ, मृदंगम कलाकारों की विचार-प्रक्रिया हमेशा के लिए बदल गई। पालघाट मणि अय्यर की परम्परा से जुड़े कई वरिष्ठ वादक कप्पी मृदंगम का इस्तेमाल करते थे और 2000 के दशक की शुरुआत तक करते रहे। इसीलिए यह वैचारिक बदलाव बना हुआ है, भले ही आज कई कलाकार कुच्ची मृदंगम का उपयोग करते हों।

जब सेल्वाराज अपने पिता या यहाँ तक कि राजमणिक्कम के काम के बारे में बात करते हैं तो वह इसका उल्लेख करते हैं। उन्होंने बताया, 'पुराने समय में, जब मेरे दादाजी और मेरे पिता ने काम शुरू किया था, तो मिट्टु पर शायद ही कोई ध्वनि निकलती थी।' फिर उन्होंने बताया कि राजमणिक्कम और एंटनी के मिट्टु में कोई वज़न नहीं था। वह जिस 'वज़न' की बात करते हैं वह बेहद कसी हुई वारु पिडी और कप्पी से आता है।

निश्चित रूप से मृदंगम का स्वर इसकी कला की प्रकृति को प्रभावित करता है। शंकरन ने इसे सटीक रूप से इस तरह वर्णित किया, 'अगर चप्पु किसी एक आयोजन में अच्छी तरह से काम कर जाता है (अर्थात् इसका स्वर आकर्षक है), तो मेरी कलात्मकता उस थाप की ओर उन्मुख होती है और मेरा मन इसकी सभी सम्भावनाओं को तलाशने लगता है।' कप्पी के आगमन के बाद मृदंगम के कायापलट के प्रभाव को समझने के लिए यह तथ्य आवश्यक है। इसका अर्थ है कि परलांदू

ने अकेले ही मृदंगमवादन की प्रकृति को बदल दिया। लेकिन कर्नाटिक समुदाय के बहुत सारे लोग इस तरह के बयान को ख़ारिज करेंगे। यह सम्मान सबसे पहले पालघाट मणि अय्यर को प्रदान किया जाएगा।

यदि वादकों की शैली बदली है तो इसमें माइक्रोफ़ोन के आगमन की भी बड़ी भूमिका है। जिस समय में साउंड एम्प्लीफ़िकेशन की सुविधा नहीं थी, श्रोताओं का ध्यान आकर्षित करने के लिए चप्पु पर ज़ोर से प्रहार करना पड़ता था और इसमें कुच्ची ने बड़ी सहायता की। नकारात्मक पक्ष यह था कि मिट्टु की आवाज़ श्रोताओं तक ठीक से नहीं पहुँच पाती थी, क्योंकि वह उतनी प्रखर नहीं होती थी। लेकिन तकनीक के आगमन के साथ ही वादक की हरेक थाप श्रोताओं को सुनाई पड़ने लगी। इसका अर्थ यह भी था कि मिट्टु की ध्वनि को सुना जाने लगा और कप्पी के साथ मिलकर मृदंगम की संगीतात्मकता बदल गई।

जब हम कुच्ची मृदंगम के बारे में नकारात्मक विचारों पर चर्चा कर रहे थे, शिवरामन ने अचानक 'पुरुष सत्तावाद' शब्दों का उच्चारण किया। जो व्यक्ति पेशेवर मंच पर महिला गायकों के साथ कभी उपस्थित नहीं रहा, उसके मुँह से ऐसे शब्द सुनना अजीब था। ऐसा लगा जैसे शिवरामन कुच्ची की अपनी पसन्द के प्रति इस तरह के भेदभाव का अनुभव कर रहे थे। इस बरताव ने अप्रत्याशित रूप से उनके मन में उन गायिकाओं के प्रति भी सहानुभूति जगाई होगी, जिनके साथ महिला होने के नाते भेदभाव किया जाता है, उपयुक्त सम्मान नहीं दिया जाता। रामभद्रन के विपरीत, शिवरामन को उनकी ख़ुशमिज़ाजी और चमत्कृत करनेवाले वादन-कौशल के लिए सभी तरफ़ सम्मानित किया जाता है, फिर भी वह कुच्ची के प्रति पूर्वग्रह का सामना करते दिखाई देते हैं। कला-गलियारों में इस बात को लेकर कानाफूसी होती है कि शिवरामन इन दिनों केवल सुनाम्बु थोल का उपयोग करते हैं, उन्होंने गाय की खाल को पूरी तरह से हटा दिया है। इसका मतलब है कि उनका वेट्टु थट्टु और कोट्टु थट्टु दोनों ही सुनाम्बु बकरी की खाल से बनते हैं। इन सबसे ऊपर, ज़ाहिरा तौर पर वह कुच्ची के रूप में झाड़ू घास की जगह चीनी बाँस का उपयोग करते हैं जो तेज़ी से प्रचलित हो रहा है। यह प्रतिस्थापन उनके मृदंगम की ध्वनि को विशिष्ट बनाता है। ज़ोरदार और बढ़ा हुआ अनुनाद। वह इसे पसन्द करते हैं। वास्तव में, वह कप्पी को 'थूल' कहते हैं, जिसका अर्थ है बचे हुए कण। शिवरामन ने स्पष्ट किया कि यह एक पुराना शब्द था, लेकिन उनके द्वारा इसका स्पष्ट प्रयोग अब भी उतना ही अर्थपूर्ण था। उन्होंने कप्पी मृदंगम के बारे में अपनी स्पष्ट राय

रखी, 'चप्पु में नादम नहीं होता। जब आप अरचप्पु बजाते हैं, तो ध्वनि मन्द पड़ जाती है। जब मैं इस ध्वनि को कप्पी पर नहीं सुन सकता, तो बताइए कि मुझे क्या बजाना चाहिए?' वह वाक्पटु हैं। उन्होंने आगे कहा कि कप्पी मृदंगम पर नादम सुनने का दावा मिथ्या है। यह कोई संयोग नहीं है कि शिवरामन का वादन चप्पु और अरचप्पु के लिए भी जाना जाता है। शंकरन ने भी कहा, 'मैं कुच्ची को पसन्द करता था क्योंकि इसमें प्रतिध्वनि और स्वर-गुणवत्ता की निरन्तरता थी, ख़ासकर अरचप्पु और मुझु (पूरे) चप्पु में।'

शिवरामन ने मणि अय्यर के मृदंगम की ध्वनि से सम्बन्धित एक बहुत ही रोचक घटना सुनाई। मूर्तियों के लिए इस्तेमाल की जानेवाली लकड़ी से बने मृदंगम के बदले में, अय्यर ने तंजावुर राजेन्द्रन नामक एक सज्जन को अपना एक मृदंगम भेंट देने की पेशकश की। 'उन्होंने राजेन्द्रन से कहा, "मेरे पास जो संग्रह है, उसमें से आप कोई भी मृदंगम ले सकते हैं।" उनके पास मृदंगमों का एक बड़ा संग्रह था। राजेन्द्रन ऊपर गया और बहुत जल्दी वापस नीचे आ गया। मणि अय्यर ने उनसे पूछा, "क्या आपने कोई पसन्द किया? क्या आप सन्तुष्ट हैं?" उन्होंने कहा, "नहीं, मुझे कोई पसन्द नहीं आया।" मेरे गुरु ने पूछा क्यों। उन्होंने कहा, "नादम नहीं है। मुझे मद्रास कण्णन जैसा मृदंगम चाहिए।"'

हमारी बातचीत के दौरान शिवरामन ने कुच्ची मृदंगम में बहुत अधिक ध्वनि होने की आलोचना का प्रतिवाद करते हुए एक आश्चर्यजनक बात कही, 'जब बहुत नादम हो तो उसे नियंत्रित करना और बजाना मुश्किल होता है। नादम कम हो तो बजाना आसान होता है।' शिवरामन ने अपने पूरे तर्क को एक ही पंक्ति में अभिव्यक्त कर दिया कि वाद्य-यंत्र की ध्वनि को नियंत्रित करना कलाकार पर निर्भर है। किसी चीज़ में महारत हासिल करने में आपकी अक्षमता उसके अवमूल्यन का कारण नहीं हो सकती।

एक बिन्दु जिस पर कारीगर और कलाकार सहमत हैं, वह यह है कि वर्तमान स्थिति निराशाजनक है। ये सभी आज के सांगीतिक परिदृश्य में मची जल्दबाज़ी पर अफ़सोस जताते हैं, और निर्माण तथा वादन, दोनों क्षेत्रों के मानकों में आई विनाशकारी गिरावट की शिकायत करते हैं। 'अगर शाम 6 बजे कोई संगीत-कार्यक्रम होगा, तो वे मेरी दुकान पर शाम 5.30 बजे आएँगे, क्योंकि वे जानते हैं कि मैं काम कर सकता हूँ। कई कलाकार ऐसे हैं जो यहाँ कपड़े बदलकर सीधे कॉन्सर्ट हॉल में गए हैं। मैं उन्हें दोष नहीं दूँगा; उनके पास समय नहीं है,' पीटर (बदला हुआ नाम)

ने कहा। 'अब थट्टु मुरुकरडु वग़ैरह के लिए समय नहीं है। लोग यह भी नहीं जानते कि ये क्या बला है। वे चाहते हैं कि मृदंगम 'लाइव' रहे, जिसका अर्थ है कि यह लम्बे समय तक नहीं चलेगा। लेकिन उन्हें परवाह नहीं, उन्हें सिर्फ़ मुट्टु बदलवाना होता है। हम सभी बदल गए हैं।' एक वरिष्ठ मृदंगम कलाकार बहुत नरम तरीक़े से अपनी नाराज़गी जताते हैं। उधर एक अनुभवी कलाकार ने शिकायत की, 'बजाने में गम्भीरता कम है और जुड़ाव की भी कमी है।' वे कहते हैं, इसका मतलब यह है कि कारीगर को भी इस बात की परवाह नहीं करनी चाहिए कि वे अपने वाद्य-यंत्र कैसे बनाते हैं; सब कुछ लापरवाही-भरा है।

करइकुडि मणि कारीगरों का आभार मानते हैं कि जल्दबाज़ी के इस दौर में भी वे उनके साथ काम कर रहे हैं। 'ये लोग स्नेहवश मेरा काम करने के लिए आते हैं। मेरे साथ एक-डेढ़ घंटा बिताने के बजाय वे आसानी से कहीं और से पाँच सौ रुपये बना सकते हैं।'

पेशे के इस नये परिदृश्य में काम करने के लिए कारीगरों ने भी बदलाव किए हैं। उन्हें बिजली की गति से वाद्य-यंत्र बनाने होते हैं। रविकुमार ने अपने ग्राहकों को सन्तुष्ट करने के लिए जो सूक्ष्म संशोधन किए हैं, उनके बारे में मुझसे विस्तार से बात की। यह करना बहुत अच्छी बात नहीं है, लेकिन उनके पास कोई विकल्प नहीं है।

रविकुमार इस बात की भी आलोचना कर रहे थे कि नौसिखिया कारीगर कितनी जल्दी अपनी दुकानें खोल लेते हैं—'मृदंगम बनाने की इस कला को सीखने के लिए नौ से दस साल की ज़रूरत होती है। लेकिन लोग सिर्फ़ चार या पाँच साल सीखते हैं और अपना काम शुरू कर लेते हैं।' जब मैंने उनसे यह कहलवाना चाहा कि इससे गुणवत्ता से समझौता होता है तो उन्होंने जवाब दिया, 'ग्राहक यही चाहते हैं। गुणवत्ता निश्चित रूप से घटेगी। देखिए, ग्राहकों को जो मिल रहा है, अगर वह उन्हें पसन्द आ रहा है, तो हम कुछ नहीं कर सकते।' कारीगर हमेशा ही कहते आए हैं और चाहते हैं कि कलाकार उनसे नई माँग करें, उनके सामने नई चुनौतियाँ पेश करें। उन्हें लगता है कि आज के कलाकार अपने वाद्य-यंत्रों की ज़्यादा परवाह नहीं करते हैं। जब मैंने जेसुदास से पूछा कि कलाकार उनके काम के बारे में कितना जानते हैं, तो उन्होंने जवाब दिया, 'हमें कारीगरों से शुरुआत करनी चाहिए। आज, कई कारीगरों को यह भी नहीं पता कि मिट्टु और चप्पु को कैसे चेक किया जाए।' उन्होंने कहा, 'आज कलाकारों में करइकुडि मणि, टी.के. मूर्ति, शिवरामन, टीवीजी जैसे बहुत कम लोग हैं जो जानते हैं। इस पीढ़ी में बहुत कम ही लोग हैं जिन्हें पता

होगा। ऐसे लोग उँगलियों पर गिनने लायक हैं।' लेकिन सोवरिअर और नवनीतम इस तरह के सामान्यीकरण से ख़ुश नहीं दिखे। उन्होंने होशियार और चौकस युवा कलाकारों के नाम फटाफट गिना दिए।

नवनीतम ने कहा, 'एक व्यक्ति एक कामगार के रूप में आपके साथ जुड़ता है और एक साल के भीतर अपनी दुकान खोल लेता है। कोई प्रशिक्षण नहीं। जो पैसे मिल जाएँ, वह स्वीकार कर लेता है।' इससे क़ीमतें गिरती हैं, जिससे सभी प्रभावित होते हैं। जॉनसन लागतों की व्याख्या करते हुए कहते हैं, 'मेरे पास एक दुकान है, किराए का एक घर है और एक व्यक्ति मेरे लिए काम करता है; मेरे ख़र्चे बढ़ गए हैं, जिसका अर्थ है कि मुझे अपने ख़र्चों को पूरा करने के लिए क़ीमत बढ़ानी ही होगी।' लेकिन नये, युवा कारीगरों को इन दुकानों में काम करने में परेशानी होती है, उन्हें अपने पैरों पर खड़े होने की जल्दी होती है। इसलिए, भले ही जॉनसन इससे नाख़ुश हों, फिर भी ये युवा पहले से ही घट चुके बाज़ार में रोज़ी-रोटी कमाने का प्रयास करेंगे।

तंजावुर परिवार को लेकर बहुत ग़ुस्सा है। बाक़ियों को लगता है कि ये लोग धोखाधड़ी और अवैध कामों में लिप्त हैं। हालाँकि, कारीगरों की नई पीढ़ी को कुछ ग़लत नहीं लगता है। कारीगरों ने एक तंजावुर कारीगर को दूसरे के ख़िलाफ़ खड़ा करनेवाले मृदंगम कलाकारों का भी हवाला दिया। परिवार के एक ही सदस्य को दो मृदंगम देने के बजाय, वे दो चचेरे भाइयों या सगे भाइयों के बीच काम बाँट देते हैं। या यदि उनका कोई हमेशा का कारीगर उस समय उपलब्ध न हो तो वे उसे सूचित किए बिना किसी और से काम करवाने लगते हैं। इससे कारीगर अधर में रहते हैं, और इसका मतलब यह भी है कि वे कई बार एक-दूसरे को नीचा दिखाने के लिए भी तैयार रहते हैं। अन्ततः, पूरा कारोबारी माहौल तनावपूर्ण हो जाता है।

इस जटिल समाज और सौन्दर्यबोध के इस परिदृश्य में, ध्वनि कहाँ से उत्पन्न होती है, इस प्रश्न का उत्तर गूढ़ रहस्य बना रहता है। ब्रिटो ने जवाब दिया, 'मृदंगम की अच्छी ध्वनि के तीन भाग होते हैं और यह वादक के कारण सम्भव होता है, काय नादम (उसके हाथों में ध्वनि), थोल नादम (चमड़े में ध्वनि) और मारा नादम (वह ध्वनि जो लकड़ी के कारण निकलती है)। अच्छे संगीत के लिए तीनों का समन्वय ज़रूरी है।' बाक़ियों की तरह ब्रिटो भी कारीगर को भूल गए।

ध्वनि का स्रोत कौन है? इस संरचना में निर्जीव और सजीव एक साथ कैसे आए? जब गाय, बकरी और भैंस की खालें एक-दूसरे को सुनती हैं, एक-दूसरे की हरकतों का जवाब देती हैं, टकराती हैं और भागीदारी करती हैं, तो संगीत बनता है। यह ध्वनि किसने बनाई? मैं नहीं जानता। शायद रविकुमार सही थे जब उन्होंने कहा कि प्राणी खाल की आवाज़ के माध्यम से जीवित हो जाते हैं, शायद ध्वनि ख़ुद में ही एक सजीव प्राणी है।

मृदंगम कलाकार का क्या? क्या यह ध्वनि उनकी है? इतने सारे तत्त्वों से बनकर निकलनेवाली किसी चीज़ के स्वामित्व पर वह अकेला अपना दावा कैसे कर सकता है? यदि इस शृंखला का एक भी तत्त्व अपने निर्धारित स्थान से हट जाता है तो संगीत थम जाता है।

मृदंगम कलाकार न केवल कानों के माध्यम से, बल्कि शरीर के हर हिस्से से ताल ग्रहण करता है; और यह केवल ध्वनि नहीं है, यह कलाकार की उँगलियों और जानवरों की खाल के बीच का सम्बन्ध भी है। उस स्पर्श में, हर बार जब कोई कलाकार कोई नया वाद्य-यंत्र बजाता है तो एक संवेदी सम्बन्ध बन जाता है। किसी भी रिश्ते की तरह, यह समय के साथ प्रगाढ़ होता जाता है, और जल्द ही वादक और मृदंगम अविभाज्य हो जाते हैं। उसकी त्वचा और गाय, बकरी और भैंस की त्वचा एक संगीतमय काया बनाते हैं। कलाकार के पैरों पर टिका लकड़ी का ढाँचा सबको सँभाले रहता है। लेकिन, कलाकार के इस परिदृश्य में प्रवेश करने से पहले वह कारीगर ही होता है जो विभिन्न संरचनाओं, रंगों, ध्वनियों और आकृतियों को एक साथ जुटाता है, घुमाता है, खींचता है, तोड़ता है, पीसता है, धोता है, लेप करता है, काटता है और अपने शरीर के सहारे सबको एक जगह जोड़ता है। मृदंगम को बनानेवाला कारीगर कामदेव है। वह निष्प्राण, सजीव, निर्जीव और कृत्रिम का भेद जानता है और इनका मिलन कराने का तरीक़ा ढूँढ़ता है। वह अपनी उँगलियों से मृदंगम की धड़कनों को महसूस करता है। और, जब वह पहली बार उस पर थाप मारता है, उसी क्षण मृदंगम का जन्म होता है।

पर कौन परवाह करता है! 'मंच पर पहुँचने और गायन में विलीन होने के बाद मृदंगम हमें किसी और ही दुनिया में ले जाता है। स्वर्ग जैसा अनुभव होता है,' मुस्कुराकर अपने हाथों से इशारा करते हुए रविकुमार ने ख़ुशी-ख़ुशी कहा।

9

कहानी आन्ध्र की

मृदंगम-निर्माण में जहाँ एक ओर मद्रास और तंजावुर मुट्टु हावी हैं, वहीं पूरे दक्षिण भारत में अन्य स्थानों पर भी समानान्तर परम्पराएँ रही हैं। भारतीय उपमहाद्वीप के रजवाड़े 'उच्च कलाओं' के संरक्षक रहे हैं। विंध्य के दक्षिण में—तंजावुर, मैसूर या तिरुवनन्तपुरम जैसे बड़े केन्द्रों से लेकर विजयनगरम और बोब्बिली जैसे अन्य छोटे राज्यों तक कर्नाटिक संगीत उच्च कलाओं के केन्द्र में था, भले ही उत्तरी हलचलों ने दक्षिणी राजघरानों पर यदा-कदा उसकी पकड़ को कमज़ोर किया हो। ऐसे में यह स्वाभाविक ही है कि वाद्य-यंत्र कारीगरों ने इन इलाक़ों में रहते हुए मृदंगम-निर्माण की अपनी तकनीकों को विकसित किया।

आज के आन्ध्र प्रदेश में मृदंगम बनाने की परम्परा दो मुख्य क्षेत्रों में पाई जाती है—विजयनगरम और विजयवाड़ा। लेकिन, राजमुन्दरी जैसे कई अन्य शहरों में भी ऐसे कारीगर थे जिन्होंने स्थानीय संगीतकारों के लिए मृदंगम बनाए। मैंने तंजावुर, पेरुवेम्बा और चेन्नै के लगभग अस्सी साल पुराने कारीगरों के नामों का पता लगाया है, इससे पुराने लोगों का नहीं, हालाँकि किसी भी रूप में इसे पूरा नहीं कहा जा सकता। तमिलनाडु के सीमावर्ती क्षेत्रों के लोग मद्रास स्थानान्तरित हो गए और मद्रास मुट्टु के पर्याय बन गए, इसके विपरीत आन्ध्र के कारीगरों ने यहीं रहकर काम किया और शायद ही कभी-कभार इनकी भेंट कर्नाटिक संगीत के गढ़ मद्रास, जो बाद में चेन्नै बन गया, के कलाकारों से हुई हो।

मृदंगम कलाकार कमलाकर राव एक तुलुभाषी ब्राह्मण जी. वरद राव के पुत्र हैं

जो दक्षिणी केरल से राजमुन्दरी स्थानान्तरित हो गए थे और यहाँ एक शानदार होटल व्यवसाय स्थापित किया था। जब वह लगभग पाँच वर्ष के थे, तो उनके पिता ने उन्हें मृदंगम पर थाप लगाते हुए देखा था। यह मृदंगम एक स्थानीय कलाकार राजू का था। कमलाकर ने बताया, 'वह सुबह साढ़े छह बजे होटल में लकड़ी लेने आते थे। वह अपनी मृदंगम को हमारे घर पर छोड़ देते थे और सांबरनी (धूप) जलाने के लिए लकड़ी लेने होटल जाते थे। मैं सुबह उठ जाता था और मृदंगम पर थाप लगाया करता था। मेरे पिता ने सोचा कि शायद मुझमें कुछ प्रतिभा है, और मैंने राजू गरु से ही सीखना शुरू कर दिया। फिर उन्होंने मुझे एक अन्य स्थानीय कलाकार, वाराणसी यज्ञनारायण शास्त्री के पास सीखने के लिए भेज दिया।'

यह 1940 के दशक की शुरुआत थी। कमलाकर, मृदंगम बनानेवाले एक बुज़ुर्ग चित्तप्पा को याद करते हैं। नौजवान कमलाकर की वाद्य के बारे में समझ नगण्य थी। उनके लिए बस इतना ही काफ़ी था कि मुट्टु सुन्दर दिख रहा है, उससे निकलनेवाली ध्वनि के बारे में बहुत अधिक सोच-विचार नहीं किया गया था, और उन्हें इस वाद्य को बनाने में शामिल तकनीकों की कोई जानकारी नहीं थी। सादम के लिए पत्थर एक स्थानीय पहाड़ी से मँगवाए जाते थे, और चित्तप्पा किसी तरह मृदंगम तैयार कर लेते थे। 'वह एक नर्तक समुदाय से थे। वे नृत्य के कार्यक्रमों में और शादियों में जहाँ महिलाओं द्वारा नृत्य किया था, वहाँ बजाते थे।' उनके भाई रामचन्द्रन वेंकटरत्नम भी मृदंगम बजाते थे। कमलाकर ने मुझे बताया, 'वह वास्तव में अच्छा बजाते थे।'

उन्होंने बताया कि चित्तप्पा का देवदासी समुदाय से सम्बन्ध था। आन्ध्र में, बोगम और सानी जातियों की नवयुवतियों को भी मन्दिर में समर्पित किया जाता था। *कास्ट्स एंड ट्राइब्स ऑफ़ साउथ इंडिया* (1909) के अनुसार, 'तेलुगू भाषी ज़िलों में, नृत्य करनेवाली लड़कियों को दासियों की तरह ही बोगम और सानी कहा जाता है, लेकिन सूबे के उत्तरी भाग में केवल एक ही ऐसा मन्दिर है जो सुदूर दक्षिण में प्रचलित तरीक़े से इन महिलाओं का एक समूह बनाकर रखता है।'

ऐसा प्रतीत होता है कि वे बोगम समुदाय से ताल्लुक़ रखती थीं, क्योंकि आगे दक्षिण विजयवाड़ा के कारीगर इसी जाति से हैं। लेकिन, हम नहीं जानते कि चित्तप्पा के पिता भी मृदंगम बनाते थे या नहीं।

कमलाकर राव ने संगीत के एक और केन्द्र विजयवाड़ा जाकर उच्च प्रशिक्षण प्राप्त किया। विजयवाड़ा क्षेत्र अपने पारम्परिक संगीत, नृत्य और कथा-वाचन के

लिए प्रसिद्ध था, जिनमें ताल के लिए मृदंगम का उपयोग किया जाता है। इसका मतलब है कि कम-से-कम कुछ परिवार ऐसे रहे होंगे जिन्होंने इन कलाकारों के लिए काम किया होगा। लेकिन, 1948 में ऑल इंडिया रेडियो स्टेशन की स्थापना के बाद ही नदी के किनारे बसा यह शहर संगीत की दृष्टि से प्रासंगिक हो पाया। आकाशवाणी ने कर्नाटिक संगीतकारों को 'स्टाफ कलाकार' के रूप में नियुक्त किया। उन्होंने उन कलाकारों के साथ मिलकर काम किया जो बाहर से आए थे और आकाशवाणी के अपने वाद्यवृंद का हिस्सा थे। इसका मतलब है कि मृदंगम बनानेवालों की ज़रूरत भी बढ़ गई।

गुड़ीवाड़ा के पूम्बुला भाष्यगारुलु विजयवाड़ा में रहते थे, और कमलाकर को याद है कि उन्होंने उनके साथ काम किया था—'मैंने राजमुन्दरी में जो काम करवाया था, वह उससे बेहतर काम करते थे। उनके बनाए हुए वाद्य की आवाज़ अच्छी होती थी।' वे मद्रास और तंजावुर जैसी ही खाल का इस्तेमाल करते थे, उन्होंने ट्यूनिंग पर अधिक ध्यान दिया। 'लेकिन, तंजावुर कारीगरों की तुलना में, वारु पिडी कम थी।' पूम्बुला भाष्यगारुलु ने आकाशवाणी में मृदंगम मरम्मत करनेवाले के रूप में काम किया, विजयवाड़ा बाज़ार पर उनका लगभग एकाधिकार था। भाष्यगारुलु के एकाधिकार को चुनौती देने के लिए पलानी सुब्रमण्या पिल्लै के एक छात्र दंडमुडी राममोहन राव ने अपने छात्रों में से एक को प्रशिक्षित किया। यह नसरन्नापेटा के सुनार समुदाय से ताल्लुक़ रखता था। कमलाकर राव को इस नये आदमी की कारीगरी के बारे में अधिक नहीं मालूम।

भाष्यगारुलु के पिता केशवैया मृदंगम बनाते भी थे और बजाते भी थे। अपने पिता से शिल्प सीखने के बाद, भाष्यगारुलु ने यह हुनर अपने बेटे बी. लोयाराजू को दे दिया, जिन्होंने अपने भतीजे नागेश्वर राव के साथ मृदंगम बनाना जारी रखा। कमान अब अगली पीढ़ी को सौंप दी गई है। लोयाराजू के बेटे एल. भास्कर ने अपने पिता और चचेरे भाई के मार्गदर्शन में अपने कौशल को सँवारा और अब इस व्यवसाय में शामिल हो गए हैं। केशवैया परिवार बोगम जाति से सम्बन्धित है।

विजयवाड़ा चेन्नै से लगभग 450 किलोमीटर दूर है, ट्रेन से रात-भर की यात्रा करनी पड़ती है। मृदंगम के कलाकार वेंकयाला रामनमूर्ति का मत है कि शायद इसीलिए यहाँ की मृदंगम-निर्माण तमिलनाडु की परम्पराओं से प्रभावित है। उनके विचार से, मृदंगम बनाने की असली आन्ध्र-परम्परा उत्तर तटीय आन्ध्र

प्रदेश—विजयनगरम से आती है—'मेरे परदादा श्री वेंकयाला बलराम गुप्ता *तुर्पु भागवतम* के लेखक हैं, जिसे विजयनगरम के राजाओं ने उन्हें *कुचिपुड़ी भागवतम* के समानान्तर लिखने के लिए कहा था। तुर्पु का अर्थ है पूर्व, और विजयनगरम उत्तरी आन्ध्र प्रदेश है। श्री बलराम गुप्ता गायक थे, और उनके भाई श्री नरसिम्हा गुप्ता मृदंगम कलाकार। मेरे पिता, श्री वेंकयाला नरसिम्हागारु ने मुझे बताया कि श्री बलराम गुप्ता ने ही विजयनगरम में मृदंगम की मरम्मत और निर्माण के लघु उद्योग की शुरुआत की थी। इसलिए, उनके मार्गदर्शन में भागवत मृदंगम पहली बार यहाँ बनाया गया था,' रामनमूर्ति ने समझाया।

इस तरह के मृदंगम को शुरू में भागवत कथा के संगत-वाद्य के रूप में बनाया गया था। भागवत मृदंगम में वेट्टु थट्टु बहुत सँकरा होता है, जिससे कोट्टु थट्टु का एक बड़ा हिस्सा सामने रहता है। इसलिए स्वाभाविक रूप से, सादम एक बड़ी सतह को कवर करता है। टोप्पी की तरफ़ सूजी की जगह वे लोग किसी दूसरे लेप का इस्तेमाल करते हैं। रामनमूर्ति ने कहा कि यह आश्चर्यजनक था कि ब्राह्मण होने के बावजूद, बलराम और नरसिम्हा गुप्ता मृदंगम बनाने के काम की देखरेख करते थे और इसके लिए एक बड़ी पूजा और समारोह आयोजित करते थे—'उन्होंने मृदंगम को नन्दीश्वर के अवतार के रूप में देखा।'

हम जो भी कहानियाँ सुनते हैं, उनसे यही बात समझ में आती है कि कैसे मृदंगम कलाकारों ने अपनी मृदंगम सम्बन्धी आवश्यकताओं को पूरा करने के लिए एक आपूर्ति-शृंखला बनाई। मृदंगम-निर्माण के किस हिस्से की देखरेख की जाती थी? कारीगर के हिस्से में क्या रहता था? ये ऐसे प्रश्न हैं जिनकी मैंने इस पुस्तक में बार-बार चर्चा की है, लेकिन ये प्रश्न लौट-लौटकर आते रहते हैं। और, यह प्रश्न भी समाप्त नहीं होता कि ज्ञान का असली मालिक कौन है!

जो भी हो, रामनमूर्ति इस बात पर ज़ोर देते हैं कि उनके परदादा बलराम गुप्ता ख़ुद मृदंगम बनाते थे। रामनमूर्ति के अनुसार, कोट्टियादा सत्यम भागवत मृदंगम के पहले कारीगर थे। मैं यहाँ चेताना चाहता हूँ कि पहला नाम यही है जिसे मैं खोज पाया हूँ। रामनमूर्ति ने बताया, 'वह एक पिछड़े समुदाय से ताल्लुक़ रखते थे और कोरुकोंडा नामक गाँव में रहते थे। बोब्बिली और कोरुकोंडा विजयनगरम संस्थानम शासन के अधीन थे। उनके बेटे संजीवी ने भी भागवत मृदंगम बनाए।

जहाँ तक कर्नाटिक संगीत समारोहों के लिए मृदंगम बनाने की बात है, इसमें निम्मला सोमलिंगम के वंशज हावी हैं। सोमलिंगम जंगालु जाति से सम्बन्धित थे,

जिसे जंगम जाति के नाम से भी जाना जाता है। जंगालु लिंगायत प्रतीत होते हैं, जो इन तेलुगूभाषी क्षेत्रों में रहते थे। उनमें से कई जन पुजारी (पदानुक्रम में निचली जातियों के लिए), घुमक्कड़ और ज्योतिषी होते थे।

हालाँकि, सोमलिंगम विजयनगरम मृदंगम के सर्जक थे, लेकिन उनके पुत्र निम्मला त्रिनाथ राव की निर्दोष कारीगरी ने विजयनगरम मृदंगम को प्रसिद्धि दिलाई। रामनमूर्ति के अनुसार, 'उन्होंने उत्तर तटीय आन्ध्र प्रदेश में मृदंगम की गुणवत्ता को एक विशिष्ट स्तर पर पहुँचा दिया।' दुर्भाग्य से कुछ साल पहले उनका निधन हो गया, और उनके पुत्र निम्मला श्रीनिवास अब भी उसी काम में लगे हैं। सोमलिंगम के भतीजे, वुरिवि शिवलिंगम के अनुसार, विजयनगरम संगीत महाविद्यालय में मृदंगम के प्रोफ़ेसर और द्वारम वेंकटस्वामी नायडू के साथ एक नियमित संगत करनेवाले कोलंका वेंकट राजू ने अपने मामा सोमलिंगम को मृदंगम बनाने के तरीक़े सिखाए। कोलंका वेंकट राजू ने ही कर्नाटिक संगीत में वायलिन को 'एकल' वाद्य का दर्जा दिलवाया। रामनमूर्ति ने बताया, 'उन्होंने संगीत के कार्यक्रमों के लिए सबसे पहले मृदंगम बनानेवाले कारीगर को खाल की नाप और चयन से लेकर सभी तरह के निर्देश दिए।'

शिवलिंगम ने अपने मावैय्या (मामा) सोमलिंगम से प्रशिक्षण लेना तब शुरू किया जब वह बारह वर्ष के थे। 'मैंने उनसे कर्नाटिक मृदंगम और भागवत मृदंगम की मरम्मत करने का हुनर सीखा।' उनके मार्गदर्शन में प्रशिक्षण लेने के बाद, शिवलिंगम कोट्टियादा सत्यम से भागवत मृदंगम बनाने की कला सीखने के लिए कोरुकोंडा गए। लेकिन, चूँकि सत्यम भागवत के कार्यक्रमों में व्यस्त थे, इसलिए शिवलिंगम को प्रशिक्षण उनके पुत्र कोट्टियादा संजीवी ने दिया। अब, शिवलिंगम का पुत्र शेखर भी एक कारीगर है। शिवलिंगम ने कहा, 'इस तरह हम अपने परिवारों की मदद करते रहे हैं।' सोमलिंगम ने अपने भाई के बेटे, निम्मला राज्यलिंगम को भी सिखाया, और वह अभी भी मृदंगम बना रहे हैं।

ये कारीगर पूरी विनम्रता के साथ अपने हुनर पर गर्व जताते हैं। शिवलिंगम ताल ठोंककर कहते हैं, 'पूरे आन्ध्र में, कर्नाटिक मृदंगम-निर्माण में विजयनगरम अत्यन्त प्रसिद्ध है। और भी हैं जो मृदंगम बनाते हैं, और मुझे यह कहना तो नहीं चाहिए, लेकिन जैसी कि कहावत है, "मनुष्य ही मनुष्य का शत्रु है" परन्तु, जो लोग जानते हैं और जो लोग इस वाद्य-यंत्र को बजाते हैं, वे विजयनगरम के शानदार

काम की गुणवत्ता की पुष्टि करते हैं।' उनके कहने का अर्थ यह था कि क्योंकि, विजयवाड़ा जैसे अन्य स्थानों के कारीगर उतना अच्छा काम नहीं करते हैं, इसीलिए वे विजयनगरम मृदंगम कारीगर की श्रेष्ठता को कम करके आँकते हैं।

उन्होंने अपनी बात कुछ इस तरह समाप्त की, 'आन्ध्र देसम में पहले मेरे चाचा निम्मला सोमलिंगम ने और फिर मैंने इस कला में अच्छा नाम कमाया है।'

10

एक अलग स्वर

मैंने अपना शोध कर्नाटिक संगीत के गढ़ चेन्नै से आरम्भ किया। तब मेरे मन में दूसरे राज्यों के मृदंगम कारीगरों की तलाश का विचार नहीं था। मुझे यह समझने में थोड़ा समय लगा कि तमिलनाडु की सीमाओं से परे भी बहुत कुछ है। मैंने कलाकारों और कारीगरों से की गई बातचीत की प्रतिलिपियों को बार-बार पढ़ा और हर बार मुझे उसमें कुछ ऐसी नई बात समझ में आई, जिसे मैंने अब तक नज़रअन्दाज़ कर रखा था।

जब मैंने टी.वी. गोपालकृष्णन से बात की थी, तो उन्होंने संक्षेप में एर्नाकुलम के उपनगर पलारीवट्टोम में बसे कारीगरों के एक इलाक़े का उल्लेख किया था। उन्होंने कहा था कि तंजावुर कारीगरों की ही तरह, वे भी परैयार समुदाय से थे और उन्होंने ईसाई धर्म अपना लिया था। गोपालकृष्णन ने याद किया कि जब वे लगभग छह साल के थे, तब तीस वर्षीय थोम्मन उनके घर पर मृदंगम बनाने के लिए आया करते थे। कारीगर का बेटा, सोवरी, चेन्नै भी आया था और उसने गोपालकृष्णन के साथ काम किया था। 'वे तीन-चार भाई थे। उनके नाम जॉन, जैकब या ऐसे ही कुछ थे। और फिर उसी परिवार में चांडी भी थे। उन्होंने इस काम को एक पुरानी तिरुवनन्तपुरम परम्परा से सीखा होगा।'

तिरुवनन्तपुरम में काम करनेवाले लोगों के बारे में बोलते हुए गोपालकृष्णन ने परमेश्वरन जैसे अन्य लोगों का उल्लेख भी किया और कहा, 'लेकिन वे परैयार नहीं हैं। उन्होंने महल में काम किया है, ठीक है न? इसलिए यह सम्भव नहीं है

(कि वे परैयार हों)।' उन्होंने याद करते हुए बताया कि परमेश्वरन बैंगलोर चले गए थे और वहाँ उन्होंने बहुत लम्बे समय तक काम किया था। कुछ महीने बाद मेरी मुलाक़ात पी.वी. परमेश्वरन के बेटे कृष्ण कुमार से उनके बैंगलोर स्थित घर पर हुई। यह वह परिवार था जो तिरुवनन्तपुरम महल के सभी शुद्ध मद्दलम और मृदंगमों का ध्यान रखता था। कृष्ण कुमार ने अपने दादा पी.के. वेल्लै और परदादा करुप्पुसामी की कहानी एक बार फिर दोहराई।

'राजा को मेरे दादाजी में बहुत दिलचस्पी थी, लेकिन मेरे दादाजी को राजा से मिल रहे मान-सम्मान से उनके अंगरक्षक को जलन होती थी। इसलिए मेरे परदादा (करुप्पुसामी) ने अंगरक्षक को मृदंगम का कुछ काम देने की योजना बनाई। एक दिन, उसने मेरे दादा (वेल्लै) को घर पर रहने के लिए कहा और बोले कि वह अकेले ही महल जाएँगे। उस दिन, राजा के आग्रह पर, उन्हें शुद्ध मद्दलम के वारु खींचने के लिए जाना पड़ा, क्योंकि उसी दिन एक संगीत-कार्यक्रम होना था। मेरे परदादा ने राजा को बताया कि उनकी मदद करनेवाला कोई नहीं। राजा ने कहा, "मेरा अंगरक्षक बलवान है; वह मदद कर सकता है।" उस दिन के बाद अंगरक्षक एक सप्ताह तक अनुपस्थित रहा। मेरे दादाजी ने यह दिखा दिया कि यह काम केवल ताक़त से नहीं, तकनीक से किया जाता है। आपको यह जानना होता है कि कितना खींचना है। वे कहा करते थे कि अगर मेरे दादाजी ने शुद्ध मद्दलम के लिए वारु को खींचा हो, तो उस पर मक्खी भी मँडराए तो उसमें से ध्वनि गूँजती थी।'

जिस तरह तंजावुर कारीगर शुरू में केवल तविल बनाते थे, करुप्पुसामी के पूर्वज तीन-चार पीढ़ियों तक शुद्ध मद्दलम बनाते थे। वेल्लै के समय से ही मृदंगम बनाना उनकी आजीविका बनी। यह ऐतिहासिक दृष्टि से भी ठीक लगता है, क्योंकि पिछले 120 वर्षों में ही सार्वजनिक स्थानों पर कर्नाटिक संगीत सभाएँ होने लगीं। इनमें भाग लेनेवाले संगीतकारों की संख्या भी तेज़ी से बढ़ रही है, और इसीलिए मृदंगम की माँग भी बढ़ने लगी है। भरतनाट्यम भी जब भारतीय 'शास्त्रीय' नृत्य के रूप में उभरा तो मृदंगम की माँग चौगुनी हो गई। मैंने जो कुछ भी सुना है, उससे ऐसा समझ में आता है कि शुद्ध मद्दलम और मृदंगम कारीगर, जो तिरुवनंतपुरम दरबार से जुड़े थे, और बाद में संगीत महाविद्यालयों में और शहर के पेशेवरों के लिए काम करने लगे, वे पेरुवेम्बा नामक एक छोटे से गाँव से आए थे। यह गाँव पलक्कड़ से लगभग 20 किलोमीटर दूर था। हो सकता है कि स्थानीय लोगों को भी इस काम से जोड़ा गया हो, लेकिन पेरुवेम्बा के कारीगर सब पर हावी थे।

पलक्कड़ और उसके आसपास के इलाक़ों में अपनी कार से घूमते हुए मुझे तंजावुर की याद आई, बस इतना फ़र्क़ था कि पृष्ठभूमि में छोटी-छोटी पहाड़ियाँ नहीं थीं। हमने (मेरे छात्र विग्नेश और मैंने) पी.आर. कसुमणि से मिलने का समय लिया था। उनके बेटे के. राजेश ने साक्षात्कार की व्यवस्था की, लेकिन उन्होंने हमें कई बार चेताया कि चूँकि उनके पिता को अधिक बोलने की आदत नहीं है, इसलिए वे बहुत कम बोलेंगे। हम तैयार हो गए, और चूँकि बैंगलोर के पी. कृष्ण कुमार ने भी अपने चचेरे भाई कसुमणि से हमारी सिफ़ारिश कर दी थी इसलिए वह अनिच्छा से अपने चाचा पी.वी. रामकृष्णन के साथ हमसे मिलने के लिए तैयार हो गए।

वैसे तो यह परिवार पेरुवेम्बा में बस गया था और यहीं काम करता था, लेकिन ये लोग वास्तव में पल्लवूर के थे, जो यहाँ से लगभग 13 किलोमीटर दूर है। पल्लवूर में उनका पैतृक घर था। हम अतिरिक्त सतर्क थे कि उनका घर हमसे छूट न जाए और इसीलिए राजेश के साथ मोबाइल फोन पर भी सम्पर्क में थे। यह सब अनावश्यक था। जैसे ही हम केरल की सँकरी दो-लेन वाली सड़कों से गुज़रे, अचानक एक तरफ़ ज़मीन पर कील ठोंककर खिंची हुई बैल की ताज़ी खाल से हमारा स्वागत होता नज़र आया। मैंने कभी ऐसा दृश्य नहीं देखा था। अब तक मैंने खाल के काम को केवल बन्द परिसरों में या पीछे की गलियों में होते देखा था। ज़ाहिर है, हम मृदंगम और चेंडा कारीगरों के केन्द्र पेरुवेम्बा पहुँच गए थे।

यहाँ सब कुछ तंजावुर की कीतूकारा स्ट्रीट से अलग था। यहाँ के घर अधिक सुगम और बड़े थे और उनका रखरखाव अच्छी तरह से किया गया था। आर्थिक सम्पन्नता का यह एक स्पष्ट संकेत था। यह किसी मध्यवर्गीय कॉलोनी की तरह दिखता था, और इसके निवासियों की जाति को निर्धारित करना कठिन था। राजेश ने गली के अन्दर से हाथ हिलाया। हम मुड़े और गाड़ी खड़ी करने के बाद कसुमणि के घर और कामकाज की जगह की ओर रुख़ किया। यह घर वैसा ही था, जैसा आमतौर पर गाँव के घर होते हैं, एल आकार का, जिसमें एक आँगन था जिसे छायादार बनाने के लिए एस्बेस्टस की चादरें लगाई गई थीं। रेड-ऑक्साइड से रँगी हुई फ़र्श और बाहरी दीवारों पर भूरे रंग के पेंट से फ़र्श से लगभग ढाई फ़ीट ऊपर तक जाती रंग की पट्टी ने मेरा ध्यान आकर्षित किया। परिसर के भीतर मृदंगम का काम चल रहा था। कसुमणि, उनकी पत्नी, माँ और रामकृष्णन सभी वहाँ उपस्थित

थे। कसुमणि के पास अब पाँच सहायक हैं। उस दिन उनके सहायक अच्युतन भी हमारी बातचीत में शामिल थे और बीच-बीच में हमें कुछ तथ्यात्मक जानकारी प्रदान कर रहे थे।

जैसा कि राजेश ने हमें पहले ही बता दिया था, कसुमणि हमारे प्रश्नों का उत्तर हाँ-ना में दे रहे थे, कुछ हाव-भाव प्रकट कर रहे थे और बीच-बीच में कुछ तकनीकी शब्दों का प्रयोग कर रहे थे। कुछ समय तक वह सँभलकर बोले और ऐसा लगा कि उन्हें हमारे साथ जानकारी बाँटने में कोई रुचि नहीं है। दूसरी ओर, उनके चाचा रामकृष्णन बड़े बातूनी थे, बढ़-चढ़कर अपने परिवार के इतिहास की जानाकारी साझा कर रहे थे।

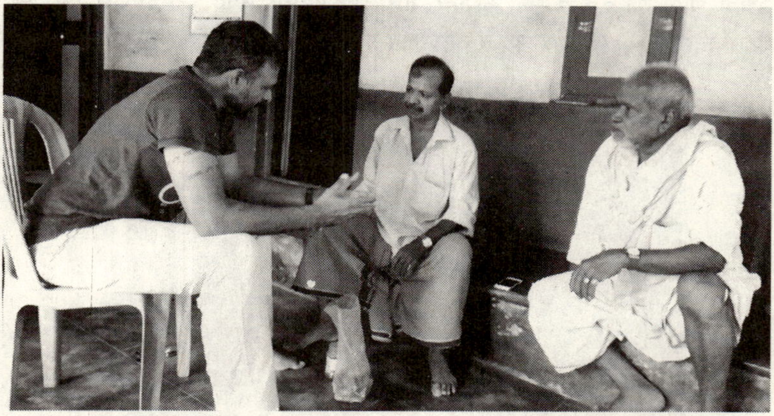

पी.आर. कसुमणि और उनके चाचा पी.वी. रामकृष्णन के साथ बातचीत करते लेखक

करुप्पुसामी के बेटे पी.के. वेल्लै के तीन बच्चे थे—पी.वी. राजन, पी.वी. परमेश्वरन और पी.वी. रामकृष्णन। तीनों इसी काम में लगे हुए थे। राजन के बेटे, पी.आर. कसुमणि ने राज्य की सीमा के उस पार कोयम्बटूर से आठवीं कक्षा तक पढ़ाई की और उनके पिता ने उन्हें मृदंगम बनाने के काम में शामिल कर लिया। जब उनके पिता पेरुवेम्बा वापस चले गए, तो उनका कामकाज स्थिर हुआ और कसुमणि ने पारिवारिक पेशे को आगे बढ़ाया। उनके भाई पी.आर. नाथन अभी भी त्रिपुनिथुरा में रहकर काम करते हैं। कसुमणि और नाथन की माँ, माणिक्यम ने भी इस काम को किया था। पेरुवेम्बा लौटने से पहले अपने पति के साथ कोयम्बटूर में दस साल और बैंगलोर में दस साल रहते हुए उन्होंने बहुत

अधिक मेहनत की थी। अब, छियासी साल की उम्र में वह सभी गतिविधियों पर पैनी नज़र रखती हैं, और अभी अपने बेटे, पोते और देवर के साथ मेरी चर्चा को ध्यान से सुन रही थीं।

परमेश्वरन ने केरल छोड़ दिया और बैंगलोर में, पूरी तरह से एक नये बाज़ार में चले गए। वहाँ, वह पेशेवर वादकों के ख़ास बन गए। उन्होंने अपने काम के उच्च मानकों को बरक़रार रखा जिसके बारे में उनके बेटे कृष्ण कुमार जो आज बैंगलोर के अग्रणी मृदंगम कारीगर हैं, अभी तक बात करते हैं। तीसरे बेटे, पी.वी. रामकृष्णन, जो अब पचहत्तर वर्ष के हैं, चार दशकों से अधिक समय तक कोयम्बटूर और तिरुपुर में रहे। यह जगह अपने सूती वस्त्र निर्यात उद्योग के लिए जानी जाती है। उन्होंने वहाँ मृदंगम और हारमोनियम बनाए। उन्होंने बताया, 'उन दिनों तिरुपुर में भजनों के बहुत आयोजन होते थे, और पेटी (हारमोनियम) की बड़ी

साभार : पी. आर. कसूमणि

स्वर्गीय पी.वी. राजन

माणिक्यम

माँग हुआ करती थी।' वह अब बूढ़े हो गए हैं। ऑर्डर मिलने पर ही हारमोनियम बनाते हैं। उन्होंने कहा कि अब हारमोनियम की माँग घट गई है।

करुप्पुसामी की वंशावली में और भी बहुत कुछ है। वेल्लै ने न केवल अपने बेटों को पढ़ाया, बल्कि तीन भाइयों, कृष्णन, नारायणन और वेलायुधन को भी प्रशिक्षित किया जो उनके परिवार से नहीं थे। गुरुवयुर दोरई नारायणन को याद करते हैं। दोरई गुरुवयुर में रहनेवाले नौजवान थे, और उनके पास केवल एक मृदंगम था जो एक निश्चित स्वर पर ट्यून किया गया था। 'हमें एक और मृदंगम की ज़रूरत

थी, एक अलग स्वर-संगति के लिए। इसलिए जब हमने लोगों से पूछा कि हम इसे कहाँ से ख़रीद सकते हैं, तो बताया गया कि पलक्कड़ के पास पेरुवेम्बा गाँव में एक कारीगर है। ये नारायणन थे। उन्होंने मेरे लिए कई मृदंगम बनाए। उनसे पहले, उनके पिता और उनके चचेरे भाई पेरुवेम्बा कृष्णन ने भी मृदंगम बनाए थे, लेकिन मैं अच्छी तरह से केवल नारायणन को ही जानता हूँ।' नारायणन के दो बेटे भी कारीगर हैं—एक कोईलैंडी में रहता है और दूसरा कोझिकोड में। वेल्लै ने अपने बेटे राजन की शादी अपने शिष्य कृष्णन की बेटी माणिक्यम से की, और इस तरह अब ये सभी रिश्तेदार हैं।

सेल्वाराज और मेल्गीस ने पेरुवेम्बा के वेलायुधन को याद किया। पालघाट मणि अय्यर के मन में भले ही इन कारीगरों के लिए बहुत कम सम्मान था, लेकिन सेल्वाराज को उनके साथ वेलायुधन से मिलने जाना याद है—'मणि अय्यर मुझे कल्पथी से एक घोड़ागाड़ी में ले गए थे। वेलायुधन उनका स्वागत करते हुए बहुत ख़ुश और सम्मानित महसूस कर रहे थे। मणि अय्यर ने मेरा परिचय तंजावुर के मृदंगम कारीगर के तौर पर करवाया। हम वहाँ अपनी ज़रूरत की कोई चीज़ लेने गए थे, तब वेलायुधन ने कहा कि वह व्यक्तिगत रूप से आकर इसे देना चाहेंगे। उन्हें ख़ुशी मिलेगी। उन्होंने मेरे काम के बारे में भी पूछा, और मणि अय्यर ने जवाब दिया कि मेरा काम अच्छा है और वह जैसा चाहते हैं, मैं वैसा ही काम करके देता हूँ। वेलायुधन ने मणि अय्यर और साथपुरम सुब्बियार (मणि अय्यर के गुरु) के लिए काम किया था।' वेलायुधन के दो पुत्र थे, वासु और साथु। वासु मृदंगम और तबला दोनों का काम करते थे। साथु के बेटे, विश्वनाथन और उन्नीकृष्णन, कोझिकोड में रहकर काम करते हैं। वेल्लै की एक बेटी, पोन्नी भी थी, जिनका बेटा अप्पू कोयम्बटूर में मुख्य कारीगर बन गया। आज उनका बेटा मणिकंदन उनके काम को आगे बढ़ा रहा है।

वेल्लै क़बीले का एक बहुत बड़े हिस्से पर क़ब्ज़ा है। दक्षिण में त्रिपुनिथुरा से लेकर उत्तर में कोइलंडी और कोझिकोड तक, पूर्व में कोयम्बटूर से बैंगलोर तक।

लेकिन, कौन-सी बात उन्हें ख़ास बनाती है? चेन्नै के कुछ कारीगरों ने मुझे बताया था कि वेट्टु थट्टु से बहुत कम खाल काटने के बावजूद केरल के कारीगर वलंदलाई से बहुत अधिक ध्वनि उत्पन्न करने में सक्षम हैं। इनका वलयाकार थट्टु

तंजावुर या मद्रास शैलियों की तुलना में चौड़ा होता है। कसुमणि ने इसका श्रेय खाल की गुणवत्ता और चयन को दिया। उन्होंने दावा किया कि केरल में खाल अबाध और बिना 'टेम्पर' वाली है। मुझे इस शब्द का अर्थ समझने के लिए बड़ी मेहनत करनी पड़ी और अन्त में मैं इस निष्कर्ष पर पहुँचा कि इसका मतलब था कि त्वचा मुलायम होती है और अधिक अनुनाद उत्पन्न करती है। तमिलनाडु या कर्नाटक में काम करनेवाले लोगों के विपरीत, केरल के कारीगर अपनी ज़रूरत की सारी खाल राज्य के भीतर से ही मँगवाते हैं। वे आन्ध्र की बकरियों की तलाश नहीं करते हैं। लेकिन लकड़ी के फ्रेम के लिए, पनरुति ही एकमात्र स्रोत है। यहाँ एक बार फिर 'टेम्पर' शब्द आया। 'यहाँ के पेड़ों में टेम्पर कम है। पनरुति में वर्षा कम होने के कारण पेड़ का रंग अलग होता है और लकड़ी में टेम्पर होता है। पनरुति के पेड़ अच्छे हैं,' कसुमणि ने कहा।

कृष्ण कुमार ने अपने गृहनगर के मृदंगम की जानकारी देते हुए कहा था, 'पलक्कड़ शैली के मिट्टु में नादम कम होगा लेकिन यह आकर्षक होता है। "धीम" (वलंदलाई पर बजाई जानेवाली खुली थाप) ध्वनि बहुत अच्छी होगी।' जब मैंने टोका और कहा, 'लोग अभी भी आपके चप्पु के बारे में बात करते हैं,' उन्होंने कहा कि पलक्कड़ मृदंगम और बाक़ी के बीच यही मुख्य अन्तर था। और भी कुछ बारीक अन्तर हैं और यह भी कि वेट्टु थट्टु और कोट्टु थट्टु को कितना खींचा जाता है। इनकी प्रस्तुति भी लाजवाब है। 'जब तंजावुर कारीगर सादम लगाने के बाद सफ़ाई करते हैं, तो भी यह थोड़ा गन्दा दिखता है। सादम के अवशेष आसपास दिखते हैं। लेकिन जब केरल का कारीगर आपको मृदंगम सौंपता है, तो आपका दिल ख़ुश हो जाता है। आप इसे इस्तेमाल करने से पहले दो बार सोचेंगे! और जब आप चप्पु पर थाप मारते हैं तो 'थाऽऽम' की ध्वनि गूँजती है।' बीते वक़्त को याद करते हुए गुरुवयुर दोरई ने कहा।

मितभाषी कसुमणि भी तंजावुर कारीगरों पर कटाक्ष करने से ख़ुद को नहीं रोक सके। जब मैंने उन्हें सादम में इस्तेमाल किए गए विभिन्न पत्थरों पर परीक्षण के परिणामों के बारे में बताया, और कहा कि उनके द्वारा उपयोग किए जानेवाले पत्थर और तंजावुर कारीगरों द्वारा रत्तीपलयम से प्राप्त किए गए पत्थरों के बीच कोई बहुत बड़ा अन्तर नहीं दिखा, तो उन्होंने हँसकर कहा, 'तो फिर ऐसा क्यों है कि उनसे कोई आवाज़ नहीं आती?' मैं अपने राज्य के लोगों का बचाव करते हुए अनपेक्षित स्थिति में फँस गया था! जब मैंने कहा, 'इसका कारण वारु पिडी और

कप्पी हो सकता है। यहाँ की खाल पतली है, वे मोटी खाल का उपयोग करते हैं। मोटी खाल इसलिए है क्योंकि वे कप्पी मुट्टु बनाते हैं।' कसुमणि ज़रा भी प्रभावित नहीं हुए। 'हम्म, आगे बोलिए...' उन्होंने मेरी सारी दलीलों को दरकिनार करते हुए कहा। लेकिन जब उनसे सीधे तंजावुर मृदंगम के बारे में पूछा गया तो उन्होंने जवाब देने से इनकार कर दिया। वह यही कहते रहे कि वह इस बारे में कोई टिप्पणी नहीं कर सकते, लेकिन फिर ज़ोर देकर कहा, 'एक बात मैं कह सकता हूँ कि खाल अच्छी होनी चाहिए...जो हमारे यहाँ है।'

इस प्रक्रिया में कुछ दिलचस्प स्थानीय अन्तर और भी हैं। तंजावुर और मद्रास शैलियों में सादम को चिपकाने के लिए उबले हुए चावल या फ़ेविकोल को आधार परत के रूप में पसन्द किया जाता है। लेकिन यहाँ पेरुवेम्बा और वास्तव में केरल के अन्य हिस्सों में भी कारीगरों ने पहले कुछ और इस्तेमाल किया था। कृष्ण कुमार ने कहा, 'यह आपको गुरुवयुर मन्दिर में मिलेगा। अगर आप इसे पत्थर पर अच्छी तरह से रगड़ेंगे तो इससे आपको गोंद मिल जाएगा। हम उसी गोंद को आधार परत के रूप में इस्तेमाल करते हैं।' कृष्ण कुमार एक बीज का उल्लेख कर रहे थे जिसे वे कुन्निकुरु, कुन्नुमणि, गुरुगंजी, या *एब्रस प्रीकेटोरियस* कहते हैं। गुरुवयुर मन्दिर में, इसे एक बड़े पीतल के टब में रखा जाता है और भक्तों से अपेक्षा की जाती है कि वे इसमें हाथ डालकर इसे ऊपर उठाएँ। हालाँकि यह एक ज़हरीला बीज है, पर ऐसा कहा जाता है कि कुन्नुमणि में औषधीय गुण भी होते हैं और, मृदंगम बनाने की प्रक्रिया में, यह एक स्थिरक का काम करता है। 'कुन्नुमणि चावल की तुलना में दोगुना मज़बूत होता है। फ़ेविकोल, कुन्नुमणि की तुलना में दोगुनी मज़बूती से चिपकाता तो है, लेकिन ध्वनि के लिए कुन्नुमणि ही बेहतर है।' रामकृष्णन ने कहा। कृष्ण कुमार ने विस्तृत तर्क दिया—'जब आप पहली बार कुन्नुमणि को लगाते हैं तो यह गोंद ध्वनि को दबा देता है, लेकिन जैसे ही आप बजाने लगते हैं आवाज़ खुल जाती है। ऐसा इसलिए है क्योंकि गोंद खाल की बनावट के साथ तालमेल बैठाता है। जब आप इस गोंद को पानी में मिलाकर लगाते हैं तो यह खाल से एकमेक हो जाता है तो कम्पन में कोई विकृति नहीं होती। यदि आप फ़ेविकोल का उपयोग करते हैं, तो यह एक प्लास्टिक की परत की तरह चढ़ जाता है जिसे सूखने पर छीला जा सकता है।' अन्य चिपकानेवाला पदार्थ वज्रम, दक्षिण-पश्चिम मानसून वाले केरल प्रदेश में काम नहीं करेगा। इसका मतलब यह भी है कि यहाँ खाल को सुखाना एक कठिन काम है।

यहाँ तक कि पेरुवेम्बा जैसी जगह में, जहाँ मृदंगम और मद्दलम बहुतायत में बनते हैं, कारीगरों को पड़ोसियों की आपत्तियों को भी झेलना पड़ता है। उन्हें खाल की बदबू परेशान करती है। बारिश के दौरान परेशानी अधिक होती है, क्योंकि गीली खाल से बदबू अधिक आती है। कसुमणि ने सहजता से कहा, 'शिकायतें आती हैं, लेकिन हम सँभाल लेते हैं और अपना काम करते रहते हैं।' उनके विस्तृत परिवार में तीन लोग हैं जो मद्दलम बनाते हैं। जिसे मैंने सड़क के किनारे फैला और कील से ठोंका हुआ देखा था वह उनका कच्चा माल था—बैल की खाल।

पेरुवेम्बा निर्मित मृदंगम की पहचान करना आसान है। इसमें वलंदलाई की तरफ़ का शिखर काफ़ी उठा हुआ होता है, घेरे के चारों ओर एक मोटी पाइपिंग होती है। वे इसे नेट्टी मुट्टु कहते हैं। समय के साथ, यह थोड़ा झुक जाता है, लेकिन फिर भी दिखाई देता है। 'हर बार जब आप सादम बदलते हैं, तो यह थोड़ा नीचे आ जाएगा। यह मुड़ जाएगा और इसकी उठान कम हो जाएगी,' कृष्ण कुमार ने बताया। लेकिन यह इस हद तक नहीं मुड़ेगा कि मुट्टु अपनी ताक़त खो दे। इसे वज़ियाराडु या अतिप्रवाह कहा जाता है। मैं इस नेट्टी पिन्नल के फ़ायदे ठीक-ठीक नहीं बता सकता, लेकिन यह निश्चित रूप से एक विशेषता है। जैसा कि हम पहले ही चर्चा कर चुके हैं, क्षेत्र की अन्य विशिष्टता, मडक्कु पिन्नल तकनीक को पूरी तरह से छोड़ दिया गया है। यह काम बहुत समय लेनेवाला और निष्पादित करने में कठिन था। दिलचस्प बात यह है कि वे वलंदलाई पिन्नल के लिए गाय की खाल की बद्धियों का उपयोग अब भी कर रहे हैं। मैं सोचता हूँ कि क्या गाय की खाल के पिन्नल के साथ वलंदलाई के वेट्टु थट्टु, जो गाय की खाल से बने होते हैं, और टोप्पी की दो-परत वाली भैंस की खाल के साथ भैंस की पिन्नल का आपस में कोई संरचनात्मक तर्क है जो मुट्टु की ताक़त और आवाज़ को प्रभावित करता है। अब जबकि अन्य सभी कारीगर पिन्नल के लिए पूरी तरह से भैंस की खाल का ही उपयोग कर रहे हैं, पेरुवेम्बा कारीगर पुरानी पद्धति पर ही टिके हुए हैं।

रामकृष्णन और कसुमणि को इसमें कोई सन्देह नहीं था कि पुराने समय में कुच्ची मृदंगम ही बनाए जाते थे। कसुमणि ने दृढ़ विश्वास के साथ कहा, 'तब कोई भी कप्पी नहीं बजाता था। मुझे इस बात का और भी अधिक यक़ीन है कि कुच्ची मृदंगम पूरे कर्नाटिक संगीत जगत में बहुत लम्बे समय तक प्रचलित थे। पेरुवेम्बा के लोगों में मृदंगम के सादम के लिए उपयोग किए जानेवाले पत्थर के बारे में एक अजीब कहानी प्रचलित है। मेरे शिष्य को कसुमणि ने बताया कि ये पत्थर आसपास

के लोहे के कारखानों से गिरे हुए लोहे के टुकड़े हैं, जो समय के साथ पत्थर बन गए हैं। वे इसे कीडकल्लु कहते हैं। किट्टनकल्लु का चचेरा भाई तो नहीं?

टोप्पी के बारे में कुछ छोटी-छोटी बातें भी इनके काम को बाक़ियों से अलग करती हैं। जब टोप्पी की बकरी की खाल को अन्दर से मुट्टु से बाँधा जाता है, तो पेरुवेम्बा कारीगर इसे केवल आठ गाँठों से बाँधते हैं, बाक़ी की तरह बारह से नहीं। वे फटने की आशंका को कम करने के लिए गाँठों पर खाल की पट्टियाँ भी चिपकाते हैं।

1940 के दशक में, पी. के. वेल्लै, अपने बेटों, राजन (कसुमणि के पिता) और परमेश्वरन (कृष्ण कुमार के पिता) के साथ बैंगलोर चले गए। उस शहर में मृदंगम कारीगरों की भारी कमी थी, और वहाँ के कलाकार इस कमी को पूरा करना चाहते थे। कृष्ण कुमार ने पल्लवूर के मूल निवासी, लेकिन बैंगलोर में रहनेवाले पोन्नैया पिल्लै नामक एक कलाकार का उल्लेख किया, जिन्होंने शायद वेल्लै और उनके बेटों को वहाँ ले जाने में मुख्य भूमिका निभाई होगी। वेल्लै के बारह बच्चे थे, तीन बेटे और नौ बेटियाँ। कोई भी सोच सकता है कि वह हर भारतीय माता-पिता की तरह अपनी सन्तानों की जरूरतों को पूरा करने और बेटियों की शादी करवाने जैसी ज़िम्मेदारियाँ निभाने के लिए कमाई वाली जगह की तलाश कर रहे थे। लेकिन बैंगलोर जाना उनके लिए उतना फ़ायदेमन्द नहीं रहा जितना उन्होंने सोचा था। उस समय शहर में कला और संस्कृति की हलचल नहीं थी। मुट्ठी-भर कलाकार थे और बहुत अधिक संगीत आयोजन भी नहीं होते थे। यह एक कठिन संघर्ष रहा होगा, और जल्द ही वेल्लै अपने दो बच्चों को पीछे छोड़कर पलक्कड़ लौट आए। परमेश्वरन जब अपने पिता और भाई के साथ बैंगलोर गए थे तब सिर्फ़ बारह वर्ष के थे, और जब पिता वापस पलक्कड़ लौटे तो उनकी उम्र कुछ ज़्यादा नहीं हुई थी। कुछ समय बाद, राजन भी घर वापस चले गए, परमेश्वरन को उस सुस्त शहर में अकेला छोड़कर। उन्होंने लगभग हार मान ली थी।

घटम कलाकार बैंगलोर वेंकटरमण ने उन्हें एक साइकिल दे दी, ताकि वह अपने कामकाज के लिए आ-जा सकें—'हम मल्लेश्वरम 8वें क्रॉस में रहते थे। मेरे पिता साइकिल लौटाने और वेंकटरमण को यह बताने गए कि वह वापस पेरुवेम्बा जा रहे हैं। वेंकटरमण बहुत चिन्तित हुए। उन्होंने मेरे पिता से कहा कि वह दो दिन

इन्तज़ार करें, कि वह उनके लिए कुछ न कुछ इन्तज़ाम करेंगे। मेरे पिता ने कहा, "नहीं सर, मैं यहाँ बहुत संघर्ष कर रहा हूँ। मुझे जाने दें।" हमारे लिए एक समय का भोजन जुटाना भी कठिन था,' कृष्ण कुमार बताते हैं।

बैंगलोर में संगीतकारों को ऐसे गुणी कारीगर की सख़्त ज़रूरत थी, जिन्हें वे काम पड़ने पर बुला सकें। उस समय तक वे अपना अधिकांश काम मद्रास में ही करवा रहे थे। कुछ पेशेवर कलाकारों का मानना था कि परमेश्वरन वास्तव में मद्रास कारीगरों से श्रेष्ठ थे, और वे उन्हें अपने शहर में बनाए रखना चाहते थे। बड़ी सम्भावना है कि मैं कहानी का केवल एक ही पक्ष सुन रहा था। उस समय बैंगलोर में निश्चित रूप से अन्य कारीगर भी थे। उनका काम कैसा था? जो भी हो, यह सच है कि एम.एल. वीरभद्रैया, बैंगलोर वेंकटरमण और वीणा कलाकार मैसूर दोरईस्वामी अयंगर ने मिलकर परमेश्वरन को बैंगलोर में रुकने के लिए मना लिया। वेंकटरमण आईटीआई में काम करते थे, और उन्होंने परमेश्वरन को बड़ी मेहनत करके रिले एडजस्टमेंट डिवीजन में नौकरी दिला दी। 'लेकिन उन्हें एक शर्त पर काम दिया गया था कि वह वहाँ केवल पहली पाली में काम करेंगे और फिर अपनी दोपहरें मृदंगम को समर्पित करेंगे।' दुकान के मालिकों के साथ वे इस सौदे में मध्यस्थता करने में सफल रहे और आगे की कहानी लोग जानते ही हैं।

परमेश्वरन के बैंगलोर जाने से न केवल वह शारीरिक रूप से अपने गृह नगर से दूर हो गए, बल्कि इस शहर ने उन्हें मृदंगम-निर्माण के पेरुवेम्बा घराने से भी दूर कर दिया। उस समय, पालघाट मणि अय्यर के एक वरिष्ठ शिष्य वीरभद्रैया, बैंगलोर हलक़ों में एक दमदार नाम होते थे। वह कुछ समय के लिए तंजावुर कारीगरों को भी बैंगलोर लाए थे। कुछ समय बाद, 1960 और 1970 के दशक में, मणि अय्यर ने सेल्वाराज को वीरभद्रैया के मृदंगमों पर काम करने के लिए बैंगलोर भेजा। परमेश्वरन पर कलाकार का प्रभाव गहरा था। परमेश्वर जिज्ञासु थे, सीखने को लालायित थे और कलाकारों की समस्याओं को समझना चाहते थे। वे संगीत समारोहों में जाते और कलाकारों की कठिनाइयों का निरीक्षण करते। उन्हें तंजावुर शैली में मृदंगमवादन करनेवाले कलाकार निर्देश देते थे और अपने मुताबिक़ मृदंगम बनवाते थे। 'मेरे पिता तम्बूरा (संगीत-कार्यक्रम में) भी बजाते थे। वादक कलाकार मंच पर मृदंगम को सुर में मिलाते रहते थे और गायक एकाग्र नहीं हो पाता था। उन्होंने यह भी देखा कि मद्रास से आनेवालों को यह समस्या नहीं होती। मेरे पिता इस पर सोचने लगे। क्या यह निर्माण का दोष था, या समस्या कलाकार के साथ

थी? वह इन समस्याओं पर गहराई से सोचते थे, विचार करते थे और शोध करते थे।' ऐसा कहकर कृष्ण कुमार उन कारीगरों पर भी अपनी राय दे रहे थे जो बैंगलोर में रहते और काम करते थे। वह कह रहे थे कि उनकी कारीगरी औसत दर्जे की थी और इससे संगीत-कार्यक्रमों की गुणवत्ता प्रभावित हुई।

धीरे-धीरे, परमेश्वरन की शैली तंजावुर शैली के क़रीब आई, और वीरभद्रैया ने उनका मार्गदर्शन किया। 'उस समय मेरे पिता वीरभद्रैया सर के घर काम करने जाया करते थे। एक दिन, उन्होंने मेरे पिता से एक मुट्टु बनाने के लिए कहा। वीरभद्रैया सर ने तंजावुर में परलांदू का काम देखा था और उनके साथ काम किया था, इसलिए उन्होंने खाल ख़रीदी, उसका चयन किया और उसे तैयार रखा। मेरे पिता तब पलक्कड़ शैली में काम कर रहे थे। जब उन्होंने खाल पर काम करना शुरू किया तो वह फट गई। उन्हें आश्चर्य हुआ कि यह किस प्रकार की खाल थी। फिर, वीरभद्रैया सर ने उन्हें पूरी खाल का उपयोग करके एक मुट्टु बनाने के लिए कहा। उन्होंने कहा कि खाल फटने की चिन्ता न करें। इसने मेरे पिता को प्रेरित किया और हम तंजावुर शैली में काम करने लगे।' कुछ संशोधनों के साथ, परमेश्वरन ने अब इसे अपनी बैंगलोर शैली बना लिया है।

भगवा रंग की ठेठ केरल वेष्टि पहने, अट्ठावन वर्षीय कसुमणि उदासीन चेहरे के साथ बैठे थे। अधीरता से पैर हिला रहे थे और उतना ही बोल रहे थे, जितना उन्हें ज़रूरी लगता। मैं बड़ा परेशान था और समझ में नहीं आ रहा था कि उनकी चुप्पी को कैसे तोड़ा जाए। वह अशिष्ट या आक्रामक नहीं थे, वास्तव में इसके उलट थे। वह विनम्र और सहृदय थे, मुस्कुरा भी रहे थे, लेकिन उदासीन थे। मैं एक प्रश्न पूछता और कसुमणि एक छोटी-सी टिप्पणी करते या एक शब्द बोल देते, इतने धीरे कि कभी-कभी सुनना भी कठिन होता। वह अपने चाचा रामकृष्णन को ही बोलने की ज़िम्मेदारी सौंप देते। राजेश अपने मोबाइल फ़ोन से पूरी बातचीत की वीडियो रिकॉर्डिंग कर रहे थे। लगभग आधे घंटे के बाद मुझे लगा कि कसुमणि ने मुझ पर भरोसा करना शुरू कर दिया है; उन्होंने महसूस किया कि मेरी पूछताछ में कुछ संवेदनशीलता थी।

और फिर, अपने तरीक़े से वह खुलकर बात करने लगे। उनके स्वर में निवृत्ति का भाव था। वह मृदंगम कलाकारों के साथ अपने सम्बन्धों की सीमा जानते थे,

और उनसे इससे अधिक की अपेक्षा नहीं रखते थे। इतने वर्षों में उनका जीवन और आर्थिक या सामाजिक स्थिति नहीं बदली थी। राजेश ने बताया, 'उन्होंने (कसुमणि) मुझसे पूछा कि एक गायक मृदंगम के बारे में डॉक्यूमेंट्री क्यों बना रहा है? मैं आपको खुलकर बता रहा हूँ। बहुत-से लोग आते हैं, मेरे पिता के वीडियो और फ़ोटो लेते हैं, लेकिन हमें न कोई पहचान मिलती है, न सम्मान मिलता है। हमारे जीवन में कोई सुधार नहीं हुआ है।' कारीगर यह अच्छी तरह जानते हैं कि उन्हें काम करते रहना है और अपने ग्राहकों को ख़ुश रखना है। रामकृष्णन ने कहा, 'यह हमारा पुश्तैनी कारोबार है। आपको मृदंगम की ज़रूरत है, आप हमारे पास आते हैं। हम अपना काम करेंगे और पैसे ले लेंगे, बस इतना ही...हम और कुछ नहीं सोचते।' कसुमणि ने आगे कहा, 'अगर मृदंगम अच्छा होगा, तो कलाकार हमें फिर बुलाएँगे। अगर वे ख़ुश हैं, तो मुझे काम मिलेगा।' जब मैंने इस बात पर ज़ोर दिया कि वे संगीत की दुनिया के हाशिए पर हैं, तो उन्होंने मेरी बात को यह कहते हुए समाप्त कर दिया, 'हम इसके बारे में सोचकर क्या कर सकते हैं?'

राजेश ने अनुभव किया है कि यह सच काम के कई क्षेत्रों में लागू होता है—'अब, एक शिक्षक को लें जिसके कई छात्र हैं; कुछ वकील, कलेक्टर आदि हैं, लेकिन हर कोई अपने शिक्षक को श्रेय नहीं देता है।' मैंने यह जवाब दिया कि कोई भी इस बात से इनकार नहीं करता कि उसने शिक्षक से सीखा है, लेकिन मृदंगम कलाकार मृदंगम बनाने की बात करते हैं जबकि उनका इससे कोई लेना-देना नहीं होता है।

राजेश ने यह भी बताया कि तिरुवनंतपुरम, त्रिपुनिथुरा और पलक्कड़ में सरकारी संगीत कॉलेजों में मृदंगम कारीगरों की भर्ती किस तरह होती है। जिन लोगों ने आवेदन किया होता है उनमें से कई लोगों की मृदंगम कारीगरी की कोई पृष्ठभूमि भी नहीं होती। चूँकि परीक्षक (आमतौर पर, मृदंगम कलाकार) मृदंगम बनाने की प्रक्रिया के बारे में बहुत कम जानते हैं, इसलिए चयन भी अनुचित और बेतरतीब ढंग से होता है। जब राजेश बता रहे थे कि तरजीही नियुक्तियाँ की गई हैं तो उनकी बातचीत से यह भी पता चला कि परीक्षकों में कभी भी किसी वरिष्ठ मृदंगम कारीगर को शामिल नहीं किया जाता, केवल वादक होते हैं। एक भयावह और दर्दनाक स्थिति!

लेकिन कसुमणि इन सबकी शिकायत नहीं करना चाहते। वह बस वही करते रहना चाहते हैं, जो कर रहे हैं। चेन्नै में लोग उनका नाम जानते हैं और मृदंगम कलाकार उनके पास आते हैं, क्योंकि वे उनके काम को पसन्द करते हैं। वह अपनी स्थिति से सन्तुष्ट हैं और तमाम निराशाओं को एक तरफ़ धर देते हैं। वह समझते हैं कि ग़ुस्से

और नकारात्मकता को पालकर रखने से उनके काम और कलाकारों के साथ उनके रिश्ते पर ही बुरा असर पड़ेगा। यह तो ज़ाहिर था कि कसुमणि के विचार बिलकुल साफ़-स्पष्ट हैं, लेकिन वह उन्हें व्यक्त करने के इच्छुक नहीं थे, क्योंकि उन्हें आसपास की परिस्थितियों पर विश्वास नहीं था। जब किसी के पास उनकी समस्याओं के बारे में पूछने के लिए समय ही नहीं है, तो वे भला अपनी बात क्यों रखेंगे?

रामकृष्णन तब अपने पिता के शानदार काम का बखान कर रहे थे, जब मैंने कहा कि उनके बारे में कोई नहीं जानता, क्योंकि वे खाल का काम करते हैं। बातचीत में एक बार फिर पूजा-कक्ष की चर्चा हुई, और कसुमणि ने कहा, 'हाँ, यह (मृदंगम) पूजा-कक्ष में चला जाता है। क्या उस कक्ष में चप्पलें जा सकती हैं? नहीं न? यह भी खाल है और वह भी। इस पर सभी को विचार करना चाहिए। कोई नहीं सोचता।'

इतना सब होने के बावजूद कसुमणि आज भी आशावादी हैं, उन्हें लगता है कि भविष्य में स्थितियाँ अवश्य बदलेंगी। जैसे ही उन्होंने यह बात कही, उनकी पत्नी, जो चेंडा कारीगरों के परिवार से ताल्लुक़ रखती हैं, हँस पड़ीं और कसुमणि भी उनके साथ हँसने लगे। इस परिवार ने केरल के कुन्नेसेरी मणि अय्यर, कृष्णकुट्टी नायर, वेलुकुट्टी नायर जैसे महान और लोकप्रिय कलाकारों के साथ काम किया था और अब पलक्कड़, कोयम्बटूर और त्रिची के कलाकारों के लिए भी काम कर रहा है। चेन्नै के कुछ कलाकार भी समय-समय पर बल्क ऑर्डर भेजते हैं। केरल में रहने और कार्यक्रम करनेवाले संगीतकारों की तरह, ये कारीगर भी चेन्नै कर्नाटिक अधिष्ठान के प्रमाणीकरण की परवाह नहीं करते। यह वास्तव में एक सुखद नज़रिया है!

राजेश अपनी भविष्य की योजनाओं को लेकर निश्चित नहीं हैं। उन्होंने प्रतिष्ठित कला विश्वविद्यालय केरल कलामंडलम से संगीत में एमए की डिग्री ली है, और पलक्कड़ महेश कुमार से मृदंगम बजाना सीखा है। अब वह एक माइक्रोफ़ाइनेंस कम्पनी में काम कर रहे हैं। मैंने उनसे पूछा कि वह एक गम्भीर मृदंगम कलाकार बनने पर विचार क्यों नहीं करते। पहले तो उन्होंने हाथों के खुरदरे, सख़्त और ख़राब होने जैसे वे कारण बताए, जिन्हें अक्सर लोग बताते हैं लेकिन फिर उन्होंने एक महत्त्वपूर्ण मुद्दा उठाया—'एक मृदंगम विद्वान के बेटे के पास कलाकार बनने की बेहतर स्थितियाँ होती हैं और अपने पिता के कारण उसे बेहतर अवसर मिलते हैं। मेरे पिता इस व्यवसाय में हैं, इसलिए मेरे लिए इसी में सफल होने की सम्भावना बेहतर है।' यह केवल संगीत-कार्यक्रमों के अवसरों या सम्बन्धों की बात नहीं है;

यह एक सांस्कृतिक अवलोकन था। उन्होंने इसे इस तरह स्पष्ट किया, 'यदि यह एक अग्रहारम होता, तो यहाँ संगीत आयोजन होते और संगीत को देखना-सुनना और सीखना आसान होता। यहाँ ऐसा नहीं है।' राजेश के लिए मंच की सीढ़ियाँ चढ़ना लगभग असम्भव है, इसका कारण ज्ञान के वे अदृश्य घर हैं जिनके दरवाज़े हमेशा बंद रहते हैं।

मुझे अहसास हुआ कि हम दो ऐसी दुनियाओं पर चर्चा कर रहे थे जो आपस में बहुत कमज़ोर ढंग से जुड़ी हुई हैं, एक तरफ़ उच्च जाति का मंच-प्रदर्शन और सीखने का माहौल और दूसरी तरफ़ हाशिए पर मौजूद मृदंगम कारीगर। वे केवल सुविधा के लिए आपस में मिलते हैं, पर सामाजिक और सौन्दर्यबोध की दृष्टि से दूर-दूर ही रहते हैं। यह फ़ासला आसानी से इस ब्राह्मणवादी झूठ को स्पष्ट कर देता है कि जाति वर्ण है यानी व्यवसाय या क्षमता-आधारित सामाजिक पदानुक्रम, न कि जन्म-आधारित सामाजिक पदानुक्रम। और इसी का परिणाम सांस्कृतिक अलगाव है।

परिवार के साथ लगभग डेढ़ घंटे रहने और चाय के समय कुछ हल्के-फुल्के पल बिताने के बाद मैंने जाति का संवेदनशील सवाल छेड़ा। कसुमणि को छोड़कर सभी इस विषय पर बोलने को तैयार थे। कृष्ण कुमार ने मुझे बैंगलोर में बताया था कि वे विश्वकर्मा की छत्रच्छाया में आनेवाले थोलकोलन थे। मैंने पढ़ा था कि कोलन समुदाय की लोहारी में निपुणता थी। लेकिन वे आगे चलकर थीकोलन, कडाचिकोलन, थोलकोलन, थेपोरिकोलन और पेरुमकोलन जैसे समूहों में भी विभाजित हुए। थोलकोलन परम्परागत रूप से खाल से जुड़े हुए काम करते थे, इसलिए मृदंगम कारीगरी में उनका प्रवेश आश्चर्यजनक नहीं है। आज, कोलन लोगों को अन्य पिछड़ी जातियों के रूप में वर्गीकृत किया गया है। दिलचस्प बात यह है कि राज्य सरकार के पिछड़ा वर्ग विकास विभाग और केरल लोक सेवा आयोग दोनों वेबसाइटों में, थोलकोलन को विश्वकर्मा के अन्तर्गत नहीं रखा गया है, उनका अलग से उल्लेख किया गया है।

जब यह चर्चा कसुमणि के आवास पर चली तो काफ़ी वाद-विवाद और भ्रम की स्थिति निर्मित हो गई। क्या वे पेरुमकोलन, कडाचिकोलन या शायद कदयन (अनुसूचित जाति) थे? इस बारे में राय बँटी हुई थी। रामकृष्णन को यक़ीन था कि वे कदयन नहीं थे, क्योंकि कदयन वे थे जो मोतियों के लिए समुद्र में गोता लगाते थे, और विश्वकर्मा ऐसा नहीं करते थे। मुझे बाद में एक मित्र ने बताया कि यह सारा भ्रम किसी स्थानीय मुद्दे के कारण हो सकता है। ज़ाहिरा तौर पर, स्कूल

स्तर पर, कई बार कदाचिकोलन समुदाय के बच्चों को कदयन के रूप में वर्गीकृत कर दिया जाता है। बाद में, इसका उपयोग करते हुए, वे कदयन प्रमाणपत्र प्राप्त करते हैं और अनुसूचित जाति वर्गीकरण से लाभान्वित होते हैं। स्वाभाविक रूप से कदयन समुदाय से आपत्तियाँ उठी थीं। मामला जो भी हो, थोलकोलन समुदाय को केरल के जटिल जाति-विभाजन प्रारूप के निचले पायदान पर रखा गया है, हालाँकि निश्चित रूप से ये कदयन समुदाय से ऊपर हैं।

करुप्पुसामी के परिवार के केरल में मृदंगम-निर्माण के मुखिया के रूप में स्थापित होने के बाद अन्य लोग भी इसमें शामिल हो गए। पेरुवेम्बा में ही एक और परिवार तीन पीढ़ियों से यह काम कर रहा है। वेलायुधन और उसके बच्चे भी इसी काम में लगे हैं। उन्होंने भी अन्य क्षेत्रों पर अधिकार जमा लिया है और तिरुवनन्तपुरम जैसे स्थानों में स्थापित हो गए हैं।

अपने साक्षात्कारों के दौरान कई बार मैंने महसूस किया कि किसी जानकारी को इकट्ठा करने का काम कहाँ निपट असंवेदनशीलता में बदल जाता है। मुझे प्रश्न पूछना कब रोक देना चाहिए? मुझे उत्तर पाने के लिए कितना आग्रह करना चाहिए? क्या उन लोगों से ऐसे विषम प्रश्न पूछना सही भी है जो मेरे जैसे विशेषाधिकारों के साथ पैदा नहीं हुए हैं? क्या मेरी जाति का विशेषाधिकार मुझे विवेकशून्य बना रहा है? मैं अपने आपको इस चर्चा में कहाँ रखूँ? मुझे अभी भी इन उलझनों को सुलझाना है।

मृदंगम-निर्माण और मृदंगम कारीगरों के बारे में जानकारी इकट्ठा करने की अपनी साढ़े तीन साल की यात्रा के दौरान लिये गए साक्षात्कारों की कड़ी में कसुमणि और उनका परिवार अन्तिम मृदंगम कारीगर थे। और निश्चित ही वे बाक़ी अधिकतर लोगों से बिलकुल अलग थे। भले ही मैं एक प्रसिद्ध कर्नाटिक संगीतकार होऊँ, लेकिन वे यह भी अच्छी तरह जानते थे कि इससे उनके जटिल जीवन में कोई फ़र्क़ नहीं पड़नेवाला। इसलिए मेरे पहुँचने पर कोई हल्ला-गुल्ला, ताम-झाम नहीं हुआ। और, इसका अर्थ यह था कि, इतनी लम्बी अवधि में शायद पहली बार मैं एक ऐसी बातचीत का हिस्सा बना था जिसमें मैंने अपनी पहचान और अपनी वैधता को तलाशते हुए ख़ुद को आत्मशंकित पाया।

11

देहरी लाँघती स्त्रियाँ

पहली बार दंडमुडी सुमति रामामोहन राव को मृदंगम बजाते हुए देखना मुझे ख़ूब याद है। उस समय मैं किशोर था और उनके कौशल और विलक्षणता को देखकर दंग रह गया था, लेकिन फिर भी एक महिला को मंच पर 'मर्दाना' आसन में बैठकर इतने उत्साह और उमंग के साथ बजाते हुए देखना मेरे लिए बड़ा असहज करनेवाला था। मैंने सोचा था कि वे 'अनलेडी लाइक' हैं; कि वे भद्र महिला जैसी नहीं। ये तो मुझे बहुत बाद में पता चला कि उन्नीसवीं और बीसवीं सदी की शुरुआत में देवदासी समुदाय की अनेक स्त्रियाँ मृदंगम बजाती थीं। दुर्भाग्य से, बीसवीं सदी में संगीत के ब्राह्मणीकरण के साथ-साथ ब्राह्मण मानदंडों से जुड़ी पाबन्दियाँ उभरकर सामने आईं। आज भी, पुरुषों के वर्चस्व वाली इस दुनिया में मृदंगम कलाकारों के रूप में अपना सही स्थान स्थापित करने के लिए स्त्रियों का संघर्ष जारी है।

मृदंगम-निर्माण भी हमेशा एक पुरुष-नियंत्रित क्षेत्र रहा है। इस गृह-आधारित उद्योग में महिलाओं ने हमेशा पुरुषों की मदद ही की है, लेकिन उनके बारे में शायद ही कभी बात की जाती है। वे पत्थरों को पीसने के लिए शारीरिक श्रम करती हैं, खाल को सुखाने में मदद करती हैं, लेकिन आमतौर पर स्वीकृत धारणा यह है कि मृदंगम बनाना औरतों के बस की बात नहीं, विशेष रूप से खाल से जुड़ा हुआ काम। लेकिन कुछ ऐसी भी स्त्रियाँ हैं जिन्होंने अपनी जीविका कमाने के लिए पुरुषों द्वारा निर्धारित इन सीमाओं को लाँघा है।

चमड़ा धंधे की रानी

माधम्माल की मुस्कान लुभावनी थी, व्यवहार में बेफ़िक्री थी, और जब हम मिले तो वह आत्मविश्वास और ख़ुशी से भरी हुई थीं। और हों भी क्यों नहीं! इस महिला ने दशकों तक खाल सप्लाई मार्केट में अपना दबदबा क़ायम रखा था। उनके पिता और दादा इसी व्यवसाय में थे, और इसलिए उन्होंने अपना पारिवारिक व्यवसाय जारी रखा, तमिलनाडु और केरल में कारीगरों को खाल की आपूर्ति की। जब वह सिर्फ़ तीन साल की थीं, उनके पिता एक बेहतर जीवन की तलाश में अम्बूर स्थानान्तरित हो गए और बेटी को अपने नक़्शे-क़दम पर चलने के लिए प्रशिक्षित किया। आज वह जिस जगह पर हैं, वहाँ तक पहुँचने के लिए उन्होंने लगन से काम किया, नये व्यावसायिक सम्बन्ध स्थापित किए और व्यवसाय का विस्तार किया। एक ऐसी स्त्री जिसे कोई पछतावा नहीं है।

माधम्माल

'मैं खाल देने के लिए अकेले ही कोझिकोड, त्रिची, मन्नारगुडी जैसी कई जगहों पर गई हूँ। मुझे कोई समस्या नहीं हुई। मैं रात में चलनेवाली बस पकड़ती थी, एक टिकट अपने लिए और दूसरा अपने बंडल (खालों के) लिए लेती थी। निर्धारित जगह पर सुबह पाँच-छह बजे पहुँच जाती थी। मेरा काम ख़त्म होते ही वे

लोग मुझे वेल्लोर की टिकट कटा देते थे। और, मैं रात को दस बजे तक वापस अपने घर पहुँच जाती थी। चेन्नै जाना मेरे लिए अधिक अच्छा होता था। मैं वहाँ से सीधे अम्बूर वापस आ सकती थी। यह घर मैंने अपनी कमाई से ख़रीदा है। यह अच्छा व्यवसाय है। जैसा कि रजनीकांत ने कहा है (एक फ़िल्म में), अगर आप प्रयास और संघर्ष करेंगे, तो ही आपको परिणाम मिलेंगे! लेकिन आपको एक ही काम पर ध्यान लगाना चाहिए, कभी ये, कभी वो काम नहीं करना चाहिए। मुझे मेरे पेशे से कोई शिकायत नहीं है।'

अम्बूर आना उनके लिए काफ़ी फ़ायदेमन्द रहा। पहले वह केवल मृदंगम और तबले के लिए खाल देती थीं, आगे चलकर उन्होंने थप्पू, पम्बई, उडुक्कई और अन्य वाद्य-यंत्रों के लिए भी खाल देना और इन वाद्यों को बनाना भी शुरू कर दिया। 'काम निश्चित रूप से पिछले कुछ वर्षों में बढ़ा है, यह अब बहुत अधिक बढ़ गया है,' उन्होंने बताया।

अगर वह नाख़ुश हैं तो केवल इस बात से कि लोग अब गुणवत्ता की परवाह नहीं करते हैं। माधम्माल ने कहा, 'उन दिनों कलाकार ध्वनि को लेकर बहुत सतर्क रहते थे। पहले, सब कुछ खाल से ही बनाया जाता था। अब प्लास्टिक का उपयोग अधिक से अधिक किया जाता है। लेकिन उसकी आवाज़ अच्छी नहीं होती। अब पैसा सब कुछ हो गया है। खाल के उपकरणों की ध्वनि की बराबरी नहीं की जा सकती।' उन्होंने लोकप्रिय भारतीय ड्रमर शिवमणि को इस चलन के लिए दोषी ठहराया और कहा कि अगर मृदंगम के साथ भी ऐसा ही हुआ तो उन्हें आश्चर्य नहीं होगा। उनका यह कहना भविष्य का संकेत देता है। एक प्रोटोटाइप सिंथेटिक मृदंगम का निर्माण किया गया है। इसका आकर्षण पशु-प्रेम के बजाय इसकी 'शुद्धता' में निहित प्रतीत होता है। यदि यह प्रयोग काम कर जाता है, तो कलाकार एक मृत जानवर की खाल से, विशेष रूप से गाय की खाल से संगीत उत्पन्न करने के लांछन से बच सकते हैं।

क़रीब तीन साल पहले माधम्माल पर उम्र ने अपना असर दिखा दिया। अब वे पहले की तरह यात्रा नहीं कर सकतीं। उनका बेटा कुमार, जो अब तक सिर्फ़ दुकान पर बैठता था, उसने अब दौरे करना शुरू कर दिया है। लेकिन माधम्माल के ग्राहक अभी भी उन्हें याद करते हैं और इससे वे ख़ुश होती हैं। 'अब भी, वे मुझे कभी-कभार चेन्नै बुला लेते हैं। चेन्नै के लोगों ने मेरा अच्छा ख़याल रखा था। ट्रिप्लिकेन में एक दाऊद भाई हैं। उनकी वाद्य-यंत्रों की एक बड़ी दुकान है। मैं उन्हें

वाद्य-यंत्र और खाल सप्लाई करती। कल भी उन्होंने मुझे आने के लिए कहा था।' उनके लिए सम्मान, शोहरत और ईमानदारी पैसे से कहीं ज़्यादा मायने रखती थी।

कुमार इस आदर्शवाद से प्रभावित नहीं दिखे—'जब आपके पास पैसा होगा, तो लोग आपका सम्मान भी करेंगे,' उन्होंने प्रतिवाद किया। माधम्माल ने पलटकर कहा, 'यदि आप केवल पैसे कमाने के बारे में चिन्ता करते हैं, तो लोग आपको धोखेबाज़, चोर कहेंगे। दाऊद भाई ने मुझे कॉल क्यों किया? इसलिए नहीं कि मेरे पास पैसा है। पैसे तो कमाये जा सकते हैं, लेकिन नाम कमाना आसान नहीं। यहाँ तक कि आरोग्यम ने भी मुझे काम दिया। लोग हमारे काम को याद रखें, इसी में हमारी भलाई है। वह यह नहीं समझता। वह सिर्फ़ पैसे के पीछे भागता है। क्या जयललिता अम्मा अपने कमाए हुए करोड़ों रुपये साथ ले गईं?'

'पिछले दिनों जब तुम बीमार होकर अस्पताल में भर्ती थीं, तो क्या सम्मान या प्रतिष्ठा ने मदद की? तुमने डॉक्टर से यह क्यों नहीं कहा क्योंकि तुमने ये सब अर्जित किया है तो आपको ठीक कर दें?' कुमार ने बहस को इस तरह अशिष्टता के साथ समाप्त किया।

एक विद्रोही कारीगर

1950 के दशक के उत्तरार्द्ध में आर.एस. अश्वत्थम्मा ने बीस वर्षीय अनन्तरामैया से विवाह किया। वे कर्नाटक में डोड्डाबल्लपुरा के पास राजघट्टागाँव में रहते थे। वे अब अस्सी के आसपास हैं, और इसलिए मैं यह निष्कर्ष निकालता हूँ कि जब उनकी शादी हुई थी तब वह शायद उन्नीस वर्ष की थीं।

जब मैंने पहली बार उनके बेटे श्रीनिवास से इस गाँव के बारे में सुना, तो मैं इसके शाही नाम से थोड़ा हैरान हुआ। मुझे नहीं पता था कि इस छोटे-से गाँव को पिछले एक दशक या उससे भी पहले से काफ़ी पुरातात्त्विक महत्त्व मिल गया है। वर्ष 2002 और 2004 के बीच मैसूर विश्वविद्यालय के प्राचीन इतिहास और पुरातत्त्व विभाग द्वारा की गई खुदाई के दौरान यहाँ एक सम्पन्न बौद्ध मठ और बस्ती के अवशेषों का पता चला था। अभी भी खुदाई का काम चल रहा है।

अनन्तरामैया के पिता तेलुगूभाषी, निर्धन, वैष्णव ब्राह्मण पुजारी थे। अनन्तरामैया उनकी चार सन्तानों में से एक थे। अपनी युवावस्था में वह कन्नड़ संगीत थिएटर की एक शैली, बयालु कथे, में अभिनय करते थे। इसमें वह आंजनेय जैसे किरदार

निभाते थे। संगीतमय नाटक में अभिनय करते हुए वह संगतकार तबलावादक को ध्यान से सुनते थे। वह इसकी लयबद्धता और मधुर ध्वनि की विविधताओं पर मोहित थे। वह तो बस तबला बजाना सीखना चाहते थे। और, कुछ ही सालों में वह सीख भी गए। मंडली के अभिनेता अनन्तरामैया अब तालवाद्य कलाकार बन गए। तब उन्हें इस बात की जानकारी नहीं थी कि तबलावादन के साथ उसकी देखरेख और ज़रूरत पड़ने पर नया वाद्य तैयार करने की ज़िम्मेदारी भी आती है।

अश्वत्थम्मा को याद आया, 'उस समय वह राजघट्टा में थे। वे तबला तो बजाते थे, लेकिन बनाना और मरम्मत करना तब तक नहीं सीख पाए थे। उस समय (शादी के शुरुआती दिनों में), वह सप्ताह में एक बार रविवार को बैंगलोर जाते थे और सोमवार को डोड्डाबल्लपुरा लौटते थे।' बैंगलोर की यात्रा अपरिहार्य थी क्योंकि उनके तबले की मरम्मत का सारा काम कॉटनपेट में रहनेवाले वेंकटप्पा करते थे। शहर में वह वेंकटप्पा के काम को ध्यान से देखते थे। फिर उन्होंने सोचा कि वह ख़ुद क्यों नहीं करते इस काम को। दु:ख की बात है कि तब और अब भी इसे एक ब्राह्मण का क्रान्तिकारी विचार माना जाएगा। चमड़ा मढ़े हुए वाद्य-यंत्रों को बजाना ही बुरा माना जाता था और ये तो अब उसे बनाना भी सीखना चाहते थे। लेकिन अनन्तरामैया की आर्थिक ज़रूरतें बहुत अधिक थीं और कमाई के विकल्प सीमित थे। इसलिए उन्होंने समाज के बारे में विचार करना छोड़ दिया। इसमें उनके पिता ने भी साथ दिया। और इसीलिए, वेंकटप्पा ने एक अन्य छात्र, रंगास्वामी के साथ अनन्तरामैया को भी प्रशिक्षित किया। रंगास्वामी बाद में बैंगलोर में एक बड़े कारीगर बन गए। (रंगास्वामी अब सेवानिवृत्त हो चुके हैं और उनकी तबीयत ठीक नहीं रहती। उनका साक्षात्कार करने के मेरे सभी प्रयास विफल रहे।)

1960 के दशक के मध्य में अपने संघर्षरत परिवार को जीविका देनेवाले इस नये शिल्प को सीखने के बाद, अनन्तरामैया ने डी क्रॉस, डोड्डाबल्लपुरा में एक दुकान खोली। लेकिन, इन छोटे क़स्बों और गाँवों में माँग बहुत मामूली और यदा-कदा आती होगी। वेंकटप्पा को बड़े शहर में काम करते हुए देखने के बाद, अनन्तरामैया को समझ में आ गया कि आगे बढ़ने के लिए उन्हें बैंगलोर जाना पड़ेगा। इसलिए वह अपनी पत्नी को राजघट्टा में छोड़कर बैंगलोर चले गए। अश्वत्थम्मा को गाँव में संयुक्त परिवार की देखभाल करनी थी। 'घर में क़रीब दस-बारह लोग थे। मेरे श्वसुर के तीन बेटे और तीन बेटियाँ थीं। एक बेटा बाहर चला गया था। मैं कई तरह के काम करती थी, जैसे खाना बनाना, सफ़ाई करना, जलाऊ लकड़ी काटना। मैं

खेतों में काम करनेवाले परिवार के सदस्यों के लिए रागी के गोले बनाकर ले जाती थी और वहाँ मवेशियों की देखभाल जैसे दूसरे काम भी करती थी।'

कुछ समय बाद, अश्वत्थम्मा के श्वसुर ने उनसे कहा कि उन्हें अपने पति अनन्तरामैया के साथ बैंगलोर में ही रहना चाहिए। 'जब मेरे श्वसुर मुझे राजघट्टा से बैंगलोर ले गए, तो उन्होंने मुझसे कहा कि मुझे अपने गाँव में तभी आना चाहिए जब पति साथ हों, अन्यथा नहीं। उन्हें लगा कि मेरे देवर मेरे साथ अच्छा व्यवहार नहीं करेंगे क्योंकि मेरे पति ने तबला और मृदंगम की मरम्मत का काम शुरू कर दिया है। मेरे श्वसुर ने मेरे पति को (और मुझे) इस पेशे में आगे बढ़ने के लिए प्रोत्साहित किया, जबकि परिवार के बाक़ी लोग नहीं चाहते थे कि हम यह काम करें। जब तक वह जीवित रहे, प्रत्येक शनिवार हमसे मिलने आते थे।' उनके श्वसुर के नि:स्वार्थ, निश्छल प्रेम की ये स्मृतियाँ उनकी अमूल्य धरोहर हैं। अनन्तरामैया के पिता एक विशेष व्यक्ति थे। एक ऐसे पुजारी जो सीधे भगवान आंजनेय से बात करने के लिए जाने जाते थे। लेकिन उनकी आध्यात्मिक रूढ़िवादिता ने उनकी व्यावहारिकता या निश्छल प्रेम करने की प्रवृत्ति पर असर नहीं डाला।

जब अश्वत्थम्मा अपने पति के पास रहने गईं तो उनके पास केवल एक थाली और एक गिलास था। उनकी सास ने उन्हें मिट्टी के दो घड़े दिए। अश्वत्थम्मा ने कहा, 'शुरुआती दिनों में हमें आधा किलो चावल ख़रीदने के लिए भी संघर्ष करना पड़ता था।' एकमात्र व्यक्ति जो उनकी परवाह करता था, वह एक बूढ़ी औरत थी, जिससे उन्होंने मकान किराए पर लिया था। इस घर को सौराष्ट्रपेट में 'अज्जी माने' या दादी का घर कहा जाता था। इनके काम को घृणित समझकर कोई भी रिश्तेदार इनसे मिलने नहीं आता था। उनके बड़े भाई चेन्नाकेशवाचार ने अनन्तरामैया को कभी अपना भाई नहीं माना। कल्पना करें कि जब आसपास अपना कोई भी नहीं था, तो मकान मालकिन की मदद कितनी बड़ी चीज़ रही होगी, शक्ति का एक विराट स्रोत। अश्वत्थम्मा आज भी उस बुज़ुर्ग महिला को याद करके रो पड़ती हैं।

तबले के रूप में जो काम शुरू हुआ, वह जल्द ही मृदंगम क्षेत्र में चला गया। अपनी दुकान खोलने से पहले अनन्तरामैया एम.एस. रामैया, एच. पुत्तचर और एम.एल. वीरभद्रैया जैसे कलाकारों के घर जाया करते थे। 'वह भरत हारमोनियम वर्क्स और अरुणा म्यूज़िकल जैसी दुकानों पर भी जाते थे जहाँ से उन्हें वाद्य-यंत्र (तबला और मृदंगम दोनों) के काम मिलते थे।' उनके बेटे श्रीनिवास ने जोड़ा, 'वह उन्हें घर पर लाकर सुधारते थे और फिर वापस दुकान में देने के लिए जाते

थे।' उन्होंने कहा कि शुरुआत में, मृदंगम की तुलना में तबले का काम ही अधिक था। मैसूर महल में भी प्राय: तबले का ही उपयोग होता था। उन्होंने संगीतकार मैसूर शेषप्पा का नाम लिया, जो महल में तबला बजाते थे। श्रीनिवास ने बताया कि मृदंगम का प्रयोग बैंगलोर-मैसूर बेल्ट में बाद में जाकर बढ़ा।

कोई आश्चर्य नहीं कि 1969 में, जब अनन्तरामैया ने अपनी दुकान खोली, तो उन्होंने इसका नाम शान्ता तबला वर्क्स रखा। 'मेरे पिता बताते थे कि 1960 के दशक में बालेपेट में एक पेशेवर बोर्ड-कारीगर एसपीआर आर्ट्स ने हमारा बोर्ड बनाया था। पिता अपनी पहली बेटी कान्ता के नाम पर दुकान का नाम रखना चाहते थे। लेकिन ग़लती से एसपीआर आर्ट्स ने इसे शान्ता लिख दिया, और फिर वही नाम बना रहा। श्रीनिवास ने कहा, 'मेरे पिता बहुत झिकझिक नहीं करते थे, शायद उन्हें लगा कि शान्ता नाम भी अच्छा है, और सबसे बड़ी बात यह है कि इस नाम से उन्हें अच्छा व्यवसाय भी मिला। जब उन्होंने बालेपेट सर्कल के पास किराए पर दुकान ली, तो यह बहुत छोटी थी—छह गुणा सत्रह फ़ीट की। वास्तव में यह एक कमरे का आधा हिस्सा था। बाक़ी आधे में लकड़ी के कोयले की दुकान थी।' 1979 में, अनन्तरामैया ने दुकान ख़रीदी और तब से परिवार का कार्यस्थल यही है। मृदंगम की ओर उनका झुकाव बैंगलोर के मृदंगम कलाकार एम.एस. रामैया जैसे 'बड़े लोगों' की मदद के कारण हुआ।

लेकिन इतनी सारी वर्जनाओं को तोड़नेवाले अनन्तरामैया के लिए भी चमड़े की तैयारी में धार्मिक-सांस्कृतिक बाधाएँ थीं जिन्हें पार करना कठिन था। वाद्य-यंत्रों के लिए तंजावुर या पलक्कड़ से तैयार खाल लाई जाती थी, और यह काम उन समुदायों द्वारा किया जाता था जिनकी जाति अपरिष्कृत चमड़े को सीधे छूने की अनुमति देती थी।

अश्वत्थम्मा ने बताया, 'हम जिस जगह पर रहते थे, वहाँ अगरबत्ती बनानेवालों के परिवार रहते थे। मेरे पति काम पर निकल जाते थे और मैं घर पर रहती थी, तो वे लोग मुझे भी अपने साथ काम पर चलने के लिए कहते थे।' लेकिन उनकी उस काम में रुचि नहीं थी। अश्वत्थम्मा ने मृदंगम और तबला बनाने में रुचि विकसित करना शुरू कर दिया था। वह रात में अपने पति को परेशान करतीं, जानना चाहती थीं कि यह कैसे करते हैं, वह कैसे करना है। और पति उन्हें समझाते थे। उन्होंने याद किया, 'मैंने वाद्य-यंत्रों के अलग-अलग हिस्सों को बनाना सीखा लेकिन उन्हें 'जोड़ना' बहुत मुश्किल लगता था, इसलिए मैं उनसे कहती थी।' समय के साथ,

वह काम में अधिक से अधिक शामिल हो गईं। 'मैंने कभी इस काम से घृणा नहीं की, मुझे बदबू से परेशानी नहीं होती थी। खाल हम घर में ही रखते थे। खाल का धन्यवाद कि इसके भरोसे हम आजीविका पा रहे थे। इसने हमारा पेट भरा था। इसी घर में मेरे बच्चों ने जन्म लिया!' बैंगलोर में ही इस दम्पती की चार सन्तानें हुईं—अश्वत्थनारायण, कंथम्मा, पुष्पलता और श्रीनिवास।

रंजनी गोविन्द

अश्वत्थम्मा काम करती हुईं

व्यापार बढ़ने लगा, जिसका मतलब था कि अनन्तरामैया को मदद के लिए और लोगों की ज़रूरत थी। पच्चीस से लेकर पचास तक मुट्टु के थोक निर्यात का ऑर्डर अरुणा म्यूज़िकल्स से मिलने लगा। यह संस्थान हारमोनियम वादक अरुणचलप्पा के स्वामित्व वाला एक स्टोर है, जिसे बाद में उनके पुत्र, वायलिनवादक ए. वीरभद्रैया चलाने लगे थे। समय पर इन माँगों को पूरा करने के लिए, अनन्तरामैया केरल या तमिलनाडु से कारीगरों और सहायकों को बुलाते थे। वे नीचे दुकान में रहते थे और अनन्तरामैया ऊपर की मंज़िल में। अश्वत्थम्मा उनकी सभी आवश्यकताओं का ध्यान रखती थीं, उनके लिए खाना बनाती थीं और उन्हें अच्छी तरह से रखती थीं।

साल बीतते गए। एस. राजगोपाल, ए.वी. आनन्द, टी.ए.एस. मणि, एच. पुत्तचर, एम.एल. वीरभद्रैया, एम. वासुदेव राव और के.एन. कृष्णमूर्ति जैसे बैंगलोर के लगभग सभी प्रमुख मृदंगम कलाकार शान्ता तबला वर्क्स में आने लगे। इससे परिवार में आर्थिक स्थिरता आई और साथ में सम्मान भी मिला। अनन्तरामैया 'डग्गा मामा' और 'अनन्त मियाँ' के रूप में पहचाने जाने लगे। वह उत्तर में प्रसिद्ध तबला कारीगर अकबर मियाँ के दक्षिण भारतीय समकक्ष बन गए।

लेकिन इससे केवल अनन्तरामैया की प्रसिद्धि नहीं बढ़ी, बल्कि अश्वत्थम्मा को भी एक कारीगर के रूप में महत्त्व दिया जाने लगा। चेन्नै में बालागुरु ने मुझे बताया था कि अश्वत्थम्मा ने अपने पति का काम जारी रखा है और वह एक दिन में लगभग पन्द्रह तबला मुट्टु तैयार कर सकती हैं। श्रीनिवास को याद आया, 'कुछ विदेशियों के पास एक ख़ास तरह के कपड़े से बना एक वाद्य-यंत्र था जिसकी मरम्मत करवानी थी और उन्होंने इसे अरुणा म्यूज़िकल्स को दे दिया था।' और, ज़ाहिर है उन्होंने शान्ता तबला वर्क्स से मदद माँगी। श्रीनिवास ने गर्व से कहा, 'मेरी माँ ने इतनी अच्छी तरह से मरम्मत की कि उन्हें आश्चर्य हुआ कि बैंगलोर में ऐसे कुशल कारीगर भी हैं।'

आज भी अश्वत्थम्मा मृदंगम और तबले पर सादम लगाती हैं। उन्होंने बताया, 'मैं सुबह से काम शुरू करती हूँ। ऊँचे सुर वाले मृदंगम के लिए कम समय लगता है, निचले सुरों वाले मृदंगम के लिए अधिक।' उन्हें ख़ुशी है कि 2009 में उनके पति के निधन के बाद उनके बेटे श्रीनिवास ने शान्ता तबला वर्क्स की बागडोर सँभाल ली है। श्रीनिवास ने न केवल अपने पिता के काम को जीवित रखा है, बल्कि उन्होंने परिवार की पुरोहिती प्रथा को भी बनाए रखा है। सात साल की उम्र से उन्होंने अपने गुरु और रिश्तेदार श्रीधर भट्टर की मदद करते हुए विजयलक्ष्मी

रंजनी गोविन्द

अपने कार्यस्थल शान्ता तबला वर्क्स में अश्वत्थम्मा

थिएटर के पास आंजनेय मन्दिर में पूजा-अर्चना शुरू कर दी थी। आज भी वह वहाँ 'प्रभु की सेवा' करने जाते हैं। वह छोटे संगीत समारोहों और भजन गायन कार्यक्रमों में मृदंगम भी बजाते हैं।

लेकिन एक समय था जब श्रीनिवास को, जिनके पास बी.कॉम. की डिग्री है, डाकघर में नौकरी की पेशकश की गई थी। उन्हें 3000 रुपये वेतन प्रस्तावित था, लेकिन अनन्तरामैया ने उनसे कहा कि अगर वह मृदंगम बनाने के पेशे में शामिल हो जाते हैं तो वह श्रीनिवास को उतनी ही राशि का भुगतान करेंगे। श्रीनिवास के पास पिता की आज्ञा मानने के अलावा कोई विकल्प नहीं था, और मुझे उनके स्वर में कुछ अफ़सोस सुनाई दिया। लेकिन अब श्रीनिवास भी उम्मीद कर रहे हैं कि उनका छोटा बेटा मृदंगम बनाने के कारोबार में प्रवेश करेगा। 'मेरे बड़े बेटे ने बी.कॉम. की पढ़ाई पूरी कर ली है और अब एम.कॉम., सीए और आर्टिकलशिप कर रहा है। उसने मुझे साफ़-साफ़ कह दिया है कि वह यह काम नहीं करनेवाला। अगर वह सुबह 9 बजे घर से निकलता है तो रात 9 बजे ही वापस आता है। वह इस ओर नहीं आएगा। यह पीढ़ी मेहनत नहीं करना चाहती साहब। वे चाहते हैं कि बस पैसा आता रहे,' उन्होंने नाख़ुश होकर कहा। दूसरा बेटा अभी बी.कॉम. कर रहा है। और कोई नियमित नौकरी करना चाहता है। वह उसे समझाने की कोशिश

करेंगे और श्रीनिवास को उम्मीद है कि वह पूरी तरह से इस काम को सँभाल लेगा। लेकिन, अभी तो शान्ता तबला वर्क्स का भविष्य स्पष्ट नहीं है।

अनन्तरामैया और उनके परिवार को आख़िरकार अपने परिवार और समाज से जो स्वीकार्यता मिली, उस पर जाति सम्बन्धी लम्बी चर्चा करने की आवश्यकता है। उनकी अन्तिम स्वीकृति जाति के विशेषाधिकार का फल है। हाशिए पर पड़ी जातियों से जुड़ा हुआ कोई भी कारीगर इस कलंक से मुक्त नहीं हो सकता, क्योंकि उनकी जाति और काम का मतलब एक ही है—'अशुद्ध'। यही कारण है कि एक दलित जो टेक्नो पार्कों के अन्दर काँच की ऊँची इमारतों में काम करता है, उसे अभी भी भेदभाव का सामना करना पड़ता है, या अपनी सांस्कृतिक पृष्ठभूमि को छिपाने के लिए मजबूर होना पड़ता है। जब कोई ब्राह्मण मृदंगम कारीगर के रूप में काम करने के लिए ख़ुद को 'नीचे' गिराता है, तो उसे तत्काल अस्वीकृति का सामना करना पड़ता है, क्योंकि वह अछूत चीज़ के सम्पर्क में आता है, लेकिन जब वह आर्थिक रूप से ऊपर उठता है और अन्य 'उच्च' जातियों द्वारा उसकी उत्कृष्टता की घोषणा की जाती है, तो सब कुछ सकारात्मक हो जाता है। वह ऐसा व्यक्ति बन जाता है जिसने अपने व्यवसाय को चलाने के लिए सब कुछ (अर्थात् जाति विशेषाधिकार) का त्याग कर दिया, या उसे इस निम्न पेशे की स्थिति को ऊपर उठाने का श्रेय दिया जाता है। मृदंगम कारीगर के रूप में पीढ़ियों से मेहनत करनेवाले हाशिए की जातियों के लोगों का ऐसा उत्थान कभी नहीं होता है।

यह जानना दिलचस्प होगा कि गूगल सर्च से मृदंगम कारीगरों के कई नाम सामने आए, लेकिन एकमात्र वेबसाइट जो पॉप-अप हुई वह शान्ता तबला वर्क्स की थी।

खाल पीटनेवाली अकेली स्त्री

कसुमणि ने मुझे बताया था कि उनकी बहू गाय-भैंसों की ताज़ी खाल पर कीलें ठोंकती है, और उन्हें सुखाती है, लेकिन किसी कारणवश उनके काम पर अधिक ध्यान नहीं गया था। हमारी बातचीत के अन्त में वह मुझे बग़ल के घर में ले गए और जाते हुए मेरा दिमाग़ चकरा गया। दोनों घरों के बीच में एक छोटा-सा भगवती मन्दिर था। उनकी बहू के घर के सामने का अहाता भैंसों की तीन बड़ी-बड़ी खालों से ढका हुआ था। उन्हें फैलाकर कीलों से बहुत अच्छी तरह ठोंका गया था। कसुमणि मुझे बता रहे थे कि एक खाल से वे कितने थट्टु हासिल कर सकते हैं

कि तभी पलक्कड़ से एक युवा मृदंगम कलाकार वहाँ आ गया। इसके बाद, चमड़े और चमड़े से जुड़े काम पर जो बातचीत चल रही थी वह समाप्त हो गई। युवा कलाकार मुझे वहाँ देखकर चकित था और मेरी उपस्थिति के बारे में जिज्ञासु था। मैंने बहुत अधिक जानकारी देना ठीक नहीं समझा। उसके बाद सामूहिक तसवीरें ली गईं जिसमें कसुमणि की बहू हम सबसे एक क़दम पीछे खड़ी थी, उसने नाइटी पहन रखी थी। आधुनिक छोटे क़स्बों का दक्षिण भारतीय घरेलू पहरावा।

मैं उसका नाम पूछे बिना ही पलक्कड़ के लिए निकल गया। जो कुछ हुआ था, उसके बारे में मेरी पत्नी के साथ एक संक्षिप्त टेलीफ़ोनिक बातचीत हुई और पत्नी को बड़ा झटका लगा कि मैंने 'बहू' से बात नहीं की। मुझे वापस पेरुवेम्बा आना पड़ा। अबकी एक ख़ूबसूरत हरी साड़ी पहनकर उसने अपने घर में मेरा स्वागत किया।

पता चला, वह कसुमणि की पुत्र-वधू नहीं है। उनका नाम ए. गीता है, और उनके भाई मणिकन्दन का विवाह कसुमणि की बेटी से हुआ है। लेकिन, जैसा कि

प्रसन्नमुख गीता

द्वीपीय भारतीय परिवारों में आम है, यहाँ एक और भी रिश्ता है। गीता की दादी पोन्नी, कसुमणि की चाची हैं।

मैंने अब तक देखा था कि लगभग सभी मृदंगम बनानेवाले परिवारों में महिलाओं ने इस काम में योगदान दिया था, लेकिन यह आमतौर पर पत्थर को पीसने या सादम लगाने तक ही सीमित था। मैं पहली बार किसी कारीगर के परिवार की किसी महिला को अपने दम पर खाल का प्रसंस्करण करते हुए देख रहा था।

गीता के पिता कोयम्बटूर के एक प्रसिद्ध मृदंगम कारीगर थे, और वह उनके काम को देखते हुए बड़ी हुई थीं। 'मेरे पिता अप्पू, हमारे घर से बाहर काम करते थे। वह मृदंगम बजा भी सकते थे। बचपन से ही मैं उनकी मदद करती थी और इसीलिए, मुझे खाल को देखकर कभी भी घृणा नहीं हुई। एक दिन एक व्यक्ति एक खाल लेकर आया और उस पर कील ठोंकनेवाला कोई नहीं था क्योंकि मेरे पिता बीमार थे। उच्च रक्तचाप के कारण उनके आधे शरीर में लकवा मार गया था। खाल को लम्बे समय तक इधर-उधर नहीं रखा जा सकता, इसे जल्द से जल्द साफ़ करके कीलें लगानी पड़ती हैं, नहीं तो इसमें से बदबू आने लगती है। लेकिन मेरा भाई, जो तब किशोरावस्था में था, दोपहर 3 बजे ही लौटनेवाला था। तो, मेरे पिता ने मुझसे कहा कि वह मुझे जैसा-जैसा बताएँ, मैं वैसा-वैसा ही करूँ। मैं मान गई, और इस तरह मैंने काम सीख लिया।'

गीता अपनी शादी के बाद पेरुवेम्बा चली गईं, लेकिन जीवन आसान नहीं था। वे लोग दो समय की रोटी के लिए संघर्ष कर रहे थे। वह परिवार की आय में योगदान करने का कोई तरीक़ा खोज रही थीं। घर पर दो छोटे बच्चों के साथ बाहर काम करने जाने का तो सवाल ही नहीं उठता था। उनके पति शंकरनारायणन पहले से ही खाल को सुधारने-बनाने का काम कर रहे थे। वह उनकी मदद करने लगीं। आज, वह पूरी तरह से इस काम में निपुण हो गई हैं और यह उनका पेशा बन गया है। उन्होंने मुस्कुराते हुए कहा, 'शायद खाल को पीटनेवाली मैं अकेली स्त्री हूँ,' उन्होंने मुस्कराते हुए कहा। उनके पति के परिवार को इस बात से इनकार नहीं है, बल्कि गर्व है।

खाल काजा हुसैन द्वारा चुनी और पहुँचाई जाती है वह पलक्कड़ के पास पुदुनगरम में हैं। लेकिन गीता उन्हें सलाह देती है कि खाल को कैसे चुनें। 'मैं उनसे कहती हूँ, वह मोटी है, यह पतली है, इसमें चाकू के निशान हैं, इसमें छेद है...' फिर उन्होंने खाल तैयार करने की प्रक्रिया बताई। 'हम इस पर कीलें लगाते हैं और मांस और चर्बी को हटाते हैं। अगर इसे नहीं हटाया गया तो वारु फट जाएगा। इसके

बाद हम इसे दो दिन के लिए धूप में छोड़ देते हैं। कभी-कभी, मौसम अगर बहुत गर्म हो तो खाल दिन ढले तक ही सूख जाती है। तो हम पूरी खाल निकालकर बाँस के खम्भे पर लटका देते हैं। अगले दिन, हम दूसरी तरफ़ (बालों वाली तरफ़) को कुछ घंटों के लिए सुखाते हैं। यदि खाल ठीक से नहीं सूखती है तो यह अलग-अलग जगहों से मुड़ सकती है और फिर मेरे ग्राहक इसके बाल नहीं निकाल पाएँगे। कभी-कभी मैं सुबह 9 बजे से दोपहर 1 बजे तक काम करती हूँ, बिना रुके।' गीता, काजा हुसैन से लगभग 1,500 रुपये में गाय और भैंस की खाल खरीदती हैं, आकार के आधार पर दाम अलग-अलग हो सकते हैं। वह इसमें अपनी 'कुली' (मज़दूरी) जोड़ती हैं, जो लगभग 400 रुपये होती है। और फिर क़ीमत तय करके बेचती हैं। इन खालों की बिक्री क़ीमत 2,000 रुपये से 2,500 रुपये के बीच कुछ भी हो सकती है। (क़ीमत खाल के आकार के आधार पर अलग-अलग होती है)। गीता के ग्राहक मुख्य रूप से मृदंगम और चेंडा बनाते हैं, और वे थलासेरी, त्रिशूर, त्रिवेंद्रम, एर्नाकुलम और कोयम्बटूर जैसे सभी स्थानों से आते हैं।

कसुमणि के बेटे राजेश ने बताया, 'हम एक हफ़्ते में दस से चौदह खालें बेच लेते हैं। हमारे घर में चार खालों में कील ठोंकने की सुविधा है। हम त्वचा को सुखाते हैं और इसे स्टोर कर लेते हैं। कुछ लोग आकर थोक में ख़रीदारी भी करते

गीता के आँगन में सूखतीं भैंस की ताज़ा खालें

हैं। हमें अपनी रोज़ी निकालने के लिए दिन में कम-से-कम दो खालें बेचना ज़रूरी है। अगर हम अधिक बेच पाए, तो ही लाभ होता है।'

चेंडा के लिए, वह बैल की खाल भी तैयार करती हैं और कहती हैं कि यदि यह काफ़ी पतली हो, जो आसानी से नहीं मिलती, तो यह मृदंगम के लिए भी काम कर सकती है और वलंदलाई पर गाय की खाल की जगह ले सकती है। 'आपको अच्छा नादम मिलेगा,' उन्होंने दावा किया। वह नासिक के ढोल के लिए भी बैल की खालें भेजती हैं। गीता के अनुसार बैल की खाल में नसें होती हैं, लेकिन गाय की खाल में नहीं। इन्हीं नसों के कारण चेंडा और ढोल से विशिष्ट स्वर निकलता है। गीता अपने भाई माणिकन्दन के लिए विशेष रूप से बकरी की खाल भेजती हैं। भाई कोयम्बटूर में अप्पू मृदंगम-तबला वर्क्स चलाता है। अपने भाई का ज़िक्र करते हुए उनके लहज़े में जो स्नेह था, वह बहुत कुछ कह गया।

जब बारिश होती है और देश के इस हिस्से में जमकर पानी बरसता है, ख़ासकर जून और जुलाई में, तो काम करना एक कठिन परीक्षा बन जाता है। 'हम बारिश के मौसम में खाल को सूखा रखने के लिए तिरपाल का इस्तेमाल करते हैं।' तनी हुई और कील लगी खाल को वे तम्बू जैसे ढाँचे से ढक देते हैं, लेकिन अगर बारिश बहुत तेज़ होती है, तो वह भी नहीं टिकता। काम ठप हो जाता है। सामान्य दिनों में, वे सूखे हुए चमड़े को मोड़कर एक महीने तक रख सकते हैं क्योंकि ग्राहक तभी ख़रीदते हैं जब आवश्यकता होती है। लेकिन बारिश के दौरान फंगस से ये ख़राब हो सकती हैं।

गीता के सत्रह वर्षीय बेटे ने अपनी माँ को वर्षों से इन खालों को दिन-रात खींचते, कील लगाते, साफ़ करते और सुखाते देखा है। 'इस काम को तेज़ धूप में करना पड़ता है, यह काम बहुत थकाऊ और कठिन है। लेकिन अब मुझे गंध की आदत हो गई है। जब त्वचा नई होती है तो उसमें से गंध नहीं आती है, लेकिन कुछ समय बाद दोपहर होते-होते उसमें से बदबू उठने लगती है। मेरी माँ तब भी अपना काम कर रही थीं, जब मैं पेट में था। अगर वह मुझसे इस काम को करने के लिए कहेंगी, तो मैं करूँगा,' बेटे ने कहा। गीता ने जब काम करना शुरू किया तो वह घर के पिछवाड़े में करती थीं, ताकि लोगों की नज़र उन पर न पड़े। लेकिन अब नहीं। अब तो ठीक बाज़ू में रहनेवाले उनके देवर और उनकी पत्नी ने भी भाभी के नक़्शे-क़दम पर चलते हुए अपने आँगन में खाल को सुधारने-बनाने का काम शुरू कर दिया है।

'मेरे पिता ने मुझे जो सिखाया है, उसके कारण ही मेरा परिवार चल रहा है। इस काम के मुनाफ़े से मैं अपने बच्चों को पढ़ा रही हूँ। मेरे पिता हमेशा मुझसे कहते थे, "तुम बेटी नहीं, मेरा बड़ा बेटा हो," ' गीता की आवाज़ भर्रा गई थी। 'जब भी मैं उनके बारे में बोलती हूँ, तो बहुत भावुक हो जाती हूँ। वह अब नहीं रहे, लेकिन सारा श्रेय उन्हीं को जाता है।'

12

उस्ताद कारीगर

हर समाज में कुछ नायक होते हैं, कुछ महानायक। किसी भी दौर के कुछ ही ऐसे महान लोग होते हैं, जो वास्तव में लम्बे समय तक जीवित रहते हैं; इस धरती से उठ जाने के बाद भी जिनका व्यक्तित्व प्रासंगिक और प्रभावशाली बना रहता है। कर्नाटिक संगीत में ऐसे ही दो निर्विवाद व्यक्तित्व हैं—अरियाकुडी रामानुज अयंगर और पालघाट मणि अय्यर। उन्हें यह स्थान दिए जाने पर या दूसरों के मुक़ाबले उन्हें यह स्थान देने के अनौचित्य पर बड़ी बहस हो सकती है। लेकिन यह तय है कि किसी भी तरह की असहमति इन्हें इनके स्थान से डिगा नहीं सकती।

मृदंगम-निर्माण के इतिहास में भी केवल एक ही ऐसे अद्‌भुत व्यक्ति हैं—परलांदू। कारीगरों के समुदाय के लिए वही एक सार्वभौमिक सन्दर्भ हैं। एक ऐसा व्यक्ति जिसे न केवल कारीगर, बल्कि कलाकार भी विशेष मानते हैं। वास्तव में, परलांदू जो अपवाद बने हुए हैं, वह कारीगरों के प्रति कलाकारों की समग्र उदासीनता को ही उजागर करता है। परलांदू का विशेष दर्जा केवल उन्हीं के लिए आरक्षित है। किसी को भी उनके क़रीब तक पहुँचने के लिए, बेहतर से बेहतरीन, इतना अनूठा और विशिष्ट होना पड़ेगा कि उनकी जाति और सामाजिक प्रतिष्ठा को कम-से-कम क्षण-भर के लिए भुला दिया जाए। कभी-कभी मैं सोचता हूँ कि अगर परलांदू अब भी जीवित होते तो क्या उन्हें उतना ही सम्मान और श्रद्धा मिलती!

परलांदू सारभूत उत्कृष्टता के साधक थे। प्राकृतिक प्रतिभा वाला एक व्यक्ति,

एक युग-प्रवर्तक। उन्होंने जिस भी वस्तु को हाथ लगाया, सोना बना दिया। मैंने यह भी जाना कि उनके बारे में जितनी भी कहानियाँ मैंने यहाँ संगृहीत की हैं, उनमें से लगभग सभी मृदंगम कलाकारों द्वारा ही सुनाई गई हैं। यहाँ तक कि कारीगरों ने भी जो कहानियाँ साझा कीं, वे वरिष्ठ कलाकारों से सुनी हुई ही थीं। इन कलाकारों ने या तो परलांदू के साथ काम किया था या उन्हें काम करते देखा था। कई बार, कई लोगों ने एक ही कहानी को छोटे-छोटे बदलावों के साथ, अपने रंग भरकर सुनाया।

सांस्कृतिक रूप से दूरस्थ और प्रभावशाली समुदाय के साथ एक जटिल दीर्घकालिक सम्बन्ध भावनात्मक रूप से दुर्बल बनानेवाला हो सकता है। लेकिन परलांदू के आख्यान कारीगरों में आशा और विश्वास जगाते हैं। जैसे कि उनकी पुत्री जेसिंथामेरी ने मुझे प्रसन्नतापूर्वक बताया, 'अय्यर उन्हें जाने नहीं देते थे। जब वह उनका काम करते थे तो उन्हें निश्चिन्तता रहती थी।' इस पेशेवर दमख़म ने उन्हें और उनके सहयोगियों को बल प्रदान किया। और, इसमें कोई सन्देह नहीं कि नई पीढ़ी को भी उनसे ताक़त मिली, वे जो काम कर रहे हैं उसकी महत्ता, प्रासंगिकता और उपलब्धि की भावना उनमें जागी।

तंजावुर से इतर कारीगरों का उनके साथ भले ही परिवार जैसा सम्बन्ध नहीं है, लेकिन वे भी परलांदू पर मोहित हैं। वह केवल एक व्यक्ति नहीं हैं; वह एक विचार हैं, कारीगरों के बीच म्यूज़िशियन। वास्तव में, टी.वी. गोपालकृष्णन ने उन्हें यही कहा था—'परलांदू कारीगर से ज़्यादा म्यूज़िशियन था। उसके कान बहुत समझदार थे। जिस तरह हम यह पता लगा सकते हैं कि कोई शिष्य अच्छी तरह गा पाएगा या नहीं, उसी तरह वह खाल का एक टुकड़ा लेकर, उसे अपनी उँगलियों से थपथपाकर दूर कर देता था कि यह अच्छी नहीं है। वह बहुत संवेदनशील था।'

मणि अय्यर और पलानी का जन्म क्रमशः 1912 और 1908 में हुआ था। परलांदू उनके समकालीन थे, और मैं यह मान रहा हूँ कि उनका जन्म 1910 या उसके आसपास हुआ था। मणि अय्यर और परलांदू की एक अद्‌भुत तसवीर है जो आपको उनके बारे में एक समझ प्रदान करती है। फ्रेम में दाईं ओर, एक छोटे से लकड़ी के तख़्त पर बैठा हुआ दुबला-पतला, नंगी छाती वाला व्यक्ति परलांदू है। उनकी ब्रश जैसी छोटी-सी मूँछें हैं। वह अपने बाएँ हाथ से एक बड़े-से मृदंगम के शीर्ष को पकड़े हुए हैं और अपने दाहिने हाथ में एक बिल्लौर से सादम को रगड़ रहे हैं। लेकिन परलांदू की आँखें ही अपनी ओर हमारा ध्यान खींचती हैं। गहरी,

तेज़ और छोटी, फिर भी विनम्र और आकर्षक। फ्रेम में दूसरी तरफ़ मणि अय्यर हैं। दो मृदंगम—एक छोटा और दूसरा बड़ा। ये दोनों उनकी छवि को ढक रहे हैं, इसलिए हमें उनकी मुद्रा का पूरा माप नहीं मिलता है। उनके दाहिने हाथ पर चन्दन का निशान दिखाई देता है, इसलिए मैं अनुमान लगा रहा हूँ कि उन्होंने अभी-अभी अपनी सुबह की पूजा समाप्त की होगी और काम कर रहे परलांदू के पास आ बैठे होंगे। उनके बाल हमेशा की तरह कटे हुए हैं, और मणि अय्यर का चेहरा भी विशिष्ट, बिलकुल वैसा ही है जैसा कि लोग वर्णन करते हैं—भावहीन। लेकिन, उनकी देहभाषा मुखर है। उनकी गोद में एक मृदंगम रखा है, जिसके कारण उन्हें एक विशिष्ट कोण पर मुड़कर बैठना पड़ा है, लेकिन उनमें आत्मविश्वास और अधिकार साफ़ झलकता है।

मेल्गीस ने बताया, 'यह चित्र तंजावुर में लिया गया था। मणि अय्यर का ऊपर वाला कमरा था। यदि आप आज भी तंजावुर जाएँ, तो आपको वह घर दिख जाएगा। अब उस घर में एक डॉक्टर अम्मा रहती हैं। मृदंगम का सारा काम वहीं होता था।'

'ओह, तो इसे ऊपर खींचा गया है?' मैंने पूछा।

'हाँ। यह बहुत समय पहले ली गई तसवीर है। मणि अय्यर के बेटे राजामणि ने यह तसवीर ली थी और इसे हर साल मणि अय्यर दिवस समारोह के समय प्रकाशित किया जाता है।'

टी. आर. राजामणि

परलांदू और मणि अय्यर की मशहूर तसवीर

मृदंगम बनाने में परलांदू की महारत के बारे में अनगिनत कहानियाँ हैं, यहाँ मैं कुछेक का ज़िक्र करूँगा। मैं शुरुआत करूँगा सेल्वाराज के एक अन्तर्दृष्टिपूर्ण विवरण के साथ, 'उनके अन्दर प्रत्येक गायक के लिए एक राग समाया हुआ था।' जैसे कि हर संगीतकार से जुड़ी एक धुन उन्हें याद थी। अपनी इस मधुर स्मृति के ज़रिये उन्होंने उन संगीतकारों के सांगीतिक परिदृश्य, स्वर और ध्वनि की सीमा को आत्मसात किया। सेल्वाराज ने कहा, 'यदि तम्बूरे को छेड़ा जाता तो मृदंगम से उसकी स्वर-साम्यता बिलकुल सही होती थी।' परलांदू कुछ ऊँचा सुनते थे, इसलिए यह और भी आश्चर्यजनक लगता है। बहुत कुछ बीथोवेन की तरह, जिन्होंने तब भी संगीत-रचना की जब वे सुन नहीं पाते थे। परलांदू ने उस संगीत पर ध्यान देकर मृदंगम तैयार किया जिसे उन्होंने अपने मन में सँजो रखा था। क्या उनमें परम स्वरमान पहचानने की दुर्लभ क्षमता थी? यानी कि केवल आवृत्ति सुनकर स्वरमान की पहचान करने की क्षमता! हम निश्चित रूप से कभी नहीं जान पाएँगे, लेकिन अगर ऐसा था तो मुझे कोई आश्चर्य नहीं। क्योंकि बुज़ुर्ग मृदंगम कलाकार, जो उस समय कनिष्ठ कलाकार थे, उनके बारे में जो कुछ भी कहते हैं, वे बातें इस तरह की क्षमता की ओर इशारा करती हैं।

राजाराम ने बताया, 'रामनवमी और नवरात्रि के दौरान, वह (मणि अय्यर) तीन-चार संगीत-कार्यक्रमों में हिस्सा लेते थे। इसके लिए वह अपने साथ सात-आठ मृदंगम ले जाते थे। जाने से पहले वह परलांदू को निर्देश दे देते थे।' निर्देश देने का उनका निराला ढंग था। काग़ज़ के एक छोटे-से टुकड़े पर वह 'मुट्टु जीएनबी' या 'सादम अरियाकुडी' या 'अलाथुर ब्रदर्स सादम' वग़ैरह लिख देते थे। परलांदू को पता था कि उनके किस मृदंगम को किस स्वर पर साधना है। और, यदि इनमें से किसी भी गायक ने अपनी स्वर-सीमा को थोड़ा बढ़ाया या घटाया तो उनकी परिवर्तनशीलता की सीमा भी उसे मालूम थी।'उसे (कारीगर को) आनेवाले आमंत्रण पत्रों को छोटे-छोटे टुकड़ों में काटकर रखना पड़ता था। वह (मणि अय्यर) उन पर 'सादम अलाथुर ब्रदर्स' लिखते और उन्हें वारु में डालते थे। एक समय ऐसा भी आया कि मेरे पिता ने मदुरै मणि अय्यर के लिए लगभग दो या तीन साल तक मृदंगम नहीं बजाया और उन्हें उनका स्वर नहीं पता था। लेकिन उन्होंने उन्हें रेडियो पर सुना और स्वर नोट किये। उन्होंने परलांदू को वे स्वर बताए और पूछा कि क्या यह सही है। परलांदू ने कहा, "मैं सँभाल लूँगा, अय्या।" और उसने मृदंगम को बिलकुल सही ढंग से तैयार किया। मेरे पिता को सन्देह था, लेकिन परलांदू

आश्वस्त था और उसने कहा, "अगर ट्यूनिंग में थोड़ा-बहुत समायोजन करने की ज़रूरत पड़े तो चिन्ता न करें। मैंने इसके लिए प्रावधान रखा है।" ऐसा था उसका काम। मेरे पिता हमेशा कहा करते थे कि वह बहुत होशियार हैं।' परलांदू के बारे में कहा जाता है कि वह स्वर को कलाकारों के नाम से जानते थे, न कि आमतौर पर इस्तेमाल होनेवाले संख्यात्मक या वर्णानुक्रमिक माप से।

दोपहर में, मणि अय्यर को ऊपर चल रहे काम के दौरान आ रही आवाज़ों को सुनने में मज़ा आता था। वह दिन में एक झपकी लेने के लिए लेटते थे। सादम के हर दौर के बाद बदली हुई स्वर संगति से वह इतना आकर्षित होते थे कि अक्सर पहली मंज़िल पर वापस पहुँच जाते थे जहाँ परलांदू काम कर रहे होते थे। 'वह दोपहर 1 बजे लेटे होते थे। परलांदू जब वारु को खींचता और मृदंगम पर थाप मारता तो स्वरमान ऊँचा हो जाता था। मेरे पिता उत्साहित हो जाते थे। मैं और ललिता (मणि अय्यर की बेटी) उनके पैर दबा रहे होते थे और वह मृदंगम से निकलनेवाली ध्वनि का आनन्द ले रहे होते थे।' राजाराम याद करते हैं, 'जब पिता गहरी नींद में होते तभी परलांदू चप्पु बजाता था। वह कहते, "अरे, यह मुझे सोने नहीं दे रहा है...देखो इसका काम कितना अच्छा है। मैं ऊपर जा रहा हूँ...जब इतना अच्छा काम चल रहा है तो मुझे नींद कैसे आएगी? मैं ऊपर जा रहा हूँ," कहकर वह परलांदू के पास जाकर बैठ जाते थे। जब सादम लगाया जाता तो पिता को वहाँ बैठकर देखना अच्छा लगता था।'

इस बात की अक्सर चर्चा नहीं की जाती कि मृदंगम कारीगर को, भले ही उसने औपचारिक रूप से मृदंगम बजाने की शिक्षा न ली हो, लेकिन उसे सही ढंग से थाप लगानी आनी चाहिए, ताकि यह सुनिश्चित हो सके कि वाद्य-यंत्र आदर्श सांगीतिक स्वरूप में है। राजाराम ने परलांदू के अति उत्तम अरचप्पु को याद किया। 'परलांदू अरचप्पु बहुत अच्छा बजाता था। आप इसे पूरे दिन सुन सकते थे। सादम के दो स्तर लगाने के बाद वह मिट्टु और चप्पु को परखता था कि कहीं कोई विसंगति तो नहीं है। और फिर अरचप्पु बजाता और वह गूँजने लगता था। उसके जैसा अरचप्पु बजानेवाला कोई नहीं है।' मणि अय्यर अगर किसी बात पर परलांदू से नाराज़ होते भी तो शानदार ढंग से बने और सुरीले मृदंगम पर उस अरचप्पु की आवाज़ उन्हें सब कुछ भुला देती।

परलांदू मृदंगम बनाने के हरेक चरण में उत्कृष्ट थे, लेकिन अन्त में मृदंगम को सर्वोत्कृष्ट तरीक़े से सुरीला बनाना यानी ट्यून करना उनकी ख़ासियत थी।

बिलकुल सही गणना। बाक़ी सब कुछ सही ढंग से करने के बाद अन्त में इस प्रक्रिया का अन्तिम हिस्सा आता है जब कलाकार मृदंगम को अपने हाथों की प्रकृति, शैली, शक्ति और आवश्यकता के अनुरूप ढालता है। तो एक सुरीला वाद्य बनाना ही पर्याप्त नहीं होता। मृदंगम बनाने की प्रक्रिया के दौरान कारीगर ने भले ही स्वरमान की सटीकता को बार-बार परखा हो, लेकिन जिस क्षण बजानेवाला हाथ बदलता है (कारीगर से कलाकार तक), सब कुछ गड़बड़ा सकता है। परलांदू की प्रतिभा यही थी कि वह कलाकार के अनुसार उनका वाद्य बनाते थे। मणि अय्यर स्पष्ट रूप से कहते थे, 'राजमणिक्कम को सादम लगाना चाहिए और परलांदू को अन्तिम शुद्धम।'

यही एक पहलू था जहाँ राजमणिक्कम परलांदू से बेहतर थे—सादम का स्थायित्व। सेल्वाराज और राजामणि दोनों ने बताया कि परलांदू का सादम बेहद उत्कृष्ट था, लेकिन यह भी कहा कि उनका सादम लम्बे समय तक नहीं चलता था। राजमणिक्कम किसी तरह सादम का जीवन-काल बढ़ाना जानते थे। इससे मणि अय्यर को संगीत आयोजनों में कम मृदंगम ले जाने की सहूलियत मिली। बेशक, इतने सारे मृदंगमों को साथ ले जाना एक लग्ज़री थी जिसे केवल मणि अय्यर ही वहन कर सकते थे। आज वरिष्ठ मृदंगम कलाकार भी ऐसा नहीं कर सकते।

परलांदू मुख्य रूप से मणि अय्यर का सारा काम करते थे, हालाँकि, उन्होंने पलानी और अन्य लोगों के लिए भी कुछ काम किया। जब वह पलानी का काम करने के लिए त्रिची जाते थे, तो मणि अय्यर परेशान हो जाते थे। राजाराम ने बताया, 'ये लोग (परलांदू और उनके भाई) यहाँ से छुट्टी मारकर वहाँ (पलानी के घर) चले जाते थे, और किट्टा अय्यर उन पर चिल्लाया करते थे।' किट्टा अय्यर वह व्यक्ति था जिसने मणि अय्यर और परलांदू को मिलवाया था, जिसका अर्थ यह भी था कि वह बीच में छोटी-छोटी चालबाज़ियाँ कर लेता था। वह परलांदू पर तीख़ी टिप्पणियाँ करके परेशान करता था। कई बार चुपचाप उनके भुगतान में भी कमी कर देता था। 'एक बार, किट्टा अय्यर ने परलांदू को चिढ़ाने के लिए कुछ कह दिया होगा, या उसका भुगतान कम कर दिया होगा, कोई भी बात रही हो, परलांदू नाराज़ था। इसलिए, जब किट्टा अय्यर परलांदू से मिलने के लिए उनके घर गए, तो उसने कहा, "यदि तुम झुग्गी में प्रवेश करोगे, ब्राह्मण, तो मैं तुम्हारा जनेऊ काट दूँगा और तुम्हें थप्पड़ मारूँगा।" किट्टा अय्यर वापस भागा और मेरे पिता से शिकायत की, "सर, देखें वह क्या कह रहा है!"' राजाराम

यह क़िस्सा सुनाते हुए हँसने लगे। किट्टा अय्यर परलांदू को 'पारा पाएले' कहकर सम्बोधित करते थे। यह उनकी जाति से जुड़ा सम्बोधन था—परैयार व्यक्ति। दोनों के बीच कई बार झड़पें हुईं लेकिन परलांदू ने शायद ही कभी हार मानी हो।

हो सकता है कि उनके लिए एक बड़े आदमी के बजाय मैनेजर पर पलटवार करना ज़्यादा आसान था। तंजावुर वैद्यनाथ अय्यर के एक शिष्य थिरुवयारु कृष्ण अय्यर मज़ाक़ में कहा करते थे कि सेवित्तन ने उन्हें अपने सभी बच्चों की देखभाल करने के लिए कहा था। इसे कारण बनाते हुए मणि अय्यर, कृष्णा अय्यर से शिकायत करते थे कि परलांदू उनके निर्देशों का पालन नहीं करता है।

लेकिन सुरुचि और पेशे के लिहाज़ से, मणि अय्यर और परलांदू एक-दूसरे के लिए एकदम सही थे। इसी वजह से अय्यर अपने बेशक़ीमती कारीगर को लेकर बहुत अधिक आग्रही थे और उन पर अपना अधिकार जताते थे। चूँकि, उन्होंने परलांदू की हलचल पर मज़बूत पकड़ बनाए रखी, इसलिए अन्य कलाकार कभी-कभी मझधार में रह जाते थे। 'पलानी का जी.एन. बालासुब्रमण्यम या मदुरै मणि अय्यर के साथ संगीत का कार्यक्रम था, और उन्हें (परलांदू) को सूचित किया गया कि उन्हें दो या तीन मृदंगमों की आवश्यकता है। लेकिन वे समय पर तैयार नहीं हो सके। इसलिए, उन्हें परलांदू और मणि अय्यर से परेशानी रहती थी। तभी शेट्टी परिदृश्य में आए,' कालिदास ने बताया।

वादकों में परलांदू को अपनी ओर खींचने की होड़ थी। यहाँ तक कि अत्यन्त प्रभावशाली दक्षिणामूर्ति पिल्लै को भी प्रतीक्षा करनी पड़ती थी। सेल्वाराज ने कहा, 'वह परलांदू से काम करवाने के लिए मरे जा रहे थे, लेकिन मेरे पिता को इसमें कोई दिलचस्पी नहीं थी। दक्षिणामूर्ति पिल्लै की छात्रा, रंगनायकी, मुझे लगता है कि यही उनका नाम था, घर आईं और मेरे पिता से तिरुकोकर्णम आने और उनके लिए काम करने को कहा। यहाँ तक कि उनके बेटे स्वामीनाथ पिल्लै ने भी अनुरोध किया था। लेकिन मेरे पिता झिझक रहे थे क्योंकि उन्हें पता नहीं था कि दक्षिणामूर्ति पिल्लै किस तरह का काम करवाना चाहते हैं।'

शंकरन ने मुझे एक अलग कहानी सुनाई। 'मदुरै में एक संगीत-कार्यक्रम के दौरान दक्षिणामूर्ति पिल्लै अपने मृदंगम को लेकर ख़ासे परेशान थे। उनकी समस्या को सुलझाने के लिए शेंगोल को आना था, लेकिन उसने अपने भाई को भेज दिया। शाम को दरवाज़े पर दस्तक हुई। परलांदू को, पिल्लै को समझाना पड़ा कि वह

तंजावुर से हैं और उन्हें शेंगोल ने भेजा है। उन्होंने पिल्लै को आश्वासन दिया कि वह मृदंगम तैयार कर देंगे। तुरन्त, उन्होंने इक्कु-टग्गु को ठीक किया, कुछ वारु पिडी का काम किया और अन्त में सुद्धम। दक्षिणामूर्ति पिल्लै इतने प्रभावित हुए कि उन्होंने ज़ोर से कहा, "ये है बुद्धिमानी।"

परलांदू मणि अय्यर के आदमी थे और एंटनी पलानी के। तंजावुर भाइयों के दो सबसे बड़े वादकों के बीच इस विभाजन का मतलब था कि दोनों कारीगरों के काम की तुलना भी होती थी और कमज़ोरियाँ भी देखी जाती थीं। एंटनी के पुत्र जेसुदास इसे संक्षेप में समझाते हैं, 'दोनों का काम समान था। कुछ लोगों को परलांदू पसन्द आए। दोनों के काम में बारीक अन्तर था जो, वे जिन कलाकारों के लिए काम करते थे, उनके साथ सम्बन्धों के कारण था। कलाकारों को भी अपनी पसन्द के कारीगर पर भरोसा था। परलांदू ने पालघाट मणि अय्यर के लिए काम किया इसीलिए उनके बारे में इतना कुछ बोला जाता है। मेरे पिता शेट्टी पलानी के लिए काम कर रहे थे। उन दिनों पलानी और मणि अय्यर के बीच मुक़ाबला था। और इसी तरह, मेरे पिता और परलांदू भी प्रतिस्पर्धी थे।'

पलानी के छात्रों को लगभग लगातार मणि अय्यर के हमले का सामना करने के लिए अपने गुरु की ताक़त का दावा करने की ज़रूरत महसूस होती थी। इसी तरह एंटनी के पुत्र अपने पिता के काम को अपने प्रसिद्ध चाचा के बराबर रखना चाहते हैं। मैंने इस पुस्तक में पहले उल्लेख किया है कि एंटनी के काम को बहुत अच्छा नहीं माना जाता था, लेकिन शायद मेरी धारणा पर भी तंजावुर परिवार और कर्नाटिक संगीत की दुनिया का 'परलांदू-मणि अय्यर शिविर' हावी था।

जो भी हो, जब परलांदू या किसी अन्य कारीगर को उसकी जगह पर रखने की बात आती, तो दोनों दिग्गज एक हो जाते। राजामणि एक घटना बताते हैं, 'एक बार जब परलांदू मेरे पिता से नाराज़ था वह पलानी के घर काम करने गया। उस समय, मेरे पिता को एक संगीत-समारोह के लिए मृदंगम की आवश्यकता थी और उन्होंने पलानी से एक मृदंगम उधार लिया था। संगीत-कार्यक्रम के बाद उन्होंने एक शिष्य के हाथों मृदंगम लौटा दिया। उन दिनों नया सादम लगाने के लिए 1 रुपया लेते थे, लेकिन परलांदू ने पलानी से कहा कि उसे इस मृदंगम के लिए 3 रुपये चाहिए क्योंकि अय्या ने इसे बजाया था। पलानी ने उसे तत्काल यह कहते हुए विदा कर दिया कि उसे उनके लिए काम करने की आवश्यकता नहीं है।' हो सकता है कि पलानी, मणि अय्यर के कारीगरों पर हावी होने से बहुत आहत रहे हों, लेकिन

उनमें से कोई भी, चाहे कितना ही प्रतिष्ठित क्यों न हो, अगर उसने अपनी सीमा लाँघी, बिन्दु मात्र भी आक्रामक हुआ तो उसे उसकी जगह दिखाई गई।

परलांदू से जुड़ी सभी कहानियाँ उनके साथ होनेवाले विशिष्ट व्यवहार को बताती हैं। कलाकारों ने उनकी बुद्धि की तारीफ़ की और उनकी सलाह मानी। सेल्वाराज ने कहा, 'उन दोनों (मणि और परलांदू) ने एक-दूसरे की बात सुनी।' गोपालकृष्णन ने कहा, 'यहाँ तक कि मणि अय्यर भी परलांदू से कुछ नहीं कहते थे। वह कहते थे, "अय्या, यह ऐसा है," और मणि अय्यर उनकी बात मान लेते थे।' मृदंगम बनाने की कला में उनका सबसे बड़ा योगदान कप्पी मृदंगम की रचना है। असाधारण बात है कि हर कोई स्पष्ट रूप से स्वीकार करता है कि यह परलांदू का ही विचार था, उनका योगदान था। जहाँ तक मैं निर्धारित कर पा रहा हूँ, परलांदू शायद 1953 के आसपास कप्पी मृदंगम का विचार लेकर आए थे। एक नवीनता जिसने 'गरिमापूर्ण मृदंगम ध्वनि' की आधुनिक व्याख्या को प्रभावित किया। मेरे इस पूरे फ़ील्ड वर्क में, यह एकमात्र अवसर था जब मृदंगम कलाकारों ने पूरे दिल से एक कारीगर को एक विचार के लिए श्रेय दिया। परलांदू अपवाद थे, और उनका योगदान—भले ही इसे सार्वजनिक रूप से मान्यता प्राप्त न हो—कर्नाटिक संगीत के आन्तरिक मंडलों में बिना किसी हिचकिचाहट के स्वीकार किया जाता है। एक बार फिर दोहराता हूँ कि यह सौभाग्य और किसी को प्राप्त नहीं हुआ।

केवल एक मृदंगम कलाकार ने यह मानने से इनकार किया कि परलांदू में कप्पी मुट्टु बनाने की क्षमता थी। उमयलपुरम शिवरामन ने ज़ोर देकर कहा, 'मैं यह मानने के लिए तैयार नहीं हूँ कि परलांदू के पास उस स्तर का ज्ञान था! उसने अच्छा काम किया। उसमें प्राकृतिक प्रतिभा थी।' उनके अनुसार, यह विचार वैद्यनाथ अय्यर से आया होगा, जिन्होंने इसे पहले की पीढ़ी के किसी व्यक्ति को देखकर सीखा होगा। 'मुझे नहीं लगता कि यह उनका विचार था,' उन्होंने कहा।

लेकिन, परिवार में हर किसी की तरह, परलांदू भी अपने तरीक़ों के बारे में नहीं बताते थे, यहाँ तक कि अपने बेटे को भी नहीं। सेल्वाराज, मणि अय्यर से परलांदू के काम करने के ढंग की व्याख्या करने के लिए कहते थे, उम्मीद करते थे कि किसी दिन वह इसे समझ पाएँगे। एक अवसर पर, जब यह बातचीत चल रही थी, तब परलांदू कमरे में दाख़िल हुए और मणि अय्यर ने परलांदू को उन

सवालों के बारे में बताया जो उनका बेटा पूछ रहा था। 1950 के दशक का अन्त आते-आते, परलांदू मधुमेह के कारण काम करने की स्थिति में नहीं रह गए थे, और सेल्वाराज ने मास्टर के घर में उनकी जगह ले ली थी। इसलिए परलांदू को अय्यर के घर पर ले जाया जाता था ताकि वह अपने बेटे को कुछ सुझाव दे सकें। फिर वह लौट जाते थे। एक समय बाद सेल्वाराज का सब्र टूट गया। उन्होंने अपने पिता से कहा कि या तो वे उसे हर दिन व्यवस्थित रूप से पढ़ाएँ या उसे अकेला छोड़ दें। और सेल्वाराज को अपने हाल पर छोड़ दिया गया। जब मैं सेल्वाराज से मिला, वह अपने जीवन के अन्तिम चरण में थे। अभी भी अपने पिता के असर में थे। 'जब वह स्वरमान की परवाह किए बिना सादम लगाते थे, तो यह कछुए की पीठ जैसा दिखता था। मेरे पिता के मृदंगम में बिलकुल भी इक्कु-टग्गु नहीं होता था। वह दिन में केवल एक ही मुट्टु बनाते थे। उन्हें पैसों की चिन्ता नहीं थी। वह चाहते थे कि उनके काम का सम्मान किया जाए और उनकी सराहना की जाए,' सेल्वाराज ने गर्व के साथ कहा।

मणि अय्यर और परलांदू के सम्बन्धों की प्रकृति को ठीक-ठीक समझना मुश्किल है। इसमें कोई शक नहीं कि अय्यर के मन में उनके लिए बहुत सम्मान था। वह अक्सर संगीत-कार्यक्रमों में मिलनेवाले उपहारों, जैसे शॉल या फ्लास्क वग़ैरह परलांदू को दे देते थे क्योंकि वह उनके बनाए हुए मृदंगम से रोमांचित रहते थे। राजाराम इसे अलग तरह से देखते हैं—'मेरे पिता ने ही उसकी आदत बिगाड़ी थी। अगर मुट्टु अच्छा होता और कुटचेरी अच्छी काम करती तो वह लौटकर उसे 100 रुपये देते। या कभी-कभी अगर वो दिल्ली में किसी समारोह के लिए जाते तो कश्मीरी शॉल ले आते और उन्हें दे देते।' एक बार वह मृदंगम से इतने प्रसन्न हुए कि उन्होंने परलांदू को एक सोने का सिक्का दिया। यह मणि अय्यर का धन्यवाद कहने का ढंग था। लेकिन वह इस तरह भौतिक पुरस्कारों तक ही सीमित नहीं थे। जब परलांदू बीमार पड़े तो अय्यर ने उनके इलाज के लिए तंजावुर के सबसे अच्छे डॉक्टर को बुलाया और नियमित रूप से अस्पताल में पैसा भी भेजा। राजामणि ने बताया, 'परलांदू को मधुमेह था और उसने अपने जीवन का अन्तिम समय अस्पताल में बिताया। अस्पताल हमारे घर से क़रीब एक किलोमीटर दूर था। उस समय मेरे पिता की परलांदू से बात नहीं होती थी, लेकिन उसे हर महीने 30-40 रुपये मनीऑर्डर से भेजा करते थे। मेरे पिता उसके बारे में बहुत चिन्तित रहते थे।' इतना ही नहीं, जब परलांदू बीमार पड़े, लेकिन तब तक अस्पताल में भर्ती नहीं हुए

थे, किट्टा अय्यर को हर सुबह परलांदू के मूत्र का नमूना लेकर जाँच करवाने की ज़िम्मेदारी सौंपी गई थी। यह ऐसा काम था जिसे किट्टा अय्यर ने बड़ी अनिच्छा से किया। अस्पताल जाने से पहले वह इसकी शिकायत करने मणि अय्यर के घर जाते थे। 'परलांदू का पेशाब मेरा सिरदर्द क्यों है?'

क्या यह सब सिर्फ़ एक मास्टर कारीगर के रूप में परलांदू का सम्मान था? या यह व्यक्तिगत स्नेह की अभिव्यक्ति थी? अय्यर के लिए इस रिश्ते के क्या मायने थे, यह ठीक-ठीक बता पाने की स्थिति में मैं नहीं हूँ। मैंने विशेष रूप से पूछा, 'तो दोनों के बीच घनिष्ठ सम्बन्ध था?' और राजामणि ने ज़ोरदार ढंग से हाँ कहा। निःसन्देह मणि अय्यर उस दौर के एक ऐसे व्यक्ति थे, जो उस जाति के ढाँचे तक सीमित थे जिसमें वे पले-बढ़े थे। वास्तव में, उस समय इस तरह के सम्बन्धों का विचार भी नहीं उठता था। तब भी समाज के हाशिये पर पड़ा हुआ यह व्यक्ति उनके जीवन का केन्द्र बन गया। एक ऐसा वर्ग जिसे मणि अय्यर ने शायद कभी भी बुद्धिमान और रचनात्मक नहीं माना था और जिसके साथ उनका और कोई सम्बन्ध नहीं था। यहाँ तक कि अय्यर की पत्नी भी शिकायत करती थीं कि परलांदू उनके लिए उनसे अधिक महत्त्वपूर्ण हैं। एक संगीत-बन्धन ने अय्यर और परलांदू को बाँध रखा था, उसने उनके बीच एक व्यक्तिगत निकटता बनाई। लेकिन, मणि अय्यर इस रिश्ते को बराबरी की दोस्ती में नहीं बदल पाए। बल्कि, यह एक छिपी हुई दोस्ती थी। मेरा मानना है कि यह सिर्फ़ एक कामकाजी और अवसरवादी जुड़ाव नहीं था। लेकिन, जाति से उलझे बिना, मणि अय्यर इस रिश्ते को और आगे नहीं बढ़ा सकते थे। अय्यर उस जीवन में विश्वास करते थे जो उन्होंने एक ब्राह्मण के रूप में व्यतीत किया, और जिसकी वजह से वह इस मुक़ाम तक पहुँच पाए थे। फिर भी, इस एक मामले में हो सकता है कि वह किसी बड़ी चीज़ से प्रभावित हुए हों, बस, वह इसे मानने को तैयार नहीं थे।

परलांदू के बारे में शायद सबसे अधिक दोहराई जानेवाली कहानी यह है कि उन्होंने अय्यर से कहा कि वह जिस टोप्पी ध्वनि की बेक़रारी से तलाश कर रहे थे, वह पलानी के हाथों से निकलती थी, अकेले परलांदू के मुट्टु से नहीं। वह इस बात को ज़ोर देकर कहते कि मणि अय्यर उस ध्वनि को बिलकुल पलानी जैसी टोप्पी से हासिल नहीं कर सके।

यह इतना महत्त्वपूर्ण क्यों था?

यह एक दुर्लभ अवसर था जब मणि अय्यर ने अपने असुरक्षा बोध का ख़ुलासा किया, यह शायद उनके निकटतम लोगों के लिए भी आश्चर्य का विषय रहा हो। और

चीज़ों को एक साथ जोड़नेवाली जो बात थी वह यह कि इसका उद्घाटन उस्ताद कारीगर परलांदू ने किया था। परलांदू द्वारा अपनी स्थिति को थोड़ा नीचे लाए जाने के बारे में बात करते हुए, क्या मणि अय्यर भी उस व्यक्ति के लिए अपना अत्यधिक सम्मान प्रदर्शित कर रहे थे? इस कहानी का राजाराम वाला संस्करण मणि अय्यर के इस प्रश्न पर समाप्त होता है, 'तो क्या मेरी टोप्पी कभी उस तरह की ध्वनि नहीं निकाल सकेगी? मैंने तुमसे कहा था कि अच्छा मुट्टु बना लो, लेकिन तुमने कहा है कि यह तो हाथ पर निर्भर है। क्या तुम कह रहे हो कि मैं जीवन-भर उस तरह की टोप्पी ध्वनि नहीं पा सकूँगा?'

मैं यहाँ एक बात दोहराना चाहता हूँ। मुझे यह आश्चर्यजनक लगा कि मणि अय्यर की सन्तानों सहित सभी संगीतकार, जिन्होंने परलांदू की कारीगरी की सराहना की, उन्होंने सम्मान प्रकट करनेवाले मुहावरों का उपयोग नहीं किया। व्यावसायिक और वैयक्तिक सम्बन्धों के बीच का यह अन्तर उद्घाटनकारी है।

जब मैंने राजामणि से परलांदू के बारे में पूछा तो उनके पास कहने के लिए कुछ नहीं था। 'परलांदू एक अच्छा इनसान था' से उन्होंने शुरुआत की और बाद में कहा, 'मैं उसे बहुत अच्छी तरह जानता था।' लेकिन, उन्होंने जो कुछ भी साझा किया वह काम और कौशल से सम्बन्धित था। परलांदू की पहचान एक कारीगर के रूप में थी, इससे बाहर कुछ नहीं। मैं राजामणि को यह बताने के लिए उकसाता रहा कि अय्यर-परलांदू सम्बन्ध इतने असाधारण क्यों थे। राजामणि ने स्वीकार किया कि उनके सम्बन्ध असाधारण थे, लेकिन इससे अधिक कुछ नहीं जोड़ा। वैसे, उनके भाई राजाराम ने बताया कि कैसे परलांदू नाराज़ हो जाते थे और कुछ दिनों के लिए घर पर आना बन्द कर देते थे। 'वे अक्सर लड़ते रहते थे। परलांदू अचानक 500 रुपये माँगता और अगर मेरे पिता अच्छे मूड में होते तो दे देते, नहीं तो वह मना कर देते थे। फिर, परलांदू कहता कि वह काम पर नहीं आएगा।' राजामणि ने पहले एक सामान्य टिप्पणी की थी, 'आप इन लोगों के लिए कुछ भी करें, उनमें उसे महसूसने की समझ नहीं होती।'

उनकी केवल एक निजी बात राजाराम को याद थी। 'अय्यो, उसकी मुस्कान बड़ी मारक थी!' और उन्होंने दिखाया कि परलांदू अपने हाथ से अपना मुँह ढककर कैसे बोलते थे। वह बहुत बुद्धिमान था, राजाराम ने आगे जोड़ा।

यह जानना तो असम्भव ही है कि परलांदू ने इस सबके बारे में क्या महसूस किया। क्या उनके पास अपनी भावनाओं को महसूस करने का अवकाश था भी?

सेल्वाराज ने कहा, 'परलांदू कम ही बोलते थे। शेट्टी ऐसे नहीं थे, वह बहुत बातूनी थे। मैं अधिक नहीं बोलता, कुछ हद तक ही बोलता हूँ। जॉनसन और अरुलराज अधिक बातूनी हैं।' सेल्वाराज बोलने के रूपक का प्रयोग आज्ञाकारिता के अर्थ में कर रहे थे। वह कह रहे थे कि उनके चचेरे भाई और चाचा अधिक जुझारू थे। उनके हिसाब से मर्यादा से बाहर। उनकी मुखरता अनुकरणीय नहीं थी। उनके विचार में, कारीगर का काम बिना सवाल पूछे चुपचाप आज्ञा मानना था। ज़रूरत पड़ने पर उसे अपनी राय व्यक्त करनी चाहिए, लेकिन केवल तभी जब माँगी जाए या वास्तव में कुछ ग़लत हो रहा हो, तब। सेल्वाराज के हिसाब से परलांदू, विनम्र और अपनी सीमाओं के भीतर रहनेवाले व्यक्ति थे। टकराव नहीं करते थे। कभी-कभी होनेवाला विस्फोट या काम छोड़कर चले जाना उनके मानसिक दबाव को कम करने का एक ढंग था। एक ऐसे व्यक्तिगत और सामाजिक परिवेश में रहना, जहाँ की प्रथा ही उत्पीड़न हो, और अधिकार की कोई बात न हो, फिर भी यह स्वयं को विशेष मानना, और साथ ही उच्च जातियों के साथ अपने जुड़ाव से सम्मानित महसूस करना—ये सभी परस्पर विरोधी तत्त्व भावनात्मक रूप से क्लान्त करनेवाले रहे होंगे और अन्त तक ये मसले अनसुलझे ही रहे होंगे।

यह भी विचार करें कि ब्राह्मण मृदंगम कलाकारों ने किसी ऐसे कारीगर को किस दृष्टि से देखा होगा जिसके भीतर थोड़ा भी आत्मविश्वास हो। बेशक, यही वजह है कि राजमणिक्कम को टेढ़ा माना जाता था। यह एक स्वीकृत मानदंड था कि जब दलित मृदंगम कारीगर किसी कलाकार से बात करे तो वह अपने हाथों से अपना मुँह ढक ले और उपरिवस्त्र कंधे से उतार ले। राजमणिक्कम के लिए उस समय अपने पेशेवर मानदंड स्थापित करना किसी क्रान्ति से कम नहीं। दासता के ये जाति-प्रभावित भाव अभी भी मौजूद हैं, बेशक कुछ कम उघड़े हुए। इसे आज भी देखा जा सकता है कि किस तरह से ब्राह्मणों को सम्मान दिया जाता है, किस तरह से कारीगर, मृदंगम कलाकारों से बात करते समय खड़े होते हैं, कैसे वे अपनी उपलब्धियों और योगदानों को कम महत्त्व देते हैं, और कैसे इस अन्तर्जातीय सम्बन्ध को विशेष माना जाता है। मैंने जिन कारीगरों से बात की, उन्होंने अपनी वरिष्ठता के बावजूद मुझे बिना किसी भेदभाव के पूरे सम्मान के साथ सम्बोधित किया। सबसे बड़ी बात, अपने आसपास घटनेवाली हर घटना के प्रति उनका नज़रिया अमनपसन्द रहता है।

शक्तिशाली लोगों द्वारा एक अनपहचाने से जातिवादी विमर्श के तहत इन लकीरों को फिर से खींचा जा रहा है। इन सीमाओं को लाँघनेवाली किसी भी क्रिया को तमीज़ और शिष्टाचार की कमी के रूप में देखा जाता है।

अपनी बात पर लौटते हैं, तो, परलांदू कौन थे? मैंने उनके बेटे मेल्गीस और बेटी जेसिंथामेरी से बात की। उन्होंने उन्हें एक सज्जन के रूप में वर्णित किया जो शायद ही कभी ग़ुस्सा करते थे। दोनों ने दोहराया कि वह बहुत कम बोलते थे। वह चाहते थे कि पूरा परिवार एक साथ रहे और उन्होंने भाइयों को एकजुट रखने की पूरी कोशिश की। उनके अपने घर थे, लेकिन उनके आग्रह पर पारिवारिक आयोजनों में सब जुटते थे। लेकिन, वह अपने भाइयों के साथ काम की चर्चा करना वाक़ई पसन्द नहीं करते थे। मेल्गीस ने कहा कि मृदंगम कलाकार परलांदू को बहुत मददगार मानते थे। वह उन्हें रियाज़ करने की सलाह देते थे, उन्होंने उन्हें सिखाया कि कैसे अपने वाद्य-यंत्र का रखरखाव करना है, कैसे उसकी ट्यूनिंग करनी है। उनके लिए काम ही सब कुछ था। अपने जीवन के आख़िरी दिनों में, परलांदू बहुत चिन्तित रहते थे। उनके पास नादुकावेरी में थोड़ी-सी ज़मीन थी (शायद यह वह ज़मीन हो जो मणि अय्यर ने उन्हें ख़रीदकर दी थी), जहाँ धान उगाया जाता था। लेकिन ख़राब स्वास्थ्य का मतलब था कि उनकी मासिक आय नगण्य थी। आर्थिक परेशानियों के साथ-साथ व्यक्तिगत मोर्चे पर भी उन्हें चोट लगी। शादी के बाद सेल्वाराज एक अलग घर में चले गए, जबकि उस समय मेल्गीस और जेसिंथामेरी छोटे ही थे।

जेसिंथामेरी ने ऐसी बात बताई, जो मैंने अब तक नहीं सुनी थी। 'अगर अय्यर उनकी बात सुनते और उनकी कही बातों पर अमल करते, तो ही वह काम करते थे। लेकिन अगर वे उनको आदेश देने की कोशिश करते, तो वह काम नहीं करते थे।' तो, परलांदू का एक और पक्ष था, जहाँ उन्होंने अपनी जादूगरी के प्रति आत्म-सम्मान, आत्मविश्वास, अहंकार और आत्म-आश्वस्त सन्तुष्टि प्रदर्शित की। हो सकता है कि उस समय के कनिष्ठ कलाकारों को परलांदू के इस पक्ष का सामना करना पड़ा हो। जेसिंथामेरी का यह भी कहना था कि एक समय ऐसा भी आया जब मणि अय्यर ख़ुद आए थे और उन्होंने परलांदू से माफ़ी माँगते हुए काम पर वापस लौटने का आग्रह किया था। ऐसा हुआ या नहीं, पता नहीं, लेकिन परलांदू निश्चित रूप से एक ऐसे व्यक्ति थे जिनसे माफ़ी माँगी जा सकती थी।

जैसा कि हम जानते हैं, मणि अय्यर 1964 में मद्रास चले गए और तंजावुर परिवार के सदस्यों ने भी उसी समय के आसपास अपना ठिकाना बदलना शुरू कर

दिया और राजधानी के आसपास जाने लगे। लेकिन एक कमज़ोर और अस्वस्थ परलांदू अपने गृहनगर में वापस आ गए। मरते दम तक वहीं रहे। मधुमेह ने अपना असर दिखाया। यह बीमारी शराब की वजह से और बिगड़ गई थी। 1970 में परलांदू की मृत्यु हो गई। और मुझे नहीं लगता कि कोई मृदंगम कलाकार उन्हें विदा करने पहुँचा होगा।

मणि अय्यर ने कहा था, 'मेरा स्वर्ग तो वहीं है जहाँ सोमू असारी चन्दन से शानदार कट्टई बनाएँ, परलांदू मुट्टु गढ़ें और मैं अरियाकुडी रामानुज अयंगर द्वारा आयोजित संगीत-कार्यक्रम में उस मृदंगम को बजाऊँ।' मुझे आशा है कि ऐसा निश्चित ही उस स्वर्ग में हुआ होगा जहाँ सभी की अपनी-अपनी जातियाँ छूट गई होंगी और वे सभी एक-दूसरे के शानदार कला-कौशल का आनन्द उठा रहे होंगे।

कारीगरों के वंशवृक्ष

इन वंशवृक्षों में अंकित वंशावलियाँ उन व्यक्तियों को खोजने का प्रयास करती हैं जो मृदंगम बनाने की कला से सीधे जुड़े हैं।

तंजावुर परिवार (1ए)

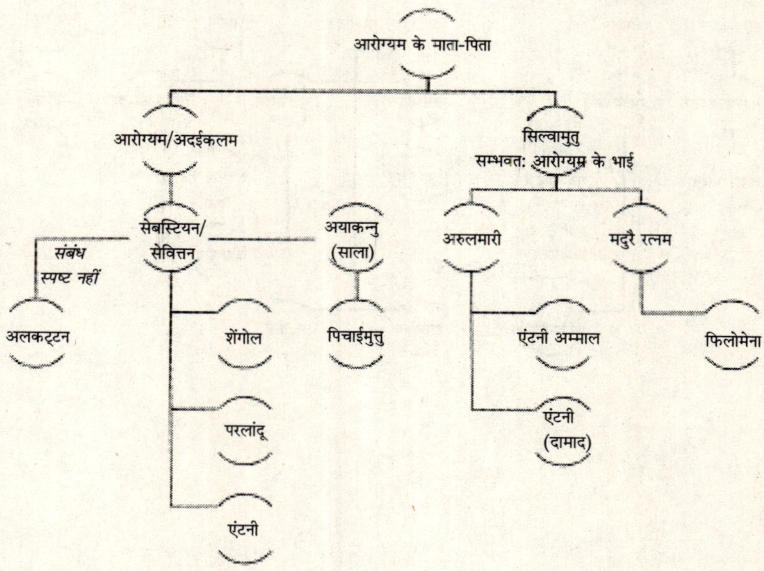

तंजावुर परिवार (1बी)

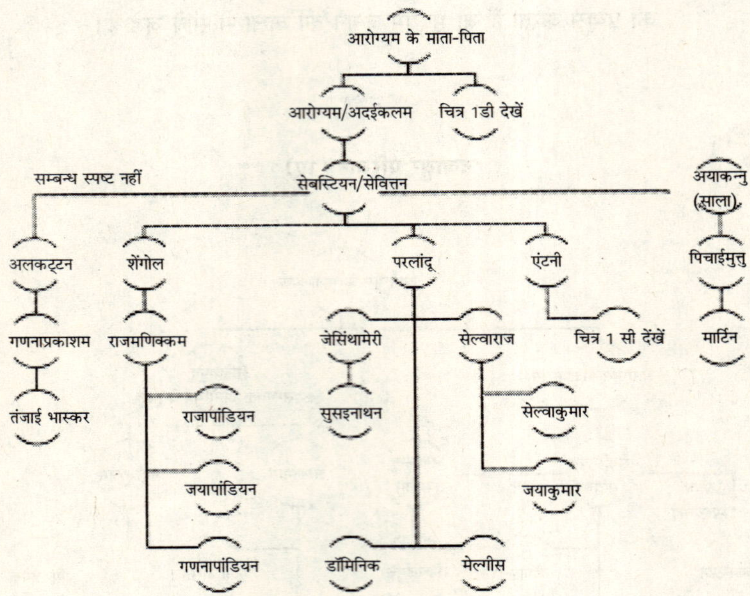
आरोग्यम के माता-पिता
आरोग्यम/अदईकलम
चित्र 1डी देखें
सम्बन्ध स्पष्ट नहीं
सेबस्टियन/सेवित्तन
अयाकन्नु
(साला)
अलकट्टन
शेंगोल
परलांदू
एंटनी
पिचाईमुत्तु
गणनाप्रकाशम
राजमणिक्कम
जेसिंथामेरी
सेल्वाराज
चित्र 1 सी देंखें
मार्टिन
तंजाई भास्कर
राजापांडियन
सुसइनाथन
सेल्वाकुमार
जयापांडियन
जयाकुमार
गणनापांडियन
डॉमिनिक
मेल्गीस

तंजावुर परिवार (1सी)

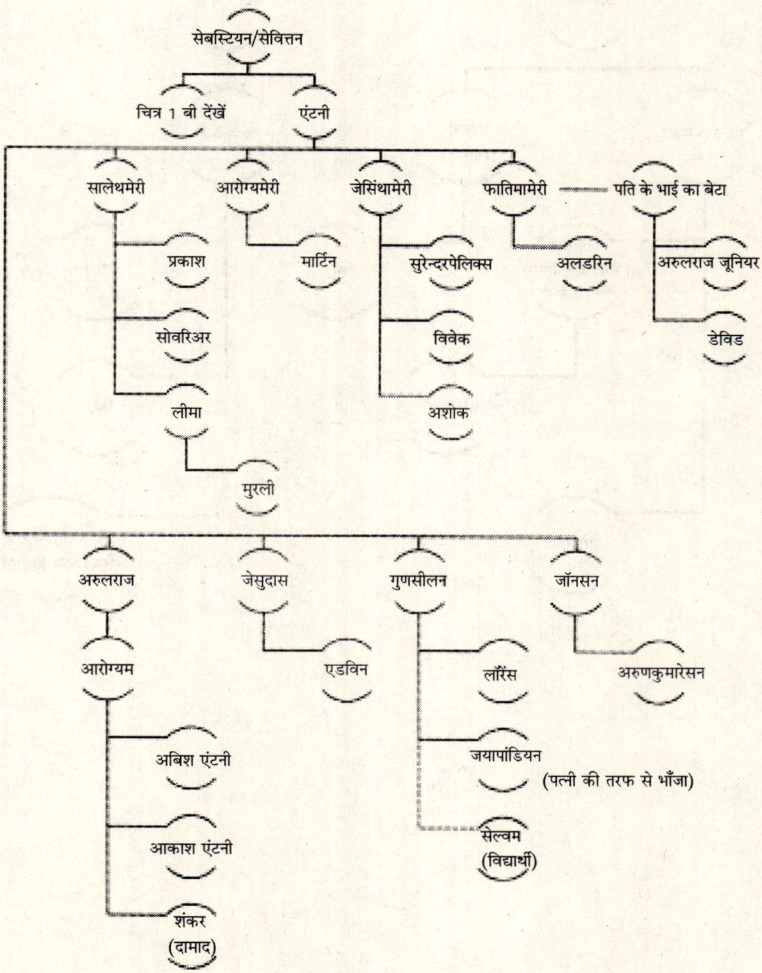

सेबस्टियन/सेवित्तन
चित्र 1 बी देखें
एंटनी
सालेथमेरी
आरोग्यमेरी
जेसिंथामेरी
फातिमामेरी
पति के भाई का बेटा
प्रकाश
मार्टिन
सुरेन्दरपेलिक्स
अलडरिन
अरुलराज जूनियर
सोवरिअर
विवेक
डेविड
लीमा
अशोक
मुरली
अरुलराज
जेसुदास
गुणसीलन
जॉनसन
आरोग्यम
एडविन
लॉरेंस
अरुणकुमारेसन
अबिश एंटनी
जयापांडियन
(पत्नी की तरफ से भाँजा)
आकाश एंटनी
सेल्वम
(विद्यार्थी)
शंकर
(दामाद)

तंजावुर परिवार (1डी)

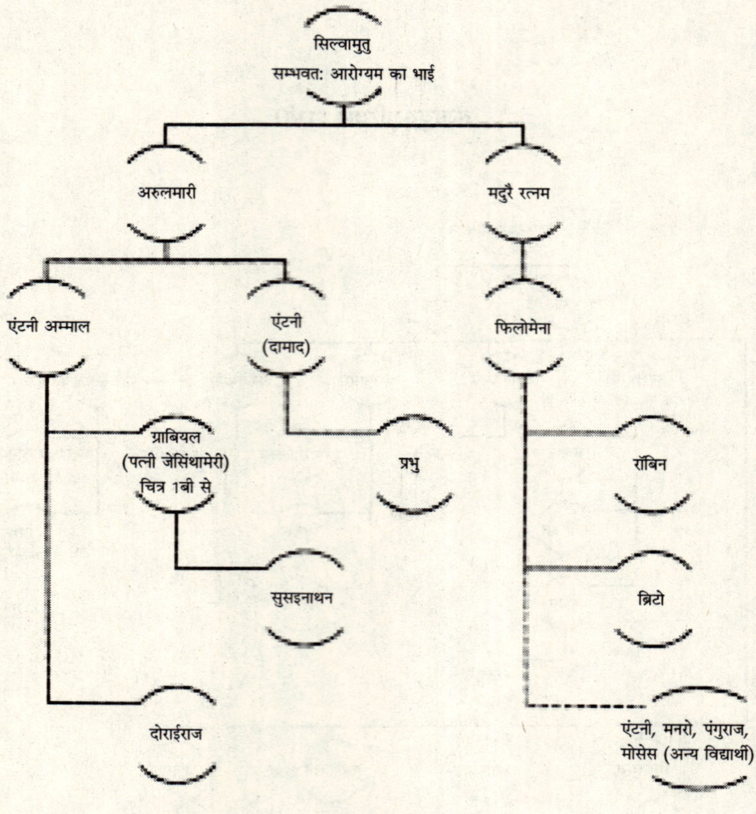
सिल्वामुतु
सम्भवत: आरोग्यम का भाई
अरुलमारी
मदुरै रत्नम
एंटनी अम्माल
एंटनी
(दामाद)
फिलोमेना
ग्राबियल
(पत्नी जेसिंथामेरी)
चित्र 1बी से
प्रभु
रॉबिन
सुसइनाथन
ब्रिटो
दोराईराज
एंटनी, मनरो, पंगुराज,
मोसेस (अन्य विद्यार्थी)

मद्रास मुट्टु

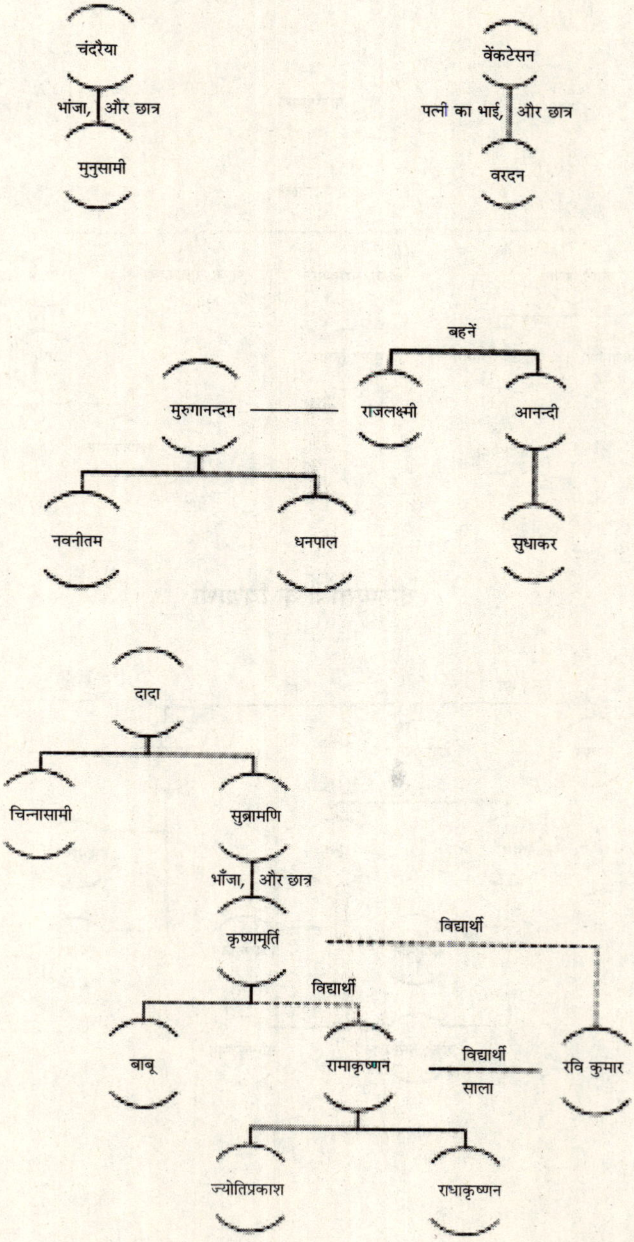
चंदरैया
भांजा, और छात्र
मुनुसामी
वेंकटेसन
पत्नी का भाई, और छात्र
वरदन
बहनें
मुरुगानन्दम
राजलक्ष्मी
आनन्दी
नवनीतम
धनपाल
सुधाकर
दादा
चिन्नासामी
सुब्रामणि
भाँजा, और छात्र
कृष्णमूर्ति
विद्यार्थी
विद्यार्थी
बाबू
रामाकृष्णन
विद्यार्थी
साला
रवि कुमार
ज्योतिप्रकाश
राधाकृष्णन

पेरुवेम्बा

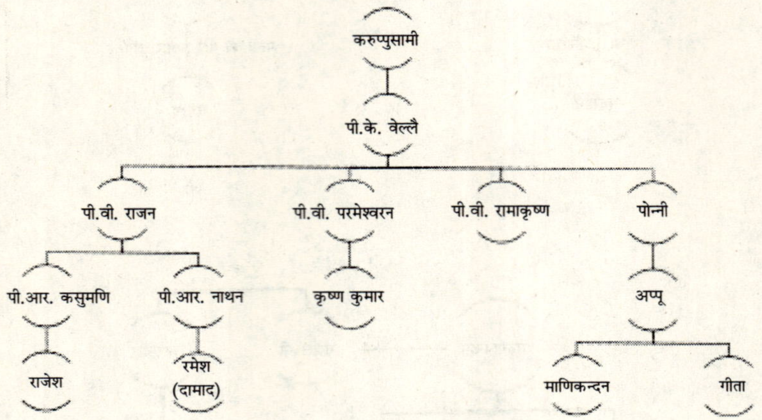

करुप्पुसामी के विद्यार्थी

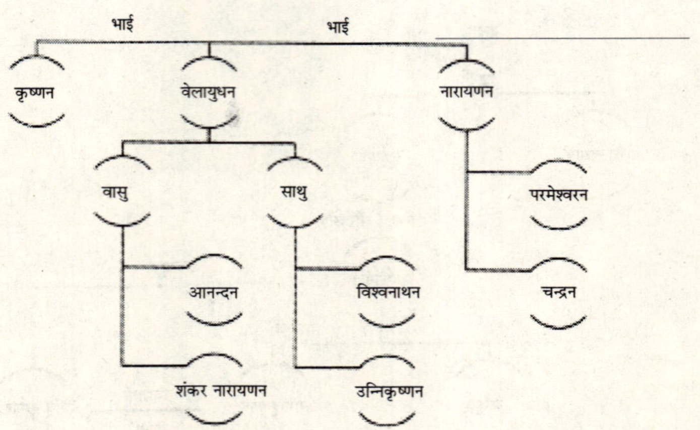

बैंगलोर परम्परा

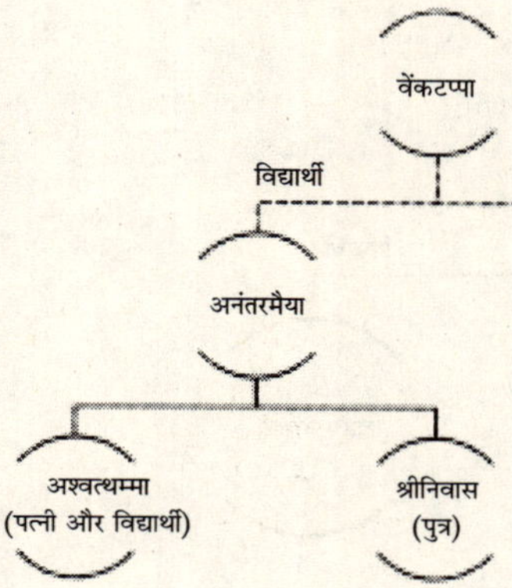

विजयवाड़ा परम्परा

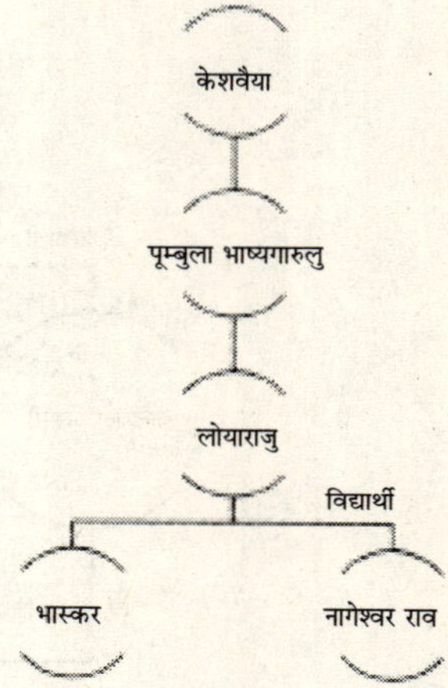

विजयनगरम परम्परा

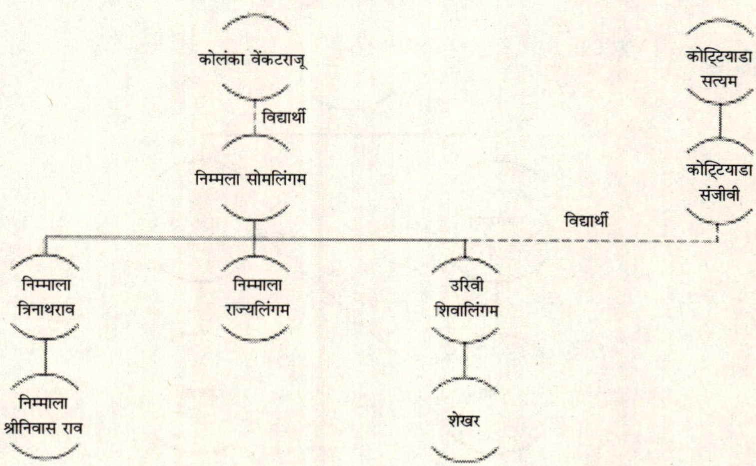

काष्ठ-शिल्पकार

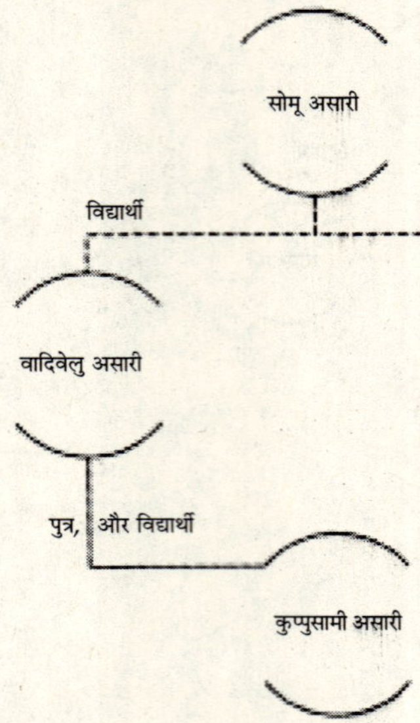

अम्बूर

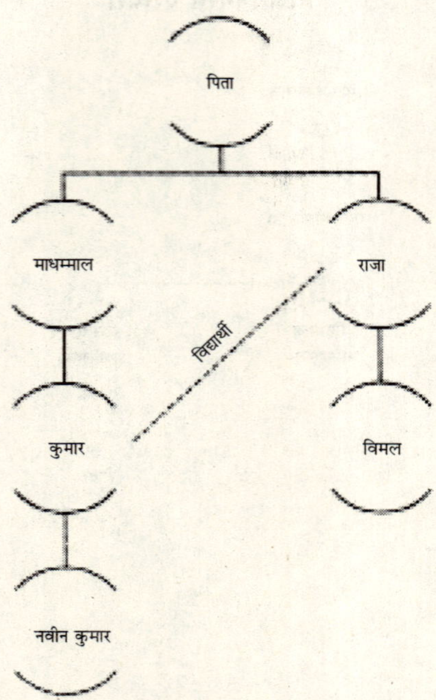

सन्दर्भ ग्रंथ

Books

Bhagavatar, Soolamangalam Vaidyanatha. *Cameos*. Chennai: Sunadham, 2005

Bhagavatar, Soolamangalam Vaidyanatha. *Karnataka Sangita Vidvangal*. Kalakshetra, 1994

Grafe, Hugald. *The History of Christianity in Tamilnadu from 1800 to 1975*. Bangalore: Church History Association of India, 1990

Hemingway, FR. *Madras District Gazetteers: Tanjore*. Madras: Superintendent, Government Press, 1906.

Krishna, T.M. *A Southern Music: The Karnatik Story*. Delhi: HarperCollins India, 2013

Oddie, Geoffrey A. *Hindu and Christian in South-East India*. London: Curzon Press/The Riverdale Company, 1991

Pearson, Hugh. *Memoirs of the Life and Correspondence of the Reverend Christian Fredrich Shwartz* (3rd edition, Vol. 1-2). London: J. Hatchard & Sons, 1939

Seetha, S. *Thanjavur as a Seat of Music*. Madras: University of Madras, 2001

Thurston, Edgar and Rangachari, K. *Castes and Tribes of Southern India* (Vol. 1-7). Madras: Government Press, 1909

Webster, John C.B. *The Pastor to Dalits*. Delhi: Cambridge Press, 1995

Webster, John C.B. *The Dalit Christians: A History* (Contextual Theological Education Series 4). Delhi: Indian Society for Promoting Christian Knowledge (ISPCK), 1994

Newspapers, Journals and Articles

Anand, S. "Thyagaraja's Cow', *Outlook India*, 08 September 2003. Retrieved from https://www.outlookindia.com/magazine/story/ thyagarajas-cow/221354.

Raman, C.V. 'The Indian Musical Drums'. *Proceedings of the Indian Academy of Sciences*, pp. 179-188, 1934.

Raman, C.V. 'Musical Drums with Harmonic Overtones'. *Nature*, pp. 104, 1920.

Sruti/Sruti Magazine for the Performing Arts: The Sruti Foundation.

आभार

लिखना भले ही अकेले में होता हो, पर बिना उस ज्ञान और अनुभव के, जिसे बहुत सारे लोग इतने स्नेह के साथ साझा करते हैं, इतनी पेचीदगी वाली कथा को पिरोना नामुमकिन है। पिछले चार सालों में, बहुत-से लोगों ने मेरे सवालों के जवाब दिये और मृदंगम कारीगरों की ज़िन्दगियों और इतिहास तक जाने के लिए मैंने उनका मैंने हाथ थामा। मैं ख़ास तौर पर के. सुसइनाथन का ज़िक्र करना चाहता हूँ, जिन्होंने न सिर्फ़ मृदंगम बनाने की बारीकियों से मुझे अवगत करवाया, बल्कि इस आख्यान के लिए तमाम ज़रूरी जगहों तक भी मुझे लेकर गए। मेरी समझ की गहराई बढ़ाने, मेरी शंकाओं के निवारण के लिए, अपनी जानकारियाँ साझा करने के लिए मैंने टी.आर. राजामणि, प्रोफ़ेसर त्रिची शंकरन, ए.एस. जॉनसन कैनेडी, ए. सोवरिअर, लेखक पेरुमल मुरगन, प्रोफ़ेसर ए.आर. वेंकटाचलपति को हमेशा अपने क़रीब पाया। एस. आनन्द ने मुझे अपने छायाचित्रों के उस ख़ज़ाने में से इस्तेमाल करने के लिए खुली छूट दी, जो उन्होंने मायलापुर, चेन्नै में रह रहे तंजावुर कारीगरों की तसवीरें खींचकर बनाया था। सबसे पहले मेरा लिखा मेरे घर के ही आलोचकों—आर. कृतिका और प्रेमा रंगाचारी के अथक सम्पादन से गुज़रा, और इसलिए इतना निखर भी सका।

अजीता जी.एस. बतौर सम्पादक मेरे लिए श्रेष्ठ रहीं। पहले भी उनके साथ काम किये होने के कारण मुझे अन्दाज़ा था कि मुझे उनसे सुझाव और प्रतिक्रिया दोनों मिलेंगी जिससे मुझे सोचने, अपनी बात और कथानक को बेहतर अन्तर्दृष्टि और संवेदनशीलता के साथ फिर से लिखने में मदद मिलेगी। इस किताब में शामिल

पन्द्रह रेखाचित्र कलाकार रोहिणी मणि के हैं जो न सिर्फ़ मेरे साथ बहुत लगन के साथ बारीकियों तक गईं बल्कि एक पूरा दिन भी सोवरिअर के साथ मृदंगम बनाने की प्रक्रिया को समझने में लगाया।

पूरी तरह से मेरी निर्भरता प्राथमिक स्रोतों पर रही, और नीचे उन सभी के नाम हैं, जिन्होंने मुझे इंटरव्यू देने के लिए समय निकाला। कुछ से बहुत लम्बी बातचीत हुई, कुछ से छोटी। विग्नेश ईश्वर ने इन साक्षात्कारों के बाद की जानकारियाँ इकट्ठी करने और स्पष्टीकरण पाने में काफ़ी मदद की। दुर्भाग्य से इस सूची में से एफ.सेल्वाराज और मद्रास ए. कण्णन अब हमारे बीच नहीं हैं :

ए. आरोग्यम
ए. गीता
ए. जेसुदास, जे. एडविन और एस.पी. आल्ट्रिन
ए. सोवरिअर और शारदा सोवरिअर
ए.एस. जॉनसन कैनेडी
बी. लोयाराजू
सी. वरदन
एफ. मेल्गीस और आरोग्यमेरी
एफ. सेल्वाराज
जी. कृष्णामूर्ति और राजम
जी. लॉरेंस
गुरुवयुर दोरई
जे. अशोक
जे. सुरेन्दरपेलिक्स
जे. विवेक
के.एस. कालिदास
के. सुसइनाथन
करइकुडि आर. मणि
कुड़नतई डेविड
कुमार और माधम्माल
कुप्पुसामी असारी
एम.आर. ज्योतिप्रकाश

मद्रास ए. कण्णन

मदुरै जे.एम.एस. ब्रिटो

नागेश्वर राव

पी. कृष्ण कुमार

पी. रविकुमार

पी.आर. कसुमणि, पी.वी. रामाकृष्णनन और के. राजेश

पी.टी. मार्टिन

आर. अरुलराज

आर.एस. अश्वत्थम्मा

एस. अरुलराज

एस. बालागुरु

एस. गैब्रियल और जेसिंथामेरी

एस. मुरुगानन्दम और एम. नवनीतकृष्णन

श्रीनिवास अनन्तरमैया

टी.के. मूर्ति

टी.आर. राजामणि

टी.आर. राजाराम

टी.वी. गोपालकृष्णन

त्रिची शंकरन

उमयलपुरम के. शिवरामन

वी. कमलाकर राव

वुरिवी शिवलिंगम

कुछ मित्रों ने मेरी तरफ़ से कुछ इंटरव्यू किये और मुझे मृदंगम कारीगरों से मिलवाया। रंजनी गोविन्द ने आर.एस. अश्वत्थम्मा और श्रीनिवास अनन्तरामैया के इंटरव्यू लिये, वी.वी. राममूर्ति ने वुरिवी शिवलिंगम से बात की, विजयनगरम की मृदंगम-निर्माण परम्परा पर ख़ुद अपने विचार मेरे साथ आवाज़ में रिकॉर्ड कर साझा किया। साई गिरधर ने मुझे विजयवाड़ा स्थित कारीगरों—बी. लोयाराजू, नागेश्वर राव, और आई. भास्कर के बारे में जानकारी दी, और बी.एस. पुरुषोत्तम ने बैंगलोर के कारीगरों से सम्पर्क करवाया और शहर के दौरे पर मेरे साथ भी गए।

अभिलेखित सामग्री तब और ज़्यादा काम की होती है जब हम उनके बारे

में लिखते हैं, जिनके बारे में समाज ने काफ़ी कम दस्तावेज़ीकरण किया है। मैं शुक्रगुज़ार हूँ टी.आर. राजामणि का, जिन्होंने अपने भाई टी.आर. राजाराम का 1989 में सोमू असारी को दिया गया इंटरव्यू मेरे साथ साझा किया। इसी तरह प्रोफ़ेसर त्रिची शंकरन ने 1991 में कैमकॉर्डर से की गई रिकॉर्डिंग को डिजिटल में बदलकर मुझे दिया, जिसमें एस. राजमणिक्कम के कामकाज को दिखलाया गया था। जी.एम. सुमंगला ने मुझे 2018 में माला, कर्नाटक में की गई वह रिकॉर्डिंग भेजी, जिसमें चेन्नै के हम कुछ कलाकार कोरगा ड्रमवादकों से बात कर रहे हैं। प्रवीण स्पर्श ने मुझसे मृदंगम बजाने की थापों की तकनीकों को लेकर अपने नोट्स साझा किये। मैं सुरेन्दरपेलिक्स के प्रति भी कृतज्ञ हूँ जिन्होंने मृदंगम बनाने की प्रक्रिया के आख़िरी चरणों के बारे में मुझे समझाया।

इस किताब में सामाजिक-राजनीतिशास्त्र, सौन्दर्यशास्त्र, रसायनशास्त्र, जीव विज्ञान, ध्वनिविज्ञान, अभियांत्रिकी और भौतिकी शामिल हैं। इन बारीकियों को समझने के लिए मुझे बहुत-से लोगों का सहयोग मिला। प्रोफ़ेसर पी. चन्द्रमौली, प्रोफ़ेसर वी. सुब्रमण्या शर्मा, प्रोफ़ेसर हरिबाबू अर्थनरी, विग्नेश ईश्वर, गौतम कोका, प्रोफ़ेसर जुएरगन शीबर, अपर्णा कार्तिकेयन और एस. गोपालकृष्णन को मैं बहुत धन्यवाद करता हूँ। प्रोफ़ेसर वी. सुब्रमण्या शर्मा ने भारतीय प्रौद्योगिकी संस्थान, मद्रास में सादम के लिए इस्तेमाल किए जानेवाले विभिन्न पत्थरों का रासायनिक विश्लेषण भी किया।

बहुत-से साक्षात्कारों को सुनकर लिखने में इन लोगों ने बहुत मेहनत की :

राजेश गार्गा
विग्नेश ईश्वर
संगीता शिवकुमार
जी. रविकिरण
एस. हरिहरन

प्रोफ़ेसर ए.आर. वेंकटचलपति ने बहुत जतन से उच्चारण गाइड बनाई और विक्रम राघवन ने वंशवृक्ष बनाने के साथ-साथ पनरुति और तंजावुर के मेरे शोध-सम्बन्धी दौरों में मेरी सहायता की। राजेन्द्र गंजू को टाइपसेटिंग के लिए धन्यवाद, जिन्हें हम एक के बाद एक ड्राफ़्ट बदलकर भेजते रहे। जब भी मुझे चेन्नै में मदद चाहिए होती विग्नेश कृष्णमूर्ति हमेशा मेरे साथ रहे और पी. रविकुमार के साथ मेरा इंटरव्यू भी रिकॉर्ड किया।

मैं प्रोफ़ेसर शिव विश्वनाथन, प्रोफ़ेसर रवि सुब्रमण्यम और रमन रिसर्च इंस्टीट्यूट ट्रस्ट को भी धन्यवाद देना चाहूँगा जिन्होंने सी.वी. रमन द्वारा मृदंगम पर किये गए ताल गुणों को जानने के प्रयोगों की जानकारी जुटाने के प्रयास किये। और द *हिन्दू* समाचार-पत्र को भी, जिन्होंने 1920 में प्रकाशित एक लेख को अपने आर्काइव्ज़ में से निकालने का यत्न किया।

ऐसी जगहों पर बैठकर लिख पाना बहुत सुखद है, जहाँ आपका दिमाग़ विचारों और शब्दों के लिए खुल पाता है। दयानीता सिंह ने गोवा के गाँव में अपना शानदार घर मेरे लिए खोल दिया, जहाँ मैंने एक हफ़्ता बिताया और जहाँ साथ सिर्फ़ बारिश का था। और ओलिविया ने सारा इन्तज़ाम बख़ूबी किया। मानसून बिना रुके जारी रहा, तो मैं फिर गोवा से मनिपाल सेंटर ऑफ ह्यूमेनिटीज चला आया, जहाँ प्रोफ़ेसर निखिल गोविन्द और प्रोफ़ेसर गायत्री प्रभु ने घनघोर बारिश देखने के लिए मेरे लिए एक बालकनी सीट का बन्दोबस्त कर दिया। सृजन देशपांडे हमेशा मदद के लिए तत्पर रहे। जब मैं चेन्नै अपने घर लौटा तो चेन्नै मैथेमेटिकल इंस्टीट्यूट के गणितज्ञों ने मुझे काम करने के लिए एक दफ़्तर दिया जहाँ मैंने इस पांडुलिपि को अन्तिम रूप दिया।

अनुक्रमणिका

अग्रहारम, 74, 279
अज़गनम्बी पिल्लै, 35, 232, 252
अंजनेयार मन्दिर, 20
अदईकलम, 26, 313, 314
अनन्तरामैया, 186, 284, 285, 286, 287, 289, 290, 291, 325
अनुसूचित जाति, 99, 279, 280
अम्बूर, 282, 283, 320
अयनावरम, 91, 92
अय्याकन्नू, 35
अरियाकुडी रामानुज आयंगर, 138
अरुलराज, 32, 43, 45, 52, 61, 62, 65, 66, 67, 68, 70, 75, 80, 81, 84, 103, 107, 148, 202, 212, 213, 214, 232, 242, 250, 251, 309, 315, 325
अरुलानांदार, 30
अलकट्टन, 39, 182, 183, 313, 314
अलिया रामाराया, 25
अल्लु, 171, 172, 173, 188, 203
अल्लु थोल, 171, 188, 203
अश्वत्थम्मा, 284, 285, 286, 287, 288, 289, 290, 319, 325
अस्पृश्यता, 106
आदि द्रविड़, 27, 28
आन्ध्र प्रदेश, 97, 128, 170, 185, 258, 260, 261, 262
आबनूस, 126
आरोग्यम, 26, 30, 33, 75, 76, 80, 95, 113, 169, 198, 234, 284, 313, 314, 315, 316, 324
इक्कु-टग्गु, 187, 189, 223, 304, 306
इंडियन लबर्नम, 126
इसइ वेल्लालर, 25, 32, 47, 86, 119, 121, 140
ई.वी. रामासामी, 59
ईसाई धर्म, 27, 29, 30, 99, 264
उमयलपुरम शिवरामन, 34, 55, 71, 88, 113, 210, 251, 305
ए.एस. जॉनसन कैनेडी, 323, 324
एकोजी, 25
ए. गुणसीलन, 70
ए. जेसुदास, 37, 324
एडगर थर्स्टन, 90
एथिराजन, 88
एन.वी.एस. मणि, 120
एन्नोर, 72
एफ. आर. हेमिंग्वे, 24
एफ. डोमिनिक, 52
एफ. सेल्वाराज, 19, 324

एम.आर. ज्योतिप्रकाश, 98, 324
एम.एल. वीरभद्रैया, 275, 286, 289
एम.एस. गोपालकृष्णन, 74
एम.एस. सुब्बुलक्ष्मी, 31, 50, 247
एम. चन्द्रशेखर, 93
एम.डी. रामनाथन, 140
एम.सी. राजा, 27
एर्नाकुलम, 264, 294
एलफ़िन्स्टन, 85
एल्ब्यूमिन, 207
एस. एंटनी, 30
एस. गैब्रिएल, 184
एस. मुरुगानन्दम, 115, 325
एस.वी.एस. नारायणन, 235
एस. शेंगोल, 30
ए. सोवरिअर, 68, 97, 323, 324
ऑस्ट्रेलियाई आप्रवासन, 149
ओक्करारा थट्टु, 187, 188, 189, 235
ओडियन (मेलोडी), 85
कंजिरा, 13, 14, 34
कटहल, 21, 125, 126, 127, 130, 131, 132
कट्टई, 127, 130, 131, 132, 133, 134, 135, 136, 138, 139, 141, 142, 143, 144, 145, 146, 147, 161, 168, 203, 240, 245, 311
कट्टई निर्माण, 135
कदाचिकोलन, 280
कन्नु, 161, 163, 164, 165, 166, 189, 190, 192, 199, 200, 223, 236, 239, 245, 330
कप्पी मृदंगम, 237, 238, 239, 240, 245, 246, 247, 249, 251, 252, 253, 254, 305
कमलाकर राव, 213, 235, 236, 251, 258, 259, 260, 325
करइकुडि मणि, 70, 71, 88, 98, 134, 136, 185, 213, 216, 223, 245, 246, 247, 250, 255
करइकुडी मुत्तु अय्यर, 88
करुप्पुसामी, 265, 267, 269, 280, 318
कर्नाटिक संगीत की राजधानी, 237
कवनई, 159, 160, 161, 175
कांचीपुरम, 89, 90, 124, 125
कापु, 90
किट्टनकल्लु, 215, 216, 218, 219, 220, 222, 229, 231, 232, 238, 274
किट्टा अय्यर, 38, 41, 55, 65, 302, 303, 307
कीडकल्लु, 274
कीतूकारा स्ट्रीट, 30, 33, 35, 36, 37, 40, 51, 54, 72, 212, 217, 218, 266
कुच्ची मृदंगम, 236, 237, 238, 239, 240, 245, 246, 247, 248, 249, 250, 251, 252, 253, 254, 273
कुदंथई डेविड, 81
कुन्नुमणि, 272
कुप्पुसामी असारी, 126, 135, 136, 143, 320, 324
कुप्पुसामी पिल्लै, 225
कुम्बाकोणम राजप्पा अय्यर, 70
कृष्णा फ़ाइन आर्ट्स, 20
के.आर. वैद्यनाथन, 109
के.एम. वेंकटेसन, 89, 92
के.एस. कालिदास, 324
के.जे. येसुदास, 68
केट्टावरमपलयम, 120
केराटिन, 207
के. सुसइनाथन, 35, 242, 323, 324
कैल्शियम ऑक्साइड (CaO, अनबुझा चूना), 206
कैल्शियम कार्बोनेट (CaCO3, चूना पत्थर), 206
कैल्शियम हाइड्रॉक्साइड (Ca[OH]2, बुझा हुआ चूना), 206
कोंगुनाडु, 24
कोझिकोड, 270, 282
कोट्टियादा सत्यम, 261, 262
कोनेरीराजपुरम वैद्यनाथ भागवतार, 32
कोरुकोंडा, 261, 262
कोरुक्कुपेट, 72
कोलंका वेंकट राजू, 262
कोलेजन, 207
गाय का गोबर, 134, 135
गीता, 292, 293, 294, 295, 296, 318, 324

गुमकी, 91, 176, 213
गुरुवयुर दोरई, 70, 88, 100, 213, 215, 237, 269, 271, 324
गेयटी, 85
ग़ैर-संरचनात्मक प्रोटीन, 207
ग्लोब्यूलिन, 207
चक्किलियार, 28, 99, 121
चन्दन, 90, 126, 134, 136, 299, 311
चन्द्रय्या, 87, 89
चित्तनकल्लु, 215
चित्रा टॉकीज, 85
जगन्नाथ भक्त सभा, 51
जाति-व्यवस्था, 12, 27, 57, 59, 114
जावु, 250
जी.एन. बालासुब्रमण्यम, 140, 303
जी. कृष्णमूर्ति, 95
जी. वरद राव, 258
जे.एम.एस. ब्रिटो, 48, 49, 325
जे. सुरेन्दरपेलिक्स, 77, 324
जॉन ब्रिटो, 155
ज्ञानप्रकाशम, 39
ज्योफ्री ए. ऑडी, 29
झाड़ू घास, 235, 237, 250, 253
टी. आर. राजामणि, 42, 299
टी.आर. राजाराम, 37, 128, 325, 326
टी.एम. महालिंगम, 148
टी.के. मूर्ति, 31, 32, 33, 44, 53, 66, 98, 108, 138, 216, 241, 247, 255, 325
टी.वी. गोपालकृष्णन, 27, 62, 88, 113, 129, 158, 171, 232, 237, 244, 264, 298
टेफ्लॉन की रस्सियाँ, 158
टोंडियारपेट, 72
टोंडूर सोसाइटी, 99, 100
टोप्पी, 133, 134, 137, 142, 143, 144, 145, 146, 153, 157, 159, 161, 163, 164, 167, 171, 172, 173, 174, 175, 176, 177, 184, 186, 188, 189, 190, 192, 199, 200, 201, 202, 203, 207, 212, 213, 214, 215, 220, 261, 273, 274, 307, 308
टोप्पी मुट्टु, 159, 163, 172, 173, 174, 175, 176, 188, 189, 192, 200, 201, 203, 220
ट्रांस-कास्ट, 107, 108
ट्रिप्लिकेन, 85, 87, 88, 283
डॉ. बालामुरलीकृष्ण, 57
ढोलक, 81, 120, 150, 203, 212
ढोलकी, 120, 121, 122, 203, 212
तंजावुर, 19, 22, 23, 24, 25, 26, 27, 28, 29, 30, 31, 32, 33, 34, 35, 37, 38, 39, 41, 43, 46, 48, 50, 51, 53, 56, 60, 61, 63, 67, 68, 69, 72, 73, 74, 80, 81, 83, 84, 86, 87, 91, 95, 98, 99, 100, 101, 102, 104, 109, 113, 115, 117, 119, 124, 125, 128, 129, 130, 131, 137, 148, 162, 164, 171, 184, 185, 193, 194, 208, 212, 215, 216, 217, 229, 231, 232, 234, 235, 237, 241, 244, 246, 249, 250, 254, 256, 258, 260, 264, 265, 266, 270, 271, 272, 275, 276, 287, 298, 299, 303, 304, 306, 310, 313, 314, 315, 316, 323
तंजावुर उपेन्द्रन, 63, 69, 98, 115, 119
तंजावुर बानी, 27
तंजावुर मृदंगम, 246, 250, 272
तंजावुर रामदास राव, 34
तंजावुर वैद्यनाथ अय्यर, 31, 33, 234, 303
तंजावुर सुब्रमण्यम, 68
तन्नुमई, 25
तबला, 81, 95, 96, 112, 120, 127, 168, 169, 212, 270, 285, 286, 287, 289, 290, 291, 295
तार, 94, 191, 235, 242
तालीकोटा, 25
तिरुचिरापल्ली में क्राइस्ट चर्च, 28
तिरुनलवेली, 24, 46, 51
तिरुवनंतपुरम, 265, 277
तुलजा द्वितीय, 29

त्यागराज, 20
त्यागराजा की आराधना, 68
त्रिची शंकरन, 27, 33, 47, 55, 57, 236, 323
थंगुवारु, 161, 164, 166, 189, 200
थंगुवारु या थंगुकायवारु, 161
थट्टू, 156, 157, 158, 159, 160, 161, 163, 164, 168, 171, 173, 174
थीकोलन, 279
थेपोरिकोलन, 279
थॉमस मनरो, 39
थोम्मन, 264
थोलकोलन, 279, 280
दक्षिणामूर्ति असारी, 128
दंडमुड़ी राममोहन राव, 260
दंडमुडी सुमति रामामोहन राव, 281
दलित जातियों, 28, 29, 114, 148
दास राव, 32
देवदासी, 259, 281
द्वारम वेंकटस्वामी नायडू, 262
धर्मान्तरण, 28, 29, 30
नंगनल्लूर, 19, 20, 21
नंगनल्लूर श्री त्यागराज संगीत समाजम, 20
नचियारकोइल, 60
नट-एंड-बोल्ट सिस्टम, 203
नट्टू भैंस, 163
नन्दीकेश्वर, 120
नागपट्टिनम में मारियन पवित्रस्थल, 28
नागूर हनीफ़, 112
नागेश्वर राव, 123, 260, 319, 325
नादम, 56, 57, 211, 254, 256, 271, 295
नादस्वरम, 25, 115
नामसंकीर्तन, 24, 31, 32, 120, 122, 169
नारायण असारी, 128
नारायणस्वामी अप्पा, 25, 26, 32
नारियल, 126, 237
निम्मला त्रिनाथ राव, 262
निम्मला राज्यलिंगम, 262
निम्मला सोमलिंगम, 261, 263, 319
नीम, 35, 126
नुरुसामी, 52
नेट्टी पिन्नल, 273
पक्करिया पिल्लै, 34
पच्चा थोल, 207, 208, 209, 210, 249
पत्थर, 21, 34, 76, 126, 201, 206, 215, 216, 217, 218, 219, 220, 229, 230, 231, 232, 238, 239, 241, 244, 250, 259, 271, 272, 273, 274, 293
पनरुति, 131, 135, 271, 326
परलांदू, 30, 33, 34, 35, 36, 37, 38, 39, 41, 44, 45, 46, 52, 53, 64, 65, 71, 84, 86, 106, 107, 148, 176, 177, 182, 234, 238, 239, 244, 249, 250, 252, 276, 297, 298, 299, 300, 301, 302, 303, 304, 305, 306, 307, 308, 309, 310, 311
पलनी मुथिया पिल्लै, 26
पलानी मुट्टू, 177
पलानी सुब्रमण्या पिल्लै, 27, 46, 53, 86, 91, 121, 175, 212, 225, 250, 251, 260
पवित्र गाय, 179
पवित्र त्रिमूर्ति, 24
पार्थसारथी स्वामी सभा, 51
पालघाट मणि अय्यर, 22, 31, 33, 37, 38, 45, 46, 47, 53, 54, 64, 66, 129, 139, 147, 175, 179, 210, 228, 250, 252, 253, 270, 275, 297, 304
पालघाट रघु, 58, 67, 71, 81, 91, 118, 208, 242, 246
पिच, 32, 88, 137, 138, 139, 187, 214, 215, 222, 223, 225, 227, 231, 240
पिन्नरसट्टई, 164, 166, 167
पिन्नल वारु, 198
पिन्नल सट्टई, 190, 199
पिल्लैमर, 47
पी.आर. कसुमणि, 266, 267, 318, 325
पी. कृष्ण कुमार, 185, 266, 325
पीताम्बरा देसाई, 87
पी. रविकुमार, 97, 325, 326
पी.वी. परमेश्वरन, 265, 318
पी.वी. राजन, 267, 268, 318

पी.वी. रामकृष्णन, 266, 267, 268
पूची श्रीनिवास आयंगर, 138
पूम्बुला भाष्यगारुलु, 260
पेराम्बुर संगीत सभा, 51
पेरुमकोलन, 279
पेरुवेम्बा, 128, 185, 192, 229, 231, 258, 265, 266, 267, 270, 272, 273, 274, 275, 280, 292, 293
पेरुवेम्बा कृष्णन, 270
पैराशूट रस्सियाँ, 158
पोइवारु, 162, 163, 164, 166, 172, 173, 189, 190, 191, 192, 199, 239, 240, 243, 244, 245
पोइवारु पिडी, 239, 240, 243, 244
पोन्नैया पिल्लै, 274
प्रतिध्वनि, 200, 208, 210, 235, 236, 237, 246, 247, 254
प्रसंस्करण, 293
प्रोटीन, 207, 212
प्रोटेस्टेंट, 28, 29
प्लास्टिक फ़र्मिंट, 214
फ़ाइन ट्यूनिंग, 33
फ़ेविकोल, 156, 228, 272
फ्रांसीसी क्रान्ति, 29
फ्रेडरिक श्वार्ज, 28
फ्रेम, 21, 84, 142, 145, 158, 163, 164, 166, 172, 187, 189, 190, 192, 201, 238, 271, 298, 299
फ़्लैट नायलॉन बद्धी, 158
बकरी की खाल, 153, 159, 168, 170, 171, 172, 173, 174, 186, 187, 189, 193, 194, 207, 211, 212, 213, 215, 220, 223, 227, 239, 253, 274, 295
बालागुरु, 120, 121, 122, 123, 185, 229, 232, 250, 289, 325
बूचड़ख़ाना, 152
बोब्बिली, 258, 261
ब्राह्मण मृदंगम कलाकार, 74, 119
ब्राह्मणवाद, 74
भजन, 120, 290
भरतनाट्यम, 20, 21, 24, 49, 72, 81, 209, 225, 265
भरतनाट्यम मृदंगमवादक, 81
भागवत कथा के संगत-वाद्य, 261
भागवत मृदंगम, 261, 262
भैंस की खाल, 153, 157, 159, 163, 166, 168, 173, 174, 185, 187, 189, 192, 194, 198, 202, 203, 273, 294
मइलातुर सामी अय्यर, 31, 34
मणिमंगलम, 229
मदक्कु सट्टई, 192
मदुरै, 24, 25, 26, 30, 33, 39, 48, 49, 50, 93, 97, 116, 138, 170, 196, 236, 300, 303, 313, 316
मदुरै टी. श्रीनिवासन, 97
मदुरै रत्नम, 26, 33, 48, 49, 313, 316
मदुरै रोमन कैथोलिक मिशन, 30
मद्रास कण्णन, 86, 87, 88, 91, 131, 138, 194, 212, 235, 250, 254
मद्रास डिस्ट्रिक्ट गज़ेटियर्स : तंजोर, 24
मद्रास मुत्तु, 317
मद्रिमंगलम स्वामीनाथन, 98
मन्नारगुडी, 34, 98, 282
मन्नारगुडी ईश्वरन, 98
मराठा-प्रभावित तंजावुर परम्परा, 25
मराठा शासक, 25
मल्कुवारु, 199
महालिंग अय्यर, 34
माधम्माल, 282, 283, 284, 320, 324
माम्बलम, 61, 100, 120, 194, 215
मायलापुर, 19, 20, 54, 60, 61, 70, 72, 77, 83, 91, 102, 123, 168, 169, 193, 197, 199
मुत्तुस्वामी दीक्षितार, 24
मुथु असारी, 128
मुथुरामलिंगा थेवर, 87
मुदलियार, 51, 87
मुनुसामी, 87, 88, 89, 96, 97, 117, 184, 212, 229, 234, 317

मृदंगम, 21, 30, 40, 50, 60, 74, 80, 92, 93, 100, 110, 119, 121, 130, 131, 134, 142, 150, 153, 161, 162, 168, 172, 181, 193, 194, 204, 212, 222, 231, 243, 251, 252, 261, 270, 271, 278, 291, 292, 301, 311, 313
मृदंगम कलाकार, 27, 31, 46, 50, 57, 59, 60, 61, 62, 64, 66, 67, 68, 74, 97, 99, 104, 107, 111, 112, 113, 114, 117, 119, 125, 137, 139, 140, 149, 153, 172, 183, 186, 194, 208, 237, 238, 239, 240, 241, 243, 245, 247, 248, 249, 255, 257, 258, 261, 277, 278, 287, 289, 292, 300, 302, 305, 310, 311
मृदंगम वादन तकनीक, 233
मेल्गीस, 23, 30, 44, 45, 52, 57, 58, 60, 63, 64, 67, 71, 151, 155, 156, 157, 159, 160, 161, 162, 163, 164, 194, 195, 196, 197, 212, 232, 243, 270, 299, 310
मैसूर, 134, 258, 275, 284, 287
मोत्था-मेलिसु, 187, 188, 198
म्यूकोइड्स, 207
म्यूसिन, 207
रत्तीपलयम, 215, 216, 271
रामदास राव, 34, 87, 252
रामास्वामी अय्यर, 47
रेड हिल्स पत्थर, 231
रोयापुरम, 72
रोयापेट्टा, 74, 80, 81
लक्ष्मी हयवदन पेरुमल मन्दिर, 20
वज़ियाराडु, 273
वज्रम, 228, 272
वडाकुवासल, 30
वन्नियार, 135
वलंगैइमन शनमुगसुन्दरम पिल्लै, 115
वलंदलाई, 133, 137, 142, 143, 145, 146, 171, 173, 175, 184, 186, 187, 188, 189, 190, 192, 199, 200, 201, 202, 203, 204, 207, 208, 212, 213, 214, 215, 220, 222, 223, 224, 232, 233, 235, 236, 240, 241, 270, 271, 273, 295
वाराणसी यज्ञनारायण शास्त्री, 259
वारु, 56, 158, 159, 160, 161, 162, 163, 164, 165, 182, 189, 190, 191, 192, 194, 197, 198, 199, 200, 201, 203, 211, 214, 215, 222, 223, 241, 242, 243, 244, 252, 260, 265, 271, 293, 300, 301, 304
विजयनगरम, 229, 237, 258, 260, 261, 262, 263, 319, 325
विजयनगर साम्राज्य, 25
विजयवाड़ा, 229, 258, 259, 260, 262, 319, 325
विश्वकर्मा, 126, 127, 135, 279
वीणा, 111, 129, 139, 275
वुरिवि शिवलिंगम, 262
वेणु नायकर, 86, 212
वेलिथि, 226, 239
वेल्लै, 226, 265, 267, 269, 270, 274, 318
वेल्लोर रामभद्रन, 91, 248
वैदिक बलियाँ, 24
वैदिक मंत्रोच्चार, 24, 125
वैद्यनाथ भगवतार, 25, 47
शान्ता तबला वर्क्स, 287, 289, 290, 291
शारदा सोवरिअर, 109, 324
शिवगंगा, 49, 86, 87
शीशम, 126
शुद्ध मद्दलम, 91, 154, 265
शूलमंगलम वैद्यनाथ भगवतार, 25
श्यामा शास्त्री, 125
श्रीनिवास अनन्तरमैया, 325
श्रीमुष्णम राजा राव, 98, 107, 117
संगीत अकादमी, 51
सट्टई, 164, 166, 172, 190, 192, 193, 199
संरचनात्मक प्रोटीन, 207
सादम, 56, 57, 220, 221, 222, 223, 224,

225, 226, 227, 228, 229, 231, 232, 233, 234, 235, 236, 237, 238, 239, 240, 241, 242, 249, 250, 251, 252, 259, 261, 271, 272, 273, 289, 293, 298, 300, 301, 302, 304
सामाजिक पदानुक्रम, 105, 279
साम्बमूर्ति, 130
सिंगपेरुमल कुलम, 216
सिडनी किंग्सफ़ोर्ड स्मिथ हवाई अड्डा, 150
सिल्वामुतु, 26, 313, 316
सी.एस. मुरुगाभूपति, 50, 86, 91, 130, 236
सीतालक्ष्मी, 109
सी. वरदन, 87, 90, 324
सी.वी. रमन, 232, 234, 327
सुद्धम, 304
सुनाम्बु थट्टु, 206, 245
सुपारी, 78, 205, 206
सुब्रमण्यम, 68, 327
सुल्लीवन गार्डन रोड, 75
सूजी, 213, 214, 261
सेंट जॉन डी ब्रिटो, 30
सेथलपति बालू, 120
सेनगोट्टई रंगु अयंगार, 35
सेरफोजी द्वितीय, 29
सेल्वम, 22, 43, 67, 70, 80, 163, 315
सेवित्तन, 12, 26, 27, 28, 30, 31, 32, 33, 34, 35, 38, 39, 42, 46, 48, 70, 83, 84, 234, 303, 313, 314, 315
सोमू असारी, 126, 127, 128, 129, 130, 133, 135, 140, 144, 146, 147, 311, 326
स्टार थिएटर, 85, 86, 96
स्पेंसर, 55
हरिकथा, 24, 25
हरिकथा की नारदीय परम्परा, 25
हार्मोनिक्स, 210
हैदर अली, 29

225, 226, 227, 228, 229, 231, 232, 233, 234, 235, 236, 237, 238, 239, 240, 241, 242, 249, 250, 251, 252, 259, 261, 271, 272, 273, 289, 293, 298, 300, 301, 302, 304
सामाजिक पदानुक्रम, 105, 279
साम्बमूर्ति, 130
सिंगपेरुमल कुलम, 216
सिडनी किंग्सफ़ोर्ड स्मिथ हवाई अड्डा, 150
सिल्वामुतु, 26, 313, 316
सी.एस. मुरुगाभूपति, 50, 86, 91, 130, 236
सीतालक्ष्मी, 109
सी. वरदन, 87, 90, 324
सी.वी. रमन, 232, 234, 327
सुद्धम, 304
सुनाम्बु थट्टु, 206, 245
सुपारी, 78, 205, 206
सुब्रमण्यम, 68, 327
सुल्लीवन गार्डन रोड, 75
सूज़ी, 213, 214, 261
सेंट जॉन डी ब्रिटो, 30
सेथलपति बालू, 120
सेनगोट्टई रंगु अयंगार, 35
सेरफोजी द्वितीय, 29
सेल्वम, 22, 43, 67, 70, 80, 163, 315
सेवित्तन, 12, 26, 27, 28, 30, 31, 32, 33, 34, 35, 38, 39, 42, 46, 48, 70, 83, 84, 234, 303, 313, 314, 315
सोमू असारी, 126, 127, 128, 129, 130, 133, 135, 140, 144, 146, 147, 311, 326
स्टार थिएटर, 85, 86, 96
स्पेंसर, 55
हरिकथा, 24, 25
हरिकथा की नारदीय परम्परा, 25
हार्मोनिक्स, 210
हैदर अली, 29